AFRIKANERSONDEBOK?

Ander boeke deur die skrywer:

Boereverraaier: Teregstellings tydens die Anglo-Boereoorlog (2010)
Boerekryger: 'n Seun se hoogste offer (2012)
Moord-en-roof: In die kop van 'n baasspeurder (2013)
Ontsnap! Boerekrygsgevangenes se strewe na vryheid (2015)
Broedertwis – Bittereinder en joiner: Christiaan en Piet de Wet (2016)
Wit Terroriste: Afrikaner-saboteurs in die Ossewabrandwagjare (2018)
Robey Leibbrandt: 'n Lewe van fanatisme (2019)

ALBERT BLAKE

AFRIKANER-SONDEBOK?

*Die lewe van Hans van Rensburg,
Ossewabrandwagleier*

Jonathan Ball Uitgewers
Johannesburg • Kaapstad • Londen

Albert Blake is 'n navorsingsgenoot verbonde aan die
departement geskiedenis aan die Universiteit van die Vrystaat.

Alle regte voorbehou.
Geen gedeelte van hierdie publikasie mag gereproduseer of in enige vorm
of op enige wyse oorgedra word, sonder skriftelike toestemming
van die uitgewer of kopiereghouers nie.

© Teks: Albert Blake 2021
© Foto's: OB-argief by die Noordwes-Universiteit, Ani Snyman,
Hannes en Lettie van Rensburg en Wikimedia Commons
© Gepubliseerde uitgawe: Jonathan Ball Uitgewers 2021

Uitgegee in 2021 deur
JONATHAN BALL UITGEWERS
'n Afdeling van Media24 (Edms.) Bpk.
Posbus 33977
Jeppestown
2043

ISBN 978-1-77619-086-7
e-ISBN 978-1-77619-087-4

Alle redelike pogings is aangewend om kopiereghouers op te spoor en
toestemming te verkry vir die gebruik van kopieregmateriaal. Die uitgewer vra
om verskoning vir enige foute of weglatings en verneem graag van kopiereghouers met die oog op
regstellings of byvoegings in toekomstige uitgawes van hierdie boek.

Webwerf: www.jonathanball.co.za
Twitter: www.twitter.com/JonathanBallPub
Facebook: www.facebook.com/Jonathan-Ball-Publishers

Omslag deur Michiel Botha
Ontwerp en geset deur Nazli Jacobs

Geset in Minion

Inhoud

Skrywersnota	vii
Voorwoord	1
Verspilde Afrikanerbloed	8
1. Verborge skandvlekke	11
2. Rebellie	18
3. 'n Damaskus-bekering	29
4. Stellenbosch, filosowe en geloofsake	35
5. Wit burokraat	46
6. Katie en omstredenheid	57
7. Flirtasies met Nazi's	64
8. Militaris	74
9. Wildjagter	86
10. "Té jonk vir 'n administrateur"	95
11. Ossewabrandwag – 'n kultuurorganisasie?	106
12. Leier van die Ossewabrandwag	114
13. Ideologiese beskouings	129
14. Stormjaers en Terreurgroep	139
15. Die stryd om die siel van die Afrikaner	150
16. Verdeelde Afrikaners	157
17. Sabotasie	164
18. Verraad gewreek	174
19. Skakeling met Nazi-Duitsland	182

20.	"Konkelry" met Smuts	196
21.	Morsige politiekery	203
22.	Die stryd teen 'n vyandige pers	214
23.	Die Ossewabrandwag op 'n kreeftegang	221
24.	Onder 'n swaard van hoogverraad	227
25.	1948 – "Stembus eerder as 'blunderbuss'"	240
26.	Die Ossewabrandwag se laaste stuiptrekkings	247
27.	"Ek wil in 'n gat wegkruip!"	255
28.	Apartheidsapologeet	264
29.	Finansiële struikelblokke	272
30.	Katie – 'n liefdestragedie?	279
31.	'n Vergete "heldeakker"	283

Epiloog – 'n Tragedie van 'n Afrikaner   289

Eindnotas   297
Bronnelys   328
Erkennings   336
Indeks   337

Skrywersnota

IN DIE 1930'S EN 1940'S is die begrip "Afrikaner" soms deur individue soos genl. J.B.M. Hertzog en by tye ook Hans van Rensburg gebruik om na die breër wit Suid-Afrikaanse gemeenskap te verwys, wat Engelssprekendes ingesluit het. Vandag word 'n ander betekenis aan die term geheg. In hierdie werk word die terme "Afrikaner" en "Boer" gebruik soos dit algemeen histories aangewend is, naamlik om na wit Afrikaanssprekendes te verwys.

Daar is soms in aanhalings rasseverwysings wat vandag onaanvaarbaar is, maar ter wille van die historiese konteks word dit in die oorspronklike vorm weergegee.

Om verwarring uit te skakel word plekname en geldwaardes van die era waarin die gebeure afspeel, gebruik.

Alle aanhalings word ongeredigeer weergegee (met enkele noodsaaklike aanpassings wat nie aan die historiese korrektheid afbreuk doen nie). Ter wille van groter leesbaarheid word spel- en taalfoute in die aanhalings nie telkens aangedui nie.

Voorwoord

DEUR DIE JARE HET SOVEEL stereotiperings oor Hans van Rensburg se persoon en oor sy ideologiese beskouings ontstaan dat sy beeld dikwels verwring is. Nie net is sy komplekse persoonlikheid in die verlede dikwels verkeerd verstaan nie, maar daar is ook wanbegrip oor hoe aspekte van sy politieke oortuigings deur die jare verander of dieselfde gebly het.

As leier van sowel die Ossewabrandwag (OB) as die Stormjaers (die militante binnekring van die OB) is hy dikwels as 'n verbete Afrikaner-Nazi en fascis beskryf wat Adolf Hitler verafgod het. Hy is ook daarvan beskuldig dat hy gedurende die Tweede Wêreldoorlog 'n handlanger van die Duitsers was, terwyl die werklikheid veel komplekser en in baie opsigte heeltemal anders is.[1]

Vandag nog ontlok die blote noem van die naam Ossewabrandwag uiteenlopende menings. Daar is heelwat wanpersepsies oor die beweging wat meestal uit onkunde of vooroordeel spruit. Dit is grootliks vergete dat die OB in die vroeë 1940's op die hoogtepunt van sy gewildheid waarskynlik nie sy gelyke in die Afrikanergeskiedenis het nie – al was daardie hoogtepunt ietwat kortstondig. Met meer as 300 000 lede was die beweging die grootste van sy soort in die geskiedenis van die Afrikaner.[2]

Die ongeëwenaarde geesdrif vir die OB het veel te make gehad met sy leier, die charismatiese Hans van Rensburg. Geen ander Afrikanerleier uit daardie era kon by Van Rensburg op die hoogtepunt van sy gewildheid kers vashou nie. Trouens, daar is waarskynlik min Afrikanerleiers uit enige tydperk wat soveel bewondering op 'n bepaalde tydstip ontlok het.

Van Rensburg se magnetiese persoonlikheid en amper onweerstaanbare sjarme het mense na hom aangetrek en hul verbeelding aangegryp. In die OB-argief by die Noordwes-Universiteit is honderde bandopnames van onderhoude wat in die 1970's en 1980's met voormalige lede van die OB, Stormjaers en Terreurgroep ('n geheime groep gespesialiseerde saboteurs binne die Stormjaers) gevoer is. Uit hierdie onderhoude blyk hul onverbloemde bewondering vir Van Rensburg op bykans alle vlakke. Die voormalige eerste minister en staatspresident John Vorster het nog in 1981 opgemerk: "Ek het net die hoogste agting en respek vir Hans van Rensburg. Ek het na hom opgesien. Hy was my vriend. Hy was my leier."[3]

Van Rensburg se leierskap was sonder enige verwaandheid, en dit het hom saam met sy intelligensie, dissipline, hoflikheid, aangename persoonlikheid, integriteit en vreesloosheid omskep in 'n soort mistieke leier wie se volgelinge hom 'n tyd lank blindelings sou volg. Vir baie Afrikaners was hy die rigtingaanwyser op die Afrikanervolk se pad na 'n republiek – maar sonder dat hulle begrip getoon het vir die gevare van die nasionaalsosialistiese ideologie wat hy aangehang het.

Ten spyte van al die bewondering wat hy geniet het, is hy ook deur baie, onder wie ook mede-Afrikaners, verguis. Daar was immers ook ander kante aan Van Rensburg se persoonlikheid. Sy kwesbaarheid en innerlike teenstrydighede vertel 'n verhaal van 'n feilbare mens.

Hans van Rensburg was 'n veel komplekser mens as wat op die oog af voorgekom het en dit sal 'n psigohistoriese analise verg om 'n volledige beeld van hom te vorm. Dit bring egter sekere uitdagings mee wat die historikus nie kan oorbrug nie, want daar bestaan geen sielkundige assesserings van Van Rensburg nie. Om vas te stel wat in sy kop aangegaan het, moet daar gevolglik gesteun word op veral sy primêre dokumentêre materiaal, wat op sigself nie noodwendig genoeg psigiese inligting verskaf nie, en op herinneringe wat altyd deels subjektief sal wees.

Hoewel hierdie boek gevolglik nie 'n psigologiese studie is nie, neem ek deeglik kennis van die waarde van die beskikbare sielkundige teorieë ten opsigte van psigohistoriese analises, maar ook van die moontlike tekortkominge daarvan. Gevestigde geskiedkundige navorsingsmetodes word dus steeds as basis vir hierdie werk gebruik.

Wie was hierdie charismatiese Afrikanerleier werklik?

Hans van Rensburg was geen stereotipe Afrikaner nie. In 'n tyd toe die meeste Afrikaners nog kerkvas en streng Calvinisties was, was hy nie 'n gereelde kerkganger nie. Sy getrouste volgelinge sou waarskynlik uit die veld geslaan gewees het as hulle moes uitvind dat hy homself nie as 'n oortuigde Calvinis beskou het nie.[4]

Geharde Afrikanernasionaliste sou ook nie genoeë daarmee geneem het as dit algemeen bekend sou word dat sy pa 'n hendsopper en sy oupa as 't ware 'n joiner gedurende die Anglo-Boereoorlog was nie. Boonop het Van Rensburg as jong regeringsoldaat tydens die Rebellie van 1914 die wapen teen sy volksgenote opgeneem.

Hy was meer as net die OB-leier waarvoor hy bekendheid verwerf het – hy was ook 'n regsgeleerde, filosoof, taalkundige en taalstryder, bekwame burokaat, militaris, boer, wildjagter, hengelaar en amateurfotograaf: 'n enigmatiese man, soms individualisties, veelsydig met wye belangstellings en energiek met 'n buitengewoon sterk werkywer. Benewens 'n doktorsgraad in die regte en 'n meestersgraad in Duits, het hy hom deur selfstudie in die Europese en veral Duitse filosofie ingeleef. Dit sou uiteindelik 'n belangrike grondslag van sy latere politieke beskouings vorm.

'n Biografie van Hans van Rensburg lewer eiesoortige vraagstukke op. Een daarvan is die moeilik verklaarbare teenstrydigheid tussen sy skynbaar ewewigtige persoonlikheid en sy beheptheid in die 1930's en 1940's met die radikale ideologie van nasionaal-sosialisme. Sy studentevriend Albert Hertzog het gereken dat sy politieke denke in 'n sekere sin 'n "soort gesplete persoonlikheid" geopenbaar het:

> Dit was vir my amper eienaardig om hierdie saggeaarde, goedgeaarde Afrikaner met 'n innemende karakter 'n filosofie te sien aanvaar van mag en geweld wat eintlik nie veel met goeie menslike verhoudings te doen het nie ... Hans het in sy intellektuele wêreld, apart van sy eie persoonlike wêreld as mens, 'n bewonderaar van mag geword. Hy het geglo in geweld, ofskoon hy dit in sy lewe sekerlik nooit self toegepas het nie ... aan die een kant was hy 'n bewonderaar van die leerstellings van Nietzsche en aan die ander kant was hy nog dieselfde gemoedelike, innemende mens van altyd.[5]

Die ironie is dat die posisie as leier van 'n regse beweging soos die OB, en veral van die Stormjaers, wat kenmerke van 'n terreurorganisasie getoon het, op die oog af nie by die persoonlikheid van Hans van Rensburg gepas het nie. Hierdie biografie gaan die dieperliggende redes vir sy leierskap van dié regse bewegings ontleed, asook die vraag of hy 'n geleentheids-Nazi of 'n volslae dissipel van die nazisme was. Dit ondersoek voorts tot welke mate Van Rensburg 'n oortuigde Afrikanernasionalis en republikein was.

Nog 'n teenstrydigheid in sy persoonlikheid is sy volgehoue beheptheid met die militêre omgewing, waarin hy gefloreer het ten spyte van die trauma waaraan hy as sestienjarige in die Rebellie blootgestel is. Baie reken sy benadering as leier van die Stormjaers was 'n belangrike rede waarom terreur en geweld in Suid-Afrika gedurende die Tweede Wêreldoorlog in toom gehou en 'n bloedbad voorkom is. Of was daar ook 'n donker kant aan die "beskaafde" Hans van Rensburg? Daar is immers bewerings dat hy as leier van die Stormjaers sluipmoordopdragte gegee het. Hardnekkige gerugte dat Van Rensburg agteraf met Jan Smuts gekonkel het, het nog nooit werklik gaan lê nie. Hoewel verraad hoegenaamd nie deel was van Van Rensburg se mondering nie, moet sy strategiese oogmerke ondersoek word om 'n antwoord op hierdie gerugte te vind.

As historiese figuur word Hans van Rensburg meestal slegs in terme van sy OB-jare beoordeel, maar hy het ook ná die Tweede Wêreldoorlog 'n politiek rol gespeel. Volgens John Vorster het hy 'n belangrike bydrae gelewer in die Nasionaliste se oorwinning van 1948 en dus ook tot die totstandkoming van die apartheidsregering: "Baie mense beroep hulle daarop dat hulle die oorsaak is dat dr. Malan en mnr. Havenga bymekaar gekom het in 1948 . . . maar die man wat die deurslag gegee het en sonder wie dit nie moontlik sou gewees het nie, was Hans van Rensburg."[6]

Van Rensburg is in die vroeë 1950's ook betrek as aanvanklik die Oos-Kaapse en daarna die Wes-Kaapse streekkommissaris van die Groepsgebiederaad, een van die fondasies van die apartheidsbeleid. Hy was later egter só ongelukkig met die verantwoordelike minister, P.W. Botha, dat hy in 1962 uit dié pos bedank het. Om sy betrokkenheid by die Groepsgebiederaad in konteks te plaas, gaan sy rassebeskouings ontleed word.

Daar was nog nooit 'n biografie van Hans van Rensburg nie – só asof hy net 'n kantaantekening in die geskiedenis is. Wat moontlik tot hierdie leemte bydra, is dat dit in onlangse tye amper verwerplik geword het om navorsing te doen oor Suid-Afrikaanse historiese figure wat nie in die stryd teen wit oorheersing betrokke was nie.

Tydens die hoogbloei van Afrikanernasionalisme het die meeste Afrikanerhistorici Hans van Rensburg ook nie na waarde geskat nie.[7] Dit het moontlik te doen gehad met 'n onwilligheid om aan die pro-Duitse gesindheid van talle Afrikaners in die Tweede Wêreldoorlog herinner te word namate die omvang van die gruwels wat deur Nazi-Duitsland gepleeg is, bekend geword het.

'n Uitsondering is 'n omvattende projek deur die geskiedenisdepartement van die destydse Potchefstroomse Universiteit vir Christelike Hoër Onderwys onder die redakteurskap van prof. P.F. van der Schyff wat as *Die Ossewa-Brandwag: Vuurtjie in droë gras* gepubliseer is. Die projek het egter oor die breër onderwerp van die OB as organisasie gegaan en is vanuit sekere oorde beoordeel as 'n tipiese voorbeeld van tradisionele Afrikanernasionalistiese geskiedskrywing.[8]

Neo-Marxistiese en sekere liberale geskiedskrywers wat hulle met die geskiedenis van die OB besig hou, se primêre doel is meestal om politieke verwikkelinge in die land se latere rassebeleid te verduidelik. Hul werk is dikwels deurspek met vooroordele en stereotiperings en iemand soos Van Rensburg word taamlik eensydig en negatief beoordeel.

Van Rensburg se eie geskrifte bly die belangrikste primêre bronne om sy denke en optredes te verklaar. Sy memoires is in 1956 in Engels as *Their paths crossed mine* gepubliseer. Hy het hom heelwat kritiek op die hals gehaal omdat die boek nie in Afrikaans uitgegee is nie, maar in daardie stadium wou geen Afrikaanse uitgewer die boek publiseer nie – klaarblyklik is die tema as té sensitief beskou.

Sy gepubliseerde memoires voldoen nie heeltemal aan die vereistes van 'n outobiografie in die konvensionele sin nie. Dit bevat gebrekkige inligting oor sekere omstrede aspekte van Van Rensburg se lewe, want al was die Nasionale Party toe reeds 'n tyd lank aan bewind, wou hy klaarblyklik steeds enige kans dat hy of van sy volgelinge vervolg kon word, voorkom.

Die manuskrip is oorspronklik in Afrikaans onder die titel *Hul paaie het myne gekruis* geskryf en verskeie ongeredigeerde weergawes word in die OB-argief by die Noordwes-Universiteit bewaar. Dit bied aanvullende inligting tot die verkorte Engelse uitgawe. In 1964 is die memoires ook in Duits as *Der Weisse Sündenbock* uitgegee en het hy 'n gedeelte oor apartheid bygevoeg.

In 1946 het Van Rensburg 'n geïdealiseerde historiese roman, *Sonder Gewere*, oor die Stormjaers se stryd teen Smuts se oorlogspoging gepubliseer. Hy het die storielyn rofweg op ware gebeure gebaseer. Hoewel hy die heroïese oorbeklemtoon, bied dit steeds insig in sy beoordeling van die oorlogstydse krisis.

Die OB-argief van die Noordwes-Universiteit bevat voorts 'n omvangryke versameling van sy beleidsverduidelikings, toesprake en korrespondensie wat die navorsing vir hierdie boek aansienlik vergemaklik het. Dit sluit 'n groot aantal dokumente in wat Van Rensburg se seun, Johan, oor sy pa versamel het.[9] In sy ongepubliseerde *My vader – kommandant-generaal van die Ossewabrandwag* (1975) verduidelik en regvardig hy onder meer sy pa se optrede aan die hand van sy intellektuele belangstellings, sy administratiewe toegewydheid en militêre ideale.[10] Benewens die bandopnames van die onderhoude waarna reeds verwys is, bevat die OB-argief ook 'n groot aantal dokumente en persoonlike versamelings van OB-lede, Stormjaers en Terreurgroeplede wat van groot nut was.

Lettie van Rensburg het in 2020 belangrike dokumente van haar skoonma, Katie van Rensburg, aan die OB-argief geskenk wat vir die eerste keer inligting van 'n meer persoonlike aard aan die navorser beskikbaar gestel het. Onderhoude met Van Rensburg se nasate en ander familielede was van groot waarde en het verdere lig op voorheen onbekende en sensitiewe aangeleenthede gewerp.

Al was Van Rensburg en die OB se paaie ineengestrengel, is die bedoeling nie om 'n volledige geskiedskrif van die OB te gee nie, maar eerder om te ontleed in hoeverre hy die beweging gelei en beïnvloed het. Sy lewensverhaal strek oor bykans sewe dekades en hy was by al die belangrikste historiese gebeure van die eerste ses dekades van die 20ste eeu betrokke – van die Anglo-Boereoorlog tot die apartheidsregering. Dit is 'n tydperk waartydens talle "ismes" hoogty gevier het: imperialisme, nasionalisme, nasionaal-sosialisme, kapitalisme, kommunisme en rassisme.

Van Rensburg se lewensverhaal val ook grootliks saam met die wordingstryd van die Afrikaanse taal. Sy korrespondensie en ander geskrifte gee 'n interessante blik op die merkwaardige en vinnige ontwikkeling van Afrikaans as 'n geskrewe taal.

In die 1930's is Hans van Rensburg beskou as 'n goue seun van Suid-Afrika vir wie 'n blink toekoms gewink het. Hy was die jongste sekretaris (departementshoof) van justisie ooit tot op daardie punt en ook die jongste administrateur van 'n provinsie. Volgens baie het eerste minister J.B.M. Hertzog hom in gedagte gehad vir die pos van goewerneur-generaal (wat met republiekwording in 1961 deur dié van staatspresident vervang is).[11]

Die joernalis Bernard Sachs skryf in 'n biografiese skets oor Van Rensburg: "It is, in fact, indicative of the tragic situation of our country that Hans, who is cultivated, intelligent and humane, should have landed up in the camp of Nazism."[12] In die voorwoord tot *Their paths crossed mine* gee Oswald Pirow 'n soortgelyke mening: "The case of Hans van Rensburg ... viewed from any angle [is] a national loss."

Van Rensburg het 'n politieke pad gekies wat uiteindelik selfvernietigend sou wees en hy is as 'n omstrede Afrikanersondebok na sy graf. Was hy die fascis soos sommige mense hom uitmaak, of dalk 'n tragiese historiese figuur en, in die woorde van 'n Terreurgroeplid, "'n groot gees wat ongelukkig in 'n verkeerde tyd geleef het"?[13]

Verspilde Afrikanerbloed

DIE REBELLIE VAN 1914 WAS 'n burgeroorlog waarin Afrikaners talle mede-Afrikaners vermink en doodgemaak het. Dié geweldadigheid het ook 'n tol van die kleindorpse gemeenskap van Winburg in die Vrystaat geëis.

Op 12 November 1914 doen regeringstroepe 'n verrassingsaanval op rebelle in die omgewing van die klein nedersetting by Mushroom Valley tussen Winburg en Marquard. Die rebelle was gekant teen Suid-Afrika se deelname aan die Eerste Wêreldoorlog aan die kant van die voormalige vyand, Brittanje.

Die 16-jarige Hans van Rensburg van Winburg en sy pa, Josh, is daardie dag saam met 'n groep regeringsmagte. Die afdeling perderuiters waarvan die twee Van Rensburgs deel was, het oor 'n blinde hoogte na 'n klipkraal gejaag. Dit was duidelik dat daar kort tevore 'n bloedige geveg plaasgevind het. Binne en buite die kraal het die liggame gestrooi gelê– sommige ineengestrengel, ander uitgestrek.

Die dooie rebelle kon net van die regeringstroepe onderskei word deurdat hulle nie wit bande om hul linkerarms het nie. Een ding het al die dooies gemeen gehad, skryf Hans lakonies in sy memoires: "Hulle was stil, doodstil."

Die eerste liggaam wat hy van naderby beskou het, was 'n man wat met sy kop half skuins vooroor teen die kraalmuur gelê het. Die doodskoot het sy een oog weggeskiet. 'n Gekweste perd wat daar naby gelê en onophoudelik gerunnik het, is uit sy pyn verlos toe 'n ruiter wat dit nie langer kon verduur nie, van sy perd af spring en die dier 'n genadeskoot gee.

Hierdie grusame toneel het Hans van Rensburg aan die Nag van Bartolomeus, waarvan hy in sy kleintyd gehoor het, herinner. In daardie nag eeue tevore het Katolieke in 'n orgie van waansinnige vervolging Protestante vermoor.[1]

"Toe gebeur iets wat ek, jonk soos ek was, nooit sal vergeet nie," skryf hy. Sy pa en van die ander het van hul perde gespring en vinnig na die gesneuweldes gehardloop om uit te vind wie daar lê. Hy kon sien hoe hulle hul asem ophou en die angs op hul gesigte voordat hulle 'n dooie se liggaam omdraai. Dit was nie meer belangrik wie vriend of wie vyand was nie. Die dooies was skielik almal húl mense, want familielede en vriende uit die omgewing kon aan enige kant geveg . . . en gesterf het.

Die onmenslike gruwels wat die slagveld blootlê, het nie dieselfde uitwerking op almal wat dit beleef nie – anders sal hierdie gruwels nie so gereeld herhaal word nie. Wat Van Rensburg daardie dag op die gebroke vlaktes van die Vrystaatse hartland beleef het, sou letsels laat wat hom tot sy dood sou bybly. Die trauma wat hy beleef het, sou gedurende sy leierskap van die Ossewabrandwag in die onstuimige jare van die Tweede Wêreldoorlog 'n ingrypende invloed op sy beskouing van geweld hê, en op die nodigheid om menseverlies te vermy.

Dat die jong Hans van Rensburg deel was van 'n Empire-mag wat die rebelle se Afrikanerideale wou onderdruk, sou ook by hom spook toe hy in latere jare aan die wrewel en wantroue van sekere republikeinsgesinde Afrikaners blootgestel is. Hy is daarvan beskuldig dat hy in die Rebellie Afrikanerideale met geweld wou help vernietig – dieselfde ideale waarin hy later met oorgawe sou glo en waarvoor hy sou stry.

1
Verborge skandvlekke

'n Joiner en 'n hendsopper

IN DIE NIE TE VERRE verlede nie het die meerderheid Afrikaners nog jaloers en heilig oor volksake gewaak. Daar was min verdraagsaamheid vir andersdenkendheid en enige aktiewe teenkanting teen Afrikanernasionalisme is as verraad beskou.

In 'n groot historiese ironie is daar 'n lang geskiedenis van afsydigheid teenoor die Afrikaner- nasionale bewussyn onder Hans van Rensburg se voorsate aan sy pa se kant. Van hulle was gekant teen die republikeinse ideaal en sommige was selfs blatant vyandig teenoor die ontwakende Afrikanernasionalisme.

Die omvang van hierdie deel van die Van Rensburg-familiegeskiedenis is stil gehou. As Hans van Rensburg daarvan bewus was, het hy dit doelbewus in sy memoires en elders verswyg. Sy seun, Johan, en ander familielede maak ook nie daarvan melding in hul beskrywings van hom nie, maar dalk is dié inligting doelbewus van hulle weerhou.[1] In 'n gemeenskap waar afvalligheid van die Afrikanernasionalisme – veral gedurende die Anglo-Boereoorlog – 'n skandvlek op 'n familie was, is dit egter heeltemal te verwagte.[2]

In die vroeë 1840's het Van Rensburg se grootoupa, Johannes Frederik Janse van Rensburg, wat weens sy lengte "Lang Hans" genoem is, sy gesin in die Winburg-omgewing gevestig nadat hulle vanaf Zwartruggens in die Graaff-Reinet-distrik getrek het.[3]

Lang Hans was 'n regte korrelkop. Vanuit die staanspoor het hy steun vir die Britse teenwoordigheid in die gebied getoon en afsydig gestaan teenoor burgers wat teen Haar Majesteit se beheer gekant was. Voor die vestiging van die Vrystaatse republiek het hy en ander lojaliste hulle aktief daarvoor beywer dat Britse jurisdiksie oor die gebied uitgebrei word. Vir hulle was Britse beheer die enigste versekering vir ordelike bestuur. Ná die totstandkoming van die Vrystaatse republiek het Lang Hans lid van die volksraad geword waar hy by tye 'n omstrede rol gespeel het.[4]

Lang Hans het sy stempel in die Winburgse gemeenskap afgedruk, maar nie altyd sonder konfrontasie nie. Ná 'n twis met die plaaslike NG predikant het hy nooit weer sy voete in die kerk gesit wanneer die dominee op die preekstoel was nie. Dit sou nie die laaste van die Van Rensburgs se konflik met die NG Kerk wees nie en dit sou later bepaalde gevolge vir sy agterkleinseun Hans inhou. Lang Hans het tot sy dood in 1880 'n leiersrol in Winburg en die omringende gemeenskappe gespeel.[5]

Hans van Rensburg se oupa Johannes Frederik (Freek) van Rensburg kon nes sy pa soms stroomop wees.[6] Hy het ook die Winburg-distrik in die volksraad verteenwoordig, maar dit is veral as sakeman wat hy sy merk gelaat het. Hy het die familieplaas Trommel, suidoos van Winburg, in 'n vooruitstrewende boerdery omskep. Hy het ook 'n florerende algemenehandelaarswinkel op die plaaswerf bedryf wat as 'n soort halfwegstasie met 'n poskantoor vir reisigers op pad na die Oos-Vrystaat gedien het. Die jong Hans sou baie skoolvakansies op Trommel deurbring.[7]

Van Rensburg se korrelkop oupagrootjie "Lang Hans" van Rensburg (1810-1880).

Oupa Freek van Rensburg (1839-1912) en ouma Dirkie Elizabeth, neé Ferreira (1846-1930).

Met die uitbreek van die Anglo-Boereoorlog in 1899 het Freek geweier om op kommando te gaan en toe die Britse magte in die Winburg-distrik aankom, het hy op 17 Mei 1900 die eed van neutraliteit afgelê. Aangesien hy gevolglik as 'n Britse lojalis beskou is, was Trommel in daardie stadium ingevolge 'n proklamasie van lord Roberts nie een van die plase wat deur die Britse magte vernietig sou word nie.[8]

Freek het 'n Britse meeloper geword nadat hy die eed van getrouheid afgelê het. Daar moes 'n sterk vertrouensverhouding tussen hom en die Britse owerheid gewees het, want hy is reeds op 26 Julie 1900 as vrederegter in die Britse administrasie op Winburg aangestel. Hy het dié pos tot ná die oorlog beklee en het ook lid van die plaaslike repatriasieraad geword. In 1903 het hy rekreasieraadslid van die Brits beheerde wetgewende vergadering van die Oranjerivierkolonie geword – 'n pos wat net aan enkele vooraanstaande burgers met 'n sterk pro-Britse gesindheid toegewys is.[9]

Seker een van die mees gehate joiners van die oorlog, Olaf Bergh, was etlike maande lank in 1900 Freek se winkelbestuurder op Trommel. Bergh het die pos verlaat toe strooptogte deur Boerepatrollies dit vir hom té warm op die plaas gemaak het. Later het Bergh die bevelvoerder van 'n kommando swart mense onder Britse bevel geword wat van moord op burgers en die molestering van Boervroue beskuldig is. Tot groot ontsteltenis van sy volksgenote het Bergh die bloedbevlekte baadjies van twee Winburgse burgers wat deur mense onder sy bevel doodgemaak is, in sy kantoor op die dorp ten toon gestel. Ná die oorlog was Bergh 'n uitgeworpene in die Afrikaanse gemeenskap.[10]

Namate dit duidelik geword het dat die Boere nie tot oorgawe gedwing kon word nie, het Kitchener sy verskroeideaardebeleid genadeloos en voor die voet uitgebrei. Dit het beteken dat ook lojaliste se eiendom vernietig is in 'n poging om die Boereguerrillas van hul voedsel en ander noodsaaklike middele te ontneem. Die geboue op Trommel is deur Britse soldate afgebrand en ander eiendom is verwoes.

Ná die oorlog het die Britse regering ingevolge 'n repatriasie- en kompensasiebeleid verskillende fondse en lenings vir die noodsaaklike heropbou van die verwoeste binneland bewillig.[11] In sy eise vir oorlogskade is Freek bo die bittereinders en krygsgevangenes wat in oorsese kampe was, bevoordeel omdat hy vanweë sy oorlogstydse lojaliteit in die bevoorregte "Protected Burghers-kategorie" geval het. Op sy aansoek om 'n kompensasie-eis is 'n veelseggende inskrywing ter ondersteuning daarvan deur 'n Britse offisier: "From the very commencement of the war [he] made no secret of favouring the British cause and on account of his loyalty suffered much".[12]

In *My vader – kommandant-generaal van die Ossewabrandwag* gee Hans se seun, Johan, 'n twyfelagtige verduideliking waarom sy grootoupa geweier het om op kommando te gaan. Daarvolgens sou hy botweg geweier het om in 'n "Transvaalse oorlog" te gaan veg. Hy was volgens Johan sedert die dae toe pres. M.W. Pretorius in Vrystaatse sake ingemeng het, die Transvaalse republiek vyandiggesind.[13] Dié weergawe verduidelik egter nie Freek se pro-Britse gesindheid nie.

Hans se pa, Josh (ook Johannes Frederik), is in die tweede helfte van die 1880's na die Victoria College op Stellenbosch gestuur om 'n kursus in wiskunde en wetenskap te volg. Daar was hy 'n tydgenoot van onder meer

Regs: Die opstal op Trommel nadat dit afgebrand is.

Regs onder: Josh in die middel van 'n groep Rooikruislede aan die Natalse front.

Onder: Van Rensburg se pa, Josh.

J.B.M. Hertzog en die latere hoofregter Jacob de Villiers. Uiteindelik het hy as landmeter gekwalifiseer waarna hy 'n tyd lank in Johannesburg gewerk het voordat hy na Winburg teruggekeer het vanwaar hy sy beroep vir die duur van Hans se grootwordjare beoefen het.

Josh het, anders as sy pa en oupa, 'n gelykmatige geaardheid en 'n pasifistiese uitkyk op die lewe gehad. Volgens Hans se neef Jan van Reenen wou sy oom Josh niks doodmaak nie, al was hy sedert kleintyd op Trommel aan jag en die slag van plaasvee blootgestel.[14] Gedurende die Anglo-Boereoorlog het hy in 'n nie-gevegshoedanigheid as 'n gevolmagtigde van die Boeremagte by die Rooikruis aangesluit en het hy vir die duur van sy betrokkenheid by die konflik nooit 'n geweer gedra nie.[15]

Soos baie ander afvalliges het Josh ná die eerste fase van die oorlog geen sin in die voortsetting van die stryd gesien nie. In Augustus 1900 het hy 'n hendsopper geword toe hy aan die Britte oorgee. Anders as die meeste krygsgevangenes is hy nie na 'n oorsese kamp gestuur nie, maar na die Tin Town-kamp by Ladysmith waar hoofsaaklik gematigdes en lojaliste aangehou is. In Junie 1901, amper 'n jaar voor die einde van die oorlog, is hy op parool vrygelaat en toegelaat om na Winburg terug te keer.[16]

Daar is weinig inligting oor die Van Rensburg-vroue se gesindhede tydens die Anglo-Boereoorlog – moontlik het hulle in die skadu van hul mans geleef.[17] Weens die hegte verhouding tussen Josh en sy vrou, Louise, kan aangeneem word dat hulle dieselfde lojaliteite en politieke uitkyk gehad het.

Louisa (Louise) Jacoba Maria de Villiers word deur haar kleinseun Johan as "'n fyn opgevoede Victoriaanse gevoelsmens" beskryf wat vir haar mededeelsaamheid bekend was.[18] Gedurende die oorlog het sy 'n belangrike rol gespeel in die huisvesting van vlugtelinge in Winburg om te verhoed dat hulle na die konsentrasiekamp gestuur word. Haar skoonsuster, Christina van Reenen, het byvoorbeeld vir die duur van die oorlog met haar kinders by Louise ingewoon.[19] Ná die oorlog het sy Emily Hobhouse met opheffingswerk onder oorlewendes van die konsentrasiekamp gehelp.[20]

Familietwiste tussen bittereinders en afvalliges oor verdeelde lojaliteite gedurende die oorlog het diep wonde gelaat wat dekades lank sou sweer. Die Van Rensburg-familie is hierdie onenigheid nie gespaar nie.

Voor die oorlog het Frik van Reenen, wat met Josh se enigste suster, Christina, getroud was, sy skoonpa met die boerdery op Trommel bygestaan. Gedurende die oorlog is Van Reenen ernstig gewond en is toe as krygsgevangene na St. Helena gestuur. By sy terugkeer was hy só verbitterd teenoor die Engelse dat hy hom nie met sy skoonpa se versoenende gesindheid teenoor die vyand kon vereenselwig nie. Ná 'n onsmaaklike familietwis het hy en sy gesin Trommel verlaat en het hulle hul op 'n plaas in die Brandfort-omgewing gevestig. Kort voor sy skoonpa se dood in 1912 het Van Reenen vrede met hom gemaak en met sy gesin na Trommel teruggekeer.[21]

Dit bly 'n tergende vraag in watter mate Hans bewus was van sy voorouers se afvalligheid van die bittereinderideaal gedurende die Anglo-

Boereoorlog en indien wel, watter uitwerking dit op die duur op hom gehad het. Sy oupa se aktiewe deelname aan die Britse administrasie sou deur veral geharde onversetlikes as niks anders as verraad beskou gewees het nie. Die versaking van die republikeinse oorlogspoging deur hendsoppers soos sy pa sou in bittereindergeledere ook met minagting verwerp gewees het.

Al was sy pa en oupa oortuig van die geregtigheid van hul besluite gedurende die oorlog, gaan dit lynreg in teen Hans se latere nasionalistiese en republikeinse strewes. Gedurende sy jare as leier van die Ossewabrandwag het hy enige vorm van verraad teenoor die Afrikanersaak verafsku en selfs gewelddadige vergelding teen Stormjaerverraaiers goedgekeur. Dit is 'n opvallende uitsondering op sy oortuiging dat geweld andersins streng vermy moet word.[22]

In die naoorlogsjare was daar in die Van Rensburg-huishouding 'n gees van vergewensgesindheid teenoor die Engelse. Hans se ouers was uitgesproke voorstanders van Louis Botha se eenstroombeleid wat versoening tussen die taalgroepe voorgestaan het.[23] Hans het gevolglik nie grootgeword in 'n gees van bitterheid teenoor als wat Engels is nie. So 'n gees was wel dikwels 'n kenmerk van Afrikanerfamilies in die binneland wat die smarte en swaarkry van die oorlog moes deurmaak. Sy ouers en oupa se louerige benadering tot Afrikanerskap het ook nie gehelp om by hom as seun 'n Afrikaner- nasionale bewussyn te kweek nie. Hul klem op die "vergewe-en-vergeet-beginsel" het direk daartoe bygedra dat 'n jong Hans hom met Britse heerskappy vereenselwig het. Op die vooraand van die Rebellie in 1914 was hy in sy eie woorde "'n lojale Britse onderdaan".[24]

Sekere dramatiese gebeure en ingrypende invloede sou daartoe lei dat Hans van Rensburg 'n hartstogtelike Afrikanernasionalis en oortuigde republikein word. Hierdie merkwaardige ommekeer sou volkome wees.

2
Rebellie

"Alles was oorlog, oorlog, oorlog!"
– Hans van Rensburg

HANS VAN RENSBURG SE VROEGSTE herinneringe was van oorlog. Wanneer hy ook al as kleuter deur die venster van sy ouerhuis in Victoriastraat op Winburg na buite gestaar het, was daar Britse soldate wat op en af in die straat marsjeer of iewers heen op pad was. Soms is dit afgewissel met 'n ruitery of 'n battery kanonne wat deur perde getrek is of 'n wa met oorlogsvoorraad.

Die woning langs sy ouerhuis, wat aan sy oupa behoort het, is deur die Britte opgekommandeer en as hoofkwartier vir die "Provost Marshall" (die hoof van die militêre polisie) ingerig. Gewapende wagte het dit dag en nag bewaak. Klein Hans het die wagte se wisseling en ander militêre bedrywighede fyn dopgehou. Mans in burgerlike drag het hy nie geken nie. Sy pa en die meeste mans van die dorp is in Oktober 1899 – toe Hans nog net 'n jaar oud was – saam met die Winburg-kommando na die Natalse front.

Hy het in die agtererf gespeel toe sy ma hom eendag opgewonde roep. Toe hy die voorhuis binnekom, het 'n vreemde man in burgerlike klere vorentoe gespring en hom teen hom probeer vasdruk. Hy het weggeruk en verskrik onder die tafel ingekruip. Dit was sy eerste bewuste kennismaking met sy pa nadat dié as krygsgevangene teruggekeer het.[1]

Die oorlog het geëindig nog voordat Hans vier jaar oud geword het. Tog het hy jare later genoem dat sy eerste lewenservarings in oorlogstyd in sy gemoed ingewortel was en dat dit uiteenlopende en blywende gevolge vir sy latere lewe gehad het. "Alles was oorlog, oorlog, oorlog!" skryf hy in sy memoires oor daardie tyd.[2]

Johannes Frederik "Hans" Janse van Rensburg (al die manlike eersgeborenes het die stamname Johannes Frederik gehad) is op 24 September 1898 in die groot familiehuis wat sy grootoupa in Victoriastraat op Winburg gebou het, gebore. Hy was die oudste van agt sibbe (twee susters en vyf broers). Hier het hy sy grootwordjare ongebonde en sorgvry deurgebring totdat die Rebellie dit in 1914 sou omkrap.

Links: Van Rensburg as peuter gedurende die Anglo-Boereoorlog.

Onder: Saam met sy pa en ma, Louise, kort ná die Anglo-Boereoorlog.

Vandag is die middedorp van Winburg 'n skadu van sy vroeëre self. Van die ou argitektuur is gesloop en die meeste geboue wat oorgebly het, is verwaarloos en aan die verval – 'n alte tragiese kenmerk van soveel Vrystaatse plattelandse dorpe. Die steeds indrukwekkende NG kerkgebou met sy katedraalstyl verklap iets van hoe imposant die kerk en die dorpsplein in Van Rensburg se grootwordjare moes gewees het.

Sielkundiges leer ons dat die mens in 'n groot mate die produk van sowel sy omgewing as sy genetiese samestelling is. Van Rensburg het die voordeel van 'n stabiele ouerhuis in sy grootwordjare gehad. Hoewel sy mense nie besonder welgesteld was nie, was hulle gewis nie armblankes nie, anders as soveel Afrikaners in daardie tyd. Die Van Rensburg-kinders het in baie opsigte beter geleenthede gehad as dié van die gemiddelde Afrikaanse kind van daardie tyd.

Van Rensburg se ouers het 'n stabiele en liefdevolle verhouding gehad en daar was min verskille. Hulle was toegewyde en sorgsame ouers wat hul kinders met eindelose liefde grootgemaak het – al was daar meestal 'n gebrek aan ouerlike dissipline. Nie een van die twee het ooit lyfstraf toegedien nie, al was dit die aanvaarde vorm van tug in daardie era.[3]

Vir Van Rensburg se neef Jan van Reenen was die gebrek aan ouerlike gesag 'n vreemde ervaring wanneer hy tydens skoolvakansies by die Van Rensburgs op Winburg gekuier het: "Die Van Rensburg-kinders het omtrent gemaak wat hulle wou," het hy vertel.[4] Hans se pa se verduideliking was dat sy werk as landmeter hom te veel van sy kinders af weggeneem het en dat hy nie die kosbare tyd by hulle wou bederf met slae uitdeel nie. Volgens Jan was Hans se ma "veels te saggeaard, met die gevolg dat die Van Rensburg-seuns haar om die vinger gedraai het".[5]

In die lig van sy huislike omstandighede is Van Rensburg se latere beheptheid met dissipline nogal moeilik verstaanbaar. Volgens sy neef het hy wel maklik aangepas by die ysere dissipline in die Van Reenen-huishouding wanneer hy skoolvakansies by hulle op hul plaas naby Brandfort deurgebring het. Dié ondervinding moes op 'n manier 'n blywende indruk op die jong Hans gelaat het.[6]

In die Van Rensburg-huishouding is die kinders se intellektuele ontwikkeling doelbewus aangemoedig. Josh van Rensburg het 'n lewenslange leeslus by sy seun geskep sodat hy reeds van jongs af welbelese was. Die huishouding het 'n uiteenlopende boekery gehad en Josh het op verskeie tydskrifte ingeteken wat Hans verslind het. In sy memoires skryf hy: "As a boy of 16 I regarded Alexander Dumas as the last word in authorship."[7]

In die jare daarna het sy onuitputlike leeslus hom na uiteenlopende en gevorderde leeswêrelde geneem.

As die dogter van 'n welaf advokaat het Hans se ma, Louise, 'n beter opvoeding as die meeste van haar Afrikaanse tydgenote gehad. Nadat sy haar skoolopleiding in Grahamstad voltooi het, het sy bykans 'n jaar in Frankryk deurgebring danksy die ondersteuning van haar oom Jacob de Villiers, die latere hoofregter. In sy herinneringe verwys Van Rensburg met heimwee na die Franse wiegeliedjies wat sy ma vir hom gesing het.[8] Sy het ook haar liefde vir klassieke musiek aan hom oorgedra. Onder haar aansporing het hy vioollesse geneem en sy suster Louisa het hom dikwels op die klavier begelei.[9]

Van Rensburg het altyd 'n sterk band met al twee sy ouers gehad. Sy ma se dood in 1939 het hom diep getref. Hy maak nie melding van sy latere politieke verskille met sy pa nie, behalwe dat hulle in sy volwasse lewe

'n Gesinsfoto van die Van Rensburg-sibbe saam met hul ouers vroeg in 1914 in die tuin van hul woonhuis in Victoriastraat, Winburg. Van Rensburg is staande, tweede van links.

onderwerpe van 'n politieke aard probeer vermy het. Sy pa, wat die dramatiese OB-tye waarin sy seun so 'n belangrike rol sou speel, beleef het, het tot sy dood in 1951 'n aanhanger van Jan Smuts gebly.[10]

Hans van Rensburg het in 'n ongebonde tyd grootgeword. Hy en sy dorpsvriende is vrye teuels gegee om sonder toesig die ongerepte koppies en vlaktes buite die dorp te verken. Tydens skoolvakansies kon hy en sy neef Jan op die Van Reenens se plaas in die veld "verdwyn" op "ontdekkingsreise" en aande sorgeloos onder die sterlig deurbring.

Van Rensburg het van jongs af 'n soort vreesloosheid geopenbaar. In sy herinneringe noem Jan dat Hans 'n woelige knaap was. Hy was alombekend as die bobaaskleilatgooier van Winburg en 'n voorbok met kwajongstreke. Onder meer is waens se wiele tot groot ergernis van die drywers omgeruil en inwoners se hoenderhokke snags op die poskantoor se dak gesit. Van Rensburg het sy been twee keer tydens sulke eskapades gebreek. "Dat ons nie ons nekke gebreek het nie, is 'n wonderwerk," het Van Reenen in latere jare opgemerk.[11]

As die oudste van agt kinders het Hans van Rensburg 'n leiersrol onder sy sibbe gehad. Hoewel die ouderdomsgaping (die tweede oudste, Louise, was vyf jaar jonger as Hans) hierdie rol versterk het, sou al sy sibbe as volwassenes steeds na hom opsien. Hy kon van altyd af gemaklik en innemend met mense kommunikeer en dit het hom later gehelp om aan te pas in die verskillende leiersposisies waarin hy hom bevind het.

Dit is ironies dat die man wat meer as enigiemand anders verantwoordelik was vir die ramp wat die Anglo-Boereoorlog oor Suid-Afrika gebring het, ook die man was aan wie die heropbou van die land toevertrou is. Vir Alfred Milner het die heropbou 'n geleentheid gebied om alles te verbrits of verengels. Hy wou nie net van Afrikaners Britse onderdane maak nie, maar Britte in murg en been.

Milner het onder meer met 'n nuwe skoolstelsel 'n doelgerigte angliseringsproses op die oorwonne Afrikaners afgedwing. Milner se opdrag was duidelik: "Dutch should only be used to teach English, and English to teach everything else."[12]

Aan die begin van die 20ste eeu was Afrikaans 'n verfoeide en verguisde "kombuistaal". Van Rensburg vertel dat hy op skool in bykans alle vakke in Engels onderrig is: "Die eerste keer wat ek iets anders as Engels op skool geleer het, was toe ek in standerd vier kennis gemaak het met Elfers Dutch Grammar."¹³ Hy sou eers veel later in Afrikaans onderrig word: "My moedertaal, Afrikaans, het ek nooit as skoolvak geleer nie. Eers ná matriek, toe ek op Stellenbosch kom, het ek vir die eerste keer Afrikaans as vak gekry."¹⁴

'n Jong Van Rensburg voor die Rebellie.

Van Rensburg het egter nooit die waarde van die Milner-onderwysers se opvoeding afgekraak nie – ook nie toe hy 'n vurige taalstryder vir Afrikaans geword het nie. Vir sy skoolhoof, David Pyne Mercier, het hy groot agting gehad: "Met moeite en toewyding het hy probeer om die klomp jong Boertjies 'n aanvoeling vir Shakespeare en Milton te laat ontwikkel."¹⁵

Die skoolhoof het veral met die jong Hans in sy doelwit geslaag. Jare later sou hy tong in die kies opmerk: "Ek sidder wat die Britsgesinde skoolhoof sou dink as hy toe maar geweet het watter politieke weg een van sy leerlinge in die toekoms sou volg ..."¹⁶

Van Rensburg het altyd 'n groot vriendekring gehad. Aanvanklik was al sy maats Engelssprekend – Jimmy en Lennie Holdsworth, Willie Fenwick en die magistraat se seun Vivien Harley. Sy eerste nooitjie, Rina Fairley, was ook Engels.[17] Alles het meegehelp dat Van Rensburg reeds vroeg al Engels op 'n hoë vlak bemeester het.

Die uitbreek van die Eerste Wêreldoorlog het die gemeenskap van Winburg, wat stadig maar seker besig was om van die gevolge van die Anglo-Boereoorlog te herstel, onkant gevang. Dit sou nie net weer ou wonde oopruk nie, maar ook nuwe letsels laat wat dekades daarna nog verdelende gevolge gehad het. Vir Van Rensburg sou dit van lewensveranderende betekenis wees.

Hans van Rensburg se grootwordjare in 'n anglofiele skoolomgewing en die feit dat sy ouers nie 'n Afrikaner- nasionale bewussyn by hom gekweek het nie, het beteken dat hy in 1914 met die uitbreek van die Eerste Wêreldoorlog 'n oortuigde Louis Botha-man was. Hy het net gewag vir 'n geleentheid om sy kant te bring: "Ek het geglo dat Engeland die stryd namens die wêreld stry teen 'n grootheidswaansinnige Keiser Wilhelm... Ek het geglo dat elke regdenkende mens met bloed in sy are daarna moet smag om te gaan help. Ek kon net nie begryp dat daar mense is wat dit nie alles glo nie!"[18]

Waar die Anglo-Boereoorlog bittereinders teen joiners en hendsoppers opgestel het, was die verdeeldheid onder Afrikaners tydens die Rebellie nog erger. Toe het bittereinder teen bittereinder te staan gekom. Die gemeenskap van Winburg is ook deur die Rebellie ingesuig en die verdeeldheid wat dit veroorsaak het, sou dekades lank nog voelbaar wees. Trouens, dit is tot vandag nog te bespeur in die twee NG gemeentes op die dorp. Die oorsponklike gemeente het ná die Rebellie in twee geskeur en solank die twee afsonderlike, nou kwynende, gemeentes voortbestaan, bly dit 'n simbool van die verdeeldheid uit die verlede.[19]

Die Botha-regering se besluit in Augustus 1914 om Duits-Suidwes-Afrika kort ná die uitbreek van die Eerste Wêreldoorlog binne te val, was die vonk in die kruitvat. Vanuit sekere bittereindergeledere is geargumenteer dat 'n offensiewe veldtog teen Duits-Suidwes-Afrika vanuit 'n beginselsoogpunt onverdedigbaar was. Die twee Boererepublieke was immers skaars twaalf jaar tevore in 'n verwoestende oorlog met Brittanje gewikkel. Die smart van die konsentrasiekampe en die brutaliteit van die verskroeideaardebeleid het nog vlak in die gemoed gelê. Om Brittanje met 'n inval in Duitse grondgebied by te staan is immoreel, het sommige Afrikaners gemeen.[20]

Vir sommige rebelle was die oogmerk met die opstand ongetwyfeld ook om die Botha-regering omver te werp en 'n Boererepubliek uit te roep. Meer onlangse historici meen dat die Rebellie egter ook sosio-ekonomiese dryfvere gehad het. Die armblankevraagstuk, wat deels deur die Anglo-Boereoorlog meegebring is, het 'n groot deel van die plattelandse Afrikaners geraak. Hulle was ontevrede met hul onsekere posisie en het geglo die regering sien nie om na hul belange nie.[21]

Die Rebellie was egter van meet af aan tot mislukking gedoem, onder meer omdat dit deur emosie eerder as gesonde verstand aangevuur is. Dit was in vele opsigte 'n spontane opstand wat beteken het die rebelle was nooit goed genoeg georganiseer nie.[22] Die Rebellie en sy komplekse oorsake gaan nie hier volledig bespreek word nie, maar dit is wel nodig om konteks te verskaf ten opsigte van Hans van Rensburg se betrokkenheid daarby en veral die ingrypende gevolge wat dit vir hom ingehou het.

Die eerste bloedige geveg in die Vrystaat tussen die regeringsmagte en die rebelle het op Sondagoggend 8 November 1914 by Doringberg, noord van Winburg, plaasgevind. Die bevelvoerder van die regeringsmagte was kmdt. Frikkie Cronjé, 'n bittereinder en in daardie stadium die volksraadslid vir Winburg. Die rebelle is aangevoer deur Cronjé se eertydse bevelvoerder, die beroemde Boeregeneraal en guerrillavegter, genl. Christiaan de Wet.

Die gruwels van 'n burgeroorlog is vir die eerste keer tydens die geveg by Doringberg by Van Rensburg tuisgebring toe sy vriend Pierre le Clus ernstig gewond is en sy neef en naamgenoot weens sy wonde by die dood omgedraai het.

Van Rensburg vertel in sy memoires van die noodlottige gevolge wat die geveg vir sy neef Hans van Rensburg en drie van dié se boesemvriende ingehou het. Sy neef, Danie de Wet, Jam Haasbroek en Palie Ras was enkele jare tevore nog saam eerstespanrugbyspelers aan Grey-kollege, maar daardie dag by Doringberg het hulle aan opponerende kante geveg. Haasbroek, wat vir die rebelle baklei het, was die enigste een wat ongeskonde uit die geveg gekom het.

Haasbroek het op die lyk van Danie de Wet, die seun van genl. De Wet, afgekom. Hy is weens 'n kopskoot dood. 'n Ent verder het hy Van Rensburg se neef, 'n regeringstroep, met 'n ernstige wond teëgekom. Terwyl Haasbroek en die swaar gewonde Van Rensburg-neef nog verwytend met mekaar redekawel oor wie nou eintlik vir die "regte kant" veg, het die gewonde neef sy bewussyn verloor. 'n Tyd lank is gevrees dat hy die hoogste tol sou betaal, maar hy het tog herstel.[23] Gebeure soos hierdie het 'n groot indruk op Hans van Rensburg gemaak.

Nadat die rebelle daarin geslaag het om die regeringstroepe by Doringberg te verdryf, het De Wet en sy rebellemag Winburg die volgende dag sonder enige weerstand binnegery. Die regeringstroepe wat vroeër die dorp beset het, het suidwaarts na Brandfort teruggeval waar hulle by 'n groter mag aangesluit het. Frikkie Cronjé se mag het in die rigting van Theunissen teruggeval. Vanuit die noorde was genl. Louis Botha met 'n goed toegeruste mag in aantog. Die kordon het al hoe nouer om De Wet en sy rebelle getrek en voortaan sou die regeringsmagte die inisiatief hê.[24]

Voordat die rebelle die dorp beset het, het Van Rensburg se pa hom opdrag gegee om 'n aantal gewere onder 'n brug te versteek sodat dit nie in die rebelle se hande val nie.[25] Toe die rebelle Winburg die Maandag begin verlaat, het Van Rensburg en sy 12-jarige sussie Bettie voor hul ouerhuis gestaan en kyk hoe honderde rebelle op hul perde verbyry. Sommige rebelle het vroeër Joodse winkels op die dorp geplunder en van hulle het taamlik bespotlik gelyk. Een het 'n groot vroue-Panamahoed opgehad en 'n ander het 'n borsrok oor sy klere gedra. Later die dag het De Wet beveel dat die geplunderde goedere op 'n hoop gegooi en aan die brand gesteek word.[26]

Van Rensburg en sy sussie het ook De Wet gesien toe hy in 'n motor voor hulle verby ry. 'n Klompie jare later het hy in 'n brief aan 'n vriend vertel dat hy op daardie oomblik volkome vyandig teenoor De Wet gevoel het. By aanskoue van die ou generaal was Van Rensburg met haat vervul vir die rebelle en kon hy niks anders as die "verraderlike Duits-opgehitste opstand" sien nie.[27]

Enkele ure later het Botha en sy regeringsmag Winburg bereik. Die plan was om De Wet en sy rebellemag wat by Mushroom Valley, sowat 30 km suidoos van Winburg, kamp opgeslaan het, so gou moontlik in 'n verrassingsaanval te oorweldig.[28]

Van Rensburg se pa was lid van die Winburgse regeringskommando, maar dis onduidelik of hy vrywillig aangesluit het of opgekommandeer is. Nadat die rebelle weg is uit Winburg, het Josh van Rensburg in stryd met sy pasifistiese oortuigings besluit om aan die veldtog teen die rebelle deel te neem en boonop sy seun Hans saam te neem.

Volgens Johan van Rensburg het sy oupa instruksie gegee dat Hans nie op die rebelle mag skiet nie en het hy, soos gedurende die Anglo-Boereoorlog, ongewapen gebly ten spyte van die gevaar.[29] Al was Hans maar te gretig om deel te wees van die veldtog, is dit onduidelik wat sy pa se motiewe was om hom saam te neem.

Teen Woensdagaand 11 November was die rebellemag van tussen 2 000 en 3 000 man in drie kampe in die omgewing van Mushroom Valley versprei. Die regeringsmagte was onder direkte bevel van Botha, wat presies geweet het waar die rebelle kampeer. Die verrassingselement, getalleoorwig en beter wapentuig was aan die regeringsmagte se kant.

Teen dagbreek die volgende oggend is die rebelle van verskillende kante aangeval en met artillerie en meksimmasjiengewere bestook.[30] Dit was toe dat Hans van Rensburg as deel van 'n afdeling perderuiters oor 'n blinde hoogte na 'n klipkraal gejaag en deur 'n grusame toneel begroet is. Soos aan die begin van die boek beskryf is, het lyke, gewondes, karkasse en gekweste perde oor 'n groot gebied versprei gelê. Onder die dooies was bekendes uit die Winburg-omgewing.

Die gebeure van daardie dag sou vir altyd diep in Van Rensburg se gemoed gegrafeer bly en in die toekoms 'n groot invloed op sy oortuigings en besluitnemings hê. "Ek het 'n les geleer daardie dag. Ek het geleer dat, ten spyte van meningsverskille en opruiende drifte, eie bloed altyd dikker as water is en dat dit dieper gaan as politieke of ander geskille."[31]

Die rebellemag is by Mushroom Valley verslaan en uitmekaar gejaag en baie rebelle is gevange geneem. De Wet het ontsnap en so weer sy reputasie van ouds as skarlaken pimpernel gestand gedoen. Dit was egter duidelik dat die rebelle se weerstand gebreek is en net 'n handjievol rebelle het die stryd daarna voortgesit. De Wet en 'n klein groepie rebelle is later in die Kalahari gevangene geneem.[32]

Die jong Hans van Rensburg het tot die einde van die opstand deel van die Winburgse regeringskommando gebly. Die kommando het jag gemaak op die laaste hardnekkige rebelle in die omgewing van Bethlehem, Reitz en Senekal en weer het Van Rensburg eerstehands bloedvergieting gesien.[33] Teen Desember was die rebelle se weerstand finaal gebreek en die opstand iets van die verlede. Die Rebellie was vanuit 'n militêre oogpunt 'n volslae mislukking, maar het blywende simboliese waarde gehad.

Ná die beëindiging van die opstand het Van Rensburg en sy neef Jan van Reenen nog 'n week lank wagdiens gedoen teen vyf sjielings per dag, 'n aansienlike inkomste vir daardie tyd.[34] Dat hy 'n besoldigde regeringstroep was, sou in die toekoms by hom kom spook.

3

'n Damaskus-bekering

"Ek het Boer geword!"
– Hans van Rensburg

DIE GEVEG BY MUSHROOM VALLEY het vir Hans van Rensburg 'n Damaskus-ervaring geword wat hom tot Afrikanernasionalisme sou bekeer. Die gebeure is diep in sy gemoed ingegrafeer en sou verreikende gevolge vir sy toekomstige oortuigings en besluite inhou.

In sy Afrikaanse memoires skryf hy: "Die bloedvergieting van daardie dag het my ook nog 'n ander ding geleer: Dit het van die sestienjarige seun weer 'n Boer gemaak."[1] Later sou hy ook vertel hoe die angliseringsleerstellings uit sy vroeë skoolloopbaan en die invloede van sy ouerhuis ná die Rebellie van hom afgeval het.

Met die uitbreek van die Tweede Wêreldoorlog in 1939 het gerugte van 'n moontlike staatsgreep die rondte gedoen onmiddellik ná die Smuts-regering se besluit om Brittanje se oorlogspoging te steun. In daardie stadium was Van Rensburg bevelvoerder van die Vierde Brigade in die Vrystaat wat uit 'n aantal burgermagregimente bestaan het. Hy het sy offisiere egter meegedeel dat hy weens sy ondervinding in die Rebellie nie bereid is om op mede-Afrikaners te skiet nie, selfs al word hy beveel om dit te doen. Hy is kort daarna summier deur die Smuts-regering van sy bevelskap onthef.[2]

Sy ondervinding by Mushroom Valley het ook neerslag gevind in sy leierskap van die OB gedurende die 1940's toe hy plofbare situasies moes ontlont om bloedvergieting te vermy. In *Their paths crossed mine* skryf hy:

> Some twenty-five years later I was fated to lead fellow Afrikaners with strong republican convictions against fellow-countrymen in some-

what similar circumstances. There was ample provocation – on both sides – to let matters get out of hand. If they do, then each one must do his duty according to his conscience and leave the rest to God. But the one taking the responsibility upon his shoulders will – if he has any semblance of the feeling of responsibility – do everything within the limits of his powers to avoid precipitating such sights as I have [witnessed at Mushroom Valley].[3]

Van Rensburg se bekering tot die Afrikanernasionalisme het waarskynlik nie oornag plaasgevind soos hy in sy memoires suggereer nie. Sy persoonlikheid was van só 'n aard dat hy waarskynlik eers 'n ruk daarmee sou worstel voordat 'n volledige kentering plaasgevind en hy 'n volwaardige Afrikanernasionalis geword het.

Die aand ná die geveg by Mushroom Valley het Van Rensburg en sy pa in die opstal van 'n buurplaas van Trommel oornag en het hy 'n gesprek van sy pa en senator H.G. Stuart gehoor. Hulle het oor die aaklige gebeure vroeër die dag gepraat en sy pa het begrip getoon vir die rebelle se standpunt sonder dat hy noodwendig met hul optrede saamgestem het. Die gesprek moes 'n besondere indruk op Van Rensburg se jong gemoed gemaak het, want hy het in *Sonder Gewere* (1946) 'n gedramatiseerde weergawe daarvan ingesluit. Dit het vir die eerste keer meegevoel met die rebelle se patriotisme by hom aangewakker.[4]

Ongeag sy ouers se vergewensgesindheid, moet ook in ag geneem word dat Van Rensburg met die geestelike en fisieke gevolge van Britse brutaliteit tydens die Anglo-Boereoorlog grootgeword het en dat dit ook bewustelik of onbewustelik 'n indruk op hom moes gemaak het. Die oorlog se psigiese letsels op die gemeenskap van Winburg sou nie sommer wyk nie en as jong seun sou Van Rensburg herinneringe en menings gehoor het van mense wat nie sy ouers se sienings gedeel het nie. Die rye konsentrasiekampgrafte teenaan die dorp was ook 'n blywende herinnering aan die oorlog se smarte.

Van Rensburg noem dat hy ander perspektiewe begin ontwikkel het as wat hy tien jaar lank op skool in die eensydige *Cape History* deur Joseph Whiteside geleer het.[5] In sy versameling Africana is 'n boek met 'n sterk jingoïstiese aanslag met die titel *Africanderism, the old and the young: Letters*

Van Rensburg as sestienjarige regeringstroep tydens die Rebellie – herinneringe wat hy eerder sou wou vergeet.

to John Bull, Esquire, geskryf onder 'n skuilnaam Anglo-Africander. Die boek bevat 'n sterk boodskap vir hoe die "Boer cast" gebreek en die hele land verbrits kan word. Onder die titel op die skutblad staan daar in sy skoolseunhandskrif: "Wait for the young, old sport!"[6]

Die ontluikende Afrikaanse letterkunde het 'n belangrike bydrae gelewer tot die ontwikkeling van Van Rensburg se Afrikaanse bewussyn. Hy het die eerste Afrikaanse prosaboeke soos J.H. de Waal se *Tweede Grieta* met sy spaargeld aangeskaf en dit verslind. Die eerste Afrikaanse geskiedenisboeke soos Gustav Preller se *Kaptein Hindon: Oorlogsaventure van 'n Baas Verkenner* het in 1916 ook bygedra om "van 'n sewentienjarige weer 'n Boertjie te maak".[7]

As skoolseun het hy die enigste ondersteuner van genl. J.B.M. Hertzog se Nasionale Party in die groter Van Rensburg-huishouding geword. Hy het daarna 'n lewenslange bewonderaar van Hertzog gebly. Later sou hul paaie op 'n meer persoonlike vlak kruis.⁸

Van Rensburg se deelname aan die Rebellie aan regeringskant het uiteindelik by hom 'n ereskuld geword wat hy teenoor sy Afrikanerskap wou vereffen. Dit is immers dikwels só dat die nuut bekeerde meer hartstogtelik oor 'n saak voel as diegene wat nog altyd aan 'n saak geglo het. Byvoorbeeld, met genl. Christiaan de Wet se dood in Februarie 1922 was Van Rensburg tydens die universiteitsvakansie op Winburg. Uit sy brief aan Albert Hertzog 'n paar dae ná die generaal se begrafnis is dit duidelik dat De Wet se afsterwe hom diep geraak het:

> Ek het na Bloemfontein gegaan om my laaste eer te bewys en ek is bly dat ek van die geleentheid gebruik gemaak het. Die stad was vol. Op die straat loop mense of staan in groepe en gesels. Oral hoor mens net Afrikaans – dié dag was Bloemfontein oorwegend Afrikaans. Aan elke vlagpaal het vlae halfstok gehang, en bokant menige gebou die ou Vrystaatse Vierkleur – simbool van 'n verlede waaraan De Wet en ook die duisende vrouens en kinders van die konsentrasiekampe behoort.

Hy is ook selfverwytend wanneer hy in dieselfde brief na die tragedie by Mushroom Valley verwys:

> Op 10 Desember 1914 het ek hom gesien toe hy deur die dorp getrek het op pad na Mushroom Valley. Destyds as 'n domastrante seun het ek die ou Generaal gehaat waar hy in sy motor verbyry, omring deur sy rebelle. Slegs twee dae vantevore het hy sy seun Danie, by Sandrivier verloor, tydens die geveg teen die Winburgers.
>
> Toe het ek niks waargeneem van die vaderlandsliefde en besieling, die drang na vryheid wat hom laat rebelleer het nie – al wat ek kon sien was die "verraderlike Duits-geïnspireerde opstand". Op 11 Desember was ek ook in die veld om dié man te vang, te keer, ja, te skiet; die man wat tog net uit louter vaderlandsliefde opgetree het, wat sy seun vir ons almal opgeoffer het.

'n Rou skuldgevoel blyk uit die volgende opmerking: "Nou, nadat ek my siel gevind het, sal ek onder hom veg en sou ek val, soos sy seun en ander geval het, dan sal ek dit as 'n eer, byna 'n soenoffer beskou. Maar dit is nou tevergeefs, te laat."[9]

De Wet word Van Rensburg se held en hy verwys later in sy toesprake telkens na die Boeregeneraal as 'n navolgenswaardige voorbeeld. Daar is in later jare ook in die pers na Van Rensburg as 'n Christiaan de Wet-Afrikaner verwys.[10] Sy ommekeer na nasionalisme was volkome.

Van Rensburg het van jongs af buitengewoon wye intellektuele belangstellings gehad en dit het onder meer tot 'n intense begeerte om die Duitse taal te bemeester gelei. Dit is nogal merkwaardig dat 'n Afrikaanse seun van die Vrystaatse platteland in daardie era so 'n behoefte sou ontwikkel. Daar was ook nie familielede of ander naby kennisse wat as inspirasie gedien het nie. Op hoërskool het Van Rensburg 'n Duitssprekende skoolmaat, Hermann Schmul, gehad wat hom met die taal gehelp het, maar dit was veral deur selfstudie dat hy so gevorder het dat hy teen die einde van sy skoolloopbaan Duits vlot kon praat en skryf. Hy het ook die ou Duitse Gotiese skrif baasgeraak.[11]

Op hoërskool het sy studie van die Duitse letterkunde hom 'n soort vervulling gebied wat die Afrikaanse letterkunde, wat toe nog in 'n bestaanstryd gewikkel was, nie kon nie. Aan die begin van die twintigste eeu was daar nog nie 'n erkende geskrewe Afrikaanse taal nie. Toe Van Rensburg se pa gedurende die Anglo-Boereoorlog 'n krygsgevangene was, het hy en sy vrou byvoorbeeld met mekaar in Engels gekorrespondeer.[12] Van Rensburg noem dat hy 'n "dors gehad het wat geles moes word" na iets wat nie sy eie, onontwikkelde taal of Engels hom kon bied nie.[13] Sy behoefte om die Duitse taal en kultuur beter te leer ken, het waarskynlik ook te doen gehad met die ontwikkeling van 'n anti-Britse gesindheid ná die Rebellie.

Hyself gee die volgende verduideliking: "Waarom nie die taal van 'n stamverwante volk wat byna die hele wêreld tot vyand het en in 'n worsteling om die eie volksbestaan verkeer nie. Daar was dus sterk emosioneel geaffekteerde agtergronde vir my studie; en net so moeilik soos ek dit gevind het om ander tale as die twee landstale te leer, net so maklik en vanself het hierdie een gekom."[14]

Van Rensburg se bemeestering van Duits het 'n nuwe waardering en bewondering vir die Duitse kultuur gebring: "My oogklappe het begin afval en ek kon wyer om my sien as wat ek tot dusver in die weiveld van Rudyard Kipling en sy geestesgenote gesien het... 'n Nuwe geesteswêreld het vir my ontluik wat vir my van onskatbare betekenis was."[15]

Die aantrekkingskrag van die Duitse taal en kultuur sou verreikende gevolge vir sy latere ideologiese beskouings inhou.

Vroeër in 1914 het Van Rensburg 'n tweede keer 'n ernstige beenfraktuur in 'n ongeluk opgedoen wat hom van die skoolbanke af gehou het. Hy staan 'n hoofstuk in sy memoires daaraan af en vertel met deernis van die distriksgeneesheer, dr. Paul Gillespie, wat sy been versorg het en hoe die dokter tragies aan die builepes gesterf het. Hy beskryf ook hoe hy en 'n paar maats, ongeag 'n verbod, Gillespie se surrealistiese middernagtelike begrafnis van 'n afstand af dopgehou het. Nadat die dorp se straatligte afgeskakel is en begrafnisgangers op die plein saamgetrek het, is die geneesheer se oorskot op 'n rammelende trolliewa, vergesel deur 'n klein groepie berede polisie met 'n enkele lantern vooraan hul groep, na die begraafplaas geneem waar hy vinnig in die donkerte begrawe is.[16]

Van Rensburg se verdere afwesigheid van die skool later die jaar weens sy betrokkenheid by die Rebellie het beteken dat hy standerd agt in 1915 moes herhaal. Hoewel hy in 1917 matriek geslaag het, het sy pa hom vir die volgende jaar onder sy vlerk gehou. Hy het die grootste deel van 1918 saam met sy pa deurgebring terwyl dié landmeterwerk op die platteland doen. Dit was maar 'n vervelige tyd vir die jong man, maar hy het wel die geleentheid benut om sy onuitputlike leeslus te bevredig en sy Duits te verbeter.[17]

In dieselfde jaar het die Groot Griep die inwoners van Winburg soos die res van die land getref, maar die Van Rensburg-gesin het gelukkig ongeskonde daarvan afgekom.[18] Uiteindelik het Van Rensburg se pa ingestem dat hy in 1919 aan die Universiteit van Stellenbosch tale kon gaan studeer met Duits as hoofvak.[19]

4
Stellenbosch, filosowe en geloofsake

*"Hans van Rensburg is een van die ernstigste
mense wat ek ooit ontmoet het."*
– Regter Kowie Marais

IN DIE 1920'S EN LANK daarna was Stellenbosch 'n bastion van Afrikanernasionalisme. Op universiteit het Hans van Rensburg skouers geskuur met latere Afrikanerpolitici soos Hendrik Verwoerd (eerste minister), Eben Dönges (verkies tot staatspresident, maar dood voor sy inhuldiging), Paul Sauer (kabinetsminister) en ander wat op 'n verskeidenheid terreine as geswore nasionaliste bekend sou word.

Op Stellenbosch is sy innerlike belewenis van kulturele Afrikanerskap aansienlik verskerp. Nadat hy die volle invloed van Afrikanernasionalisme daar ervaar het, was sy politieke identiteitsverandering volledig. Van toe af sou hy vir altyd 'n Afrikanernasionalis wees en ook toenemend anti-Brits word en besiel wees met die republikeinse ideaal.

Sy ervaring op Stellenbosch is meer as net 'n nasionalistiese of patriotiese belewenis. Die blootstelling aan veral die Duitse letterkunde en filosofie het wat hy sy "intellektuele ontwaking" noem, meegebring. Hy vergelyk dit met 'n geloofsbekering: "'n Nuwe geestelike wêreld het daardeur vir my oopgegaan, waarvan die bekoring vir my onbegryplik diep was."[1]

Van Rensburg se intellektuele en nasionalistiese ervaring op Stellenbosch sou ingrypende gevolge vir sy toekoms inhou en 'n grondslag vir sy latere radikale ideologiese denke lê.

Van Rensburg is aan die begin van 1919 na die Universiteit van Stellenbosch om hom as filoloog te bekwaam. Hy skryf in vir 'n B.A.-graad in lettere met

Duits as hoofvak en maak geen geheim daarvan nie dat hy 'n akademiese loopbaan wil volg met die ideaal om eendag professor te word.²

Hoewel 'n gedetailleerde beskrywing van die ontwikkeling van Van Rensburg se kennis en uitleg van die Duitse letterkunde nie die doel is nie, gee 'n kort bespreking insae in sy intense belewenis daarvan. Hy skryf byvoorbeeld hoe die epiese gedigte van Friedrich Schiller en vele ander hom bekoor en aangegryp het: "Toe ek die Duitse gedigte- en gedagtewêreld betree, het ek 'n ontwaking ondergaan. Naas Shakespeare se figure soos Hamlet, Macbeth, Julius Caesar het verrys die gestaltes vanuit die Nibelungenlied en dié van Faust, van Wallenstein en van Zarathustra. By die liriek van Shelley het gekom daardie van Heinrich Heine of die donkere beelde van Lenau."³

In sy eerste jaar het Van Rensburg vriende gemaak met Albert Hertzog, die latere kabinetminister, regse politikus en seun van genl. J.B.M. Hertzog. Hertzog was ook 'n Vrystater en wanneer hulle saam met die trein na Stellenbosch gereis het, het hulle lang en diep gesprekke oor wydlopende onderwerpe gevoer. In 1920 is Hertzog vir sy nagraadse studie Amsterdam toe. Die volgende dekade het die twee vriende konstant gekorrespondeer. Hul briewe is op 'n veel hoër vlak as wat 'n mens van die gemiddelde student kan verwag en verskaf veral insae in die ontwikkeling van Van Rensburg se politieke denke. Om sy Duits te verbeter het hy ook baie van sy briewe in dié taal geskryf.⁴

Dit is opmerklik dat hy groot genot uit die intellektuele interaksie met sy vriend geput het, soos die volgende uittreksel uit 'n brief wat hy in sy derde jaar geskryf het, getuig:

> Wat vir my so heerlik en pragtig van die Duitse literatuur is, is die rustige diepte van Schiller en sy nastrewing van 'n ideaal – sy übermensch is werklik bo-menslik en nie die gewetenlose geweldsmens wat Nietzsche verïdealiseer nie. [...] Kyk na die inspirerende vaderlandsliedere van die skrywer Körner. Dit staan onoortreflik in hul skoonheid en heerlikheid maar – en daar is altyd 'n aaklige maar – ek kan net sê God behoed die sedelikheid teen die Naturalisme.⁵

Sy kennismaking met die Duitse letterkunde het Van Rensburg onvermydelik na die werke van die Duitse filosowe gelei en hy het spontaan aanklank by hulle gevind. Een Saterdagoggend voor 'n intervarsity-rugbywedstryd tussen Maties en Ikeys het hy op die Kaapse Parade tussen tweedehandse boeke rondgesnuffel en die filosofiese roman *Also Sprach Zarathustra* deur Friedrich Nietzsche gekoop. Hertzog het gemeen dat dit 'n keerpunt in Van Rensburg se lewe teweeggebring het en dat sy vriend voortaan Nietzschiaans in sy benadering sou wees.

Eerstejaarstudent op Stellenbosch.

Hertzog het ook gereken dat Nietzsche se invloed 'n "soort gesplete persoonlikheid" by Van Rensburg veroorsaak het (hoewel hy sy mening kwalifiseer met "nie gesplete in die sin van die psigiatrie nie") en dat dit sy vriend na die nasionaal-sosialistiese ideologie sou lei. Dit was vir Hertzog moeilik verstaanbaar dat 'n "saggeaarde en goedgeaarde" mens soos Van Rensburg "met sy innemende karakter" later 'n filosofie "van mag en geweld wat eintlik nie veel met goeie menslike verhoudings te doen gehad het nie" sou aanvaar.

> Van daardie tyd af het Hans in sy intellektuele wêreld, apart van sy eie persoonlike wêreld as mens, 'n bewonderaar van mag geword. Hy het geglo in geweld, ofskoon hy dit in sy lewe sekerlik nooit self toegepas het nie ... aan die een kant was hy 'n bewonderaar van die leerstellings van Nietzsche en aan die ander kant was hy nog dieselfde gemoedelike, innemende mens van altyd. [6]

Volgens Van Rensburg is sy denke deur verskillende filosowe beïnvloed.[7] Hy sê oor sowel Friedrich Nietzsche as Oswald Spengler, "something in them spoke directly and strengtheningly".[8] Hy het Spengler se *Der Untergang des Abendlandes* ("Die ondergang van die Weste") met oorgawe bestudeer. Hy noem dat die "swartgallige" Spengler aanvanklik met sy dialektiese vertolking 'n groot invloed op hom uitgeoefen het:

> Spengler, met sy kolosale oorsig oor die organiek van die mensegeskiedenis as 'n dinamiese ontluiking, opbloeiing en ondergang van kulture leer dat "kultuur" as sulks nie bestaan nie; slegs kulture, in meervoud. Net soos "die Lewe" eintlik 'n abstrakte begrip is. Wat waargeneem word is nie "die Lewe" nie, dog individuele lewens. En elkeen daarvan is ook onderworpe aan die onverbiddelike organiese wet van ontstaan, opbloei, ondergang. Dit is, volgens Spengler, nie die mens wat geskiedenis maak nie, dog veel meer een of ander sentrale en besielende gedagte ...[9]

Van Rensburg het verduidelik dat Spengler glo dat "wanneer 'n beskawing se draers nie meer deur die gedagte besiel is nie, word alles doelloos en gaan die beskawing onder".[10] Vir Van Rensburg sou die nasionaal-sosialisme die "gedagte" word wat uitkoms op die swaarkry van die verlede sal bied. Spengler het ook 'n belangrike invloed op die Nazi-ideologie uitgeoefen. Mettertyd het Johann Wolfgang von Goethe, Arthur Schopenhauer en Heinz Heimsoeth se werke ook hul plek in sy boekery gevind. Hy het sy lewe lank sy belangstelling in die filosofie behou.

Al het Van Rensburg later op 'n beskeie manier probeer voorhou dat hy nie op akademiese gebied onderskeidingsmateriaal was nie, was hy die ideale student. Hy het 'n fotografiese geheue gehad en dit was vir hom maklik om te studeer. Hy het egter ook die kennis wat hy opgedoen het, geabsorbeer en daarmee geworstel – hy was 'n rustelose jong intellektueel, altyd soekende na antwoorde. Tog kla hy in 'n brief aan sy studentevriend dat sy "denkmetodes onstelselmatig" is.[11] Hy sou politieke kwelvrae mettertyd meer sistematies ondersoek en uiteindelik – wanneer hy die nasionaalsosialisme onder die knie kry – sy ideologiese beskouings daarop baseer.

Hans se studie vir 'n meestersgraad in Duits in 1922 onder leiding van prof. Ernst Friedlaender was vir hom ingrypend. Sy Duitse dosent het 'n onuitwisbare indruk op hom gemaak: "Ek glo nie dat enige lewensjaar vir my innerlik meer laat ontwikkel het as daardie jaar wat ek by professor Friedlaender deurgebring het nie."[12]

Omdat Van Rensburg Friedlaender se enigste meestersgraadstudent was, het hul gesprekke nie in 'n lesinglokaal plaasgevind nie, maar in die professor se kantoor. Hul verhouding het meer persoonlik geword en sy lesings het gewoonlik veel langer as 'n periode geduur. Friedlaender het ook iets van die Duitse erfenis aan Van Rensburg oorgedra en hierdie ervaring het gehelp om dié student se lewenslange liefde en bewondering vir die Duitse nasie en kultuur verder te vestig.[13]

Al was Friedlaender 'n tipies korrekte en stywe voormalige Pruisiese offisier, was hy warmhartig teenoor Van Rensburg. Hy het nie net op intellektuele terrein 'n invloed op sy student uitgeoefen nie, maar het ook Van Rensburg se belangstelling in die militêr verder aangewakker. In die Eerste Wêreldoorlog was Friedlaender in bevel van 'n masjiengeweerafdeling aan die Europese Oos- en Wesfront en hy het van sy oorlogservarings met Van Rensburg gedeel.[14] Dit het daartoe bygedra dat Van Rensburg die militêre omgewing nog meer verromantiseer het. Sonder dat hy klaarblyklik daarvan bewus was, het hy die swaarkry en gruwels van hierdie loopgraafoorlog misgekyk, asook sy eie trauma in die Rebellie.

As student het hy ook in die politieke vraagstukke van die dag belanggestel. Die Unie van Suid-Afrika se verhouding met die Britse Ryk het hom intens gepla. Uit sy korrespondensie met Hertzog blyk dit hoeveel onsekerheid daar was oor hoe Afrikaner- politieke strewes, veral die republikeinse ideaal, uitgeleef moes word.

As student het Van Rensburg toenemend anti-Brits geword. Hierdie sentiment was merkbaar onder die nasionalistiese studente van wie talle se ouers aan die Anglo-Boereoorlog deelgeneem het. Ander buitefaktore het ook gehelp om 'n anti-Britse gevoel by Van Rensburg aan te wakker. Sy Ierse hoërskoolonderwyseres, Miss E. Bell-Robinson, het byvoorbeeld ook anti-Britse sentimente aan haar leerlinge oorgedra deur haar vertellings van die Ierse nasionaliste se 1916-Paasopstand teen Britse beheer in Dublin. Bell-Robinson het later 'n vurige ondersteuner van Van Rensburg geword toe hy OB-leier was.[15]

Hy het ywerig help reël dat twee Ierse lede van die Sein Fein-organisasie die studente op kampus kom toespreek. Hy was ook een van die groep voortvarende studente wat 'n kabelgram aan die Britse eerste minister Lloyd George gerig het waarin te velde getrek is teen die Britse optrede in Ierland. Om die inhoud groter trefkrag te gee, het hy gereël dat twee Afrikaanse studente met Ierse vanne die brief onderteken. Soos te verwagte, is geen antwoord ontvang nie.[16]

Van Rensburg het ook die algemene ongelukkigheid van sy medenasionalistiese studente met die Smuts-regering se kragdadige optrede tydens die 1922-mynwerkerstaking gedeel, en veral hul ergernis oor die teregstellings ná afloop daarvan. Dit het 'n vyandigheid teenoor die Suid-Afrikaanse Party-regering by Van Rensburg ingeskerp.[17]

In 'n brief van 4 Maart 1921 kla hy teenoor sy vriend Hertzog: "Alles verander, veral die dinge wat ons as duursaam wil beskou en wil behou ... Die Britse Ryk bestaan nog, sterker as ooit tevore ... Nou ja, wat baat dit om te peins oor wat kon gewees het."[18]

Van Rensburg was met sy aankoms op Stellenbosch kerkloos. Die rede daarvoor kan deels gesoek word in die twiste onder lidmate van die Winburgse NG Kerk. Al het sy Van Rensburg-voorouers diep spore in die NG gemeente van Winburg getrap, is Van Rensburg nooit as baba gedoop nie. Sy ma het aan die Engelse Wesleyaanse kerk behoort. Dit het 'n ernstige geskil tussen sy pa en die NG predikant veroorsaak, wat verhinder het dat baba Hans gedoop is. Sy pa wou ook nie toelaat dat sy seun deur 'n Wesleyaanse sendeling gedoop word nie.[19]

Destyds was die Afrikaanse kerke die morele rigtingwyser van die Afrikaanse gemeenskap en daar is skeef gekyk na Afrikaners wat nie lidmate van een van die Afrikaanse kerke was nie. Die versuim om 'n baba te laat doop is as onaanvaarbaar beskou. In sekere konsentrasiekampkerkhowe tydens die Anglo-Boereoorlog is ongedoopte babas selfs eenkant begrawe.[20]

Anders as sy tydgenote het Van Rensburg ook nie tydens sy laaste hoërskooljare belydenis van geloof afgelê nie. Dit was dalk deels omdat hy nie gedoop was nie, maar dit het dalk ook iets te doen gehad het met die feit dat die NG gemeente in twee geskeur het ná die Rebellie. Twee gemeentes, 'n sogenaamde Sap-kerk (Winburg-gemeente) en 'n Nat-kerk (Rietfontein-gemeente), het binne dieselfde grense ontstaan. Die twee gemeentes het eers in die 1960's vrede gemaak.[21]

Van Rensburg het tydens sy studentejare na 'n geestelike ewewig gesoek en hierdie soeke het in latere jare waarskynlik voortgeduur. Op sy ma se aandrang het hy 'n Duitse sakbybeltjie saamgeneem Stellenbosch toe. Daarin het hy sekere Bybelverse gemerk, wat daarop dui dat hy geselekteerde gedeeltes van die Bybel sistematies deurgewerk het.[22] Dit mag wees dat hy hierdie Bybelstudie nie suiwer vanuit geloofsoortuiging gedoen het nie, maar dat sy onversadigbare drang na kennis daartoe bygedra het. Dit is wel opmerklik dat geloofsake nie in sy lywige korrespondensie met sy studentevriend Hertzog voorkom nie.

Dit was eers nadat Van Rensburg afgestudeer en op trou gestaan het dat hy op 24-jarige ouderdom op Oujaarsdag 1922 gedoop is en terselfdertyd die geloofsbelydenis afgelê het. Op sy pa se aandrang het dit in die Winburgse Sap-kerk plaasgevind.[23]

In later jare was Van Rensburg nooit 'n gereelde kerkganger nie en hy het nie huisgodsdiens met sy gesin gehou nie, anders as die algemene gebruik in daardie dae. Hy het homself ook nie as 'n oortuigde Calvinis beskou nie terwyl die meerderheid Afrikaners in sy tyd Calviniste was. Volgens 'n OB-leier, prof. B.C. Schutte, het Van Rensburg hom vertroulik meegedeel dat hy nie 'n Calvinis is nie en redelik "erg verskil" van die meerderheid Afrikaners se tradisionele geloofsoortuigings. Sy siening in hierdie verband kon om verstaanbare redes nie openbaar gemaak word in die konserwatiewe gemeenskap waaruit die Ossewabrandwag (OB) sedert 1939 volgelinge gewerf het nie.

Hy was nietemin nie sonder piëteit vir Afrikaner- godsdienstige beskouings nie. Hy het ook besef dit is baie belangrik vir sy volgelinge in die OB, soos die volgende opmerking teenoor Schutte getuig: "Kyk julle Calvinistiese benadering, die gryp my aan. Ek het daar die hoogste respek voor. Ek sal in my leiding probeer om daar hoegenaamd niks afbreuk aan te doen nie, trouens dit te help."²⁴

Van Rensburg het grootgeword met die voorbeeld van sy ouers wat nie voor die kerk se voorskriftelikheid geswig het wanneer iets nie vir hulle aanvaarbaar was nie. Dit het hom waarskynlik in sy onafhanklike denke aangemoedig. Skeptisisme oor die tradisionele godsdiens was voorts 'n integrale aspek van die gedagtegang van die meeste filosowe wat hy bestudeer het. Sy blootstelling aan daardie werke het hom egter nie agnosties gemaak nie. Sy seun het geoordeel dat "ateïsme veels te vlak vir Hans van Rensburg se ernstige bepeinsing was".²⁵

Die Christelike waardesisteem waarbinne Van Rensburg grootgeword het, was té sterk gevestig en die Bybel se invloed té groot. In die epiloog van sy memoires skryf hy: "[T]he Bible is the foundation of our thinking and our language, be it often imperceptibly and unconsciously. This applies even to those who preen themselves on being dyed-in-the-wool atheists."²⁶

Dat hy waarde aan die Christelike waardesisteem geheg het, blyk ook uit sy reaksie nadat die omvang van die Nazi-gruwels ná die Tweede Wêreldoorlog bekend geword het: "Wat ons is, het ons geword uit die krag van ons Christelike beginsels. Sodra jy daardie anker los, is jy nie meer 'n beskaafde wese nie en het jy geen etiese maatstawe meer nie, en die Duitsers het hierdie anker gelos teen die einde van die oorlog en beslis onchristelik gehandel."²⁷

Dit is onduidelik waaroor, indien enigiets, Van Rensburg in sy geloofsake gewroeg het omdat hy nie sy gedagtes daaroor neergepen het nie. Volgens sy seun het daar in 1936 'n soort verandering by sy pa ingetree toe hy sy kinders begin aanspoor het om die Bybel te lees en kerk toe te gaan.²⁸ Of dit weens 'n geloofsomwenteling was of omdat hy sy kinders wou laat baat by die etiese opvoedingswaarde daarvan, is onduidelik.

Tydens die krisistydperk van 1942 toe daar verskeie hoogverraadsake teen Van Rensburg se volgelinge was, het sy seun eendag onverwags van die koshuis af by die huis gekom en hom in gebedshouding aangetref – ongewoon vir hom: "Die weerloosheid van sy gebedshouding en die ongewoonheid daarvan het my geweldig getref."²⁹

'n OB-leier, ds. S.J. Stander, het vertel dat hy en Van Rensburg in 1947 in die rante buite Warmbad in diepe gebed was toe Van Rensburg deur 'n dreigende aanklag van hoogverraad in die gesig gestaar is.[30] Volgens sy suster, Louise Behrens, het die briewe van Paulus hom intens geboei.[31]

Dit kom voor of die gevolge van sy blootstelling aan die gereformeerde evangelie Van Rensburg op 'n manier bygebly het en dat hy 'n onkonvensionele Christen was wanneer hy beoordeel word teen die meer tradisionele geloofsbeskouings van sy tyd. Sy diepere geloofsoortuiginge bly egter moeilik peilbaar.

Regter Kowie Marais, wat later as regsverteenwoordiger vir Van Rensburg sou optree, beskryf hom as een van die ernstigste mense wat hy ooit ontmoet het.[32] Dit sal egter verkeerd wees om hom as 'n soort konserwatiewe boekwurm te beskou wat hom op universiteit uitsluitlik met akademiese en intellektuele sake besig gehou het. Dit was maar net een faset van hierdie veelvlakkige individu.

Van Rensburg het ongetwyfeld ook 'n ligter kant gehad. Tussen al die intellektueel en akademies gelaaide gedeeltes van sy korrespondensie met Hertzog, is daar ook alledaagse mededelings en plek-plek die tipiese ligsinnighede van 'n student. Hy het ongetwyfeld ook die sosiale studentelewe geniet.[33] Die eerste twee jaar was hy 'n inwoner van die manskoshuis Wilgenhof. In 1921 was hy een van die eerste groep seniors wat hul intrek in die pasgeboude gedeelte van die nuwe manskoshuis Dagbreek geneem het.

Hoewel hy van fisieke aktiwiteite gehou het, kom dit voor asof hy op universiteit nie aan georganiseerde sport deelgeneem het nie. Dit is onbekend watter gevolge die twee beenbreuke in sy tienerjare gehad het. Voor sy vriend Hertzog se vertrek oorsee, het die twee Vrydagaande brug by 'n kinderlose egpaar en druiweboere, Jan en Kittie Morkel, gespeel.[34]

Dit was Van Rensburg se hartsbegeerte om ná die voltooiing van die B.A.-graad sy nagraadse studie in Duitsland voort te sit. Dit het egter nie sy pa se goedkeuring weggedra nie; hy het eerder sy seun se heil in 'n regsloopbaan gesien. 'n Ander speek in die wiel van moontlike oorsese studies was van 'n meer amoreuse aard, soos in Hoofstuk 6 vertel sal word.

In sy derde jaar het die bekende en omstrede politikus Tielman Roos, wat 'n betekenisvolle invloed op hom sou hê, in Van Rensburg se lewe gekom. Roos was in daardie stadium die Transvaalse leier van die Nasionale

'n Groepfoto van die inwoners van die manskoshuis Dagbreek op Stellenbosch. Van Rensburg sit in die tweede ry derde van regs.

Party en was met Van Rensburg se niggie Bettie van Reenen getroud. Die twee mans het dadelik aanklank by mekaar gevind. Boonop was hulle die enigste twee Nasionaliste in die groter Van Rensburg- en Van Reenen-familiekringe. Van Rensburg het reeds as student by die Nasionale Party aangesluit.

Roos het dadelik groter potensiaal in Van Rensburg in 'n nie-akademiese omgewing gesien en het soos sy pa hom aangespoor om eerder 'n regsloopbaan te volg. Sy waarskuwing aan Van Rensburg oor sy akademiese ideale het klaarblyklik die gewenste uitwerking gehad: "Pasop! 'n Professor ontaard in 'n versteende fossiel!"[35]

Roos en sy pa se volgehoue aandrang dat 'n beter toekoms in 'n regsloopbaan wag, het gesorg dat Van Rensburg ná die voltooiing van sy meestersgraad na Pretoria verhuis het, waar hy vir 'n leerklerkskap by 'n prokureursfirma ingeskryf en 'n buitemuurse kursus vir die LLB-graad aan die Universiteit van Pretoria gevolg het.[36]

Die volle betekenis van Van Rensburg se intellektuele ontwaking weens sy blootstelling aan die denkrigtings van die Duitse filosowe en die finale vestiging van sy Afrikanernasionalisme tydens sy studiejare sou later in sy lewe duidelik word. Dit sou alles bydra om hom 'n aanhanger van die volksvreemde ideologie van die nasionaal-sosialisme te maak.

Uiteindelik sou Van Rensburg se wye intellek hom op 'n vernietigende dwaalspoor neem.

5
Wit burokraat

"Ek het 'n amp maar g'n opinie nie!"
– Hans van Rensburg

TOE VAN RENSBURG VROEG IN Januarie 1923 op Pretoria se spoorwegstasie aankom, was Tielman Roos daar om hom te ontvang. Roos het die 24-jarige jong man vaderlik onder sy vlerk geneem. Die volgende drie jaar het hy by die Roos-gesin in Sunnyside geloseer en is hy met gulle gasvryheid bederf.[1]

Die flambojante en forsgeboude Tielman Roos met sy groot weglêsnor was 'n spotprenttekenaar se droom, maar hy was ook 'n besonder talentvolle man. Hy was nie net 'n bekwame advokaat nie, maar 'n invloedryke Transvaalse leier van die Nasionale Party wat veral agter die skerms die verloop van politieke sake na sy sin probeer bewimpel het. Gedurende die middel 1920's en vroeë 1930's het hy 'n belangrike invloed op die verloop van sekere politieke gebeure gehad.

Sommige van hul tydgenote het gemeen dat die luidrugtige en wispelturige Roos – 'n opportunis en by uitstek 'n intrigant – se ongewone politiekery nie altyd 'n goeie voorbeeld vir Van Rensburg was nie.[2] In sy memoires verdedig Van Rensburg egter sy mentor en voer aan dat die buitewêreld die omstrede politikus dikwels verkeerd verstaan en beoordeel het: "Hy het sy spore op my nagelaat, beide intellektueel en emosioneel."[3]

Dit was nie in Van Rensburg se aard om sy rug te draai op iemand aan wie hy persoonlike trou gesweer het nie – selfs al het daardie persoon later polities wesenlik van hom verskil. Sy volgehoue en bykans ongekwalifiseerde lojaliteit teenoor genl. J.B.M. Hertzog, Tielman Roos en Oswald Pirow spreek daarvan. Voor in sy *Their paths crossed mine* is 'n aanhaling: "Never sacrifice a friend for the sake of an opinion."

Dit is grootliks deur Roos se invloed dat Van Rensburg as 'n leerklerk by die bekende prokureursfirma Stegman, Oosthuizen en Jackson ingeskryf is. Hoewel sy hoofde hom goed behandel het, was hy ongelukkig met die leerklerkskap wat hy beskryf het as "die laagste vorm van dierelewe in die regsprofessie... Al wat my geloof in 'n juridiese beskermengel weer 'n stoot vorentoe gegee het, was dat die Regter-president, oom Jaap de Villiers, een oggend in lewende lywe die leerjonge vir 'n koppie tee by Turkstra kom afhaal het."[4] Van Rensburg het 'n heldeverering vir De Villiers (sy grootoom aan moederskant) gehad en het hom onder meer ingeleef in sy bekende oom se oorlogservarings gedurende die Anglo-Boereoorlog – hy is ernstig gewond by Bothaville.[5]

Van Rensburg het saans buitemuurse klasse vir die LLB-graad aan die Universiteit van Pretoria geloop. Al was hy ywerig, kla hy in 'n brief teenoor sy vriend dat hy 'n gejaagde lewe voer: "Jy kan my voorstel as 'n gejaagde wildsbok wat geen pouse of gemoedsrus gegun word nie. Vader sy dank dat hierdie tyd tot drie jaar beperk is."[6] Tog het hy steeds tyd ingeruim om die werke van Duitse filosowe te lees en het hy ook dié van Sigmund Freud begin bestudeer.[7]

Met die algemene verkiesing van 1924 het Roos Van Rensburg gevra om sy aandklasse tydelik te staak sodat hy as lid van die plaaslike verkiesingskomitee sy volle aandag aan die Nasionale Party se werwingsveldtog vir die kiesafdeling Pretoria-Sentraal kon gee. Hy het reeds as student op Stellenbosch by die Nasionale Party aangesluit en nou het hy deel van die party se organisasie geword en in toprat in dié kiesafdeling gewerk. Met hierdie vuurdoop in die praktiese politiek het hy waardevolle insig in die waarde van 'n goed georganiseerde politieke beweging gekry. Dit was die eerste keer dat die kiesafdeling deur die Nasionaliste verower is.[8]

Met die totstandkoming van die koalisie tussen die Nasionale Party en die Arbeidersparty (die sg. Paktregering) onder genl. Hertzog is die Smutsregering in die algemene verkiesing ontsetel. Hertzog het Roos as minister van justisie aangestel, en die nuwe minister het Van Rensburg 'n welkome wegkomkans uit sy leerklerkskap gebied toe hy hom vra om sy privaat sekretaris te word. Met sy leerklerkskap opgeskort, het die Uniegebou in Pretoria en die parlementsgebou in Kaapstad sy nuwe werkplekke geword en het hy eerstehands die nukke en grille van politici ervaar.⁹

Aanvanklik was Van Rensburg verheug oor die Paktregering se oorwinning: "Dis maar 'n illustrasie van die ou waarheid dat samehang baie beter is as om afsonderlik te hang!"¹⁰ Dit is 'n beginsel wat hy jare later met die waterskeidingverkiesing van 1948 tot ontevredenheid van sekere OB-leiers sou navolg.

Die Paktregering was egter 'n skynhuwelik tussen die oorwegend Engelssprekende Arbeidersparty en Afrikaanse Nasionale Party en die twee partye het nie altyd dieselfde einddoelwitte nagestreef nie.

Nie te lank ná die Paktregering se bewindsaanvaarding nie, het Van Rensburg bedenkinge begin kry oor die rigting wat ingeslaan is. Vir hom was republikanisme die enigste middel om die nasionalistiese gees te laat herleef. Oor sy teleurstelling met die politieke doelloosheid wat hy onder die Afrikaners waargeneem het, en veral oor die stagnasie van die republikeinse ideaal binne die Paktregering, skryf hy in Maart 1928 aan sy vriend Hertzog: "Die golf wat die Nasionale Party se dryfkrag geskep het, skyn my verlore te wees."¹¹

Die oënskynlike tevredenheid van Hertzog en sommige Nasionaliste met die staatkundige ontwikkeling van die land ná die Balfour-verklaring van 1926 het Van Rensburg intens gefrustreer. Al sou Suid-Afrika ingevolge die verklaring voortaan gelyke status met Brittanje geniet het, was daar vir republikeinsgesindes soos Van Rensburg nog te veel wat die land aan Brittanje verbind en onderhorig gemaak het. Daar was ook die groeiende armblankevraagstuk wat bykans uitsluitlik tot Afrikaanssprekendes beperk was. Nieteenstaande al sy bedenkinge oor die rigting wat die Paktregering ingeslaan het, het hy 'n bewonderaar van Hertzog gebly.

Dit het Van Rensburg ook gehinder dat sy mentor Tielman Roos nie meer die republikeinse gedagte ernstig aangehang het nie, maar eerder na 'n ekonomies onafhanklike Suid-Afrika gestreef het. Nadat Roos se gesondheid 'n knou gekry het, is hy vir mediese behandeling na Duitsland. By sy terugkeer het hy uit die politiek getree en is hy as appèlregter aangestel. Roos sou voortaan nie meer Hertzog se geduld kon beproef en hom met sy gereelde opportunistiese politieke uitlatings in die verleentheid stel nie. Dit sou egter nie die laaste sien van die gesoute konkelaar op die politieke terrein wees nie.

In hierdie tyd het Van Rensburg ontevrede begin voel oor die doeltreffendheid van die partypolitieke stelsel.

In 1925 het Van Rensburg die LLB-graad verwerf en is hy as advokaat tot die balie toegelaat, maar hy sou nooit praktiseer nie. Nadat hy sowat vyftien maande lank as Roos se privaat sekretaris gewerk het, word hy in 1926 na die nuutgestigte staatsprokureurskantoor in Pretoria oorgeplaas.[12]

Dit het hom meer tyd vir verdere studies gegee. Hy het vir 'n doktorsgraad in die regte aan die Universiteit van Stellenbosch geregistreer en op aanbeveling van die dekaan van die regsfakulteit, prof. H.D.J. Bodenstein, is op die volgende onderwerp vir sy tesis besluit: "Opvolging van roerende goed in die derde hand". Die onderwerp gaan nie soseer oor wat die reg behoort te wees nie, maar is eerder 'n historiese ondersoek na die ontwikkeling van 'n eienaar se regte wanneer sy roerende goed sonder sy toestemming in 'n derde persoon se hande beland.

As student en regsman was Van Rensburg behoorlik onderlê in die beginsels van die Romeins-Hollandse reg wat die grondslag van die Suid-

As 'n jong regsgeleerde in die 1920's.

Afrikaanse materiële reg vorm. Ook wat die onderwerp van sy tesis betref, het hy tot die gevolgtrekking gekom dat die heersende reg na die kernbeginsels van die Romeins-Hollandse reg herlei kan word.

Dit is insiggewend in die lig van Van Rensburg se latere aanhang van die nasionaal-sosialisme waarin eiendomsreg op meer sosialistiese regsbeginsels berus terwyl die Romeins-Hollandse reg juis sterk klem lê op individuele eiendomsreg. Hy het sy navorsing in die biblioteke van die departement van justisie, die hooggeregshowe in Pretoria en Kaapstad, die appèlhof in Bloemfontein en die Universiteit van Stellenbosch gedoen. Hy het van sy bronne na die Middeleeuse Romeins-Hollandse-, Germaanse en Joodse reg teruggespeur.

Sy soms argaïese taalgebruik in sy tesis weerspieël die ontwikkelingfase waarin akademiese Afrikaans toe nog was, met die riglyne vir spelling en grammatika wat nie toe al vasgelê was nie (Afrikaans het eers in 1925 'n amptelike taal saam met Engels geword). Sy tesis het drie jaar voordat die Bybel in Afrikaans vertaal is, verskyn. In die jare daarna is daar egter 'n merkbare verbetering in Van Rensburg se skryfstyl soos Afrikaans in sy meer hedendaagse vorm ontwikkel het.

'n Doktorsgraad in die regte is in 1930 deur die Universiteit van Stellenbosch aan Van Rensburg toegeken. Hy het verklap wat werklik na aan sy hart lê toe hy opmerk: "Met die doktorsgraad agter die rug, het ek kans om minder uitdorrende en meer sielstrelende lektuur weer aan te pak."[13]

In die 1920's en 1930's was die Suid-Afrikaanse staatsdiens leliewit. Bitter min van die politici en staatsamptenare, insluitend Van Rensburg, sou in die 1930's kon voorsien dat dit ooit anders sou wees.

Op 1 Januarie 1929 is Van Rensburg as regsadviseur na die departement van justisie oorgeplaas. 'n Kombinasie van sy buitengewone werkywer, sy sin van dringendheid en die deeglikheid en intelligensie waarmee hy sy werk aangepak het, het gesorg dat hy meteoriese opgang gemaak het: Twee jaar later, in 1931, is hy tot adjunksekretaris (adjunkhoof) van die departement van justisie bevorder met Toon van der Heever (die latere Hertzogpryswenner vir sy poësie) as die sekretaris (hoof) van die departement. In 1933 het Van Rensburg op 35-jarige ouderdom die jongste sekretaris van justisie tot in daardie stadium geword toe Van den Heever as regter

WIT BUROKRAAT

In 1935 is Van Rensburg as die jongste sekretaris (hoof) van die departement van justisie aangestel.

aangestel is. Dit was 'n magsposisie in 'n tyd toe Engelssprekendes die staatsdiens oorheers het.¹⁴

Al het Afrikaners 'n getalleoorwig onder die wit bevolking gehad, het minder as 'n kwart van senior staatsamptenare in die 1930's Afrikaans gepraat. In 1925 was daar uit 'n totaal van 13 000 staatsamptenare 3 792 wat slegs Engels kon praat teenoor net twaalf wat net Afrikaans kon praat.¹⁵ Ook in die regsprofessie het Afrikaners aan die agterspeen gesuig. Teen die einde van die 1930's het Afrikaners maar 11% van prokureurs en advokate uitgemaak.¹⁶

Internasionale gebeure het veroorsaak dat politieke woelinge in die land dramatiese omwentelinge meegebring het wat in 1934 op die spits gedryf is. Die wêreldwye ekonomiese krisis ná die ineenstorting van die New Yorkse aandelebeurs in 1929, gevolg deur die depressie en droogte van 1933, het die Suid-Afrikaanse ekonomie op sy knieë gedwing. In 'n poging om Suid-Afrika se ekonomiese onafhanklikheid te handhaaf het Hertzog hardnekkig aan die goudstandaard vasgeklou. Dié besluit het hewige teenkanting gekry van diegene wat gemeen het dat dit die ekonomiese krisis in die land verder vererger en dat die Suid-Afrikaanse pond eerder aan die Britse sterling gekoppel moes word. In sy memoires noem Van Rensburg dat hy geen ekonoom is nie, maar dat dit vir hom duidelik geword het dat die "land wit gebloei is" deur Hertzog se weiering om van die goudstandaard af te stap.[17]

Soos verwag is van 'n senior staatsamptenaar, het Van Rensburg hom in dié tyd streng uit die partypolitiek gehou. Dit het hom gefrustreerd laat kla: "Ek het 'n amp maar g'n opinie nie!"[18]

Intussen het Tielman Roos as appèlregter bedank en na die politiek teruggekeer. Dié keer het die vlugvoetige strateeg teen Hertzog gedraai en sterk daarvoor begin agiteer dat van die goudstandaard afgestap word, wat ook die uitgangspunt van genl. Jan Smuts se Suid-Afrikaanse Party was. Agter die skerms het Roos hom vir samewerking tussen sy nuutgestigte Sentrale Party en die Suid-Afrikaanse Party beywer. Die grondslag van Roos se politieke terugkeer is in 1932 onder sy voete uitgeruk toe die Hertzog-regering onverwags besluit om van die goudstandaard af te stap.

Die vooruitsigte vir die Nasionale Party was nietemin nie goed nie en daar was aanduidings dat die party op sy eie in die volgende verkiesing die onderspit sou delf.[19] Hertzog het egter 'n koalisieooreenkoms met Smuts aangegaan en in Mei 1933 het die Nasionale Party in koalisie met die Suid-Afrikaanse Party die verkiesing gewen. Daarna het Smuts die adjunkpremier en minister van justisie geword, die departement waarvan Van Rensburg die hoof was.

Op 5 Desember 1934 het Hertzog die samesmelting van die Nasionale Party en die Suid-Afrikaanse Party aankondig om die Verenigde party te vorm. Roos en sy Sentrale Party was uitgesluit daarvan en hy het in die politieke wildernis beland. Oor sy eertydse mentor se val en skielike sterfte in 1935 merk Van Rensburg met deernis op: "Dit is 'n weemoedige gedagte dat die laaste dae van so 'n joviale leier in verbittering geëindig het."[20]

Van Rensburg sou self nog ervaar presies hoe genadeloos die politiek kan wees. Die oggend ná die 1933-aankondiging oor die koalisie het hy in die koerant daarvan gelees. Dit was só onverwags dat hy die nuus as 'n "fantastiese verbeeldingsvlug" beskryf het: "'n Hertzog-Smutsregering! Na al die beginsel verskille! Ondenkbaar!"[21]

Hy het hom na die minister van justisie, Oswald Pirow, se parlementskantoor gehaas waar die nuus bevestig is. Reeds voordat hy departementshoof by justisie geword het, het hy 'n hegte vriendskap met Pirow opgebou wat lewenslank sou duur. Op 'n vraag van Pirow waar hy nou in dié nuwe politieke klimaat staan, het Van Rensburg 'n betekenisvolle antwoord gegee: "Afgesien van my persoonlike lojaliteit teenoor generaal Hertzog en jouself, is al my instinkte met dr. Malan . . ."[22]

In daardie stadium was Malan die leidende kampvegter vir Afrikanernasionalisme. Van Rensburg se verhouding met Hertzog was een van komplekse teenstrydigheid wat nie altyd maklik verklaarbaar is nie. Sy bewondering vir Hertzog was bykans eindeloos: "He had more moral courage than anybody I have ever known in my life."[23]

Van Rensburg se ideologiese beskouings is dikwels nie te versoen met Hertzog se meer gematigde benadering nie, maar hy sou 'n konstante aanhanger van Hertzog se uitgangspunt van "Suid-Afrika Eerste" bly, asook van sy tweestroombeleid vir die twee taalgroepe. Anders as Van Rensburg was Hertzog egter nooit 'n volbloedrepublikein nie.

Malan en sy gegriefde volgelinge in die Nasionale Party het geweier om by die Verenigde Party aan te sluit. Vir hulle het die koalisieparty met sy oud-Unioniste nie Afrikanerbelange op die hart gedra nie. Malan en 14 LV's het van die Verenigde Party weggeskeur en die Herenigde Nasionale Party gevorm na wie se lede as die "gesuiwerdes" verwys is.

Dit het 'n dilemma veroorsaak vir Van Rensburg met sy sterk sentimente oor Afrikanernasionalisme aan die een kant en sy persoonlike lojaliteit teenoor Hertzog aan die ander kant. "Om kant te kies teen manne wat jy nog steeds as die verpersoonliking van die Afrikanersstryd beskou, is pynlik. Dit was die eerste keer in my lewe dat ek innig dankbaar gevoel het dat my pligte as amptenaar my tot 'n mate genoodsaak het om aan wal te staan."[24]

Hy skryf dat hy berusting sal moet vind in die volgende stelling van Oswald Spengler: "Alles is verbygaande ydelheid! Ook wedersydse moddergooiery."[25]

Sy teleurstelling in die partypolitiek was enorm en die gebeure het 'n blywende letsel gelaat. Hy het 'n intense weersin in die "Engelse" parlementêre stelsel ontwikkel en die demokrasie oor die algemeen wat hy "onnodige siniese speletjies van partypolitiek" genoem het. Hy het daarop gewys dat die Westministerkiesstelsel beteken dat die wenner alles neem.

Hy het ook geglo dat stelsel van partypolitiek nie altyd die landsbelang gedien het nie.[26]

Dit was vir hom baie moeilik om nie mismoedig te raak oor die gebrek aan aandag wat Afrikanerbelange in die Hertzog-regering gekry het nie.[27]

Met die samestelling van die nuwe kabinet is die justisieportefeulje aan Smuts toegeken en Pirow het minister van vervoer geword. Dit het tot Van Rensburg, die sekretaris van justisie, se eerste persoonlike kennismaking met Smuts gelei. Smuts was toe al wêreldbekend.

Daarna het 'n vreemde en gekompliseerde verhouding tussen Van Rensburg en Smuts ontstaan. Dit sou gedurende die Tweede Wêreldoorlog 'n laagtepunt bereik toe hulle onverbiddelike politieke vyande geword het. Tog het Van Rensburg altyd respek vir die begaafde Smuts behou. Hy het hom as uitgeslape beskou en as iemand wat nie met sy gevoelens op die mou loop nie. Smuts se onuitputlike weetgierigheid, merkwaardige belesenheid en besondere denkvermoë het Van Rensburg inderwaarheid bekoor. In later jare het hy teenoor 'n joernalis opgemerk, "all my personal memories of him are those of respect, not unmixed with affection. I soon realised that I had infinitely much to learn, which Smuts had already forgotten."[28]

Die twee was ideologies egter wêrelde van mekaar verwyder. Smuts het die filosofie van die holisme aangehang, wat hy gedefinieer het as "die neiging in die natuur om deur kreatiewe evolusie gehele tot stand te bring wat groter is as die som van dele". Dit het nie ruimte vir Afrikanernasionalisme gelaat nie. In direkte teenstelling daarmee was Van Rensburg se enger fokus op die nasionaal-sosialisme as ordeningsbeginsel vir 'n bepaalde groep soos die Afrikaner, vir wie Afrikanernasionalisme van wesenlike belang was.[29]

Smuts het hom nie veel met departementele sake bemoei nie. Hy het dit grootliks aan sy amptenare oorgelaat. Van Rensburg was bekwaam en Smuts sou nie fout met sy werk as sekretaris van justisie kon vind nie. Tog moes "Slim Jannie" van Van Rensburg se steun vir Afrikanernasionalisme geweet het.

Smuts se regterhand, Louis Esselen, het op 'n dag by Van Rensburg se kantoor opgedaag en hom gepols oor of hy nie in 'n diplomatieke pos in Duitsland belangstel nie. Van Rensburg het die aanbod van die hand gewys omdat hy gedink het só 'n verplasing sou in daardie stadium nie in belang van sy kinders se opvoeding wees nie.[30] Al het hy sy werk bekwaam gedoen, sou dit Smuts waarskynlik gepas het as Van Rensburg sy pos as sekretaris van justisie ontruim het. Die vraag is of Van Rensburg se politieke sentimente toe reeds vir Smuts hinderlik was, al het hy dit nie met sy werk laat inmeng nie.

Van Rensburg was oortuig daarvan dat Smuts 'n keer sy lewe gered het. Dit was nadat hy in 1934 van 'n jagtog in die Bosveld teruggekeer en ellendig gevoel het. Sy gebrek aan energie het hom laat glo dat hy malaria onder lede het en dat die siekte homself sou uitwoed. Toe hy Smuts in sy kantoor besoek en dié sy treurige toestand opmerk, het hy hom aangesê om onmiddellik dokter toe te gaan.

Van Rensburg het net betyds by die dokter uitgekom. Hy is met pernisieuse bloedarmoede gediagnoseer – 'n siekte wat deur 'n tekort aan sekere vitamiene veroorsaak word – en was 'n maand lank in die hospitaal. In 'n brief aan sy vriend Albert Hertzog vertel hy dat hy só siek was dat hy geglo het 'n militêre begrafnis is sy voorland.[31] Onder andere het genl. Hertzog hom in die hospitaal besoek, gewoonlik met 'n ruiker blomme uit Groote Schuur se tuin.[32] Ook Smuts en Pirow het by hom 'n draai gemaak. Dit was toe reeds duidelik dat Van Rensburg 'n "goue seun" was vir wie 'n blink toekoms gewink het.

In 1934 het die Unie-parlement besluit om die regsgeldigheid na te gaan van die huwelike van die Dorslandtrekkers en hul nasate wat sedert 1928 uit Angola na Suidwes verhuis het. Hierdie groep Afrikaners, wat sedert 1874 met verskillende trekke en met groot ontberings uit Transvaal na Angola getrek het, het toe nie meer kans gesien vir die Portugese bewind nie.

Weens die twyfelagtige regstatus van die Dorslandtrekkers se huwelike in terme van die Suid-Afrikaanse regstelsel het dit allerlei boedel- en ander regsprobleme laat ontstaan. Smuts het Van Rensburg as 'n eenmankommissie aangestel om die ondersoek in Suidwes-Afrika te gaan doen.

Getrou aan sy werksetiek het hy die werk binne sewe weke afgehandel en 'n deeglike verslag opgestel. Met sy droë humorsin het hy later vertel dat hy sowat 800 paartjies met terugwerkende krag in die huwelik bevestig het, van wie sommige, soos hy dit stel "lank reeds in die hemel was".[33]

As sekretaris van justisie was hy ook betrokke by intensiewe ondersoeke na kommunistiese bedrywighede. Die kennis wat hy daarmee opgedoen het, het by hom die blywende indruk gelaat dat die kommunisme 'n dodelike gevaar vir die wêreld inhou. Dit het daartoe bygedra dat hy nader aan die nasionaal-sosialisme as teenwig vir die kommunisme beweeg het.[34]

In 1936 is 'n internasionale kongres oor kopiereg vir juriste in Brussel in die vooruitsig gestel en Van Rensburg is deur Smuts afgevaardig. Hy het die geleentheid gretig aangegryp en het ook gereël om ná die kongres Duitsland te besoek. Die kongres is afgestel, maar hy het nietemin besluit om langverlof te neem en op eie koste drie weke lank alleen in Europa te gaan reis.

Sy besoek aan veral Duitsland sou 'n ingrypende impak op sy toekomsvisie hê. Hy het van die belangrikste Nazi-leiers ontmoet, insluitend Adolf Hitler, en ook die geleentheid gekry om Duitse en Britse militêre maneuvers by te woon en 'n vergelykende studie daaroor te doen, waaroor hy later teruggerapporteer het.

Hoewel Van Rensburg allerweë as 'n uitstekende departementshoof beskou is, was hy allermins net 'n nougesette burokraat. Terwyl hy sy pligte as staatsamptenaar pligsgetrou en met integriteit nagekom het, het sy belangstellingsvelde veel verder as sy daaglikse werksaamhede gestrek.

6
Katie en omstredenheid

"Sy was geen stereotipe Afrikanervrou nie. In sekere opsigte kan sy as een van die eerste Afrikaner feministe beskou word."
– Lettie van Rensburg (skoondogter)

TYDENS 'N JUNIORDAG, 'N SOORT voorloper van die latere jooloptogte waartydens eerstejaarmans in 'n karnavalatmosfeer in verspotte klere met kapperjolle en uitbundige musiek deur die strate van Stellenbosch beweeg het, het Van Rensburg 'n laggende skooldogter in 'n venster van die Hoër Meisieskool Bloemhof opgemerk. Dit was liefde met die eerste oogopslag: "Saulus het Paulus geword," het hy later geskryf.[1]

Hy het haar weke lank vanaf 'n afstand dopgehou. Tydens 'n geselligheid het hy 'n geleentheid bewimpel om aan die vyftienjarige skooldogter voorgestel te word. Katie Joubert het sy groot studenteliefde geword, en die rede waarom hy besluit het om vir nog 'n jaar op Stellenbosch aan te bly en vir 'n meestersgraad in Duits in te skryf. Ná haar matriekjaar het sy haar vir 'n kursus in kindertuinonderwys ingeskryf. Die twee het in daardie jaar verloof geraak en op 28 Maart 1925 is hulle in die NG kerk op Worcester getroud.[2]

Twee Amerikaanse gesante wat in 1944 'n onderhoud met Van Rensburg gevoer het, het Katie beskryf as "short, dumpy, anything but pretty, yet not unactractive either in a strange sort of way".[3] Katie se Oosterse gelaatstrekke het aan 'n gesofistikeerde Chinese vrou herinner en het die aandag op haar as Boerenooi gevestig, maar het ook gemengde reaksie uitgelok. Sy is dikwels vergelyk met Anna May Wong, 'n bekende Amerikaans-Chinese filmaktrise van die 1920's en 1930's.[4]

Van Rensburg self het humoristies vertel van 'n voorval by 'n amptelike dinee in Pretoria toe hy nog sekretaris van justisie was. 'n Aankondiger het soos die gebruik daardie tyd was die gaste se name en titels uitgeroep wanneer hulle die banketsaal binnekom. Met die Van Rensburgs se aankoms het hy Katie in 'n luide stem voorgestel: "En hier is die beeldskone en eksotiese vrou van die Japannese konsul-generaal"![5] Hans het verwysings na Katie se oënskynlik Oosterse voorkoms klaarblyklik geniet.

Vir baie was hulle oënskynlik die perfekte paartjie.

Catharina (Katie) Johanna Joubert is op 7 November 1904 op Jansenville in die Oos-Kaap gebore en het haar kinderjare op Waaihoek, by Worcester in die Boland, deurgebring. Soos Van Rensburg het sy die sekuriteit van 'n stabiele ouerhuis geniet waar sy 'n goeie opvoeding ontvang het en beter geleenthede gebied is as wat die gemiddelde Afrikanerkind van die tyd kon verwag.

Links is Katie Joubert as jong vrou en regs is die twee verloofdes op Stellenbosch.

Katie se pa was 'n skoolhoof en het toegesien dat sy met die Montessori-studiemetode geskool word, wat uitsonderlik vir daardie era in Suid-Afrika was. Dié studiemetode is vroeg in die twintigste eeu in Italië ontwikkel en het kinders meer vryhede toegelaat as konvensionele onderwysmetodes van destyds. Dit het onder meer behels dat kinders hul ingebore potensiaal deur ontdekking leer ken.[6] Katie het die beskermde omgewing van haar Bolandse grootwordjare vir die eerste keer agtergelaat toe sy as pas

*Katie en Hans is op 28 Maart 1925 in die
NG kerk op Worcester getroud.*

getroude haar man na Pretoria gevolg het. Van Rensburg was uit die staanspoor tuis in Pretoria, wat hy "an extraordinarily pleasant and charming city" gevind het.[7] Hoewel dit haar langer geneem het, het Katie ook weldra ingeburger geraak. Nadat hulle aanvanklik by die Roos-gesin ingewoon het, het hulle in Hatfield nesgeskop en etlike jare daar gebly. Soos die geval daardie tyd met die meeste jong staatsamptenare was, het die Van Rensburg-egpaar dit aanvanklik nie breed gehad nie. "Gelukkig was ons lief vir lees," het Katie later jare vir haar seun vertel. "Ons kon mekaar darem boeke gee".[8]

Die egpaar het gou deel van Pretoria se Afrikaanse intellektuele elite geword en mense soos Gustav Preller, Oswald Pirow, Toon van der Heever en verskeie ander bekendes was onder hul vriende. Die jonggetroudes het aan 'n leeskring van die Duitse klub behoort waar 'n wye verskeidenheid boeke by aandbyeenkomste voorgelees en bespreek is. Katie, wat nie dieselfde passie as haar man vir die Duitse letterkunde gehad het nie, het aanvanklik nie 'n woord Duits verstaan nie.[9]

Katie se Bolandse agtergrond het waarskynlik daartoe bygedra dat sy nie met dieselfde sterk republikeinse sentimente grootgeword het as iemand soos Hans nie; hy het immers uit die binneland gekom waar Afrikanernasionalisme weens direkte blootstelling aan die gevolge van die Anglo-Boereoorlog groter neerslag gevind het.

Te min geskrewe stukke van Katie het bewaar gebly om haar vroeë politieke denke na behore te peil. Wat vas staan, is dat sy nie 'n stereotipe Afrikanervrou van haar tyd was nie. Volgens haar skoondogter kan sy selfs in sekere opsigte beskou word as een van die eerste Afrikaanse feministe in wat destydse 'n patriargale gemeenskap was.[10] Sy het in private gesprekke nie vir haar man teruggestaan nie en by tye sou sy 'n geselskap oorheers, maar hy het haar meestal laat begaan.

Katie het skynbaar nie veel vertroue in haar eggenoot se vermoë agter die stuurwiel van 'n motor gehad nie en het dikwels daarop aangedring om te bestuur, waaroor Van Rensburg droogweg opgemerk het: "She is an excellent driver, but somewhat addicted to stepping on the accelerator."[11] Die egpaar was wel in twee redelik ernstige motorongelukke met Katie agter die stuur en in een is Van Rensburg beseer.[12]

Hy het by verskeie geleenthede laat blyk dat Katie se politieke denke minstens in 'n vroeë stadium van syne verskil het en dat sy in sekere opsigte meer liberaal was.[13] Aanvanklik het sy prokommunistiese sentimente gehad en het selfs Russies deur 'n korrespondensiekursus aangeleer. Haar kleindogter onthou dat sy op haar oudag nog Russiese boeke gelees het.[14] Terwyl Van Rensburg leier was van die OB en daar heelwat anti-Semitisme was, was Katie verdraagsamer teenoor Jode.[15]

In die vroeë dertigerjare het sy en Van Rensburg vergaderings van die "Friends of the Soviet Union" in Pretoria bygewoon. Haar latere verduideliking hiervoor was dat dit in daardie jare – met die armblankevraagstuk altyd op die voorgrond – nie ongewoon was vir Afrikanerintellektuele om sosialistiese idees as 'n moontlike oplossing te ondersoek nie.[16] Van Rensburg het egter nie te lank daarna nie 'n verbete vyand van die kommunisme geword en sou dit lewenslank bly.

Katie het nie haar politieke oortuigings aan die groot klok gehang nie en sou ook niks doen wat haar man polities kon benadeel nie. Dit het egter nie beteken dat sy nie haar eie mens was nie.

Hoewel sy in later jare byvoorbeeld nie geweier het om die tradisionele Voortrekkerrok en kappie te dra soos die gebruik was by die meeste formele OB-geleenthede nie, het sy dit bra teësinnig gedoen – waarskynlik om haar man se onthalwe.[17] Sy het eerder die meer moderne wit rok van die OB gedra, wat 'n simbool was van die organisasie se protes teen die Smuts-regering se oorlogspoging.

Katie is reeds voordat Van Rensburg OB-leier geword het, blootgestel aan die genadeloosheid van die politieke wêreld. Tydens OB-leiersverkiesing aan die einde van 1940 is sy as "losbandig" en Van Rensburg as 'n "godloënaar" voorgehou in pogings om hom te diskrediteer.[18]

Katie in 1938 in Voortrekkerdrag tydens die simboliese Ossewatrek.

Die mate waarin enge konserwatisme destyds 'n rol gespeel het in die morele oordele van Afrikaners spreek uit die preutsheid van 'n Grootraadslid, ds. S.J. Stander. Hy was baie ongelukkig omdat Katie 'n tennisrokkie aangehad het toe sy by die administrateurswoning aan hom voorgestel is, pas nadat sy van 'n tennisoefening teruggekeer het. Jare later het hy vertel dat haar voorkoms hom oorreed het om teen Van Rensburg te stem. Nadat Stander die Van Rensburgs beter leer ken het, het hy egter besonder lojaal teenoor hulle geword.[19]

Onverdiende omstredenheid van 'n persoonliker aard het Katie aan die begin van die OB-jare omhul. Dit het meer oor oppervlakkighede soos haar uiterlike voorkoms as enigiets anders gegaan. Hoewel sy lewenslank 'n bobhaarstyl gehad het wat aan die modegier van die 1920's herinner, was haar haarstyl gedurende die OB-jare modieus vir die tyd. In 'n ultraregse politieke omgewing het haar modebewustheid nie altyd byval onder preutse Afrikaners gevind nie.

Selfs ná Van Rensburg se verkiesing as OB-leier was daar 'n tyd lank vanuit sekere preutse geledere steeds vyandigheid jeens die Van Rensburgs weens Katie se voorkoms. Die voormalige OB-generaal Raymond Rudman het met Van Rensburg se eerste besoek aan Natal aan die einde van April 1941 sy vrese teenoor die Natalse beheerraad van die OB uitgespreek: "Generaals, ek weet nie wat om te doen nie. Mevrou Van Rensburg is so gemoderniseer, sy dra kort rokkies en kort hare – wat gaan die vrouens van die kommandant-generaal dink?"

Rudman beweer dat dit uiteindelik tot 'n skeuring in die geledere van die Natalse OB-vroue gelei het: "[H]ulle is algar in Voortrekkerrokke en hier staan die vroutjie met die kort rok en die kort hare, sulke wit 'bows' in die hare. Toe was daar teleurstelling onder die Afrikaners. Hulle het gevoel dat dr. Van Rensburg nie die aangewese man is nie."[20]

Dit is moontlik dat Rudman die redes vir die vroue se teenkanting teen Katie se voorkoms oordryf het. Rudman se weergawe moet ook beoordeel word teen sy latere vyandigheid teenoor Van Rensburg nadat hy, Rudman, die OB verlaat het.[21] Daar moet ook in gedagte gehou word dat die paternalistiese OB streng volgens genderverskille georganiseer was en dat die volksmoeder-ideologie nagestreef is. Daarvolgens was die vrou se "edele" rol dié van "goeie" moeder vir haar kinders en "goeie" eggenote vir haar man.

Die oorgrote meerderheid OB-lede in die ander provinsies het Katie egter onvoorwaardelik aanvaar. Dit lyk ook nie asof die teenkanting teen haar sogenaamd moderne voorkoms haar enigsins van stryk gebring het nie.

Nieteenstaande haar sterk persoonlike menings sou Katie nooit haar man se politieke oortuigings in die openbaar teengaan nie. Terwyl Van Rensburg in die stormagtige OB-tye konstant in die kalklig was, het sy in die skadu gebly en hom getrou deur dik en dun bygestaan. Dit laat twyfel ontstaan of sy werklik as 'n feminis beskou kan word.

Katie het lewenslank 'n diepe bewondering en liefde vir Van Rensburg gehad. Die waarheid is dat haar lewe om hom gesentreer het. Haar hoë dunk van sy vermoëns grens by tye aan heldeverering – selfs al sou hy haar by tye in hul verhouding versaak.

Twee kinders is uit die huwelik gebore: Johan in 1926 en Annemarie in 1930.[22] Sowel Hans as Katie het 'n hegte band met hul kinders gehad. Op die oog af was die gesinsverhoudinge gesond.

Dalk is dit maar goed dat 'n mens nie weet wat die toekoms inhou nie. Katie kon nie geweet het watter dramas vir haar voorlê of dat haar huwelik met Hans van Rensburg nie altyd maanskyn en rose sou wees nie.

Die jong administrateurspaar van die Vrystaat.

7
Flirtasies met Nazi's

*"Pasop! Die Duitsers suig jou uit soos 'n lemoen
en dan gooi hulle jou weg!"*
– Hans van Rensburg

ANDERS AS WAT SEKERE WEERGAWES wil voorhou, was Van Rensburg se enigste ontmoeting met Adolf Hitler nie 'n persoonlike onderhoud nie, maar 'n vlietende oomblik waarin hy as een van sowat sewentig gaste tydens 'n staatsdinee aan die Führer voorgestel is. In daardie moment het Hitler egter 'n onuitwisbare indruk op hom gemaak.[1]

Van Rensburg het sonder metgeselle met die Adolf Woermann na Europa gereis – 'n stoomskip wat soos die meeste Duitse skepe in die komende oorlog tot 'n watergraf gedoem was. Die skip se kaptein, Otto Burfeind, met wie Van Rensburg vriende gemaak en lang gesprekke tydens formele aandetes aan die kapteinstafel gevoer het, sou 'n seedood sterf.[2]

In 1936 het Van Rensburg egter 'n aangename transatlantiese vaart gehad en die vooroorlogse glans en deftigheid op sulke skepe geniet. Sy dors na kennis het beteken dat hy gedurende die vaart alles intens geabsorbeer het. By die hawestad Las Palmas in die Kanariese Eilande is die passasiers nie toegelaat om aan wal te gaan nie en van die skip af het hulle geweer- en masjiengeweervuur gehoor. Dit was die begin van die Spaanse burgeroorlog – 'n voorspel tot die Tweede Wêreldoorlog.[3]

In die Baai van Biskaje aan die Franse en Spaanse kus het die lugskip Graf Zeppelin geruisloos oor hulle geswewe: "A huge silver cigar, it seemed, gliding high and noiselessly in the heavens ... swift and majestic."[4] Asof dit 'n voorbode was van die verwoesting wat sou volg, is die lugskip die volgende jaar tydens 'n vlug oor New York deur vlamme verswelg.

Nadat Van Rensburg in Antwerpen aan wal gestap het, het hy per trein na Hamburg gereis. Duitsland het hom vanuit die staanspoor betower. Hy het 'n suksesvolle en vooruitstrewende nasie aangetref wat uit die puin van die Eerste Wêreldoorlog opgestaan het. Hy verwys na "a hardworking but friendly and warmhearted people" en ook "marvellous old cities... and peaceful villages."[5]

Hamburg het hom ook bekoor: "The tall, greencoloured spire of the Marienkirche; the freshness of its inland lake, the Binnenalster and the general atmosphere of kindliness remained impressed upon my memory."[6]

Vir sy besoek aan Duitsland het Jan Smuts en Oswald Pirow Van Rensburg van getuigskrifte en boodskappe aan vername Duitsers voorsien. Die Suid-Afrikaanse konsulaat in Duitsland is ook amptelik opdrag gegee om hom by te staan.[7]

Die Suid-Afrikaanse konsul-generaal in Hamburg, Fritz Brehmer, het Van Rensburg behoorlik op die hande gedra. Buiten die noenmale en ander funksies waarheen Van Rensburg hom vergesel het, het Brehmer hom met sy Opel op 'n twee weke lange toer deur Duitsland geneem wat in Kiel in die noorde begin en by Oberammergau in die suide geëindig het.[8]

Op sy besoek aan Berlyn het Van Rensburg 'n opwindende stad met 'n bruisende Olimpiese atmosfeer aangetref. Ná die neerdrukkende depressiejare het Berlyn vooruitgang uitgestraal en op die oppervlak nog die vrygeestigheid verkondig waarvoor dit in die 1920's bekend was. Buitelandse toeriste is verwelkom en deur hul Duitse gashere op die hande gedra.

Die Berlynse Olimpiese Spele van 1936 sal altyd onthou word as "Adolf Hitler se Spele". Die Nazi's het die Spele, wat van 1 tot 16 Augustus 1936 plaasgevind het, as 'n ideale geleentheid beskou om hul fascistiese ideale in 'n gunstige lig voor te stel. Onder Joseph Goebbels, wat ook die president van die Duitse Olimpiese reëlingskomitee was, is die geleentheid gebruik om subtiel en soms blatant propaganda vir die nasionaal-sosialisme te maak terwyl die Nazi's se anti-Semitiese agenda tydelik versag is om die beeld van 'n verdraagsame Duitsland uit te dra. Soos talle ander is Van Rensburg hierdeur mislei en was die werklikheid iets heel anders.[9]

Van Rensburg het op uitnodiging die indrukwekkende openingseremonie van die Spele bygewoon. Daarna het die Suid-Afrikaanse diplomatieke gesant in Berlyn, dr. G.N. Gie, gereël dat hy bekende Nazi-leiers,

Van Rensburg het dié foto van die Nazi-leiers tydens die Olimpiese Spele van 1936 in Berlyn geneem. Tweede van links is Rudolf Hess, vyfde Adolf Hitler en regs (onder die rolprentkamera) Hermann Göring.

insluitend Hitler, ontmoet.[10] Die ontmoeting het op 12 Augustus 1936 in die geselskap van Gie en sy vrou plaasgevind. Dit was tydens 'n dinee wat in die Rykskanseliersgebou in Berlyn vir hoofsaaklik buitelandse diplomatieke gesante gehou is.

Volgens Van Rensburg was sy ontmoeting met Hitler heel onverwags. Hy het in 'n lang gang van die imposante gebou saam met ander gaste beweeg en nie veel aandag gegee aan wat om hom gebeur nie. Sy aandag was eerder by die indrukwekkende skilderye teen die mure. Hy het verwag dat daar die gebruiklike afkondiging sou wees wanneer Hitler en sy gevolg opdaag: "I can say quite truthfully that at that particular moment I was somewhat bored at having to shake hands with so many strangers."[11]

Eers toe Van Rensburg voor Hitler te staan kom waar hy half ongemerk teen die muur in die gang staan, het hy besef wie dit is. In sy Afrikaanse memoires beskryf hy hoe Hitler se oë hom onmiddellik gemesmeriseer het sonder dat hy op daardie oomblik geweet het watter kleur dit was (dit was blou): "Oë met 'n boeiende mag wat mens moet beleef om dit te begryp! Vir my was die man wat voor my staan nie die redder van my volk nie –

hoewel Hitler op daardie tydstip wel vir die Duitse volk was – dog slegs 'n persoonlikheid. Maar watter persoonlikheid!"[12]

In sy Engelse memoires beskryf Van Rensburg sy bewondering vir Hitler as 'n irrasionele en intuïtiewe reaksie: "There are many things, lying in the depths of life's reality, which – if they can be grasped at all – can be grasped only with the intuition. To cold reason they are inexplicable and therefore simply do not exist. At that moment I had the feeling that I was confronted with one of life's such hidden realities."[13]

Hulle het 'n kort bolangse gesprek met die gebruiklike hoflikhede gevoer. Ná 'n kort buiging en wedersydse glimlagge het Van Rensburg aanbeweeg. Dit was genoeg om 'n blywende indruk op hom te maak: "Op daardie oomblik skiet dit my met onwederlegbare sekerheid binne; nou, vir die eerste keer in my lewe, begryp ek die wonderwerk van die Maagd van Orleans, Jeann d'Arc!"[14]

In 'n onderhoud met twee Amerikaanse gesante in 1944 het hy ook 'n vergelyking tussen die legendariese Franse geloofstryder Jeanne d'Arc en Hitler getref: "He [Van Rensburg] said that the air in Hitler's presence was charged and that if we believed at all in the supernatural – which is something that you do believe in or you don't – then we would know, as he did, that he was in the presence of a force that was outside the mundane world. He then said that the ignorant 17 year-old peasant girl, Joan of Arc, also had something like this – a force that could weld people together after learned, intelligent people had failed."[15]

Volgens die verbaasde Amerikaners het Van Rensburg Hitler as 'n "heilige" beskryf (hy sou in Duits gesê het: "Hitler ist ein Heiliger").[16] In sy Engelse memoires van ná die Tweede Wêreldoorlog probeer hy sy belewenis van Hitler in 'n historiese konteks plaas:

> History has certain grim actions which, if grasped at all, can be grasped only as being "beyond good and evil". When great masses of humans are mobilized and on the march their momentum inevitably takes on much of the juggernaut! Perhaps that is the tragedy, underlying the words of the Nazarene: "My Kingdom is not of this earth"! Certain elemental forces, it would seem, continue to erupt and shake mankind.
>
> There was much such elemental force in the man I met that evening: the man from whom I parted with a smile and a bow.[17]

George Visser, die regering se ondersoekbeampte wat ná die oorlog 'n saak van hoogverraad teen Van Rensburg ondersoek het, het gemeen dat hy soos miljoene ander deur Hitler betower is: "History cannot cloud the disastrous fact that Hitler had a magnetic personality."[18] Van Rensburg het egter ontken dat hy deur "massahisterie", 'n "demoniese mag" of deur een of ander "nasionale massahipnose" meegevoer is. Hy het daarop gewys dat hy nie van Duitse afkoms is nie, maar hoofsaaklik Franse Hugenote as voorouers het.[19]

Nazi-leiers wat Van Rensburg ontmoet het of mee onderhoude gevoer het:
Bo, v.l.n.r. Adolf Hitler, Joseph Goebbels, Ritter von Epp, die Goebbels-gesin saam met Hitler, Alfred Jodl, Hans Frank en Alfred Rosenberg.

By dieselfde dinee het Van Rensburg Joseph Goebbels, die berugte minister van propaganda, ontmoet met wie hy 'n lang gesprek gevoer het. Hy het aan die hooftafel langs Goebbels se vrou, Magda, en skuins oorkant Hitler gesit. Hy het haar "a lady of charm and beauty" gevind en "a gifted conversationalist of extraordinary intelligence".[20] Toe sy hom vra wat die buitewêreld van haar man dink, het Van Rensburg eerlik geantwoord: "Praised often, and often cursed."[21]

Van Rensburg se ontmoetings met Nazi-leiers het plaasgevind in 'n tyd toe hulle die land suksesvol geregeer het en op die kruin van hul mag was. In daardie stadium kon die wêreld nog nie geweet het van die menseregtevergrype en Joodse volksmoord wat gedurende die oorlog sou plaasvind nie.

Met Alfred Rosenberg, die hoof van die Nazi-party se kantoor vir buitelandse sake, wat hy as "a mystic and somewhat shy man" beskryf, het hy 'n langer, maar informele gesprek in sy kantoor in Berlyn gehad. Van Rensburg moes bontstaan vir Rosenberg se vrae oor hoe hy die rol van die wit mense in Suid-Afrika sien. Hieroor merk Van Rensburg in sy memoires bloot op: "That dreamer, Rosenberg, in his office in Berlin had touched a raw spot."[22]

Van Rensburg is ook deur genl. Ritter von Epp, wat die hoof was van die Nazi-party se kantoor vir koloniale beleid, na 'n middagete by die Kaiserhof Hotel uitgenooi wat uiteindelik die hele middag geduur het. Hy het Von Epp as 'n tipiese "stywe ou Duitse militêre figuur" uit keiser Wilhelm se tyd beskryf – met monokel op die een oog, 'n stywe boordjie en 'n skraal grys snor oor dun lippe – wat hom nou by Hitler geskaar het. Von Epp se groot gevolg het die indruk by Van Rensburg gewek dat hulle eintlik as getuies moes dien vir enige inligting wat Van Rensburg oor Suidwes-Afrika (nou Namibië) kon verskaf. Suidwes-Afrika was eens 'n Duitse kolonie, maar as deel van die vredesooreenkoms ná die Eerste Wêreldoorlog het dit 'n mandaatgebied van Suid-Afrika geword.

Von Epp het indringende vrae oor Suidwes-Afrika gevra. Die pos van koloniale minister is klaarblyklik vir Van Rensburg in die vooruitsig gestel wanneer dié ou kolonie "teruggewen" sou word. Dit was duidelik dat die Duitsers steeds hul oë op hul voormalige kolonies gehad het en veral in Suidwes-Afrika belanggestel het.[23]

Tydens sy verblyf in Berlyn is Van Rensburg genooi om die anti-Kommintern Instituut te besoek. Die inligting wat hy by die instituut oor die gevare van die kommunisme gekry het, het sy antikommunistiese ingesteldheid net verder versterk. Hy het ook 'n uitnodiging van die instituut aanvaar om die verteenwoordiger van die anti-Kommintern in Afrika te word.[24]

In Berlyn het Van Rensburg vroeg een oggend 'n onverwags besoek ontvang wat herinner aan iets uit 'n spioenasieverhaal. Hy was nog in sy hotelbed toe hy 'n oproep kry dat 'n besoeker by die ontvangstoonbank vir hom wag.

Dié besoeker was Hans Masser, wat hom as 'n soort geheime Duitse agent voorgestel het, maar in werklikheid iets van 'n avonturier was. Hy het sekere tegniese spesifikasies van 'n meeluisterapparaat wat glo onwettig by die Duitse weermag verkry is, vir Van Rensburg aangebied. Die bedoeling was dat hy dit sou kon terugneem vir gebruik deur die Unie-Verdedigingsmag. Van Rensburg het Masser dadelik meegedeel dat die Duitsers hom goed behandel en dat hy nie voornemens is om hulle in die rug te steek nie. Masser is druipstert daar weg.

Hoewel Van Rensburg nooit kon vasstel wat Masser se ware motief was nie, het hy vermoed dat dit moontlik 'n strik was wat die Gestapo (die geheime staatspolisie) of die Abwehr (die Duitse militêre intelligensiediens) vir hom gestel het om sy lojaliteit teenoor Duitsland te toets.[25]

In 1936 sou Van Rensburg nie in sy wildste drome kon voorsien dat die vooruitstrewende Duitsland wat hy toe beleef het, binne tien jaar in puin sou wees nie. Hy sou nie die onbeskryflike terreur en lewensverlies kon voorsien wat die oorlog wat die Duitsers sou ontketen, tot gevolg sou hê nie.

Die meeste van die Nazi-leiers wat Van Rensburg in Duitsland ontmoet het, sou gewelddadig sterf. Van hulle het aan die galg by Neurenberg gehang, terwyl drie ander hul eie lewe geneem het: Hitler, Goebbels en Hermann Goering. Goebbels en sy vrou het nie net hul eie lewe geneem nie, maar ook dié van hul vyf kinders, deur sianied in hul limonade te gooi.[26] Alfred Rosenberg, Joachim Von Ribbentrop, Alfred Jodl en Hans Frank is die doodstraf opgelê ná die Neurenberg-verhore en is gehang. Genl. Ritter von Epp het in 1947 gesterf terwyl hy deur die Geallieerdes aangehou is.[27]

Die Tweede Wêreldoorlog het die mensdom in al sy stommiteit ontbloot. Die kil en geïndustrialiseerde wyse waarop die Nazi's ses miljoen Jode en miljoene ander om die lewe gebring het, laat 'n mens vandag steeds verslae.[28]

Wat het tot die opkoms van die nasionaal-sosialisme gelei? Wat het gemaak dat miljoene Duitsers hulle teen die vroeë 1930's met die ideologie van die nasionaal-sosialisme vereenselwig het? Dit kan deels teruggevoer word na die Geallieerdes se vergeldende ingesteldheid teenoor Duitsland ná die land se neerlaag in die Eerste Wêreldoorlog. Die Verdrag van Versailles van 1919 het Duitsland nie net diep verneder nie, maar ook sy kanse op herstel bemoeilik deur die groot finansiële eise waarmee die land gestraf is. Dit het dit ook swaar gemaak vir Duitsland om weer 'n waardige plek binne Europa in te neem.

Dit, tesame met die ekonomiese krisis van die 1920's, was 'n voedingsbron vir die nazisme. Ná die Eerste Wêreldoorlog het die Duitse nasie deur 'n fase van ontnugtering, pessimisme en sosio-ekonomiese verval gegaan. Dit het 'n gunstige klimaat geskep vir 'n ideologie van fascisme wat beloof het om die Duitse volk weer uit die as te laat opstaan. Die Duitsers het Adolf Hitler gevolglik as 'n soort messiaanse verlosser beskou wat hul voormalige nasionale glorie sou herstel.

In Suid-Afrika het die meeste Afrikaners hulle ná die Anglo-Boereoorlog in baie opsigte in 'n soortgelyke situasie as die Duitsers ná die Eerste Wêreldoorlog bevind. Die armblankevraagstuk is aangehelp deur droogte, depressie en die versnelde verstedeliking van die oorwegend plattelandse bevolking. Daar was ook die immer teenwoordige Empire wat steeds beheer oor die land uitgeoefen het. Talle Afrikaners het minderwaardig gevoel teenoor Engelssprekendes wat hulle dikwels ook meerderwaardig gedra het.

Afrikaners soos Van Rensburg het hul vertroue verloor in 'n politieke bestel wat op die Britse Westminsterstelsel gebaseer is. Vir lank het hulle hul heil gesoek in 'n bestel wat nie op die partystelsel gegrond is nie. Dit het hulle na 'n vorm van nasionaal-sosialisme gelei wat van oorsee af oorgespoel het.

Die gunstige indrukke van die nasionaal-sosialisme wat Van Rensburg tydens sy besoek aan Duitsland gevorm het, sou sy vertroue in dié ideologie aansienlik versterk.²⁹ Die Duitse voorbeeld het hom oortuig dat die oplossing vir die probleme waarmee Afrikaners gekonfronteer is, in die nasionaal-sosialisme lê. Dit was vir hom 'n opwindende ideologie wat versoenbaar was met Afrikanernasionalisme en wat as 'n belangrike teenvoeter vir die kommunisme kon dien.

Sy besoek aan Duitsland in 1936 het Van Rensburg besiel. Hy het eerstehands ervaar hoe die Duitsers hulself uit die puin van die Eerste Wêreldoorlog en die depressiejare opgehef het en hy was diep beïndruk deur die maatskaplike suksesse van die nasionaal-sosialisme. Hy het 'n nog groter waardering vir sowel dié ideologie as die Duitse taal en kultuur gekry.

Ten spyte van sy akademiese agtergrond en sy liefde vir die filosofie, was dit die Duitsers se praktiese ingesteldheid en hul werkywer wat Van Rensburg die meeste beïndruk het: "It was this emphasizing of practical labour problems, rejection of philosophical musings and this accentuation of the social – and socialistic – efforts which made the deepest impression on me in Germany," skryf hy.³⁰

Hy was ook beïndruk deur die afwesigheid van klasseonderskeid onder die Duitsers. "The most striking feature of the new Germany of those days, as it struck me was the socialistic factor; the socialistic factor in its class aspect. It coloured the nation's life."³¹

Van Rensburg is in só 'n mate meegesleur deur die Duitse militêre vermoë, taal, kultuur en die nasionaal-sosialisme dat hy grootliks onbewus was van en eintlik onder 'n wanindruk verkeer het oor wat werklik in Duitsland aan die gang was. Sy kort verblyf in Duitsland het hom nie in staat gestel om dit behoorlik te beoordeel nie. Boonop is hy tydens die euforie van die Olimpiese Spele nie aan die werklike betekenis en gevolge van die nazisme blootgestel nie. Hy is, soos talle ander, deur die Nazi-propaganda verblind.

Hoewel hy nie die Nazi's se oorlogsmisdade ontken het nie, was hy in sy memoires van 1956 steeds skepties oor verslae oor vooroorlogse boewery in Duitsland. Hy het in dié verband vertel hoe hy in 1936 vrylik 'n verskeidenheid boeke wat die Nazi's nie aangestaan het nie in Duitse boekwinkels kon koop en in een geval by 'n boekhandelaar wat boonop openlik vyandig teenoor Hitler was. Dit het hom die berugte boekverbrandery in Duitsland "as wilde wolhaarstories" laat afmaak.³²

Tog was hy nie heeltemal naïef oor die Nazi's se genadeloosheid nie. Sy ondervinding met die Duitsers in Suidwes het sy algemene beskouing van die Nazi's beïnvloed. In die tyd wat hy in Suidwes was om ondersoek te doen na die Dorslandtrekkers se huwelike, was hy diep getref deur die vyandiggesindheid van die Duitssprekende Suidwesters teenoor Afrikaanssprekendes. Heelwat van daardie Duitssprekendes was ywerige Nazi-ondersteuners. In sy Afrikaanse memoires verwys hy na die Nazi-leiers van Suidwes as "klein Hitlers".[33]

Voordat die Suidwes-Nazi's verban is en ondergronds gegaan het, het die polisie 'n klopjag op die party se kantore in Windhoek uitgevoer en op 'n groot hoeveelheid korrespondensie met Nazi-Duitsland beslag gelê. As hoof van die departement van justisie het Van Rensburg self sorgvuldig deur die magdom dokumentasie gewerk. Hy het gevolglik eerstehandse kennis van hul doen en late en ook hul denkwyse gehad.[34]

Sy ondervindings in Suidwes en Duitsland het Van Rensburg later oor die Nazi-party laat opmerk: "Ek wil geredelik erken dat die alleen saligmakende instelling die Party was; wie nie partygenoot was nie, moes baie riskeer en heelwat ontbeer."[35]

Nieteenstaande sy bewondering vir die Duitsers het hy ook 'n ernstige waarskuwing aan die Stormjaerleier Apie Spies gerig toe sekere Stormjaers gedurende die oorlog nouer samewerking met die Duitsers voorgestel het: "Ons moet baie in ons pasoppens wees vir die Duitsers om die eenvoudige rede: Die Duitsers suig jou uit soos 'n lemoen, en dan gooi hulle jou weg!"[36]

Van Rensburg is 'n voorbeeld van tot watter uiterstes individue se denke en dade deur ideologiese strewes oorheers kan word. Dit geld nie net vir die massas nie, maar ook vir intellektuele.

8
Militaris

"Die groot Afrikanerhelde van die verlede was manne van die swaard en nie salonhelde van kultuur nie."
– Hans van Rensburg

VAN RENSBURG WAS SKAARS 'N kleuter toe hy gedurende die Anglo-Boereoorlog by sy ouerhuis uitglip en tot sy ma se ontsteltenis met 'n riet oor die skouer al agter 'n Britse wag aanstap op sy patrollie van die Provost Marshall se hoofkwartier langs die Van Rensburgs se huis. Die klein mannetjie het die wag in elke beweging nageaap en dit baie geniet.[1]

Vir Van Rensburg was dit van kleins af 'n oorheersende ideaal om soldaat te word. Sy seun meen dat hy 'n "aangebore" en "natuurlike gerigtheid" tot militarisme gehad het.[2] Ook Katie het gemeen dat 'n militêre eerder as 'n politieke loopbaan haar man beter sou gepas het.[3] Sy liefde vir die militêre is een van die teenstrydighede in sy persoonlikheid, aangesien hy ook baie uitgesproke was oor die letsels wat die Rebellie op hom gelaat het.

Die oorlogstories wat hy ná die oorlog by Boerekrygers gehoor het, het 'n diep indruk op hom gemaak: "Dit is begryplik dat iemand wat in sulke omstandighede grootword waar oorlog en die militêr alles oorheers, onbewus aan sy lewe daardie kleur kry," skryf hy.[4]

Hy het ook onthou hoe sy pa hom vertel het van die manhaftige houding van 'n gewonde jong Britse korporaal van 'n masjiengeweerseksie van die Irish Fusileers wat hy in 1899 met die slag van Nicholsonsnek verpleeg het. Die vertelling het die jong Hans se verbeelding só aangegryp dat hy die Ier se manhaftigheid later wou nadoen.[5]

Gedurende die Eerste Wêreldoorlog het Van Rensburg 'n brandende begeerte ontwikkel om 'n militêre loopbaan te volg. Die trauma van Mushroom Valley het hom ingrypend beïnvloed, maar het nie sy ambisie om soldaat te word getemper nie. Hy wou met alle mag deelneem aan die 1915-veldtogte in Duits-Suidwes-Afrika en die volgende jaar in Duits-Oos-Afrika, maar sy pa het elke keer 'n stokkie daarvoor gesteek. Van Rensburg was eerste in die ry toe die Suid-Afrikaanse vlieënier Allister Miller, wat in die oorlog vir die Royal Flying Corps gevlieg het, in 1917 by Winburg aandoen in sy landwye veldtog om rekrute vir vlieëniersopleiding te werf, maar sy pa het weer botweg toestemming geweier. Hy wou ten alle koste verhoed dat sy seun kanonvoer bokant die dodeakkers van Vlaandere word. Van Rensburg moes benewens sy deelname aan die Rebellie tevrede wees met sy skoolkadetopleiding van 1913 tot 1917.[6]

Later het Van Rensburg verduidelik dat sy militêre ideale gedurende die Eerste Wêreldoorlog los van enige politieke motivering en regverdiging van die oorlog teen die Duitsers gestaan het. Volgens hom het dit geensins afbreuk aan sy Afrikanernasionalistiese ontwaking gedoen nie.[7]

Die kans om sy droom te bewaarheid om soldaat te word, het bykans 'n dekade ná die Eerste Wêreldoorlog gekom. Van Rensburg was amper dertig en in 'n hoë staatsdienspos toe hy in Oktober 1927 vrywillig as manskap by 'n aktiewe burgermageenheid in Pretoria aansluit. Van sy instrukteurs en offisiere was sy ondergeskiktes in die staatsdiens. Later het hulle vertel dat hy in 'n klaargemaakte, maar sleg passende, serge-uniform by die Pretoria-regiment opgedaag het. Hy was heel gemaklik om op 'n koue klipvloer saam met ander jong rekrute te sit terwyl hulle opgelei word om die Lewis-masjiengeweer te hanteer. Hul instrukteur was 'n sersant-majoor wat bedags 'n bode in Van Rensburg se departement was.[8]

Sy kinderideaal is vervul toe hy tot onderkorporaal in 'n masjiengeweerseksie van die regiment bevorder is. Kort daarna het hy 'n opleidinginstrukteur in die hantering van die Lewis-masjiengeweer geword. Hy was baie ambisieus en het ten spyte van die eise van sy loopbaan en die navorsing vir sy doktorsgraad etlike kursusse gevolg sodat hy militêr bevorder kon word. In 'n brief wat hy op 19 September 1928 aan Albert Hertzog geskryf het, noem hy dat hy pas van 'n kursus van drie weke teruggekeer het en dat hy November daardie jaar nog een gaan bywoon.[9]

Die kursusse het daartoe bygedra dat hy vinnig in rang gevorder het. Daarby was hy altyd onder die topprestreerders in sy klas. Aan die einde van 1928 is hy tot tweede luitenant en in 1930 tot vol luitenant bevorder.

Kol. Van Rensburg tydens maneuvers in Noord-Transvaal.

Sedert Oktober 1930 het hy as kaptein waargeneem en in Maart 1932 is hy tot die permanente rang van kaptein bevorder.[10] Weens sy buitengewone bekwaamheid as offisier is hy deur sy seniors as majoor aanbeveel. Op sy persoonlike lêer is aangeteken dat hy in sy eksamen vir dié rang by die militêre kollege "uitstekend goed" gevaar het[11] en op die aanbeveling vir sy bevordering staan: "Kapt. Van Rensburg is een van die mees uitstaande offisiere wat nog ooit in die Regiment gedien het."[12]

Met die stigting van nuwe burgermagregimente in 1934 is hy tot luitenant-kolonel bevorder en as bevelvoerder oor die pas gestigte plattelandse Regiment De la Rey in Wes-Transvaal aangestel. In Februarie 1935 het hy die goewerneur-generaal se ere-aide-de-camp geword.[13]

Nog voor sy aansluiting as burgermaglid het hy ernstig oor die krygsfilosofie, -strategie en -taktiek begin lees. Hy het veral die werke van Von Clausewitz intens bestudeer.[14] Volgens Albert Hertzog was Van Rensburg so meegevoer deur sy militêre ideale dat hy by hom aangedring het om ook aan te sluit. Toe Hertzog nie belangstel nie, was dit asof Van Rensburg dit nie kon verstaan nie. Daarna het hul korrespondensie begin opdroog en was hul vriendskap 'n tyd lank louwarm.[15]

Van Rensburg het verskeie veldmaneuvers meegemaak met offisiere soos Dan Pienaar wat later as generaal groot roem in die Tweede Wêreldoorlog sou verwerf. Hy het ook met Steve Hofmeyr kennis gemaak wat as medekolonel saam met hom aan die maneuvers deelgeneem het. Van Rensburg sou Hofmeyr later as leier van die Stormjaers aanstel.[16]

Die Unie-Verdedigingsmag het in die 1920's nog 'n sterk Britse militêre tradisie gehad, met die gevolg dat baie Afrikaners dit as 'n onafrikaanse instelling beskou en dit met wantroue as 'n Britse nalatenskap van die Anglo-Boereoorlog bejeën het. Die kakieuniforms was 'n onaangename herinnering waarmee hulle nie vereenselwig wou word nie.

In die Unie-Verdedigingsmag was alle instruksies en eksamenvraestelle vir bevordering in Engels. Die offisierskorps is grootliks deur Engelssprekendes oorheers en bevele is in Engels gegee. Afrikaners was die manskappe en onderoffisiere, maar veral die manskappe. Van Rensburg het dit sy taak gemaak om die Afrikanersaak in die weermag uit te bou. Hy het in 'n stadium aan Hertzog geskryf dat dit sy plig is om die Afrikaanssprekende soldate by te staan en hulle simpatieker leiers in die offisierskorps te gee.[17]

Volgens hom het militêre opleiding 'n belangrike voordeel vir jong Afrikanermans ingehou: "Ons Afrikaners ly aan 'n minderwaardigheidskompleks teenoor die Engelse. Om dit te oorkom, moet ons 'n hoë premie op ons vegtersinstink plaas."[18] Later het hy telkens in sy toesprake herhaal: "Die groot Afrikanerhelde van die verlede was manne van die swaard en nie salonhelde van kultuur nie."[19]

Hy het op die paradegrond gefloreer, maar dit is veral daar waar hy gefrustreerd geraak het met die bevele in Engels. Hy het hom toe daarvoor beywer dat Afrikaanse militêre terminologie in die weermag gevestig word. Sy moedertaal was vir hom 'n emosionele saak: "Die taal is die laaste oorblyfsel van ons eie, wat ons nog gespaar gebly het en wat niemand ons kan ontneem nie."[20]

Sy woorde het amper 'n refrein geword wat 'n mens vandag weer vanuit

*Van Rensburg saam met 'n groep skerpskutters
wat 'n wisseltrofee verower het.*

sekere oorde hoor: "Die drang tot taalbeskerming spruit nie uit rasionele oorwegings nie; dit is sielkundig – die instinkmatige reaksie teen ondergang ... Die taal is gans die volk. Vir die Afrikaner is daardie 'n onverbiddelike waarheid."[21]

Van Rensburg het met die hulp van ander Afrikaanse offisiere daarin geslaag om 'n Afrikaanse lys van paradebevele op te stel wat ná 'n proeftydperk suksesvol geïmplementeer is. Daarna was tweetalige drilbevele tot 1994 deel van die Suid-Afrikaanse weermag. Algaande is meer Afrikaanssprekendes ook in die offisierskorps opgeneem.[22]

Met sy aanstelling in 1937 as bevelvoerder van die Vierde Brigade in die Vrystaat het Van Rensburg hom vir 'n beter bedeling vir Afrikaners op militêre gebied beywer deur die stigting van burgermagkommando's op die platteland. Hy wou die ou Boeretradisie van kommando's, wat hy as 'n onvervreembare deel van die Boerekultuur beskou het, laat herleef. Sodoende het hy gehoop om 'n wapenbroederskap daar te stel wat Afrikaners ongeag hul partyaffiliasies bymekaar sou bring.

Van Rensburg se militêre aktiwiteite in die Vrystaat het hom in aanraking gebring met lt.-kol. J.C. Laas, 'n bevelvoerder van 'n plaaslike regiment, wat later die eerste leier van die OB sou word. Soos Van Rensburg het Laas 'n doeltreffende verdedigingstelsel as hoogste prioriteit vir nasiebou beskou. Hulle het saamgewerk om kommando's en skietverenigings te stig en op kommandodae groot militêre vertonings te hou.[23]

Die twee se poging om kommando-erewagte as eliteafdelings in die kommando's te vestig, is egter deur die verdedigingshoofkwartier afgekeur. Om enige teenkanting van die regering te voorkom, het Laas op aanbeveling van Van Rensburg erewagte vir simboliese optredes gedurende die Groot Trek-eeufeesvieringe in 1938 uit burgerlikes saamgestel en hulle Ossewa-Brandwagte genoem. Dit sou verhoed dat die Unie-Verdedigingsmag direk betrek word. Vir Van Rensburg was dit vir die latere totstandkoming van die OB van groot betekenis: "At that moment the O.B. was, so to speak brought to the baptism font. Colonel J.C. Laas was the proud and indulgent father, and I was playing the godfather."[24] In werklikheid was dit net die naam en die wagte wat as voorbeelde vir die organisasie sou dien.

Die Ossewabrandwag-beweging met Laas as leier sou eers die volgende jaar formeel gestig word, maar Van Rensburg kon vanweë sy posisie in daardie stadium as administrateur van die Vrystaat nie deel wees daarvan nie.

Met sy besoek in 1936 aan Europa is Van Rensburg in sy hoedanigheid as 'n kolonel in die Unie-Verdedigingsmag genooi om militêre maneuvers in sowel Duitsland as Engeland by te woon.[25] Dit is ironies dat hy, wat drie jaar later die Suid-Afrikaanse regering se betrokkenheid by die Tweede Wêreldoorlog sou teenstaan en nóg later as leier van die Stormjaers by sabotasiedade teen die Smuts-regering betrokke sou wees, deur die bemiddeling van die Unie se departement van verdediging dié militêre maneuvers kon bywoon en wel van die twee magte wat in die oorlog teen mekaar te staan sou kom.

Nieteenstaande die geheimsinnigheid waarin militêre oefeninge veral in Duitsland gehul was, is Van Rensburg met ope arms ontvang. Hy het by die Duitse ministerie van verdediging in Berlyn aangemeld waar 'n Duitse militêre attaché, oberleutnant Von Albedyll, aan hom toegewys is om hom na die driedaagse maneuvers by Schwerin Wismar te vergesel. Von Albedyll, wat 'n lid van die Pruisiese adel was, het Van Rensburg ná afloop van die maneuvers na sy landgoed genooi. Hy het nie net Van Rensburg se gids geword nie, maar ook sy vriend en medefilosoof. Von Albedyll het, soos só baie van die Duitsers wat Van Rensburg gedurende sy besoek ontmoet het, in die oorlog omgekom nadat hy deur die Russe gevange geneem is.[26]

Bo: 1936 – Van Rensburg in Duitsland saam met diplomatieke en militêre attachés.

Regs: 1937 – Van Rensburg in die vliegtuig van twee Luftwaffe-vlieëniers wat Bloemfontein tydens 'n wêreldlugreis besoek het.

Van Rensburg was besonder beïndruk met die Duitse veldoefeninge. In sy verslag daarna het hy oor die Duitsers se vernuwing en veral hul beweeglikheid uitgewy. (Dit was waarskynlik 'n voorspel tot die Duitse *blitzkrieg* aan die begin van die oorlog.) Volgens hom wou die Duitse infanterie en artillerie nie soos met die Eerste Wêreldoorlog in loopgrawe vasgepen wees nie, maar eerder gedurig van posisie verander terwyl kamoeflering en taktiese gebruik van masjiengewere vernuftig aangewend word.

Die bepalings van die Verdrag van Versailles in 1919 het Duitsland se militêre ontwikkeling en uitbreiding aansienlik aan bande gelê. Die weermag is beperk tot 100 000 man met slegs 4 000 offisiere. Weermaglede moes voorts vir minstens twaalf jaar aansluit om 'n vinnige rotasie van soldate te verhoed. Van Rensburg het opgelet dat die Duitsers 'n beperking op die aantal offisiere tot hul voordeel aangewend het, want bykans al die manskappe was onderoffisiere en deskundiges in die verskillende vertakkings van die leër wat maklik later tot offisiere bevorder kon word. Hulle sou uiteindelik die kern van die toekomstige Nazi-oorlogsmasjinerie uitmaak.[27]

Van Rensburg se ondervinding in Duitsland het waarskynlik daartoe bygedra dat die voorbeeld van die Schutz Staffel (SS) neerslag gevind het in die idee van 'n erewag in die kommando's en die konsep van die Stormjaers.[28]

Van Duitsland het Van Rensburg na Croyden in Engeland gevlieg waar hy die maneuvers van Britse infanterie-eenhede by Ramsnest naby Haslemere bygewoon het. Hy is eers deur prinses Alice, die vrou van 'n voormalige goewerneur-generaal van die Unie, Lord Athlone, op 'n middagete in die Kensington-paleis onthaal. Die prinses was 'n erekolonel van die Pretoria-regiment en by dié geleentheid het hy 'n adres van die regiment aan haar oorhandig.[29]

Van Rensburg was heelwat minder beïndruk met die Britse militêre maneuvers as met dié van die meer professionele Duitsers: "I had the idea that the British officers responsible for running the manoeuvres were more interested in the staff side – particularly intercommunications – than in the more obvious aspects, such as individual training, making use of cover and so forth."[30]

Sy indrukke is bevestig toe die Britse weermag se onvoorbereidheid met die uitbreek van die Tweede Wêreldoorlog aan die lig kom.

Terug in Suid-Afrika het Van Rensburg 'n verslag oor sy waarnemings aan die verdedigingshoofkwartier in Pretoria oorhandig. Benewens waarskuwings oor die stagnasie waarin 'n loopgraafoorlog soos dié van die Eerste Wêreldoorlog vasval, het hy 'n ontleding gegee van die Duitsers se infanterie, gemotoriseerde infanterie, lugafweer, veldartillerie, pantserkarre en kommunikasiemetodes. Hy het ook 'n profetiese waarskuwing aan die infanterie gerig oor die noodsaaklike aanwending van tenkafweerwapens, maar dit het op dowe ore geval. Die Britte sou dié noodsaaklike wapen eers later in die oorlog ontwikkel. Hy het ook 'n lesing vir offisiere by die militêre kollege oor sy waarnemings in Duitsland en Engeland gegee. Dit kom egter voor asof die militêre owerhede nie veel geleer het uit sy belangrike waarnemings nie.[31]

Die latere kabinetsminister en veteraanpolitikus Paul Sauer het vertel dat hy Van Rensburg sedert hul studentedae op Stellenbosch altyd "goeie geselskap" gevind het. Kort nadat Van Rensburg van Duitsland teruggekeer het, het die twee op 'n hengeltog in die Dutoitskloofberge gegaan. Dié keer was Van Rensburg "vol van Hitler", wat Sauer "vies gemaak" het. Maar dit was veral vreemd vir Sauer dat Van Rensburg met 'n rewolwer gewapen was.[32]

Daar is 'n magdom voorbeelde in die geskiedenis waar 'n beheptheid met militarisme uiteindelik tot konflik lei. Pasifiste en ander is daarvan oortuig dat vredestydse militarisme die mens telkens in 'n spiraalgang van oorlogsugtigheid dompel en daartoe bydra dat mense nie besef oorlog het geen sin nie. Daar word soms van 'n soort manlike militarisme gepraat waarin die beginsels van orde, dissipline, onderdanigheid en oorheersing die botoon voer. Soos die voorbeeld van Nazi-Duitsland toon, kan 'n toksiese militarisme katastrofiese gevolge hê.[33]

Die primêre doel van 'n soldaat in oorlogtyd is om dood te maak. Dit verg 'n sekere soort mens om, geweer in die hand en met die slagveld as doelwit, deur die lewe te gaan. Nie almal is daarvoor uitgeknip nie.

Dis moeilik om te bepaal of Van Rensburg die soort soldaat sou kon wees wat met volle oorgawe 'n vyand met 'n gevelde bajonet sou kon deurboor. Al het hy van kleins af nie vir gevaar gestuit nie, vereis die slagveld 'n ander soort vreesloosheid. Volgens sy vriend Albert Hertzog is dit hoogs te betwyfel of hy enigsins 'n gewelddadige soldaat sou kon gewees het omdat dit nie met sy algemene menslikheid gestrook het nie.³⁴

Die joernalis Bernard Sachs het Van Rensburg in die 1960's in 'n onderhoud gevra of dooies en gewondes wat op 'n slagveld besaai lê hom nie sou skok nie, waarop hy geantwoord het: "Shock is human. But one must harden oneself to what is inevitable. They are part of life and nature."

Sachs meen dat Van Rensburg meegevoer is deur die volgende siening van Nietzsche: "Nature is a hanging judge. Injury, violence, annihilation cannot be wrong in themselves, for life essentially presupposes injury, violence, annihilation." Sachs kom uiteindelik tot die slotsom: "Hans is no killer – far from it."³⁵

Vir Van Rensburg het 'n gees van militarisme die mens nie noodwendig tot oorlog uitgelok nie. Hy het eerder in die antieke Romeinse beginsel van *igitur qui desiderat pacem, praeparet bellum* geglo: As jy vrede wil hê, berei voor op oorlog. Hy het die grootskaalse herbewapening van Duitsland sedert veral 1936 gevolglik nie as 'n daad van aggressie beskou nie, maar as 'n noodsaaklikheid wat inderwaarheid op Duitsland afgedwing is om sy regte te beskerm en om die balans in Europa te herstel. Hy maak byvoorbeeld die volgende veelseggende opmerking: "'n Volk se regte weeg niks swaarder as sy wapens nie."³⁶

Van Rensburg se beheptheid met soldaat wees het dus ook te doen met sy lewensuitkyk dat die samelewing onderworpe is aan gesag en derhalwe georden en gedissiplineerd moet wees. Die militêre werke wat hy gelees het, het hom daarvan oortuig dat die mens "wat nie sorgvuldig geskool en gedissiplineerd is nie, nie veel gewig in die skaal kan gooi nie".³⁷

Die aktiewe burgermag het vir hom die gedissiplineerde kern van die volk geword. Hy het elke wit man as sowel 'n soldaat as 'n burger van die land gesien: "'n Goeie soldaat is 'n goeie volkslid".³⁸

Sy siening van die vredestydse soldaat is egter taamlik naïef in dié opsig dat dit skynbaar nie in ag neem hoe oorlog menslike boosheid na vore bring nie: "The soldier fights because he has been preconditioned not with atrocity stories, but with discipline and a sense of esprit de corps."³⁹

*1938 – Van Rensburg neem as brigadebevelvoerder die saluut
tydens 'n militêre parade in Bloemfontein.*

Van Rensburg se militêre idealisme was verwyder van die gewelddadige werklikheid van oorlog. Hoe dit ook al sy, hy was op sy gelukkigste in 'n militêre uniform. Sy militarisme het 'n belangrike meganisme geword waarmee hy sy ideologiese beskouings gevestig en gehandhaaf het. Sy beheptheid met militêre dissipline sou ook neerslag vind in die toepassing van 'n ysere dissipline in die Stormjaers se ondergrondse aktiwiteite.

Aan die einde van 1936 is Van Rensburg as administrateur van die Vrystaat aangestel en ook as bevelvoerder van die Vierde Brigade met sy hoofkwartier by Tempe in Bloemfontein. Hy was in die sewende hemel. As administrateur het hy grootliks beheer gehad oor hoe hy sy tyd deurbring en dit het hom die geleentheid gebied om meer aandag aan sy militêre aktiwiteite te skenk sonder dat hy sy administratiewe verpligtinge afskeep.[40]

In baie van sy toesprake as administrateur het hy dissipline en die belang van die militêr voorop gestel. Dit het kritiek in die Engelse pers ontlok. Ná 'n toespraak voor die Harrismith-kommando in Augustus 1937 is hy in die Vrystaatse Engelse dagblad *The Friend* daarvan beskuldig dat hy militarisme verheerlik: "The young administrator of the Free State, dr J.F. van Rensburg... from the height of an honorary colonelcy, looked down with contempt upon all pacifists."[41]

9
Wildjagter

*"Geen jagter wat sy naam werd is,
sal 'n gekweste dier aan sy lot oorlaat nie."*
– Hans van Rensburg

HANS VAN RENSBURG HET NIE net groot passie vir die militêr gehad nie, maar ook die jagveld het hom geroep. In die 1930's is die moraliteit van jag selde bevraagteken. Die wit grootwildjagter in Afrika was 'n romantiese figuur wat in die oë van die publiek die ongerepte jagvelde van die sogenaamde Donker Vasteland aangedurf en onbekende gevare getrotseer het. Grootwildjagters soos Ernest Hemingway was 'n toonbeeld van geïdealiseerde manlike waagmoed. Van Rensburg was een van daardie garde jagters.

Die uitdagings en gevare wat met jag gepaardgegaan het, asook die kameraderie en om deel te voel met die natuur, het tot hom gespreek. Sy optrede as grootwildjagter en alles wat daarmee saamgehang het, verklap iets oor 'n aspek van sy psigiese samestelling.

Soos baie jagters van die 1930's het Van Rensburg nie net vir die pot geskiet nie. In die gees van die tyd kon hy nie die versoeking weerstaan om ook grootwild soos luiperds en buffels te jag nie.

Terwyl hy in Suidwes besig was met die ondersoek na die regsgeldigheid van die Dorslandtrekkers se huwelikstatus het hy geleentheid gehad om luiperds en kleinwild in die omgewing van Ondangwa in Ovamboland te jag. Maar dit was veral buffels wat hy wou jag. Hy het vertel dat hy wou vasstel of sy gesondheid in so 'n mate ná sy hospitalisasie in 1934 herstel het dat hy die gevare van buffeljag kon trotseer: "Ek het aangeneem om buffel te skiet of daarin te faal 'n redelike toets vir my senuwees sou wees!"[1]

In daardie tyd was die gebied noord van die Caprivi nog woes en ongerep. Nadat Van Rensburg van 'n groot trop buffels aan die Angola-kant van die Okavangorivier gehoor het, het hy toestemming by die Portugese amptenare gekry om daar te gaan jag. Hy het nie veel ag op die ou Angolese boere se waarskuwings geslaan dat hy liefs nie sonder ondervinding en op sy eie buffeljag moet aanpak nie. Buffels is van Afrika se gevaarlikste grootwild wat al baie mense se dood veroorsaak het.

Van Rensburg en 'n onervare jagter, Soon Meyer, is met 'n tolk, ses Ovambo's en 'n Okavango-Boesman as spoorsnyer na die gebied. Die groep het met 'n boot al langs die noordelike oewer van die Okavangorivier gevaar totdat hulle by 'n suipplek buffelspore opgemerk het. Nadat Van Rensburg twee buffels platgetrek het, het hy geglo hy is "vir buffeljag as't ware in die wieg gelê".[2]

Toe gebeur wat elke gesoute buffeljagter ten alle koste wil vermy – 'n oorgeruste Van Rensburg het die derde buffel net gekwes. Hy is vroeër goed ingelig dat 'n gekweste buffelbul (wat tot 800 kg kan weeg) vir niks sal stuit nie. Dié een was boonop 'n besonder groot bul.

Vir 'n oomblik het die buffel in die digte bosse verdwyn, maar onmiddellik daarna kon hulle aan die gekraak van die bosse en takke hoor dat die verwoede dier aan die storm is. Sommige van Van Rensburg se helpers het uit paniek blitsig in die naaste bome opgeklouter, terwyl die ander laat spaander het. Hy vertel in kleurvolle detail wat daarna gebeur het:

> Dit het vinnig deur my gedagtes geflits: wat, in hemelsnaam, het my beweeg om hierheen te kom, terwyl ek sonder die verlies van enige eer tuis kon gebly het? Intussen het ek alreeds 'n tweede patroon in die loop gestop, en vir 'n breukdeel van 'n sekonde gewonder of Soon Meyer met sy 9.3 Mauser my ook verlaat het. Ek het geen tyd gehad om my kop te draai om seker te maak nie. Dinge het te vinnig gebeur – veral met die buffel wat storm!
>
> Die bosse het gekraak asof 'n orkaan sy pad deur hul baan. Ek het geskat dat hy omtrent twintig, dertig tree skuinsregs sigbaar sou word; dit is waar die oop kol, waarin ek gestaan het, eindig. Twintig tree! Daar gaan nie kans wees om 'n tweede skoot in te kry nie, al sou ek vinnig met die geweerslot goël!

Daar skuinsregs het die bosse gebreek en sy swart romp het eensklaps sigbaar geword, soos hy met sy kop in die lug die wind volg en hy regstreeks op my afstorm.

"In die kuiltjie!", het dit deur my brein geflits, en ek skiet. Dog hy was vinniger as ek, en die oomblik voor ek die sneller kon trek, laat hy sy kop sak vir die stormbotsing. Pleks om hom in die kuiltjie te skiet, skiet ek hom deur die onderstuk van sy regterhoring, waar dié uit die skedel kom. Die geweldige skok van die swaar .425 kaliber het hom van stryk gegooi en hy was half disnis; soos 'n bokser wat 'n hou op die punt van die ken gekry het. Dit was wel nie 'n uitklophou nie, maar oorgenoeg om hom van sy koers te gooi.

Hy het sowat vier tree regs van my verby gedreun. Voor ek weer kon skiet was hy al half agter my, en ek moes regs swaai, terwyl ek hom deur die maag skiet. Gelyktydig het ek 'n geweldige slag gehoor en so 'n rooi steekvlam 'n paar voet van my kop af gesien.

"Goddank, Soon staan vas!" het ek besef. Sy 9.3 Mauser het nog 'n gat deur die gekweste dier se lyf geslaan waarna die gekweste dier al dreunend deur die bos verdwyn het.

Vir die eerste keer kon ek weer werklik asem haal. Ek het besef dat as ek nie... die buffel met daardie gelukskoot aan die onderkant van die horing geraak het nie, ek geen tweede skoot sou ingekry het nie. Daarvoor was hy veels té vinnig. Hy sou my onderstebo geloop het, nog voor ek die geweer aan my skouer kon gebring het. En hy sou korte mette met my gemaak het; baie kort!

Die derde ontmoeting was die laaste. Ons het op hom in 'n oop kol afgekom; hy was op sy knieë, en het stadig gewieg van een na die ander kant, swak van bloedverlies. Toe hy ons gewaar het hy steierend en met moeite op sy pote gekom, om sy kragte te samel vir nog een lang verwoede stormloop teen die gehate vyand – die Mens!

My respek, en ook my simpatie, het na hom uitgegaan. 'n Paar goedgemikte skote het sy tragedie beëindig; met 'n laaste gebulk het hy neergeslaan.[3]

Foto's uit Van Rensburg se jagalbum met onderskrifte in sy handskrif.

Van Rensburg se verhaal as wildjagter begin reeds in sy kleintyd. Terwyl sy pa nie enige lewende ding wou doodmaak nie, is hy van jongs af op sy oupa en oom Jan van Reenen se plase aan jag blootgestel. Daar het hy en sy neef die soort vryheid geniet wat hulle toegelaat het om die grense van hul waagmoed te toets. Die twee het met die loop van 'n ou Sanna wat Van Rensburg 'n "kanon" genoem het, geprakseer en daarmee 'n "projektiel", gevul met kruit, deur 'n lont afgevuur. Wanneer 'n kraalmuur getref is, het die ontploffing groot opwinding veroorsaak. Later het hulle die kuns om met die stuk Sanna te skiet só verfyn dat hulle hase daarmee kon jag.[4]

Buiten dat Van Rensburg die bobaaskleilatgooier onder die seuns van Winburg was, het hy reeds vroeg in 'n kranige skut ontwikkel. Die ervaring wat hy as seun in die veld opgedoen het, sou hom later as grootwildjagter in gevaarsituasies goed te staan kom. Dit het ook bygedra tot sy aanpasbaarheid vir ruwe militêre veldopleiding.

In die OB-jare was Van Rensburg deurentyd deur geharde manne van die Stormjaers en die Terreurgroep omring wat ook as sy lyfwagte opgetree het. Hulle was manne van wie gesê is dat "hulle nie die duiwel vrees nie". Vir hulle was "hy een van hulle". Die Terreurgroeplid Rawat de Wet het hom beskryf as "in alle opsigte ... 'n man duisend".[5]

De Wet het vertel hoe agt skuts met 'n Mauserpistool op 'n veraf teiken aangelê het. Almal het misgeskiet behalwe Van Rensburg. Toe sy eerste skoot klap, sit die koeëlmerk in die middel van die ysterklip. De Wet vertel verder:

> Ek het dikwels gesien dat hy 'n lemoen in die lug gooi en dit met die pistool 'n paar keer tref voordat dit grond vat. Selfs so met die ry het hy baie keer na 'n klip of 'n leë blikkie in die veld 'n ent van die pad af geskiet en meesal getref... Met 'n bajonet kon hy net so akkuraat gooi... Hy het soms 'n bajonet by hom gehad en wanneer hy sê so 15 of 20 tree van 'n sekere bloekomboom was losgetrek en dit gewoonlik nie ver van die vorige gooi se merk af getref.[6]

Terwyl dié soort optrede die militante Stormjaers en Terreurgroepmanne se agting vir hom verhoog het, kon Van Rensburg homself terselfdertyd gemaklik in die geselskap van filosowe, intellektuele en ander hooggeleerdes handhaaf. Sy aanpasbaarheid en gemoedelikheid het hom in staat gestel om met uiteenlopende mense oor die weg te kom en hom by verskillende omstandighede aan te pas.

Oswald Pirow was nie net Van Rensburg se minister van justisie en later van verdediging nie, maar ook sy lewenslange vriend. Hy het gereeld saam met Pirow in die Bosveld gejag, meestal op Pirow se wildplaas, Albatross, wat aan die Krugerwildtuin gegrens het. Daar het Pirow sy vriend in die fyner kunsies van jag ingewy en sy leermeester in leeujag geword.[7]

Daar was ander raakpunte wat die twee na mekaar aangetrek het. Pirow was 'n man van daad – die soort eienskap wat Van Rensburg beïndruk het. Buiten dat Pirow 'n goeie akademikus en advokaat was, was hy tydens sy studies in Duitsland ook 'n spiesgooikampioen en dus ook 'n man van aksie soos Van Rensburg. Daar was egter ook wesenlike verskille tussen die twee.

Die charismatiese en opportunistiese Pirow wou graag eerste minister word en het te maklik sy mantel na die politieke wind gedraai en nie omgegee om risiko's te loop om sy politieke ambisies na te jaag nie.[8] Sy politieke loopbaan was gevolglik, soos dié van Van Rensburg se ander mentor, Tielman Roos, omstrede.

Dit was langs die kampvure dat Pirow Van Rensburg verder van die deugde van die nasionaal-sosialisme oortuig het. Die joernalis Bernard Sachs het ná verskeie onderhoude met Van Rensburg kort voor sy dood tot die gevolgtrekking gekom dat dit Pirow was wat Van Rensburg na die nazisme gelei het.[9] Pirow het dalk daartoe bygedra, maar die redes vir Van Rensburg se aangetrokkenheid tot die nasionaal-sosialisme moet veel wyer gesoek word as die invloed van 'n enkele persoon. Nietemin toon Sachs se mening hoe groot Pirow se invloed op Van Rensburg geag is.

Van Rensburg se eerste ervaring van leeujag was op Albatross op 'n warm Desemberoggend. Terwyl die jagseisoen vir gewone wild tot die wintermaande beperk is, kon leeus en luiperds destyds regdeur die jaar geskiet word. Dié oggend was Van Rensburg saam met Pirow en die Amerikaanse ambassadeur Ralph Totten op soek na 'n trofeeleeu vir Totten, wat in daardie stadium etlike bekende roofdiere uit verskillende uithoeke van die wêreld op sy kerfstok gehad het, maar 'n leeu het hom nog ontwyk.

Vroeg die oggend het Totten sy kans gekry toe hulle, wat Hans ietwat melankolies 'n "pragtige ou maanhaarknewel" genoem het, gewaar. Tot almal se teleurstelling het Totten die leeumannetjie net gekwes. Van Rensburg het vir die eerste keer die vreesaanjaende gesig van 'n gekweste leeu wat verwoed deur die bosse op hulle afstorm, ervaar. Al drie het op die leeu losgebrand, maar kon steeds nie die dier neervel nie. Dit was net-net genoeg om hom op die nippertjie effens van koers af te dwing, waarna hy naby hulle in die bosse verdwyn het.

Pirow het Van Rensburg vroeg geleer dat geen jagter wat sy naam werd is, 'n gekweste dier aan sy lot oorlaat nie. In sy memoires skryf Van Rensburg: "Dit is 'n erekwessie dat die jagter die gekweste dier agternasit totdat die dier gevind word ... Dit is nie 'n kwessie van prestige nie; dit is 'n genadesaak."[10]

Die drie is daarop terug na die plaasopstal om spoorsnyers te gaan haal om te help om die gekweste leeumannetjie op te spoor. Dié dag het Van

Van Rensburg en sy seun, Johan, op Oswald Pirow (heel links) se jagplaas teen die Krugerwildtuin.

Rensburg geleer dat die agtervolging van 'n gekweste leeu gou in 'n senuoorlog ontaard. Met die hulp van die spoorsnyers het hulle die bloedspoor van die leeu meedoënloos ure lank in die bloedige hitte deur digte haakbosse en ruwe terrein gevolg. Van Rensburg het die leeu jammer begin kry toe hy besef dat die "bloedspoor" 'n "doodspoor" geword het.[11]

Toe hulle uiteindelik die leeu opspoor, het Van Rensburg geweet dit is noodsaaklik vir die jagter om sy man voor 'n aanstormende leeu te staan. Om weg te hardloop het dikwels 'n rampspoedige einde. Die maanhaar het die jagters een laaste keer verwoed bestorm. Dié keer het die trotse dier egter nie 'n kans gehad toe die drie gelyktydig op hom losbrand nie en hy het voor hul voete dood neergeslaan. Van Rensburg self het sy eerste leeu in 1932 naby Acornhoek geskiet.[12]

Hy het graag van sy jagervarings vertel. Hy het op verskeie forums 'n lewendige vertelling van sy noue ontkoming tydens die buffeljag aangebied en die SAUK het ook in die vroeë 1950's 'n weergawe oor die radio uitgesaai.[13]

Wanneer die kans hom voorgedoen het, het Van Rensburg en sy neef Jan as seuns in die kuile en spruite op die plase en in Winburg se omgewing veral babers gevang. So het hy ook 'n lewenslange passie vir hengel ontwikkel. Hy het vertel dat hy 'n "ware" hengelaar geword het ná sy ontslag uit die hospitaal in 1934 toe hy met twee maande siekverlof was: "in daardie tyd verval ek in 'n hartstog, wat my nooit weer verlaat het nie – visvang! Veral riviervis!"[14]

Hengel was 'n groot passie van Van Rensburg.

Hengel het hom die geleentheid gebied om op sy eie in die natuur te wees – iets waaraan hy by tye 'n behoefte gehad het. As die viswaters eers geroep het, kon selfs ongure weer hom nie van stryk bring nie. In 1937 is hy tydens 'n forelekskursie alleen in 'n afgeleë deel van die ou Oos-Transvaal deur 'n storm vasgekeer. Die rivier het oorstroom en hy moes sy weg oor 'n hoë berg in 'n onherbergsame gebied vind om by veiligheid te kom.[15]

In die vroeë 1960's het hy opslae gemaak toe hy met 'n hengelsessie op sy plasie in die Vaalrivier, Mooi Eiland, tydens 'n storm in die rivier "verdwyn". Die brûe was weens die vloedwater onbegaanbaar en Katie was reeds halfpad te voet Vredefort toe om hulp te gaan soek toe sy teruggeroep is: Van Rensburg het ongedeerd sy opwagting gemaak.[16]

10
"Té jonk vir 'n administrateur"

I was to resign office before my term had run . . . but all that was shrouded, shrouded somewhat sombrely, in the lap of the gods."
– Hans van Rensburg

VOOR 1994 HET 'N ADMINISTRATEUR die belangrike pos as uitvoerende hoofamptenaar (wat as 'n soort provinsiale premier beskou kan word) van elk van die destydse vier provinsies beklee. 'n Administrateur is in Van Rensburg se tyd deur die goewerneur-generaal op aanbeveling van die kabinet vir 'n periode van vyf jaar aangestel en deur die sentrale regering besoldig. Hy was die regering se verteenwoordiger wat beleid moes uitvoer en het omvattende pligte gehad soos om provinsiale verkiesings te proklameer en proklamasies en verordenings te onderteken, terwyl hy as hoof van die uitvoerende raad belas was met die begroting en finansiële sake van die provinsie.[1]

Ná die dood van die vorige Vrystaatse administrateur, C.T.M. Wilcocks, in November 1936, is Van Rensburg, terwyl hy nog sekretaris van justisie was, op kort kennisgewing deur Hertzog genader om die leisels in die provinsie oor te neem. Omdat hy nie ondervinding van só 'n hoë openbare amp gehad het nie, het hy aanvanklik die aanbod van die hand gewys. Tot in daardie stadium het hy nog nooit eens 'n openbare byeenkoms toegespreek nie. Toe Hertzog nie wou besgee nie, het hy uiteindelik ingewillig om die pos te aanvaar.[2]

Hertzog se verskuilde bedoeling was om Van Rensburg vir die pos van goewerneur-generaal voor te berei.[3] Die 38-jarige Van Rensburg was die jongste mens nog om 'n administrateurspos te beklee. Volgens Albert Hertzog was sy pa se keuse aanvanklik ongewild: "Baie mense het genl. Hertzog gekritiseer en gesê dit is verkeerd om so 'n jong man in so 'n belangrike

Die jong administrateur in die ampswoning in Bloemfontein.

binnelandsesakepos aan te stel, maar toe hulle vir Hans in die pos van nader leer ken, het hulle gou tot die oortuiging gekom dat genl. Hertzog nie 'n fout begaan het nie."[4]

Van Rensburg is vanaf 1 Desember 1936 vir vyf jaar met 'n jaarlikse salaris van £2 000 aangestel.[5]

Ná verskeie onderhandelings met die tesourie is 'n spesiale vergunning aan Van Rensburg gemaak dat sy staatspensioen as sekretaris van justisie na sy besoldigingspakket as administrateur oorgedra word. Omdat 'n administrateur vir 'n termyn aangestel en nie deel van die gewone staatsdiens was nie, sou hy normaalweg nie geregtig op 'n oordraagbare staatspensioen gewees het nie. Die spesiale Wet op Pensioen-aanvullings is in 1938 deur die parlement aanvaar wat spesifiek voorsiening vir Van Rensburg se geval gemaak het.[6]

Van Rensburg se privaat sekretaris, Kerneels Haasbroek, het vertel hoe onpretensieus Van Rensburg vroeg een Desemberoggend in 1936 alleen op die stasie in Bloemfontein aangekom het om sy pos as administrateur op te neem. Sy gesin het later gevolg en die Van Rensburgs het kort daarna hul intrek in die ampswoning in Stewardsingel geneem waar hulle tot 31 Desember 1940 sou woon.[7]

Van Rensburg (in die middel) begelei 'n optog in 1938 tydens die Simboliese Ossewatrek.

Vanuit die staanspoor het Van Rensburg se aangename geaardheid en sy persoonlike belangstelling in sy amptenare, wat hy sonder uitsondering gelyk behandel het, hom gewild gemaak. Op pad na bestemmings in die platteland het hy gewoonlik by padkampe stilgehou en met die padwerkers gesels wat meestal arm witmense was.[8]

Hy het vinnig en bekwaam gewerk en was altyd stiptelik met afsprake. 'n Opmerking in 'n brief waarin hy die tesourier in 1937 versoek om sonder versuim 'n taak af te handel, spreek van sy ongeduld met 'n sloerdery: "I am a firm believer in 'now' is the only time."[9]

Met openbare optredes is Van Rensburg aan die diep kant ingegooi. Hy moes as administrateur gereeld by die een of ander belangrike funksie as spreker optree.[10]

Die sentrale regering was vol lof vir die bekwame wyse waarop hy aan die stuur van sy funksionele administrasie gestaan het. Vir die eerste keer het die provinsie se inkomstes sy uitgawes oorskry.[11] Ook die goewerneur-generaal, sir Patrick Duncan, was beïndruk deur die jong administrateur: "I was favourably impressed by the Administrator Van Rensburg – young capable ... and intelligent."[12] Van Rensburg was 'n gewilde administrateur – vir minstens die eerste paar jaar voordat die oorlog alles sou beduiwel.

Hoewel die administrateurspos met baie aansien gekom het, het Van Rensburg dit nie só beskou nie. Hy moes vir lief daarmee neem dat 'n administrateur eintlik maar net 'n verlengstuk van die regering is. Hy skep in veral sy Afrikaanse memoires die indruk dat hy sy werk maar saai gevind het en dat hy eerder in sy militêre aktiwiteite, asook jag op die plase van Vrystaatse boere en forelhengel in die strome van die Natalse berge, sy genot gevind het.[13]

Twee historiese gebeurtenisse het Van Rensburg se administrateurskap oorheers en sou 'n bepalende invloed hê: 'n oplewing van Afrikanernasionalisme as gevolg van die honderdjarige herdenking van die Groot Trek in 1938 en die dramatiese besluit van die Smuts-regering om met die uitbreek van die Tweede Wêreldoorlog in September 1939 saam met Brittanje oorlog teen Duitsland te verklaar. Smuts het weer eerste minister geword nadat Hertzog in 'n stemming in die parlement oor deelname aan die oorlog verslaan is en hy bedank het. Dit het Van Rensburg se taak polities en kultureel al hoe moeiliker gemaak, al het hy aanvanklik uit sy pad gegaan om as administrateur nie by omstrede sake betrokke te raak nie.

Die Engelse pers het hom geroskam toe hy in 1937 twee Luftwaffe-vlieëniers wat Bloemfontein tydens 'n wêreldlugreis aangedoen het, gul ontvang.[14] Toe Van Rensburg 'n goedbedoelde mosie in die Provinsiale Raad indien ingevolge waarvan dieselfde gesin nie koshuisgelde vir 'n derde en verdere kinders hoef te betaal nie, is hy van nazisme beskuldig.[15] Ook vanuit nasionalistiese Afrikanerkant is hy met arendsoë dopgehou. Toe daar sprake was dat die Britse bekroningsmedalje aan lede van die provinsie se uitvoerende raad toegeken sal word, is gevra of Van Rensburg dit sou aanvaar. "In dié tye moes jy jou trap as Afrikaner geken het!" skryf hy later.[16]

By tye het Van Rensburg wel toegelaat dat sy nasionaal-sosialistiese oortuigings in die openbaar die oorhand kry. In April 1937 het hy in 'n toespraak by 'n kongres van die Afrikaanse Nasionale Studentebond (ANS) op Stellenbosch die nasionaal-sosialisme as die orde van die toekoms en as die enigste ware teenvoeter teen die kommunisme aangeprys. Die toespraak het groot opslae in die pers gemaak en hom by veral sekere politici onder verdenking geplaas.[17] In die parlement het die VP-lid vir Illovo, J.S. Marwick, hom as 'n Nazi uitgekryt.[18]

Om 'n soortgelyke verleentheid te voorkom het Van Rensburg 'n toespraak waarin hy die gevare van die kommunisme sou bespreek en wat hy later die jaar op Potchefstroom voor 'n ANS- kongres sou lewer, eers aan Hertzog vir goedkeuring voorgelê.[19] Sy uiteindelike optrede op Potchefstroom het om 'n ander rede verreikende gevolge gehad. Hy het as gevolg daarvan 'n hegte band met sekere akademici van die universiteit gesmee, soos proff. L.J. du Plessis en H.G. Stoker, wat ook aanhangers van die nasionaal-sosialisme was. Hulle sou later in oorleg met Van Rensburg 'n rol in die formulering van die OB se ideologiese beleid speel.[20]

Die beduidende opbloei van Afrikanernasionalisme wat met die simboliese herdenking van die Groot Trek ontstaan het, het Van Rensburg meegevoer, en dit het nie sonder knelpunte vir sy administrateuramp gepaardgegaan nie. Die tweespalt tussen Afrikaans- en Engelssprekendes wat nog altyd net onder die oppervlak aan die broei was, sou al hoe meer na vore kom namate die oorlogswolke in Europa begin saampak het.

Toe die waens tydens die Simboliese Ossewatrek Bloemfontein in Oktober 1938 bereik, is Van Rensburg in sy hoedanigheid as administrateur by 'n geskil tussen die Afrikaanse reëlingskomitee en die Engelssprekende stadsraad betrek. In die 1930's het Bloemfontein nog baie Engelssprekende inwoners gehad en hulle het die stadsraad oorheers. Die reëlingskomitee het daarop aangedring dat die burgemeester die waens in Afrikaans verwelkom. Die Engelssprekende burgemeester was egter nie Afrikaans magtig nie en kon gevolglik nie aan die versoek voldoen nie. Dit is as 'n klap in die gesig van Afrikaanssprekendes in 'n oorwegende Afrikaanse provinsie beskou.

Van Rensburg het die situasie probeer ontlont deur vredemaker te speel en het in sy amptelike verwelkomingstoespraak die burgemeester om verskoning gevra. Dit is 'n voorbeeld van sy uitgangspunt as administrateur van gelykberegtiging van die twee taalgroepe voor die oorlog. Dit het hom die argwaan van sekere Afrikaners op die hals gehaal. Die plofbare situasie is vererger toe die stadsraad daarna weier om munisipale osse te verskaf om die waens deur die stad te trek. As 'n gebaar van verset het vroue en jong meisies die waens deur die stad getrek. Heimlik het Van Rensburg hom verlustig in wat as 'n morele oorwinning vir die Afrikanervroue beskou is.[21]

Die administrateur tree op as touleier tydens die Simboliese Ossewatrek.

Dit kon nog nooit met sekerheid vasgestel word of Van Rensburg voor die uitbreek van die oorlog by ondermynende bedrywighede betrokke geraak het nie. Hennie Serfontein beweer in *Brotherhood of Power*, waarin hy die werksaamhede van die Broederbond onthul, dat Van Rensburg nie altyd so "vlekkeloos" tydens sy administrateurtermyn opgetree het nie.

In geheime verslae wat die militêre intelligensiehoof, dr. E.G. Malherbe, gedurende die oorlog aan Smuts verskaf het, word beweer dat Van Rensburg reeds voor die oorlog saamgesweer het om 'n nuwe staat te skep met Oswald Pirow as staatshoof, Van Rensburg minister van verdediging en Nic Diederichs minister van kulturele sake. Van Rensburg en Diederichs het ook 'n Duitse student met die naam Gerlach, wat deur die Duitse anti-Komintern in Berlyn in anti-Bolsjewisme opgelei is, na Suid-Afrika laat kom om die Suid-Afrikaanse studente in die nasionaal-sosialisme te skool, lui die verslae.[22]

Gedurende die Simboliese Ossewatrek het verskeie geheime Afrikaner-organisasies ontstaan waarbinne daar dikwels oor 'n moontlike Afrikaner-staatsgreep gefluister is. Volgens die latere sekretaris van die Ossewabrandwag se Grootraad, J.C.J. van der Westhuizen, was hy 'n lid van só 'n vooroorlogse geheime organisasie wat drie mans na Bloemfontein gestuur het om Van Rensburg se mening oor 'n staatsgreep in te win.

Hy het sonder omhaal sy afkeer van onbesonne geweld aan die drie mans oorgedra – 'n standpunt wat hy as leier van die aktivistiese Stormjaers in die oorlogsjare sou handhaaf: "Toe het hy vir ons laat weet ons moet onthou Oswald Pirow is minister van verdediging, en as ons 'n staatsgreep wil uitvoer hy verplig is om teen ons op te tree en hy ons sal moet laat skiet. Ons moet liewer sulke dinge laat staan, want daar sal weer net Afrikanerbloedvergieting wees."[23]

Van Rensburg het waarskynlik tydens sy ampstermyn as administrateur 'n lid van die Afrikaner Broederbond geword, maar weens sy amp het hy 'n lae profiel in die organisasie gehandhaaf. Toe Hertzog die Broederbond weens die geheime aard daarvan wou verbied, het Van Rensburg hom oorgehaal om dit nie te doen nie. Sy argument dat Hertzog nie slegs 'n Afrikanerorganisasie kan verbied sonder om dieselfde met die Vrymesselaars en die Engelse Sons of England te doen nie, was klaarblyklik deurslaggewend.[24]

Van Rensburg se verhouding met die Broederbond was kompleks en is later beïnvloed deur die Broederbond se houding teenoor die OB. Aanvanklik was die Broederbond die OB goedgesind, maar namate die verhouding vertroebel het, het Van Rensburg van die Broederbond verwyder geraak. In latere jare het hy sinies teenoor sy naby familielede opgemerk dat hy nie 'n "Broer" is nie, maar 'n "Stiefbroer". Hy het egter nooit uit die Broederbond bedank nie.[25]

Vir Van Rensburg was 1939 'n "noodlottige jaar". Dit is die jaar toe sy groot militêre drome aan flarde gespat het en sy ma, wat hy as "a brave woman and a very loving mother" beskryf het, dood is.[26]

Met die uitbreek van die Tweede Wêreldoorlog op 3 September 1939 het die politieke klimaat in Suid-Afrika skielik en dramaties verander. Onder Smuts se leiding is die kwessie van Suid-Afrika se deelname aan die oorlog op die spits gedryf. Met 'n skrale meerderheid van 13 stemme het die parlement op 4 September besluit om saam met Brittanje oorlog teen Duitsland te verklaar. Die goewerneur-generaal, sir Patrick Duncan, wou nie reageer op Hertzog se versoek om 'n algemene verkiesing oor die saak uit te roep nie omdat dit glo tot geweld sou lei. Hertzog het daarna as premier bedank en Smuts het oorgeneem. Landwyd het die besluit om aan die kant van Brittanje – die eertydse vyand – deel te neem aan die oorlog hewige emosies ontketen en onheil voorspel.[27]

Soos die meeste ander Afrikaners is Van Rensburg onverhoeds betrap deur die verwikkelinge. Met die warboel inligting wat Bloemfontein bereik het, het hy die gebeure direk ná die parlement se besluit heeltemal verkeerd gelees. Hy het nie verwag dat Hertzog sal bedank nie en het daarom geglo dat die weermag op 'n gereedheidsgrondslag geplaas moet word ingeval Smuts se volgelinge in opstand kom. As brigadebevelvoerder het hy dadelik in die geheim reëlings begin tref om die regimente paraat te kry. Hy het sy lojaalste offisiere bymekaar geroep en hulle opdrag gegee om op 'n gereedheidsgrondslag te wees.

Toe sy vrese ongegrond blyk te wees, het hy die reëlings dadelik gestaak en die offisiere telefonies in kennis gestel dat "die partytjie" afgestel is.[28] Kort daarna het hy al die offisiere bymekaar geroep en sy hart uitgepraat, want die spook van Mushroom Valley het hom bygebly:

> Ek is oortuig dat die oorlog verkeerd is. Ek stem saam met die Eerste Minister van gister, dat Suid-Afrika neutraal moes gebly het ... Maar ek het daarmee niks uit te waai nie! ... Indien ons opgeroep word, sal ek gaan en my bevele uitvoer: binnekant en buitekant die Unie. Ek hou van die Duitsers en ek bewonder hulle ... Nietemin, indien daartoe beveel, sal ek die Duitsers skiet na my beste vermoë ooreenkomstig my militêre plig ... elke bevel wat ek kry en wat met my eer as offisier verenigbaar is, sal ek stiptelik uitvoer ... behalwe een! As ek daardie bevel kry, weier ek die uitvoering daarvan. Hulle kan dit muitery noem as hulle wil ... Hulle kan 'n vuurpeloton bring as hulle wil, maar ... ek skiet nie my eie mense nie! Ek het dit eenmaal aanskou as 'n sestienjarige seun en dit bly tweemaal te veel![29]

Die geheimsinnige manier waarop Van Rensburg aanvanklik sy getroue offisiere bymekaar gekry het, en sy daaropvolgende belydenis, was 'n enorme flater. Later het hy sy optrede probeer regverdig in die lig van wat hy "die buitengewone oorlogpsigose" genoem het.[30] Maar die skade was gedaan, een van die offisiere het hom by die regering gaan verkla. Hoewel hy steeds as administrateur aangebly het, is hy 'n week later summier deur die Smutsregering van sy militêre bevel onthef en op 14 September 1939 is hy na die reserwelys vir offisiere oorgeplaas. Daarmee het sy militêre loopbaan tot 'n skielike einde gekom.

Die regering het sy ware motiewe vir die verwydering van Van Rensburg se bevel verbloem met die verduideliking dat hy sy termyn as bevelvoerder reeds met 'n jaar oorskry het.[31] Waarskynlik was daar in die militêre hoofkwartier in Pretoria voor die tyd reeds 'n onrustigheid oor Van Rensburg se pro-Duitse gesindheid. Nieteenstaande sy uitstekende militêre rekord is hy nooit tot brigadier bevorder nie, wat die gepaste rang vir 'n brigadebevelvoerder is. Later het hy opgemerk: "Hierdie ontslag het meer as enigiets anders my pad na die Ossewa-Brandwag oopgestel."[32]

Aanvanklik het Van Rensburg nadat hy van sy bevelskap onthef is in die laaste maande van 1939 voortgegaan om op Afrikanervolksdae soos Krugerdag (10 Oktober) en Dingaansdag (16 Desember) as spreker op te tree. Hy was ook erevoorsitter op die Eerste Ekonomiese Volkskongres in Bloemfontein in Oktober, waar die armblankevraagstuk onder die Afrikaners bespreek is. In die vyandige oorlogsatmosfeer is sulke opheffingspogings vanuit sekere Engelssprekende geledere met teenkanting begroet.[33] Daarna het Van Rensburg se stem op openbare platforms opmerklik stiller geword.

Vir die eerste agt maande van 1940 het hy nie in die openbaar by omstrede sake betrokke geraak nie. Hy was ook afwesig by die groot Afrikanersaamtrekke by Monumentkoppie in Pretoria en by die Vrouemonument in Bloemfontein. Uit die sestigtal toesprake van sy ampstermyn tussen Desember 1936 en Desember 1939 blyk dit dat hy feitlik elke maand twee keer as openbare spreker opgetree het, terwyl daar tussen Januarie en Augustus 1940 net enkele toesprake te vind is.[34]

In een van dié 1940-toesprake, wat hy op 9 April op Kroonstad voor 'n byeenkoms van die Reddingsdaadbond gelewer het, het hy die aandag op die Afrikaner se posisie in die handel gevestig. Die toespraak is daarna vermeld op die Duitse radiostasie Zeesen wat Duitse propaganda onwettig in Afrikaans na Suid-Afrika uitgesaai het. Van Rensburg is vanuit regeringsgeledere gekritiseer oor die Nazi-leerstellings wat hy in die toespraak verkondig het en sy toespraak voor die Stellenbosse studente in 1937 is ook weer bygehaal.[35] Die VP-lid vir Illovo, J.S. Marwick, het hom ook weer in sy visier gehad en daarvan beskuldig dat hy besig was "om in die land rond te bons as 'n soort pro-konsul van Hitler om 'n ondermynende leer te verkondig."[36]

Die verhouding tussen oorlogs- en anti-oorlogsgesindes het al hoe meer gespanne geraak en Van Rensburg het ook in die Provinsiale Raad sy hande vol gehad. Verenigde Party-lede het op 14 Maart 1940 'n mosie teen anti-oorlogsaktivisme ingedien, waarop die Nasionaliste met 'n teenvoorstel teen deelname aan die oorlog gereageer het. Die vyandighede het tasbaar geword.[37]

Die oorlogbesluit het nogmaals Van Rensburg se weersin in die parlementêre partystelsel versterk. Oor Smuts se oorlogspoging was hy ondubbelsinnig: "Die oorsaak van die oorlog het met ons land en volk niks te doen nie"[38] en het gesê dat "die regering 'n Britse oorlog sou voer maar met Afrikaanse belange – ook met Afrikaanse bloed".[39]

Hoe hy ook al probeer het om nie sy amp in gedrang te bring nie, was dit onvermydelik dat hy as kampvegter van die Afrikaanse saak al meer by die onmin betrek sou word. Hy het hom reeds aan onwettige optrede skuldig gemaak deur OB-vlugtelinge soos Abraham (Apie) Spies, wat deur die geheime polisie gesoek is, in die loop van 1940 in sy ampswoning te versteek. Spies was voorheen een van Van Rensburg se junior amptenare wat op sy aandrang by die aktiewe burgermag aangesluit en hom daarna as vlieënier gekwalifiseer het. Sy weiering om die Rooi Eed af te lê, het hom genoop om die weermag te verlaat, waarna hy in ondergrondse bedrywighede teen die Smuts-regering betrokke geraak het.

Van Rensburg het in die geheim met OB-lede gekommunikeer en ook vertroulik onderneem om J.C. Laas in sy hoedanigheid as leier van die OB van raad te bedien.[40]

In die tweede helfte van 1940 het Van Rensburg toenemend sy openbare stilswye verbreek. In Augustus het hy Stellenbosse studente oor die Reddingsdaadbond toegespreek en weer opslae gemaak.[41] Sy aktivistiese sentimente het nou in die openbaar uitgekom. In sy Engelse memoires skryf hy dat Smuts se oorlogsbeleid hom teen die bors gestuit het: "and particularly the anti-Afrikaner way in which it was being carried out...

stuck in my throat more and more bitterly. I made no secret of my attitude, even during my term of office as Administrator. Why should I? ... What the devil did "correctness" count in an hour where one's race had been stricken to its soul?"[42]

Daar is min twyfel dat Van Rensburg in onguns by die Smuts-regering verval het en 'n gemerkte man was. Sy doen en late is deur die geheime polisie dopgehou en sy korrespondensie is deur die sensors onderskep en nagegaan.[43] Alles het daartoe bygedra dat sy posisie in die Smuts-regering toenemend onhoudbaar geword het. Toe hy aan die einde van 1940 gevra is om leier van die OB te word, was dit 'n maklike besluit.

Hy het wel goed besef dat die OB-pad met onsekerhede besaai sou wees: "It meant leaving the position of 'First Citizen' of the province and becoming a sort of cross between Ismael and an outlaw in power politics, with everyone's hand against me, or, at best, every Emergency Regulation, aided and abetted by an anti-OB Government."[44]

11

Die Ossewabrandwag – 'n kultuurorganisasie?

"Die OB het soos 'n knetterende veldbrand oor Suid-Afrika getrek."
– Prof. H.B. Thom

IN DIE GESKIEDENIS VAN DIE Afrikaner is daar seker nie nog 'n beweging wat met soveel geesdrif en verwagting as die Ossewabrandwag (OB) gestig is nie. Die OB is op Saterdag 4 Februarie 1939, enkele maande voor die uitbreek van die Tweede Wêreldoorlog, in Bloemfontein gestig. Dit was 'n direkte gevolg van die opsienbarende opbloei van Afrikanernasionalisme wat met die honderdjarige herdenking van die Groot Trek in 1938 ontstaan het. Die organisasie is aanvanklik gestig as 'n kulturele beweging wat hom vir die opheffing en selfhandhawing van die Afrikaner beywer het.

Die OB het vinnig tot die grootste van sy soort in die geskiedenis van die Afrikaner gegroei en het in sy bloeitydperk na raming meer as 300 000 lede gehad.[1] Prominente Afrikanerpolitici, onder wie toekomstige staatshoofde soos C.R. Swart, John Vorster en P.W. Botha, het lede van die OB geword. Prof. H.B. Thom, die rektor van die Universiteit van Stellenbosch, het die OB beskryf as "'n knetterende veldbrand wat oor Suid-Afrika getrek het".[2]

Die OB se organisasie het van meet af aan 'n semimilitêre inslag gehad wat rofweg gebaseer was op die kommandostelsel van die Boererepublieke met dieselfde range as van ouds. Die hoof van die OB was 'n kommandant-generaal (KG). Hy is bygestaan deur 'n Grootraad wat gewoonlik uit 15 hoofgeneraals bestaan het. Verder het die hiërargie bestaan uit gebiedsgeneraals, hoofkommandante, kommandante, veldkornette, korporaals en manskappe (brandwagte). Byeenkomste van offisiere het as laertrekke bekend gestaan.

Die Grootraad het die belangrikste besluite geneem wat die gevaar laat ontstaan het dat die KG en die Grootraad die beweging se beleid kon voorskryf.

Die OB is streng volgens gender verdeel, met 'n afsonderlike vroueafdeling wat, soos die jeugafdeling, ook 'n militêre rangstruktuur gehad het. Die feit dat sowel mans as vroue uniforms gedra en vaandelparades gehou het, het die pseudokulturele beeld van die OB verstewig. Die OB was in die teken van die tyd paternalisties, met die ware mag wat in die KG en die mans in die Grootraad gevestig was.

Daar was 'n sterk strewe na streng volksdissiplinering, soos aangedui deur die instelling van drilkampe, wat soms in die geheim op afgeleë plekke plaasgevind het. Die drilkampstelsel is as 'n onvervreembare deel van die Afrikanerkultuur beskou en sou as 'n soort broederskap dien wat alle Afrikaners bymekaar bring, ongeag hul partyverwantskap.[3] Dit het sterk by Van Rensburg se beskouing van veral volksdissipline ingepas.

Die ou republikeinse Vierkleur het 'n prominente rol gespeel tydens vaandel- en vlagparades by OB-saamtrekke.

Na buite het dit soms voorgekom asof die OB deur simboliek soos die dra van uniforms, 'n hakkeklappery en die vaandelparades Nazi-gebruike naboots. Daar is voorts sterk ooreenkomste gesien tussen die OB-kenteken – die republikeinse arend van die ou Transvaalse republiek wat op 'n wawiel sit en 'n ossewaentjie met die kleure van die vier provinsies – en die Nazikenteken, maar die OB het aangevoer dit het niks met die nazisme te doen nie. In die onstuimige klimaat net ná die uitbreek van die oorlog is die OB deurentyd deur die Engelse pers en ook vanuit sekere Afrikanergeledere van pro-nazisme en Nazi-komplotte beskuldig.[4]

Die OB word dikwels vergelyk met die Europese fascistiese bewegings van die 1930's en 1940's. Dit word gereeld van blatante nazisme beskuldig en is selfs as 'n ondergrondse terroristebeweging beskryf. Selfs die wortels van apartheid is al in die beweging gesoek. Alles word grootliks aan die leiding van Hans van Rensburg toegeskryf.[5]

Hoewel die klimaat vir fenomenale groei van die OB in die vroeë 1940's gunstig was, was sy leier, kol. J.C. Laas, 'n erge hindernis. Laas was 'n onvoorspelbare en vreemde man – impulsief en alewig aan die knipoog vir mense. Sy onverantwoordelike en teenstrydige bevele het groot verwarring veroorsaak terwyl sy swak organisatoriese vermoë om die groeiende vloedgolf mense na die OB te hanteer 'n demoraliserende uitwerking gehad het.

Van Rensburg het hom as 'n "restless and mysterious type which can launch revolutionary movements, but appears unable to lead them to the end"[6] beskryf. Laas se bisarre aanspraak dat hy telepaties met Hitler in verbinding kon tree en veral sy beweerde lidmaatskap van die Vrymesselaars was nie net 'n doring in die vlees van baie OB-lede nie, maar het hom ongeskik as OB-leier gemaak.[7]

Laas is geen ander keuse gegun as om op 3 Oktober 1940 uit die OB te bedank nie. Ná halfhartige pogings om met 'n nuwe organisasie voort te gaan, het hy tou opgegooi en hom verbitterd na sy plaas in die Theunissendistrik onttrek. Hy is 'n paar jaar later oorlede.[8]

'n Sterk en stewige hand aan die stuur van die OB het dringend noodsaaklik geword – iemand met nugtere verantwoordelikheid. Dit is in hierdie omstandighede dat Hans van Rensburg genader is.

Van Rensburg was nie in 1939 by die stigting van die OB betrokke nie.

Kol. J.C. Laas, die eerste leier van die OB, kon nie die mas opkom nie en is deur die gewilde Van Rensburg vervang.

Hy het eers agttien maande later lid geword toe hy aan die begin van 1941 as leier ingesweer is.

Gegewe sy kulturele oogmerke het die OB aanvanklik geen duidelike ideologiese grondslag gehad nie. Die Duitse historikus Christoph Marx meen die aanvanklike sukses van die OB het juis in sy populistiese aanslag gelê: "There is no clear ideological profile . . . it was just this vagueness and blur . . . which made the OB so very attractive to the masses."[9]

Dit het verander nadat Van Rensburg die leierskap oorgeneem en die nasionaal-sosialisme as OB-ideologie werklik inslag begin vind het. Vanuit die staanspoor het Van Rensburg hom as die geestelike leier van die OB gevestig en die spilpunt van die organisasie geword.

Die OB-ideologie het veral onder sy leiding op drie pilare begin rus onder die oorkoepelende sambreel van eksklusiewe Afrikanernasionalisme: die republikeinse ideaal (wat vir baie 'n Afrikanerrepubliek beteken het), volkseenheid en derdens teenkanting teen die oorlog. Dié doelwitte het sterk byval by gewone Afrikaners gevind en daartoe bygedra dat mense in groot getalle in die beginjare na die organisasie gestroom het.

Die oorspronklike doel van die OB was om die Afrikanerkultuur te bevorder, maar ná die uitbreek van die oorlog het politiek en kultuur binne die OB al hoe meer verstrengel geraak. Die elemente van versetpolitiek het eers werklik onder Van Rensburg se leiding na vore gekom.[10] In die oorlogsomstandighede is die Afrikaner se kulturele ontwaking dus gou verpolitiseer.

Die euforie wat om die OB ontstaan het, veral nadat Van Rensburg as leier aangewys is, is aansienlik aangehelp deur die ongelukkigheid met die regering se betrokkenheid by die oorlog en die swaarkry wat die onderdrukkende oorlogsregulasies veroorsaak het. Die wortels van die Afrikaneraktivisme van die laat 1930's en die vroeë 1940's moet egter ook in die trauma van die verlede gesoek word.

Sielkundiges meen 'n latere geslag se herinneringe aan 'n vorige geslag se trauma lei tot 'n voortsetting daarvan. Ou wonde wat nie ophou sweer nie, veroorsaak 'n naakte aggressie wat simptomaties is van 'n gebrek aan genesing en versoening.[11] Vroeg in die 1940's het talle Afrikaners nog nie genees van die trauma van die konsentrasiekampe en ander gruwels van die Anglo-Boereoorlog nie. 'n Sterk en onverbloemde anti-Engelse gesindheid kom herhaaldelik voor in die honderde herinneringe en onderhoude met lede van die OB, Stormjaers en Terreurgroep wat in die OB-argief bewaar word.

Daar was ná vier dekades steeds 'n waarneembare woede by 'n deel van die jonger geslag oor hul ouers en grootouers se vernedering. Dit herinner in vele opsigte aan sommige jong swart mense van vandag – 'n radikaler geslag wat na vore tree met 'n verhoogde wrokkigheid teenoor hul ouers se onderdrukkers. Baie Afrikaners het as't ware soos tweedeklasburgers in hul geboorteland gevoel. Die wit armoede van die 1930's het ook bygedra tot Afrikanerontevredenheid.

Die optrede van talle Engelssprekendes het ook nie veel gehelp nie. Baie, selfs dié wat in Suid-Afrika gebore is, het Engeland nog "Home" genoem. Vir hulle was die Union Jack nog die enigste vlag. Vir die OB was die ou republikeinse Vierkleur die ware Afrikanervlag, wat soos "Die Stem" 'n simbool van verset was. Oorlogsgesindes het "God save the King" en "Rule Britannia" gesing; Afrikaners "Die Stem" en "Afrikaners Landgenote". Vuisgevegte het uitgebreek wanneer Afrikaners nie aan die einde van 'n rolprentvertoning wou staan om "God save the king" te sing nie. In winkels is dikwels ook botweg geweier om klante in Afrikaans te bedien.[12]

Toe 'n groot deel van die Afrikanergemeenskap kant kies teen Brittanje het die wantroue tussen Engelssprekendes en Afrikaners aansienlik toegeneem. Talle Afrikaners het in vrees begin leef dat hulle geviktimiseer en vervolg sou word. Hulle het ook gevoel dat hulle nie die ruimte gegun sal word om hul Afrikanerskap uit te leef nie. Dit het baie Afrikaners se wrewel teenoor Engelssprekendes vererger – en die persepsie help vestig dat 'n ondermynende stryd teen die Smuts-regering geregverdig is.[13]

Dit was veral die regering se omvattende en drakoniese noodregulasies wat tot onrus aanleiding gegee en die OB by aktiewe verset teen die oorlogspoging ingesuig het. Die noodregulasies wat die grootste onmin veroorsaak het, was gevangenemings en internerings sonder verhoor. Duisende Afrikaners wat van ondermynende optrede verdink is, is op verskillende plekke in die land in interneringskampe aangehou en honderde sonder

Van Rensburg (regs) in OB-uniform. Sy magnetiese persoonlikheid en byna onweerstaanbare sjarme het baie Afrikaners na hom aangetrek.

Van Rensburg (vierde van links) tydens 'n vaandelparade.

verhoor in tronke. Vir baie het dit in 'n soort skrikbewind ontaard waarin Afrikaners dikwels op grond van die geringste agterdog geïnterneer is. Veral OB-lede moes die spit afbyt.

Terwyl gevangenemings en internerings dikwels die vuurvreters, en daardeur 'n belangrike bron van radikale verset, verwyder het, het dit ook hewige emosies ontketen wat verbittering en teenreaksie veroorsaak het. In Van Rensburg se woorde: "It was like dough being kneaded. The more lustily one thumps it, the better does it rise."[14]

Daar is gediskrimineer teen diegene wat geweier het om die Rooi Eed af te lê waarmee hulle hul bereid sou verklaar het om in die oorlog te gaan veg. Dit het die pro- en anti-oorlogsgesindes in die weermag en polisie gepolariseer en ook in die breër gemeenskap erge wrywing veroorsaak. Diegene wat die eed afgelê het, het 'n oranje lussie op elke skouer gedra, waarna spottenderwys as die "rooi lussie" verwys is. Die eed is as 'n eed teenoor Brittanje beskou.[15] Groot getalle Afrikaanssprekendes is daardeur as't ware gedwing om die weermag te verlaat en is in die arms van die OB en veral Stormjaers gejaag. Van Rensburg was een van hulle – hy het in soveel woorde gesê die regering se ontneming van sy bevelskap van die Vierde Brigade het hom uiteindelik na die OB gedryf.[16]

'n Atmosfeer van oorlogsparanoia het die land beetgepak met polisieklopjagte wat alledaags geword het. Nog 'n regulasie wat tot groot ontevredenheid gelei het, was die verpligte inhandiging van burgerlike vuurwapens. Dit het anti-oorlogsgesinde Afrikaners besonder magteloos laat voel.[17] In wat as 'n daad van loutere stommiteit beskryf is, is bidpouses in Kaapstad en Port Elizabeth ingestel ingevolge waarvan almal om 12:00 smiddags vir twee minute moes stilstaan en bid vir 'n Geallieerde oorwinning. In nog 'n onbesonne poging is OB-vroue belet om die wit rokke wat hulle as verset teen die oorlogspoging gedra het, aan te trek.[18]

Daar was gewelddadige botsings tussen anti-oorlogsgesinde burgerlikes aan die een kant en soldate en oorlogsgesindes aan die ander. Vir Van Rensburg het hierdie soort regulasies die Afrikaner ontuis in sy vaderland gelaat: "That was the way I saw it when the war broke out in 1939 and the Afrikaner was very quickly relegated to second class citizenship in his own and only country."[19]

Die oorlog het ongetwyfeld groot stukrag aan die OB verleen, wat openlik en soms uitdagend pro-Duits en anti-Brits was. Gegewe die onstabiele omstandighede en onnatuurlike druk wat die oorlog meegebring het, was die sekuriteit van 'n eie organisasie wat die belange van die Afrikaner voorop gestel het besonder aanloklik. Die historikus G.D. Scholtz meen dat die OB niks meer as 'n oorlogsorganisasie was nie en sonder hierdie eksterne omstandighede minder gewild sou gewees het: "Het die Tweede Wêreldoorlog nie slegs 'n paar maande na die stigting van die OB uitgebreek nie, sou die beweging binne 'n jaar of drie doodgeloop het omdat daar in der waarheid geen plek vir die OB in die Afrikaanse volkslewe was nie."[20]

Toe Van Rensburg aan die begin van 1941 die OB se leisels oorneem, het hy dit dus gedoen in 'n tydperk toe Afrikaners baie ontvanklik was vir die OB se soort aktivisme.

12
Leier van die Ossewabrandwag

*"Hans van Rensburg het 'n soort mistieke 'iets' gehad
wat mense na hom aangetrek het."*
– Prof. G. Cronjé, OB-hoofgeneraal

'N VOORMALIGE OB-OFFISIER EN STORMJAERLEIER, Henk Kuperus, het in 1978 in 'n onderhoud aangevoer dat Hans van Rensburg die OB agter die skerms beheer het reeds voordat hy die leiding van die organisasie in Januarie 1941 oorgeneem het: "Ek kan vir julle sê: [Hans van Rensburg] het volle mag oor die hele Ossewabrandwag gehad voordat hy KG geword het. Deur Abraham Spies en deur sy mense het hulle eintlik die hele OB regeer."[1]

As dit die ware toedrag was, het sekere Grootraadslede egter nie daarvan geweet nie. Dit kan ook wees dat hulle nie bewus was van wat alles op grondvlak in die OB aangegaan het nie, soos ook later toe sekere Grootraadslede nie veel van 'n benul van die Stormjaers se bedrywighede gehad het nie. Van Rensburg het die Grootraadslede wat afkeurend teenoor militante aktivisme was, toe doelbewus in die duister gehou.[2]

Sy gewildheid as administrateur en sy sterk Afrikanersentimente het Van Rensburg 'n aanloklike keuse as OB-leier gemaak. Die wyse waarop verskeie OB-lede by hom aangedring het om die leierskap van die OB oor te neem terwyl hy nog in die administrateursamp was, het voorts die indruk gewek dat hy 'n vanselfsprekende keuse vir die pos was.

As Van Rensburg egter gedink het hy het 'n vrypas na die OB-leierskap, het hy hom misgis. Eiebelang en die ou Afrikanereuwel van hardkoppigheid het met die verkiesing van die OB-leier sy verskyning in die Grootraad gemaak. Van Rensburg is voor die verkiesing in 'n wêreld van smerige ondergrawing ingelei. Dit was die voorspel tot veel erger politieke vuilspel wat sou volg nadat hy die leisels van die OB oorgeneem het.

Nog voor Laas se gedwonge bedanking het talle mense probeer om Van Rensburg by die OB te betrek. Aanvanklik is gevra dat hy in die geheim leier van die organisasie word terwyl hy in sy administrateurpos aanbly. Hy was egter nie bereid om sy integriteit as administrateur op so 'n manier in gedrang te bring nie, al het hy wel OB-vlugtelinge in die administrateurswoning versteek.[3]

Hy het ook verskeie toenaderings van OB-lede van die hand gewys. Vir Apie Spies het hy 'n beskeie verskoning gehad: "Ek is 'n goeie luitenant, nie 'n generaal nie. Ek kan goed bevele uitvoer; ek sal dit nie graag wil gee nie."[4]

Dié antwoord is waarskynlik 'n refleksie van die teenstrydighede in sy persoonlikheid, want ten spyte van sy nederigheid was daar altyd by hom 'n ambisie om groot hoogtes te bereik. Terwyl hy in die tweede helfte van 1940 op Trommel by sy broer Peet kuier, is hy deur J.A. (Sambok) Smith, die Kaapse OB-leier; Pat Jerling, die Transvaalse OB-leier; Chris Neethling, die Noord-Transvaalse OB-leier, en Apie Spies wat intussen voltydse sekretaris van die Grootraad geword het, besoek. Hulle het hom oor sy beskikbaarheid vir die OB-leierskap gepols.[5]

Uiteindelik het al dié toenadering soos suurdeeg begin deurwerk.

In November 1940 het Smith en Emmie du Toit, Kaapse OB-vroueleier en dogter van oudpres. M.T. Steyn, Van Rensburg weer genader en hom gevra om leier van die OB te word. In daardie stadium het hy sy posisie as 'n regeringsverteenwoordiger al hoe onhoudbaarder gevind en het hulle hom oorreed om homself verkiesbaar te stel. Volgens hom het hy eintlik nie 'n keuse gehad nie: "There was no virtue in the decision, for the simple reason that it was the only conceivable one."[6]

Verskeie Grootraadslede het Van Rensburg daarna besoek en hom oor sy siening van die beginsels van die nasionaal-sosialisme uitgevra. Vanuit die staanspoor was sommige nie entoesiasties oor die volksvreemde idees van dié ideologie nie. Dit het gou al duideliker geword dat daar binne die Grootraad weerstand aan die opbou was teen die toekenning van die OB-leierskap aan Van Rensburg.[7]

In die aanloop tot die leierskapsverkiesing is hy erg belaster en onder meer as 'n godloënaar uitgekryt. Soos reeds genoem is selfs sy vrou, Katie, bygesleep. Sy is as "losbandig" en 'n "flerrie" beskryf en is heftig gekritiseer omdat sy met soldate sou tennis speel. In sy herinneringe wys Chris

Neethling die vinger na Pat Jerling wat volgens hom valse gerugte versprei het omdat hy ook sy oë op die leierskap gehad het.[8]

Op 10 Desember 1940 het die Grootraad in die pastorie van ds. C.R. Kotzé by die geskiedkundige Tweetoringkerk in Bloemfontein vergader. Wat 'n blote formaliteit moes gewees het om Van Rensburg tot OB-leier te verkies, het 'n verkiesingstryd geword toe ander kandidate skielik na vore tree. Behalwe Jerling het Grootraadslede soos ds. Kotzé en adv. C.R. Swart hulle ook beskikbaar gestel.

Ná etlike ure se geredekawel het die Grootraad by 'n dooiepunt gekom. Die vernaamste beswaar teen Van Rensburg was dat dit nie wys sou wees om iemand van buite die OB aan te stel nie. Tydens 'n verdaging het Apie Spies, wat as Grootraadsekretaris nie stemreg gehad het nie (en boonop 'n voortvlugtige was), aan Chris Neethling voorgestel dat die dooiepunt omseil word deur voor te stel dat daar gestem word of Van Rensburg wel as 'n kandidaat voorgestel kan word. Sy kandidatuur is naelskraap met ses teen vyf stemme aanvaar en daarna het die stemming om die leierskap gemaklik in sy guns geswaai.[9]

'n Ander weergawe van gebeure is deur ds. Kotzé verskaf nadat hy die OB die volgende jaar onder 'n wolk verlaat en by die Nasionaliste aangesluit het. Hy het beweer dat Van Rensburg die verkiesing as OB-leier met ses teen vyf stemme gewen het (eerder as dat dit die uitslag was van die stemming oor sy kandidatuur). Sommige Grootraadslede was volgens hom daarna glo só ongelukkig dat hulle gedreig het om te bedank.[10]

Kort ná Van Rensburg se verkiesing as leier het hy met een van sy laaste optredes as administrateur by 'n Geloftefees (wat grootliks deur die OB gereël is) by Wonderboom in Pretoria opgetree. 'n Boodskap wat hy van pres. Steyn se weduwee saamgebring het, is deur die aktrise Anna Neethling-Pohl aan die skare van sowat 15 000 voorgelees. Daarna het Van Rensburg sy toespraak gelewer. Dit was duidelik dat hy 'n baie gewilde leier onder die massas gaan wees na aanleiding van die applous wat hy ontvang het.

Die Geloftefees sou ook vir 'n ander baie emosionele rede onthou word. 'n Sestienjarige dogter is dieselfde oggend uit die gevangenes vrygelaat nadat sy aangehou is omdat sy geweier het om inligting aan die politieke speurders oor 'n voortvlugtende Afrikaner te verskaf. Elsabé Nel het oornag 'n volksheldin geword. 'n Erewag langs die pad van OB-mans wat haar gesalueer het, is vanaf die gevangenes tot by Wonderboom opgestel terwyl sy in 'n motor met 'n afslaankap na die feesterrein geneem is waar sy aan Van Rensburg voorgestel is.[11]

Haar en ander vroue se onversetlike houding het Van Rensburg besonder beïndruk en hy besing die dade van hierdie Afrikanervroue in 'n hoofstuk in sy gepubliseerde memoires.[12]

Kort ná sy verkiesing het Van Rensburg persoonlik sy bedanking as administrateur in Pretoria aan Smuts gaan oordra. Smuts het hom hoflik, dog formeel in sy kantoor in die Uniegebou ontvang en hom stilweg uitgeluister terwyl hy sy ontevredenheid met Suid-Afrika se deelname aan die oorlog gelug het. Smuts het sy bedanking sonder teenstribbeling – en heel waarskynlik met 'n sug van verligting – aanvaar.

Van Smuts is Van Rensburg reguit na Hertzog op sy plaas by Middelburg. Hy het nie die ou generaal voor die tyd ingelig oor sy besluit om as administrateur te bedank en leier van die OB te word nie. In die loop van 1940 het Van Rensburg gereeld met sy mentor oor die krisis in die land gekommunikeer, ook gedurende verskeie persoonlike ontmoetings. Moontlik het Hertzog hom probeer oorreed om nie die leierskap van die OB te oorweeg nie. Hertzog was in elk geval nie ingenome met Van Rensburg se besluit nie – maar dit was gedane sake en hy het hom sterkte toegewens.[13]

Op sy laaste werkdag as administrateur het die bejaarde volksman J.D. (Vader) Kestell hom op kantoor besoek en 'n gebed vir hom gedoen. Van Rensburg sou nie Kestell weer sien nie, want hy is kort daarna oorlede.[14]

Van Rensburg se bedanking het amptelik op 31 Desember 1940 van krag geword. Nadat die Van Rensburg-gesin die amptelike woning ontruim het, het hulle 'n eenslaapkamerhuis in Bainsvlei, aan die buitewyke van Bloemfontein, gehuur. Soos gewoonlik het Katie haar man se besluit ondersteun, ongeag die onsekerheid en finansiële swaarkry wat dit kon meebring.[15]

Van Rensburg het die verbeelding van derduisende OB-lede aangegryp wat hom oral met ongekende geesdrif ontvang het, salig onbewus van die drama in die Grootraad rondom sy verkiesing. 'n Verheugde Afrikaanse pers het hom met trompetgeskal verwelkom en sy lof besing. Sy "opofferende gebaar" om die Vrystaatse administrateurspos neer te lê sodat hy "die stryd saam met sy volk tot die eindoorwinning" kan voortsit, was van die jubelende kommentaar.[16]

Op 15 Januarie 1941 het Van Rensburg voor nagenoeg 5 000 entoesiastiese toeskouers op Kroonstad sy eed van trou aan die OB afgelê. Sy toetrede tot die OB het die organisasie se status ongetwyfeld verhoog.[17]

Van Rensburg se intreerede en ander toesprake bied belangrike insigte in die politieke rigting waarin hy die OB wou lei. Hy het daarna gestreef om 'n gedissiplineerde en gemobiliseerde Afrikanerdom polities, kultureel, ekonomies en maatskaplik teen Britse imperiale oorheersing en die Smuts-regering te lei.[18] Die OB het 'n uitlaatklep aan baie Afrikaners se gevoelens van verset gebied en vir ander het dit avontuur en die ervaring van hegte kameraadskap beloof.

Die groot skares wat die nuwe OB-leier getrek het, sou enige politieke leier na sy asem laat snak het. Tienduisende aanhangers het na OB-byeenkomste gestroom om na sy toesprake te luister in 'n tyd toe bekende politici hoogstens honderde mense na soortgelyke geleenthede kon trek. Volgens 'n Grootraadslid, prof. G. Cronjé, het daar "só 'n krag van hom uitgegaan wanneer jy hom sien praat het dat sy woorde 'n heel ander betekenis gekry het ... dan was die mense in die holte van sy hand."[19] Diegene wat naby aan hom beweeg het, was oortuig van sy onberispelike integriteit en eerlikheid.[20]

Vanaf sy eerste openbare optrede as leier in Januarie 1941 het Van Rensburg die OB by die politieke stryd betrek. Later het hy aan 'n saamtrek van OB-offisiere gesê dat die OB as 'n kultuurorganisasie gestig is, maar dat die Afrikanervolk meer in die beweging gesoek het as slegs dit: "Die OB het tot 'n kragtige volksbeweging ontwikkel wat die vryheidsideaal van die Afrikanerdom aktief nagestreef het. Die OB se kulturele doel en strewe en daarom ook sy grondslag, beleid en konstitusie het saam met die beweging se veranderde prioriteite ontwikkel. Die klem is van die kulturele na die staatkundige terreine verplaas."[21]

As 'n volksbeweging met politieke doelwitte was dit onvermydelik dat die OB in konflik sou kom met D.F. Malan en sy Nasionaliste wat die politieke terrein as die uitsluitlike domein van die Herenigde Nasionale Party (HNP) beskou het.

Dit was moontlik in 'n poging om die bekwame en "gevaarlike" Van Rensburg as opposisie te neutraliseer dat hy deur die Nasionaliste genader

Links: Van Rensburg as leier van die OB.

Onder: Van Rensburg en Katie neem met ander volgelinge die OB-saluut tydens die sing van "Die Stem" voor die stadsaal in Pretoria.

is om hom as parlementêre kandidaat vir die HNP in die kiesafdeling Fauresmith beskikbaar te stel. Siende dat dit teen Van Rensburg se beskouing van die nasionaal-sosialisme en 'n totalitêre partylose staat – dus 'n totalitêre staat sonder politieke partye – ingedruis het, het hy die uitnodiging van die hand gewys. Die ou Boererepublieke was partylose state: die lede van die wetgewende vergaderings van die Vrystaatse republiek en die ZAR en die presidente is nie as verteenwoordigers van politieke partye verkies nie. Van Rensburg het reeds in die tyd van die koalisieregering met Smuts en die latere samesmelting van die Nasionale Party en die Suid-Afrikaanse Party 'n renons in die partypolitiek ontwikkel. Intussen het C. R. Swart in 'n tussenverkiesing in Winburg vir die HNP van Malan gestaan en gewen en as lid van die Grootraad bedank.

In daardie stadium was dit nog onbekend dat Van Rensburg uit hoofde van sy verkiesing as OB-leier ook die leier geword het van die ondergrondse Stormjaerbeweging. Die bestaan van hierdie beweging was toe nog grootliks in geheimhouding gehul.

Van Rensburg het gesorg dat hy in die OB en Stormjaers altyd deur vertrouelinge omring is. Van die begin tot met sy internering was Apie Spies sy regterhand en Heimer Anderson, 'n reus van 'n man wat kalm onder druk kon bly, sy getroue adjudant. Al twee dié mans was weermagoffisiere totdat hulle geweier het om die Rooi Eed te neem en hulle verplig was om die mag te verlaat. Hulle het daarna voltyds by die OB aangesluit.[22]

Kort ná sy verkiesing beland Van Rensburg en die OB midde-in die grootste wit onluste in die land se geskiedenis. Dit was die eerste groot toets vir sy leierskap.

Aan die begin van 1941 het frustrasie onder regeringsoldate begin opbou omdat die meeste van hulle ná 'n jaar nog nie na die front gestuur is nie. Die soldate is verder tot geweld opgesweep deur die Engelse pers wat gepropageer het dat almal wat teen die oorlogspoging gekant is, 'n klomp Nazi's is wat hul kamerade wat in die Noorde veg, in gevaar stel.

Teenoor hulle was die omgekrapte anti-oorlogsgesindes wat soos vreemdelinge in hul vaderland gevoel het. Dié twee groepe het gereeld begin bots.[23] Te oordeel na die baie koerantberigte oor soldate en anti-oorlogsgesindes wat mekaar aangerand het, was dit 'n algemene verskynsel. Daar was reeds sporadiese onluste en botsings in Potchefstroom, Port Elizabeth en Kaapstad.

Die onverdraagsaamheid het op 'n groter massakonfrontasie afgestuur. Johannesburg sou die brandpunt wees met sy baie Engelssprekende inwoners en die OB-hoofkantoor in die Voortrekkergebou op die hoek van Hoek- en De Villiersstraat in die middestad waar die oggendkoerant *Die Transvaler* ook gehuisves is. Die middagkoerant *Die Vaderland* se kantore was in 'n gebou daar naby.

In die onmiddellike aanloop tot die onluste het Van Rensburg die Vrydagaand 'n groot kultuurbyeenkoms in 'n stampvol Johannesburgse stadsaal toegespreek. Buite het groepies soldate skoorsoekend rondgedrentel. Lede van die gehoor het ná die byeenkoms met die koggelaars handgemeen geraak en dit het gou in verwoede gevegte ontaard waarin die soldate die onderspit gedelf en bedroë gaan hulp soek het. Polisieversterkings is ingeroep, wat die orde tydelik herstel het. Die tafel was egter gedek vir die grootste wit onluste in die land se geskiedenis.

Vroeg die Saterdagoggend was die atmosfeer reeds gespanne toe groepe soldate op 'n uitdagende manier in Johannesburg se strate rondgemarsjeer het terwyl Engelssprekende burgerlikes hulle verder opgesweep het. Die situasie het op breekpunt afgestuur toe 'n groep soldate die Saterdagmiddag 'n bebaarde OB-lid van 'n trem afruk en sy baard met 'n stuk glas afskeer. Hy is ernstig beseer voordat die polisie hom kon red. (Baie OB-lede het baarde gedra in navolging van die gebruik tydens die Simboliese Ossewatrek van 1938.)

Aanvanklik is die soldate deur die polisie uitmekaar gejaag, maar nóg omgekrapte soldate het die stad binnegestroom. Groepe soldate het geboue begin beskadig en motors aan die brand gesteek. Hulle het daarna in 'n groot groep hergroepeer en skade aan *Die Vaderland* se gebou aangerig. Daarna het hulle na die Voortrekkergebou opgeruk. Dinge was besig om handuit te ruk.[24]

Wat die soldate egter nie geweet het nie, was dat duisende OB-lede, onder wie heelparty Stormjaers, die Saterdag op Springs aan die Oos-Rand saamgetrek het om na die OB-leier te luister. Sommige skattings gee die getal OB's by die saamtrek so hoog soos 30 000.[25] Nuus oor die onluste in die Johannesburgse middestad het die OB-byeenkoms bereik en die gemoedere is opgesweep.

Springs, Saterdag 1 Feb. 1941. Van Rensburg maan die aanwesiges tot kalmte terwyl die soldate-onluste in Johannesburg woed. Sy beheersde optrede dié dag het waarskynlik 'n bloedbad voorkom.

Net 'n enkele bevel van Van Rensburg sou genoeg gewees het om die hele groep OB's na die Johannesburgse middestad te laat opruk. Sy kalme en gedissiplineerde optrede en goeie oordeel het egter gesorg dat die uiters ontvlambare situasie nie in 'n bloedbad ontaard nie.

Hy het wyslik besluit om nie sy volgelinge na die middestad te stuur nie en het hulle gevra om op verdere bevele te wag. Hy het geweet dat die regering versterkings, wat pantserkarre sou insluit, na die middestad kon stuur indien dinge buite beheer raak. Sodoende het hy waarskynlik 'n groot tragedie afgeweer.[26]

Van Rensburg het wel opdrag gegee dat 'n kerngroep van sowat 300 Stormjaers (nog *in cognito* in daardie stadium) na die middestad gaan. Hulle was onder bevel van die bekende stoeier Johannes van der Walt op wie se dissipline gereken kon word. Daarmee het Van Rensburg 'n parate reserwegroep gehad, sou nood dit vereis.

Hy en die kerngroep Stormjaers het hulle na die middestad gehaas. Intussen het 'n deel van die oproermakers na Johannes van der Walt se gimnasium, ook in die middestad, opgeruk. Die beeld van die indrukwekkende figuur van die stoeier wat met 'n sweep die een soldate-aanval ná die ander afslaan, het hom as 'n held onder die anti-oorlogsgesindes gevestig. Hy het ook 'n groot aandeel gehad in die afweer van die aanvalle op die Voortrekkergebou daarna.

Van Rensburg en sy adjudant, Heimer Anderson, het met 'n groot gesukkel hul weg deur die klipgooiende aggressiewe skare na die Voortrekkergebou gebaan. Dit was duidelik dat die soldate daarop uit was om die Voortrekkergebou te verwoes. In 'n stadium het Van Rensburg 'n vuishou in die gesig gekry. Toe hulle eers in die OB-hoofkantoor op die derde vloer van die Voortrekkergebou was, kon hulle beplan hoe om die aanvalle af te weer.

Toe daar nogmaals 'n groot gejuig vanuit die straat opklink, het Van Rensburg na 'n venster beweeg om te sien wat in die rumoerige skare aangaan. Hy het ternouernood aan die dood ontkom toe 'n koeël enkele sentimeters van sy kop teen 'n vensterraam vasslaan. 'n Sluipskutter moes die bewegings voor die venster dopgehou het.[27]

Vandaar is hy herhaaldelik na die gevaargebied in die straat om hom van die situasie te vergewis.

"Die atmosfeer was elektries. Ek kan my nie voorstel dat ek ooit in my lewe weer só 'n geweldige atmosfeer kan beleef nie," het die Terreurgroepleier Chris Coetsee jare later die plofbare situasie in Johannesburg beskryf.[28] Hy het vertel:

> In 'n stadium het die KG uitgekom, hy het daar verbygestap, en daar het ek seker die hoogste respek vir die man gekry. As daar ooit onder daardie omstandighede 'n koelkop was, dan was dit die KG. Ek het hom dopgehou: hy het dood op sy gemak gestap, sonder die minste inspanning het hy geloop en gesels, en dit was vir hom daardie aand net nodig om die bevel te gee en dan was dit seker die grootste bloedbad wat ons land gesien het.[29]

Die soldate is herhaaldelik met knuppelaanvalle deur die gesamentlike optrede van die polisie en die Stormjaers verdryf totdat hulle uiteindelik bes moes gee. Onder oorlogsgesindes en die Engelse pers is die polisie van oormatige geweld beskuldig en dat hulle aan die kant van die anti-oorlogsgesindes was. Na alle waarskynlikheid was dit grondige besware. Die oorgrote meerderheid onderoffisiere in die polisie het destyds uit plattelandse Afrikanerhuise gekom en hul steun sou noodwendig by die OB lê.

Die Afrikaanse pers het op hulle beurt die vinger na die regering gewys wat toegelaat het dat sy soldate op 'n bandelose wyse aan die onluste deelneem.

Die ongevalle in hierdie onluste is die hoogste in die geskiedenis van wit-teen-wit oproer. Volgens sommige weergawes is sowat 200 soldate en 'n onbekende aantal burgerlikes beseer en het 'n soldaat 'n paar dae later aan sy beserings beswyk. Minstens 68 polisiemanne is beseer, van wie sommige ernstig.[30] Daar was nie weer gedurende die oorlog soortgelyke onluste nie.[31]

Hofsake en kommissies van ondersoek na die onluste het gevolg waarin Van Rensburg ook moes getuig. Hy het hom daarop beroep dat die OB-lede se dissipline en gehoorsaamheid 'n bloedbad voorkom het. Die hofuitsprake en kommissies se bevindings het uiteindelik niemand tevrede gestel nie.[32]

Ná die onluste in Johannesburg was Van Rensburg se reputasie as 'n vreeslose leier gevestig. Een van sy lyfwagte, Rawat de Wet, het vertel hoe hy Van Rensburg 'n ander keer na 'n vergadering in Johannesburg vergesel het. Ná die vergadering het Van Rensburg hom vir 'n koppie koffie in die stasierestaurant genooi, wat op sigself gewaagd was omdat baie soldate in die stad se strate rondgedrentel en gereeld burgerlikes gemolesteer het bloot omdat hulle nie in uniform was nie. Dit kon katastrofiese gevolge gehad het as hulle Van Rensburg sou herken:

> Toe ons om die hoek in Pleinstraat kom, het daar honderde mense voor die stasiegebou saamgedrom, en ons kon sien dat daar 'n bakleiery aan die gang was. "Kom," het die KG onmiddellik gesê, "dit is dalk een van ons mense wat daar aangerand word." Ek wou nog keer, omdat ek my kon voorstel wat sou gebeur het as 'n vyandiggesinde in die gepeupel KG sou herken. Maar hy het vinnig nader gestap, tussen die menigte deur, tot heel voor, waar die bakleiery aan die gang was. Dit was toe sommer 'n paar soldate wat met krat uit die bottel handgemeen was. "Laat hulle mekaar foeter," het die KG droogweg gesê. "Kom, koffie sal lekker smaak."[33]

Toe 'n voortvlugtige Stormjaer wat deur Van Rensburg op sy plaas versteek is, uit bravade 'n Stormjaerkameraad in die Pretoria-Sentraal-gevangenis wou besoek, het Van Rensburg dadelik aangebied om hom te neem. Terwyl Van Rensburg in sy motor vir hom wag, het die Stormjaer doodluiters na die groot veiligheidsdeur geloop om ingelaat te word. Op daardie oomblik het die hoofbewaarder, wat hierdie Stormjaer geken het weens twee vorige ontsnappings, ook sy verskyning buite die deur gemaak.

Die Stormjaer het kalm gebly en saam met die hoofbewaarder die gevangenis ingestap. Gelukkig vir hom was die hoofbewaarder se aandag elders en is hy nie herken nie. Hy kon sy kameraad ongestoord besoek.[34] Van Rensburg het sulke gewaagde optredes klaarblyklik geniet, ongeag die gevaar wat daarmee gepaard gegaan het.

Gedurende die eerste vyf maande van sy leierskap het Van Rensburg 'n propagandatoer deur die land onderneem om aan tienduisende geesdriftige OB-lede die strewes van die beweging te verduidelik. Hy het 'n ver-

Van Rensburg tussen jong OB-bewonderaars.

Van Rensburg inspekteer lede van die OB se jeugafdeling.

stommende tempo en werkywer aan die dag gelê. Op sy reise is hy vergesel deur sy adjudant, Heimer Anderson, en twee lyfwagte.

Tydens die talle skouspelagtige opelugbyeenkomste en vaandelparades wat met militêre presisie beplan is, is Van Rensburg elke keer entoesiasties ontvang en aan die einde van sy toesprake staande toegejuig. Diegene wat nie tot die partypolitiek aangetrokke was nie, is gelok deur die halfmilitêre skouspele en Van Rensburg se toesprake wat polities gekleur, maar apaties teenoor die partypolitiek was. Dit het 'n triomftog geword wat duisende Afrikaners besiel het en die OB het in dié tyd sy grootste groei ervaar.³⁵

In April 1941 het Van Rensburg voor nog 'n ernstige krisis te staan gekom toe die regering alle staatsamptenare verbied om aan die OB te behoort. In 'n slim reaksie hierop het Van Rensburg dadelik alle staatsamptenare wat

OB-lede is, eervol uit die organisasie ontslaan en hulle van ontslagbewyse voorsien sodat hulle nie hul werk verloor nie. Daardeur het hy die angel uit die regering se besluit gehaal. Dit het ook sommige van die regeringsamptenare ondergronds en in die arms van die Stormjaers gedryf.[36] In 'n brief gedateer 17 April waarsku Van Rensburg Smuts om nie OB-lede wanhopig te maak nie, "want met wanhopiges is sleg te redeneer".[37]

Van Rensburg se vinnige besluit het nie net vir Smuts onkant gevang nie, maar ook vir D.F. Malan as leier van die amptelike opposisie, nou die Herenigde Nasionale Party (HNP). Tot in daardie stadium het die HNP hom nog as die politieke spreekbuis van die OB beskou, maar die OB het met hierdie stap sy eie weg ingeslaan en dit het Malan laat besef hy kan nie meer in die parlement of elders namens die OB praat nie.

Emmie du Toit (pres. M.T. Steyn se dogter en die OB se vroueleier in die Kaap) meen dat dit die eerste skote in die komende botsing tussen die OB en Nasionaliste was.

Die wind is ook uit Smuts se seile geneem. Volgens Du Toit het Smuts aan haar moeder (pres. Steyn se weduwee) erken dat hy getroef is: "Jy weet, Van Rensburg het my uitoorlê."[38]

Die OB-hoofkwartier is later na die middestad van Pretoria verskuif. Intussen het Van Rensburg ook met sy gesin na Pretoria verhuis. Hulle het 'n kort ruk in 'n woonstel in Kerkstraat gewoon en in Mei 1941 na 'n plasie sowat 15 myl noordwes van Pretoria verhuis, wat Van Rensburg Die Weide genoem het. Baie van die OB se besluitneming en beraadslaging het hierna op Die Weide plaasgevind.[39]

Vals gerugte het toe die rondte gedoen dat Van Rensburg en sy gesin in weelde op 'n spoggerige plaas leef. Die Terreurgroeplid Rawat de Wet, wat daar as Van Rensburg se lyfwag diens gedoen het, beskryf die plasie egter as 'n nederige plek met "'n aanmekaargelapte huis op 'n verwaarloosde stukkie grond".[40] Ongeag volgehoue kwaadwillige gerugte tot die teendeel, sou Van Rensburg dit finansieel nooit breed hê nie.

Daar was uiteenlopende beskouings oor Van Rensburg se leierskap.

Prof. G. Cronjé, 'n Grootraadslid, noem dat hy 'n soort mistieke "iets" gehad het wat nie in woorde omskryf kan word nie en "wat mense na hom aangetrek het".[41] Die latere Grootraadsekretaris, J.C.J. van der Westhuizen, beskryf hom met onbeskaamde bewondering as "een van die wonderlikste mense wat ek ooit ontmoet het en wat ek ooit die eer gehad het om te ken".[42]

Baie met wie hy te doen gehad het, is dit eens dat hy die vermoë gehad het om elkeen met wie hy gekommunikeer het, spesiaal te laat voel: "Hy was 'n nederige man wat saam met jou daar op 'n klip sal sit en swart koffie drink sonder suiker. Hy het jou nooit laat voel dat jy benede hom is nie," het Herman Havenga, 'n Stormjaerleier, later jare gesê.[43]

'n Terreurgroeplid noem dat hy nooit ongeduldig geraak en sy humeur verloor het nie.[44] Volgens sy universiteitsvriend Hertzog kon "'n mens nie anders as om van hom te hou nie".[45]

Die Nasionaliste is daarvan beskuldig dat hulle heimlik 'n vrees ontwikkel het vir die OB se fenomenale groei, al was daar mense wat gemeen het die inhoud van Van Rensburg se toesprake het opsigself nie altyd beïndruk nie.[46]

Nieteenstaande sy moontlike tekortkominge as 'n ervare politikus was Van Rensburg 'n formidabele leiersfiguur wat ongeag sy gemoedelikheid en nederigheid by tye 'n verbete teenstander kon wees. As OB-leier was hy ambisieus en het hy met sy kenmerkende vreesloosheid soos 'n stoomroller die OB se pad vorentoe probeer oopbaan.

Volgens Cronjé was Van Rensburg 'n raakvatter wat plofbare krisissituasies kon ontlont. Hy het onnodige uitgerekte spreekbeurte in die Grootraad kortgeknip deur "oor te neem en binne minute uit te pluis [wat die kern van die saak is] en tot finaliteit te bring".[47]

13
Ideologiese beskouings

*"Die demokrasie is soos die weelderige Savoy Hotel in Londen.
Dit is vir almal oop en vry – mits jy geld het."*
– Hans van Rensburg

DIE KOALISIE VAN 1933 EN die daaropvolgende partysamesmelting van 1934, asook die Nasionaliste se swak vertoning in die 1938-verkiesing het baie Afrikaners oor die bestaande politieke stelsel van partypolitiek en die demokrasie laat twyfel. Die mening was dat die Afrikaner nie deur die kiesstelsel sy regmatige plek in die land sal kan inneem nie. Dit het gelyk asof die partypolitiek nie in staat is om Afrikanereenheid te bewerkstellig en die republikeinse ideaal te verwesenlik nie.

Vir Afrikaners soos Van Rensburg het die oplossing in 'n vrye Afrikanerrepubliek met nasionaal-sosialistiese fondamente gelê, maar een wat getemper word deur die Christelik-nasionale beskouing van die Calvinisme. Dit sou dus 'n partylose gesagstaat wees waarin 'n parlementêre vorm van veelpartydemokrasie verwerp word. In die partylose gesagstaat sou die OB die Afrikanerdom verteenwoordig, wat herinner aan die staatsbestel van die twee ou Boererepublieke. Vir Van Rensburg was die OB "die kern en konsentrasie van die Afrikanerdom" en is Afrikanermotiewe ook OB-motiewe.[1]

In 1941 was politiek en kultuur onder die Afrikaners nie maklik te skei nie. Die militante onderbou van die OB het al hoe duideliker na vore gekom, terwyl Van Rensburg al hoe uitdagender geraak en openlik daarop gesinspeel het dat die parlementêre stelsel omvergewerp en deur 'n gesagstaat vervang moet word. Hierin sou die OB as 'n volksbeweging die leiersrol kon speel omdat dit nie 'n politieke party was nie.

Vir Van Rensburg was die OB 'n volksbeweging met omvattende oogmerke wat hy beskryf het as "'n Gemobiliseerde Afrikanerdom ... gemobiliseer polities, ekonomies, kultureel en maatskaplik vir onderlinge beskerming." Hy het die OB dus nie as 'n suiwer kulturele organisasie gesien nie. Al was die OB nie 'n politieke party nie, het hy beklemtoon dat die organisasie op staatkundige gebied 'n uiters belangrike taak het.[2]

Die nasionaal-sosialisme was een van die invloedrykste ideologiese kragte wat in die 1930's en 1940's in veral sekere dele van Europa, maar ook in 'n mate in Suid-Afrika, sy beslag gekry het. Die ideologie het nie oral dieselfde betekenis gehad nie. Om dit by Afrikanerstrewes aan te pas het dit in die OB 'n eiesoortige karakter aangeneem deur onder meer 'n Protestants-Christelike en in die besonder 'n Calvinistiese inslag. Die OB het onder hewige kritiek deurgeloop dat die nasionaal-sosialisme 'n volksvreemde ideologie is wat Afrikaners mislei.[3]

Dit is nie maklik om 'n samehangende geheelbeeld van die OB-ideologie te vorm nie, want dit bevat heelwat teenstrydighede en onduidelikhede. Mettertyd het die ideologie ook verander, veral toe dit onder Van Rensburg se leiding ontwikkel het van 'n kultuurorganisasie na een wat meer politiek gedrewe was. Daar was ook nooit werklik eensgesindheid binne die leierskorps van die OB oor hul benadering tot die nasionaal-sosialisme

Die volledige OB-kenteken met die OB-leuse.

nie. Die bedoeling is dus nie om hier 'n volledige bespreking van die OB-ideologie te gee nie, maar eerder om Van Rensburg se denkwyse daaroor beter te verstaan deur na sekere kernaspekte daarvan te kyk.

Daar is meningsverskille oor die ware betekenis van Van Rensburg se bydrae tot die formulering van die OB-ideologie. OB-akademici soos prof. H.G. Stoker maak daarop aanspraak dat 'n groep Potchefstroomse akademici eerder die toon aangegee het. Volgens Stoker het Van Rensburg sy bydrae aan die hand van die Duitse onderskeid tussen "idealpolitik" en "realpolitik" verduidelik:

> Ek is 'n gewone praktiese man met 'n militêre inslag om deur praktiese politiek 'n praktiese situasie te hanteer; ek is 'n 'Realpolitiker'. Ek is die OB- en Stormjaerleier, maar wat die beginsels betref, gaan ek nie voorskryf wat die 'Idealpolitik' moet wees nie. Dit laat ek aan die OB-akademici van die PUK vir CHO oor. Hulle moet die lewens- en wêreldbeskouing en die politieke beleid uitwerk.[4]

Volgens die historikus Pieter de Klerk, wat 'n studie van die OB se ideologie gemaak het, oorskat Stoker sy eie en ander OB-akademici soos prof. L.J. du Plessis se bydraes. De Klerk kom tot die gevolgtrekking dat hul bydrae eintlik beperk was. Ander OB's soos Nic Diederichs (latere staatspresident) en Piet Meyer (OB-Grootraadslid, latere voorsitter van die Broederbond en direkteur-generaal van die SAUK) het ook 'n belangrike bydrae gelewer.

Wanneer die onafhanklike wyse waarop Van Rensburg sy toesprake uitgewerk het, die inhoud daarvan en sy menigte ander geskrifte, ontleed word, kom dit voor asof hy baie seker was van sy eie interpretasie van die OB-ideologie. Hy was reeds voordat hy met die Potchefstroomse akademici saamgewerk het, 'n oortuigde nasionaal-sosialis. Daar kan min twyfel wees dat hy deur sy vertolking van die OB se politieke beginsels die doel en strewe daarvan duideliker geformuleer het.[5] Uiteindelik het Van Rensburg die grootste invloed uitgeoefen terwyl die ander inderwaarheid deur hom beïnvloed is.[6]

Vir Van Rensburg het nasionalisme en sosialisme die perfekte huwelik gevorm. Sy beskouings oor dié twee komponente van die ideologie het verduidelik hoe Afrikanereenheid en die ideaal van 'n republiek bereik kon word.

Hy het twee eise gestel waaraan OB-lede moes voldoen: "Eerstens moet jy 'n volksbewuste Afrikaner en tweedens 'n oortuigde republikein wees."[7] Hy het na 'n Afrikanernasionalisme met 'n sterk dosis patriotisme gestreef en klem gelê op 'n patriotiese en Afrikanersentriese geskiedenisbeskouing.

Belangrike gebeure in die Afrikaner se geskiedenis soos Amajubadag (27 Februarie), die verjaardag van Paul Kruger (10 Oktober) en die Slag van Bloedrivier (16 Desember) is elke jaar tydens OB-saamtrekke gedenk. Van Rensburg het op elkeen van dié dae by saamtrekke as hoofspreker voor groot skares opgetree. In Desember 1941 het die OB die terrein waar die slag van Amajuba plaasgevind het, met ingesamelde fondse aangekoop en Van Rensburg het 27 Februarie tot 'n vryheidsdag verklaar.[8]

Afrikaans sou die enigste amptelike taal in die toekomstige republiek wees, hoewel erkenning op amptelike vlak aan Engels gegee sou word. In 'n toespraak op 10 Mei 1941 in Pretoria het Van Rensburg in geen onsekere taal nie teen die regering en die jingoïstiese elemente se verengelsingsbeleid

Die terrein van die Majuba-slagveld is deur die OB aangekoop en jaarliks is groot gedenkfeeste daar gehou.

te velde getrek: "U moet definitief nie Afrikaans word nie anders is hulle nie tevrede nie! U moet alles wat Afrikaans is, beveg, of u bly onder verdenking! En dit in ons eie en enigste vaderland, deur elemente wat een voet anderkant die water het en 'n dubbele lojaliteit nahou!"[9]

Tog is dit opvallend dat Van Rensburg nie sy Afrikanerskap as 'n ewige strydpunt met gewone Engelssprekendes gesien het nie. Hy het aansienlik makliker na hulle uitgereik en was meer gematig as talle ander OB-lede. By tye het hy hom daardeur die ergernis van die militante OB's op die hals gehaal.[10] Tydens sy administrateurskap het hy met sy aangename persoonlikheid daarin geslaag om goeie verhoudings met die oorgrote meerderheid Engelssprekendes in die provinsie te handhaaf. Hy was selfs bereid om Engelssprekendes in die OB te akkommodeer, mits hulle met die Afrikaanse kultuur kon assosieer en Suid-Afrika eerste gestel het.[11]

Die OB was wel openlik antagonisties teenoor Jode, hoewel sy vlak van anti-Semitisme nie met dié van die Nazi's vergelyk kan word nie.[12] Dit is insiggewend dat daar in die OB-koerantjie byvoorbeeld feitlik geen anti-Joodse propaganda voorkom nie. Afrikaners se verhouding met hul Joodse landsgenote was lank deurspek met teenstrydighede en wedersydse wanbegrip.

Die anti-Semitisme wat Van Rensburg tydens die OB-jare geopenbaar het, moet in die konteks van die oorlogsjare beoordeel word. Sy weersin in 'n uitbuitende kapitalisme het beteken dat hy almal wat volgens hom daarin deel oor dieselfde kam geskeer het. Vir hom was die Jode soos die Engelssprekendes wat pro-Brits was en met kapitalisme vereenselwig is. Britse imperialisme was vir Van Rensburg niks anders as kapitalistiese imperialisme nie. Hy het gereeld in sy toesprake na die uitbuiting van die Brits-Joods beheerde myne en nywerhede verwys as die werk van "Brits-Joodse kapitalisme".[13]

Hy het egter tussen gewone Engelssprekendes en Jode onderskei. Laasgenoemde het hy as onassimileerbaar beskou weens hul eksklusiewe kultuur en geloof. Joodse mense se kwansuise gebrek aan begrip vir die Afrikanerstrewes het veroorsaak dat Van Rensburg by tye anti-Semitiese uitlatings gemaak het. Hy het hulle as laatkommers beskryf wat die land se grondstowwe vir hulself onder die kapitalistiese vaandel opeis. In 'n onderhoud met twee Amerikaners in 1944 het hy opgemerk dat daar nie plek vir sulke Jode in Suid-Afrika is nie.[14] Sy vereiste vir die toelating van immigrante tot die OB was dat hulle met die Afrikaner "assimileerbaar en stamverwant" moet wees. [15]

In sy persoonlike lewe het Van Rensburg egter gemaklik met mense van Joodse afkoms gesosialiseer. Bernard Sachs, 'n bekende linkse joernalis, het in die 1960's 'n insiggewende lewensbeskrywing van Van Rensburg gepubliseer. Sachs was 'n voormalige lid van die in daardie stadium nog verbode Suid-Afrikaanse Kommunistiese Party en skrywer van *Road to Sharpeville* (wat deur die Nasionale regering verbied is). Al het Sachs nie saamgestem met Van Rensburg se ideologiese standpunte nie, toon hy begrip vir sy denke en optrede. Hy verwys onder meer na sy naoorlogse weersin in die Nazi-gruwels en Joodse volksmoord.

Sachs beskou Van Rensburg as besonder eerlik en hy bewonder sy integriteit: "[Hans] makes no effort to cover anything unsavoury from his past, or use a specious argument to place himself in a better light. He is absolutely self-revelatory. And he has quite a deal to reveal ... More than once he cut through the ideological cant of hypocrisy and reached the core of things. It is, in fact, indicative of the tragic situation of our country that Hans, who is cultivated, intelligent and humane, should have landed up in the camp of Nazism."[16]

Dat iemand van Joodse afkoms so 'n positiewe lewenskets oor Van Rensburg kon skryf, is veelseggend en die afleiding kan gemaak word dat Sachs Van Rensburg in daardie stadium van sy lewe nie as anti-Semities ervaar het nie.

Die OB se rassebeleid het verskeie kenmerke van die latere apartheidsbeleid bevat. Daar sou streng verblyfsegregasie en werkreservering wees. Dit was geen ingrypende of vernuwende gedagtegang nie en het eintlik grootliks die heersende houding oor rasseverhoudings weerspieël. Met sy idee van 'n wit volkstaat het die OB nie voorsiening gemaak vir swart mense se politieke strewes nie. Daar is geensins voorsien dat swart nasionalisme 'n groter bedreiging vir die OB se toekomsideale vir die Afrikaner sou kon word as Britse imperialisme nie.

Die verwerping van die demokratiese partystelsel en die vestiging van 'n partylose gesagstaat of volkstaat was 'n belangrike beginsel van OB-beleid voordat daar in die naoorlogse jare 'n kentering was. Vir Van

Rensburg was daar nie 'n keuse tussen die Afrikanerdom en die demokrasie nie: die Afrikaner was gewoon belangriker as die demokrasie. Van Rensburg het wel nog 'n agterdeur vir die partypolitiek oopgehou: "Die Ossewa-Brandwag met sy volksideaal omvat die hele volk en sluit die politiek in. Die finale beslissing oor partypolitiek lê dus by die Ossewa-Brandwag."[17]

Partypolitiek en die demokrasie was bloot 'n middel tot 'n doel. Die OB se gekwalifiseerde boikot van die 1943-verkiesing moet in daardie lig beskou word: Die OB het nie aan die verkiesing deelgeneem nie, maar sy lede kon vir kandidate van enige party stem wat nie die OB vyandiggesind was nie. Van Rensburg het verder aangevoer dat die OB nie liberaal-demokraties is nie, en dat die gemobiliseerde Afrikanerdom meer begaan is oor pligte as oor regte.[18]

In sy toesprake het Van Rensburg sy gedagtes in eenvoudige vergelykings uitgedruk: "Die demokrasie het almal vrygemaak – die wolwe en jakkalse sowel as die skape... Vryheid en gelykheid is 'n ideale toestand vir die wolwe en jakkalse om in vet te word... Die demokrasie is soos die weelderige Savoy Hotel in Londen. Dit is vir almal oop en vry – mits jy geld het."[19]

Die OB se republikeinse ideaal was kenmerkend van die obsessiewe selfbevrydingstrewe onder baie Afrikaners van die tyd. Hoewel Van Rensburg nooit uitgespel het hoe die republiek bereik sou word nie, het dit saamgehang met sy strategiese beskouing van verset teen die Smuts-regering se oorlogspoging.

Die beoogde republiek sou 'n gesagstaat wees, maar is 'n Christelik-nasionale republiek genoem. In 'n toespraak op 23 Augustus 1941 op Brakpan het Van Rensburg gesê: "In die gesagstaat wil ons die kapitalistiese jakkals en die kommunistiese wolf aan bande lê."[20] Die term gesagstaat is nie beskou as sinoniem met 'n diktatuur of totalitêre staat nie.[21] Teenstanders van die OB het egter geglo dit is niks anders as 'n diktatuur nie.[22] Van Rensburg wou ongetwyfeld die OB ooreenkomstig sy militêre ingesteldheid van bo af regeer, met dissipline van wesenlike belang. Hy noem ook dat "'n werklik nasionale weermag met dissiplinering van 'n weerbare Afrikanerdom" 'n vereiste is.[23]

Die OB se staatsbeskouing was maar betreklik vaag. 'n Stelsel met 'n president wat met uitvoerende gesag beklee is, is in die vooruitsig gestel en sy aanstelling vir 'n termyn van vyf jaar moes deur 'n volkstemming bekragtig word. 'n Soort burgerraad, bygestaan deur 'n volksraad, sou ook vir 'n tydperk van vyf jaar deur stemgeregtigde burgers verkies word. Spesialiste, eerder as politici, sou op meriete aan die hoof van departemente aangestel word.[24]

Volgens Van Rensburg was die nasionaal-sosialisme noodsaaklik vir die vooruitgang van Suid-Afrika en om die kommunistiese gevaar suksesvol teen te staan.[25] Hy het die sosialisme-komponent in die OB-ideologie egter as 'n volkseie of nasionale sosialisme beskryf. Dit was iets anders as wat onder die internasionale sosialisme verstaan word: "Die Ossewabrandwag sien die volkspolitieke heil slegs in 'n nasionalisme wat sosiaal is, en 'n sosialisme wat nasionaal is."[26]

Van Rensburg het vas geglo aan die Bybelse beginsel dat "ek my broeder se hoeder is" en 'n stelsel van "een vir almal en almal vir een" waarin daar geen klasseverskille is nie en welvaart eweredig versprei word. "My broeder se hoeder" is 'n beginsel wat Van Rensburg self uitgeleef het. Dit het by hom vasgesteek nadat pres. M.T. Steyn met die inhuldiging van die Vrouemonument in Bloemfontein in 1913 daarna verwys het in sy oproep dat Afrikaners mekaar moet ondersteun.[27]

Sosiale geregtigheid moes bewerkstellig word deur die kapitalisme met wortel en tak uit te roei. Die kapitalisme sou vervang word met 'n ekonomiese stelsel wat eie volksbehoeftes bevredig wat nie van 'n kapitalistiese uitbuitende aard is nie. Privaat eienaarskap sou egter erken word. Die staat sou die bank- en versekeringswese beheer. Hy het verder verduidelik: "aan geld [sal] bloot die waarde van ruilwaarde toegeken [word], met definitiewe beperkings aan die geldmag".[28]

Vir Van Rensburg was die OB die natuurlike tuiste van die Afrikaner, "waar daar nie gevra word wat jou party is of jou beroep of ambag of jou bankbalans is nie". Hy het gesê dat arm Afrikaners byna meer welkom in die OB is as diegene wat beter daaraan toe is.[29]

Hierdie beskouing kan teruggetrek word na die kwessie van die armblankevraagstuk. Van Rensburg was gemaklik daarmee dat die staatsmasjinerie aangewend word om armoede onder minder bevoorregte Afrikaners te verlig. Hy wou alle uitbuiting van die Afrikanerwerkersklas teenwerk. Elkeen moes volgens sy dienswaardigheid sy plek in die gesagstaat kry en nie volgens sy geldelike vermoë nie.[30]

Binne die OB is baie klem op ander sosiale aspekte gelê soos die noodsaaklikheid van 'n gesonde gesinslewe, volksonderwys, arbeidsplig en gesondheidsorg. Staat en kerk sou as afsonderlike eenhede beskou word en die onderwysstelsel sou Christelik-nasionaal wees. 'n Hele nuwe samelewing is in die vooruitsig gestel wat herinner aan soortgelyke doelwitte van die Nazi-party.[31]

Die OB-ideologie het 'n onhaalbare utopiese toekomsideaal met 'n Afrikanervolkstaat nagestreef. Dit het in die eerste plek nie rekening gehou met die werklikheid van Suid-Afrika se veelvolkige samelewing nie. Dat die Afrikaner so sentraal in die ideologie gestaan het, het noodwendig beteken dat hy bo ander volke en gemeenskappe bevoordeel sou word. Daarbenewens was die nuwe samelewing wat die OB in die vooruitsig gestel het, nie aanvaarbaar vir die meerderheid Afrikaners nie, om nie eens van die ander bevolkingsgroepe te praat nie.

Al was dit 'n aangepaste nasionaal-sosialisme, het aspekte daarvan steeds teen talle Afrikaners se Christelik-Protestantse beskouing ingedruis.

Met sy verwerping van die kapitalisme en die parlementêre demokrasie het die OB die steun vir hierdie stelsels onderskat. Afrikaners was dekades lank al blootgestel aan die partypolitieke kiesstelsel en die meeste mense het 'n waardering vir die rol daarvan gehad.

Verreweg die meeste OB-lede het nie verhewe ideologiese doelwitte aangehang nie. Uit die herinneringe van OB-lede kom dit voor of hulle nie 'n besondere belangstelling in die ideologiese betekenis van die nasionaal-sosialisme gehad het nie. Vir hulle was die republikeinse strewe en verset teen die oorlogspoging aanloklike doelwitte wat nie van so 'n ideologie afhanklik was nie. In dié opsig was die OB op grondvlak 'n populistiese volksbeweging, eerder as 'n ideologies gedrewe een. Dit was Afrikanernasionalisme wat van die OB 'n volksbeweging gemaak het en nie die nasionaal-sosialistiese ideologie nie.

Daar was soms 'n soort fyngevoeligheid oor die OB se openbare houding teenoor die nasionaal-sosialisme. Die OB het dikwels sy steun aan hierdie ideologie onderspeel deur eerder sy hoofdoel van 'n republiek met 'n Christelik-nasionale grondslag te beklemtoon. Van Rensburg self was by tye vaag en selfs ontwykend wanneer direkte ideologiese vrae op openbare platforms aan hom gestel is. In die meeste toesprake het hy ook weggeskram van 'n suiwer prediking van die nasionaal-sosialistiese ideologie.[32] Dit was duidelik nie 'n maklike onderwerp om onder Christelik-nasionale Afrikaners te propageer nie.

Dit blyk dat Van Rensburg ook nie juis geprobeer het om selfs die meer radikale Stormjaers ideologies te skool nie. Dat die Stormjaers geen ideologiese denkers was nie, maar eerder op aksie ingestel was, word geïllustreer deur 'n Stormjaeroffisier se vertelling van 'n onsuksesvolle poging om sekere ideologiese beginsels aan 'n groep ruwe Stormjaermyners in Roodepoort te verduidelik. Ná 'n "uitstekende voorlegging" was daar 'n ruk lank 'n doodse stilte totdat 'n myner die onderwerp heeltemal verander het deur te vra: "Wat is die nuutste ontwikkeling vir die vervaardiging vir brandbomme?"

Volgens die Stormjaerleier is die gesprek daarna lewendig voortgesit. Van die ideologiese bespreking het niks oorgebly nie.[33]

14
Stormjaers en Terreurgroep

"Ek was destyds 'n seun van twintig, en was bereid om enige iets te doen as Hans van Rensburg net sê ons moet dit doen. Ons het hom letterlik aanbid."
– Robbie Robinson (Terreurgroeplid)

VANDAG IS DIT GROOTLIKS VERGETE dat militante Afrikaners in die vroeë 1940's die land met 'n vlaag van sabotasie geteister het. Tydens die veldtog is plofstof onwettig vervaardig, strategiese instellings opgeblaas en verbindingslyne, kragdrade en kragstasies, op groot skaal vernietig. Gewaagde inbrake en rooftogte is ook uitgevoer. Daar was skakeling met Nazi-Duitsland en 'n doelgerigte poging om die Geallieerde skeepvaart te ondermyn.

As deel van die veldtog om die Smuts-regering en sy oorlogspoging te ondermyn is etlike sluipmoorde beplan waarvan enkeles uitgevoer is. Daar was ook gewelddadige vergelding teen talle mense wat beskou is as afvallig van die Afrikanersaak.

Die OB se Stormjaers en 'n geheime binnekring van dié beweging, die Terreurgroep, het die grootste aandeel aan hierdie veldtog gehad. Hans van Rensburg was die leier van al twee dié organisasies.

Die Stormjaers was 'n militante Afrikanerweerstandsorganisasie wat uit die OB, maar apart daarvan, ontwikkel het. Die beweging se uiteindelike oogmerk was om gunstige omstandighede te skep sodat die bestaande staatsbestel met sy gewraakte Britse verbintenis omvergewerp en met 'n republiek vervang kon word.

Die Stormjaers is iewers in Augustus 1940 onder groot geheimhouding in Johannesburg tot stand gebring. Dit het 'n rangstruktuur soortgelyk aan dié van die weermag gehad. Die Stormjaerbeweging het vinnig gegroei uit die gedissiplineerde geledere van die OB wat toe reeds 'n tyd lank aan driloefeninge deelgeneem het. Daarna het die Stormjaers by geheime militêre samekomste opleiding in sabotasie ontvang.[1]

Net 'n kerndeel van Stormjaers het deurlopend ondermynende bedrywighede verrig, terwyl 'n groot deel eintlik passief was of hoogstens sporadies opgetree het. As die Stormjaers tot volle aksie gemobiliseer was, sou dit ontsaglike probleme vir die Smuts-regering veroorsaak het, soos blyk uit dié kere toe Van Rensburg hulle op groter skaal aangewend het.

Hoewel Van Rensburg self nooit daarvan melding maak nie, word soms gesuggereer dat hy nog voor sy aanwysing as OB-leier by hierdie aktivistiese beweging betrokke was. Dit is dalk nie so vergesog nie, as in aanmerking geneem word dat hy reeds in die loop van 1940 'n noue verbintenis met Apie Spies, die eerste leier van die Stormjaers, gehad het.[2] Volgens sy seun het Van Rensburg formeel die leisels as leier van die Stormjaers vroeg in Februarie 1941 ná 'n vergadering in Bainsvlei buite Bloemfontein oorgeneem.[3]

Van Rensburg het met patriotiese trots na die Stormjaers verwys as die "suurdeeg van aktivisme" wat Afrikaners gedurende die stormagtige tye van die Tweede Wêreldoorlog "broodnodig gehad het".[4] Hoewel hy nooit die OB doelbewus sou versaak nie, het die Stormjaers die naaste aan sy hart gelê: "Never in my life have I stood so closely and wholeheartedly to any body of men as I did to the S.J.s in the years 1941 to 1945."[5]

Op sy hoogtepunt was die Stormjaers 'n formidabele organisasie. Die leiers was 'n jong geslag Afrikaners wat met toenemende selfvertroue die armblankementaliteit begin afskud het. Die Stormjaers het 'n geraamde ledetal van 9 000 gehad met sy sterkste basis in Transvaal. Weens die Kaapse OB se weerstand teen die Stormjaers het die beweging weinig impak in die suide gehad.[6]

Absolute lojaliteit is van Stormjaers vereis en streng geheimhouding is gehandhaaf. Die grondslag vir hul besondere kameraderie is gevestig deur 'n vreesaanjaende toets wat 'n lid moes slaag, gevolg deur 'n bisarre inlywingsritueel. Laasgenoemde het vereis dat die voornemende lid hom bereid moes verklaar om koelbloedige moord vir die saak te pleeg deur 'n verraaier te skiet. Van Rensburg self het die eed geneem en sy seun, Johan, moes die ritueel as 18-jarige deurgaan.[7]

Die regeringsondersoekbeampte George Visser meen dat die Stormjaereed dalk deur Van Rensburg as regsgeleerde opgestel is omdat dit op die oog af nie op hoogverraad neerkom nie.[8] Die eed is deur die volgende dramatiese woorde afgesluit wat dikwels deur lede gebruik is:

> Mag God gee dat ek met my kamerade sal kan uitroep:
> As ek storm, volg my.
> As ek omdraai, skiet my.
> As ek sterwe, wreek my.
> SO HELP MY GOD!

Apie Spies, die eerste leier van die Stormjaers, het hom in só 'n mate in die stryd gewerp dat hy van uitputting tot op die rand van ineenstorting gedryf is. Nadat hy in die Koffiefonteinkamp geïnterneer is, moes Van Rensburg 'n nuwe leier vir die Stormjaers aanstel en die mantel het toe op Steve Hofmeyr geval. Van Rensburg het hom in die weermag leer ken. Hy was 'n broerskind van "Onze Jan" en oupa van die hedendaagse sanger, skrywer en aktivis Steve Hofmeyr.

Steve Hofmeyr, leier van die Stormjaers.

Van Rensburg het 'n buitengewone hoë dunk van Hofmeyr gehad en hy het die vreemde titel Owerste van die Stormjaers aan hom toegeken: "I know of none whose footsteps fell more unselfishly and more joyously beside mine than those of Steve Hofmeyr ... He had the flair for leadership among men and, as I was to learn, he was imbued with ... fearlessness where heavy consequences were involved."[9]

Hofmeyr het met 'n Rhodes-beurs aan die Universiteit van Oxford gestudeer en was 'n Oxford Blue in rugby. Terug in Suid-Afrika het hy sy skranderheid en bekwaamheid op verskeie terreine bewys. Hy was egter voortvarend en kon soms strydlustig wees. Van Rensburg moes hom telkens in toom hou wanneer hy sabotasie wou verskerp.[10] As Stormjaerleier bly hy grootliks 'n enigmatiese figuur.

Van Rensburg se leierskap van sowel die OB as die Stormjaers het vanuit die staanspoor spanning in die OB-Grootraad veroorsaak. Binne die OB was daar 'n groep wat sterk teen enige vorm van 'n ondermynende veldtog gekant was. Onder leiding van die Kaapse OB-leier, asst.kmdt.genl. J.A. (Sambok) Smith, het die OB 'n beleid van verset sonder geweld voorgestaan. Erika Theron, 'n Kaapse vrouegeneraal, het dit só verwoord: "Ons gaan ons nie neerlê by die oorlogsbeleid nie, maar *sonder gewere*."[11] Volgens dié mening was ondergrondse optrede misdadig en gevolglik verwerplik. Sambok Smith het ook nie gehuiwer om die Stormjaers onverbloemd verbaal aan te val nie.[12]

Die Stormjaers se sabotasieveldtog is sonder goedkeuring van dié nie-aktivistiese groep van stapel gestuur en dit het onderlinge wrywing vererger. Van Rensburg het boonop Grootraadslede wat nie ten gunste van die ondermynende bedrywighede was nie, in die duister daaroor gehou.[13]

Soos met die OB bestaan daar bepaalde wanpersepsies oor die Stormjaers en is allerlei ongegronde vergelykings tussen die Stormjaers en sekere bewegings en gebeure in Nazi-Duitsland getref. So het die ondersoekbeampte George Visser geskryf: "Just as the German Nazi Party had the Schutz Staffel – SS – so had the Ossewabrandwag the Stormjaers ready to storm forward as their militant action front when the time seemed ripe."[14]

Hierdie gewilde persepsie neem egter nie die spanning in ag wat deurentyd tussen die OB en Stormjaers geheers het en wat nie tussen die Nazi-party en die SS bestaan het nie. Die Stormjaers se ondermynende bedrywighede is ook gereeld verkeerdelik aan die OB toegeskryf.

J.A. (Sambok) Smith, die Kaapse OB-leier, in uniform.

Daar is wel genoeg ooreenkomste met die Duitse SS dat 'n mens kan aanvaar dat die Stormjaers minstens indirek daardeur geïnspireer is en dat Van Rensburg se besoek aan Duitsland ook 'n invloed gehad het. Die Stormjaers was egter 'n eiesoortige beweging wat vanuit plaaslike omstandighede ontstaan het. Dit het 'n ander ideologiese grondslag en einddoel as die SS gehad.

Dit bly merkwaardig dat die intelligensieafdelings van die Smuts-regering gedurende die oorlog nie van die bestaan van die Terreurgroep bewus was nie. Eers dekades later het besonderhede oor die groep aan die lig gekom, wat bewys hoe nougeset hul geheimhouding was. 'n Offisier in die Terreurgroep het die onderskeid tussen die OB, Stormjaers en Terreurgroep soos volg verduidelik:

> Die OB was meer bepaald 'n soort kultuurbeweging, 'n dood-onskuldige organisasie, die volksfront of tuisfront. Die Stormjaerbeweging was bedoel om die aksiefront van die Afrikaner te wees – die soldaat ... Die Terreurgroep se taak sou wees om, indien omstandighede so sou ontwikkel het, die chaos te skep en toe te sien dat die middele beskikbaar is wat die Stormjaers in staat sou stel om tot aksie oor te gaan. Uiteindelik sou die OB oorneem en konsolideer.[15]

Die Terreurgroep was die produk van intensiewe samesprekings tussen Van Rensburg, Steve Hofmeyr en die leier van die groep, Chris Coetsee. Die eenheid is in April 1941 gestig en was twee maande later ten volle operasioneel. Dit het hoofsaaklik vanuit Pretoria opgetree.

Die lede was 'n klein uitgesoekte groepie van nooit meer as dertig man nie. Almal was jong Afrikaners wat op enkele uitsonderings na uit die geledere van die Stormjaers gewerf is – 'n omgesukkelde groep ruwe, vreeslose en hardekwas individue met 'n besondere *espirit de corps*.[16] Die Terreurgroep het onafhanklik opgetree en was die gevaarlikste en aktiefste van die ondermynende groepe. Al was hulle verantwoordelik vir van die belangrikste terreurdade gedurende die oorlog, is die skuld op die Stormjaers en selfs die OB gepak.

Die Terreurgroep het direk onder Van Rensburg gefunksioneer en was slegs aan hom verantwoordelik, terwyl skakeling met die Stormjaers hoofsaaklik deur Hofmeyr plaasgevind het. 'n Afdeling van die Terreurgroep het ook as lyfwagte vir Van Rensburg opgetree.

Die Terreurgroep was besonder bedrywig met die vervaardiging van ploftoestelle. In tuisfabrieke by hul huise het hul lede 'n verstommende verskeidenheid hoogs doeltreffende tydbomme, brandbomme, handgranate en mortiere ontwerp wat ook in groot hoeveelhede vervaardig is. Dié het hulle opgegaar, maar ook heelwat daarvan onder die Stormjaers versprei. Die Terreurgroep het veral tyd- en brandbomme in 'n wye verskeidenheid sabotasiedade aangewend. Daarbenewens was die eenheid betrokke by gewaagde rooftogte, inbrake, diefstalle en die grootste bedrogsake van die sabotasieveldtog.[17]

Bykans die hele Terreurgroep is mettertyd gevange geneem en daarmee is hy op sy knieë gedwing.

Van Rensburg het baie na aan die Stormjaers en Terreurgroep beweeg. Hy het reeds OB-lede se bewondering gehad, maar hierdie geharde manne was selfs nog meer lojaal en geheg aan hom. In die woorde van een Terreurgroeplid: "Ek was destyds 'n seun van twintig, en was bereid om enige iets te doen as Hans van Rensburg net sê ons moet dit doen. Ons het hom letterlik aanbid."[18]

Terreurgroeplede wat as lyfwagte op Die Weide diens gedoen het, asook vlugtelinge aan wie Van Rensburg daar skuiling gebied het, vertel van sy besondere konsidererende houding teenoor hulle. 'n Stormjaer wat ses maande daar geskuil het, vertel: "Hy het party aande vir vlugtelinge op die vloer geslaap en sy bed afgestaan aan ontsnapte geïnterneerdes en het selfs meer as een aand honger gaan slaap, omdat hy sy bord kos beskikbaar gestel het vir 'n honger geïnterneerde."[19]

Van Rensburg het in Junie 1942 'n opskudding veroorsaak toe hy in 'n gebaar van solidariteit 'n sitting van die spesiale hof in Johannesburg bygewoon het waar die opspraakwekkende voorlopige ondersoek na hoogverraad deur 58 Stormjaers plaasgevind het. Sy teenwoordigheid het die beskuldigdes en omstanders in vervoering gehad en hulle het kliphard volksliedere begin sing. Die geraas het al die howe tot stilstand gebring. Die beskuldigdes, wat toe reeds lank in aanhouding was, se gemoedere is aansienlik deur Van Rensburg se besoek gelig en dit het hulle ook uitdagender tydens die verhoor gemaak.[20]

Ernstige bewerings is in dié hofsaak gemaak wat vir die eerste keer geopenbaar het hoe omvattend en gevaarlik die sabotasiebedrywighede van die Stormjaers was. Getuienis is aangebied oor die onwettige vervaardiging van handgranate en brandbomme. Getuies het vertel van kampe wat in die geheim gehou is waar tot 500 Stormjaers op 'n slag touwys gemaak is. Goed opgeleide instrukteurs wat die weermag verlaat het nadat hulle geweier het om die Rooi Eed af te lê het hulle opgelei. Die hof het gehoor van lesings en opleiding in die hantering van die Bren-masjiengeweer, die werking van padversperrings, stedelike oorlogvoering, sielkundige oorlogvoering, hoe om strategiese en sleutelpunte oor te neem en hoe om pantserkarbomme te gebruik.

Getuies het uitgewei oor spesifieke voorvalle waar kommunikasielyne vernietig is, asook die diefstal van masjiengewere, brandstof en dinamiet en die ontdekking van 'n onwettige fabriek waar bomme vervaardig is. Daar is ook getuig dat kaarte van sleutelposisies en inligting oor maritieme aangeleenthede by Stormjaers gevind is. Die doel hiermee was om dit aan die Duitse owerhede (met wie Van Rensburg kontak gehad het) te verskaf. Daar was selfs planne om 'n trein wat gouderts vervoer het, te roof.[21]

Van Rensburg was miskien nie die mees gesoute politikus nie, maar hy was 'n slim strateeg met 'n fyn uitgewerkte plan. Die langtermyndoelwit met die Stormjaers was natuurlik om die Britse juk af te skud en 'n republiek uit te roep, maar tot tyd en wyl die tyd daarvoor reg was, moes die stryd teen die regering se oorlogspoging aangewend word om by daardie einddoel uit te kom.

Alles het afgehang van hoe die Duitse oorlogspoging duisende kilometers ver vorder. Volgens Van Rensburg moes gewag word vir die gepaste tyd om tot aksie oor te gaan – "Der Tag" (die dag) moes eers aanbreek. Dit is die dag waarop die Duitsers 'n oorwinning oor die Geallieerdes sou behaal wat aan die republikeinsgesindes die geleentheid sou gee om 'n staatsgreep uit te voer of grootskaals in opstand teen die Smuts-regering te kom.

Die Stormjaers het 'n belangrike paraatheidsfunksie binne Van Rensburg se groter strategiese benadering vervul. Hulle en die kleiner Terreurgroep moes goed opgelei, goed georganiseerd en gedissiplineerd wees vir wanneer "Der Tag" aanbreek. Tot dan moes 'n fyn beplande aanslag op spesifieke infrastrukture van die regering, eerder as op mense, gerig word. 'n Grootskaalse teenreaksie deur die Smuts-regering moes ten alle koste vermy word. Tydsberekening was volgens Van Rensburg van wesenlike belang om 'n herhaling van die fiasko van die Rebellie te voorkom. Sy doelwit was duidelik: "Ek wil nie 'n herhaling van 1914 hê nie, waar optrede kom en dit word platgeslaan en Smuts doen vir die res van die oorlog wat hy wil. Ons moet nog daar wees aan die einde van die oorlog."[22]

Van Rensburg het besef die Smuts-regering se goed toegeruste weermag kan nie sommer trompop geloop word nie. Om 'n opstand te onderdruk, sou die regering die Unie-Verdedigingsmag en sy pantsermag kon gebruik en boonop staatmaak op die hulp van 'n groot aantal Geallieerde troepe wat op pad na die onderskeie oorlogsfronte by Suid-Afrikaanse kusstede aangedoen het. Die bevolking was danksy streng oorlogsregulasies ontwapen en daar was nie genoeg wapens gebuit of opgegaar vir 'n binnelandse opstand nie.

Van Rensburg se vertroueling en adjudant, Heimer Anderson, het oor die Stormjaers en Terreurgroep se sabotasie gesê: "Ons het sabotasie gepleeg, maar sabotasie vir 'n sekere doel. Dit was alles deel van dr. Van Rensburg se onkonvensionele leiding deurdat hy in die huidige term van Mao Tse-Toeng, slaan en terugtrek, slaan en terugtrek, maar altyd met die oog daarop om ... in die veld te bly tot na die oorlog."[23]

Van Rensburg het die Stormjaers se rooftogte, diefstal en bedrog by regeringsinstansies en groot "kapitalistiese" ondernemings regverdig omdat dit vir 'n "edele saak" aangewend sou word. Die OB-Noodhulpfonds is gestig

'n Plakkaat vir die OB se Noodhulpfonds wat geld vir die gesinne van geïnterneerdes en gevangenes ingesamel het.

om vir gesinne van Stormjaers en OB-lede wat in die gevangenis of interneringskampe geplaas is deur die regering wat "daardie plig [om vir hul gesinne te sorg] versuim het". Die fonds het Van Rensburg na aan die hart gelê en hy was die voorsitter daarvan. Hy het nie geskroom om die groen lig te gee vir die Stormjaers se misdadige optrede wanneer dit sonder lewensverlies en uitsluitlik tot voordeel van die OB-Noodhulpfonds aangewend is nie.

"If the OB [sic] had engaged in robbery it was for excellent reasons," skryf die twee Amerikaners wat in 1944 'n onderhoud met Van Rensburg gevoer het. "The same motives, he assured us impelled Robin Hood to his deeds, and only if we termed Robin Hood 'thief' could we call him one."[24]

Die omstandighede in 1941 en 1942 het onrusbarende ooreenkomste met dié van die Rebellie getoon en Van Rensburg wou nie die traumatiese ervaring by Mushroom Valley herhaal nie. Sy ondubbelsinnige opdrag was dat geweld op mense en bloedvergieting vermy moet word, al was daar druk op hom om die terreur te verskerp.[25]

Die ondersoekbeampte, George Visser, het Van Rensburg se strategie as "pacific" beskryf: "[H]e did so with a singular lack of personal militancy. He fought a war with words while he waited for Hitler's big battalions to provide him with a victory of sidelines – the chieftainship of a national-socialist South African state."[26]

Van Rensburg het dié boodskap herhaaldelik en duidelik aan sy volgelinge deurgegee. In 'n toespraak in Pretoria op 10 Mei 1941 waarsku hy: "Ons leef in ernstige tye waarin geen onbesonnenhede, hoe goed al bedoel, veroorloof kan word nie... Die bevel is dat geen brandwag hom sal laat verlei om enige onwettige daad te begaan nie... U offisiere sal u niks beveel wat hulle self nie bereid is om te doen nie."[27]

Sy standpunt dat geweld en veral lewensverlies tydens die veldtog teen die oorlogspoging vermy moes word, het baie van sy leierskap geverg. Hy het sy hande vol gehad om die meer militante groepe in die Stormjaers en Terreurgroep wat 'n aggressiewe terreurveldtog wou voer, in toom te hou. 'n Terreurgroeplid het later opgemerk: "Kyk, as hy ons daardie tyd gelos het wat sabotasie betref – wel, ou maat, ons sou hulle gestoot het en kyk, hy het gekeer."[28]

Nog 'n Terreurgroeplid het die mening uitgespreek dat dit net aan Van

Rensburg te danke was dat "Suid-Afrika gevrywaar was teen die grootste ramp wat ons ooit sou getref het deur bloedvergieting te vermy".[29] Sy standpunt word in bykans al die herinneringe van Stormjaers en Terreurgroeplede herhaal. Daar was egter tye toe Van Rensburg nie die uitbarstings kon keer nie.

15

Die stryd om die siel van die Afrikaner

*"Hulle het geteer op die Afrikaner se republikeinse
vryheidsgedagte, en die demokrasie verwerp as 'n euwel."*
– D.F. Malan

TYDENS DIE TWEEDE WÊRELDOORLOG HET die verdeeldheid onder die Afrikaners dramaties toegeneem. Aan die een kant was daar die stryd tussen Afrikaanssprekende oorlogsgesindes en anti-oorlogsgesindes. Aan die ander kant was daar die groeiende wedywering tussen die OB en die Herenigde Nasionale Party (HNP) van dr. D.F. Malan om die steun van republikeinsgesinde Afrikaners.

Ondergrawery, rugstekery, beswaddering, persoonlike vetes, onnodige intriges en wanvoorstellings het die norm geword. Oor dié tydperk van Afrikanerverdeeldheid skryf Malan in sy memoires: "Dit was inderdaad die Afrikanerdom se Via Dolorosa – op pad na sy nasionale Golgota."[1]

Gedurende die eerste jaar van Van Rensburg se leierskap is daar egter pogings aangewend om groter Afrikanereenheid te bewerkstellig, spesifiek tussen die OB en die Nasionaliste. Onder Van Rensburg se voorganger, J.C. Laas, was daar 'n goeie verhouding tussen die OB en die HNP en het die ideologiese verskille nie 'n groot invloed gehad nie. Die HNP het selfs die OB teen aanslae van die Smuts-regering verdedig. Die Nasionalistiese pers het ook baie positief gereageer op Van Rensburg se verkiesing as OB-leier. Malan self het op 3 Januarie 1941 in dié verband aangevoer dat "hyself nie beter kon gekies het nie".[2]

In Oktober 1940, nog voor Van Rensburg se verkiesing, het die OB en die HNP die Cradock-ooreenkoms aangegaan. Ingevolge hierdie losse ooreenkoms het hulle tot noue samewerking ingestem en is ooreengekom op die terreine waarbinne elkeen sou optree. Rofweg is die politieke terrein aan die HNP toegeken en die res aan die OB. Vir die Nasionaliste het dit beteken dat die OB na die Afrikaanse kultuur sou omsien en heeltemal van die politiek sou wegbly. Daar was egter van die begin af meningsverskille oor wat "kultuursake" als behels en gevolglik het die vae terreinafbakening vir baie verwarring en weldra onsmaaklike onmin gesorg.[3]

Vir Van Rensburg was die Cradock-ooreenkoms egter 'n achilleshiel wat uit die weg geruim moes word. Hy het groter politieke planne vir die OB gehad en het afgestuur op 'n politieke magsoorname sodat die OB 'n volkstaat tot stand kon bring. Met sy aanwysing as OB-leier het hy ook 'n meer militante rol vir die OB opgeëis wat die Nasionaliste dwars in die krop sou steek.

Die kruks van die saak is dat die persoon of organisasie wat die politiek beheer het oor die ware mag sou beskik. Daarom sou Malan in die maande wat volg die OB onophoudelik daarvan beskuldig dat hulle die Cradock-ooreenkoms verbreek het.

Dit was uiteindelik nie net ideologiese verskille nie, maar ook 'n stryd om politieke mag tussen Van Rensburg en Malan wat tot die breukspul tussen die OB en die HNP sou aanleiding gee.[4]

Onverbiddelike Afrikaner- politieke vyande – Van Rensburg en D.F. Malan.

Van Rensburg se buitengewone gewildheid as OB-leier was 'n bedreiging vir Malan en sy Nasionaliste en het hulle baie onrustig gemaak. Dit, en die OB se dramatiese groei in die vroeë 1940's, het die vrees laat ontstaan dat die OB die HNP, wat in daardie stadium die amptelike opposisie was, moontlik kon verplaas.[5] Die HNP het homself as die enigste verteenwoordigende party van die Afrikaner beskou.

'n Verdere kwelling vir die Nasionaliste was die vriendskappe wat die OB met die Afrikanerparty van Klasie Havenga en die Nuwe Orde gevorm het. Die Afrikanerparty is gestig nadat Hertzog uitgetree het met die doel om sy idees voort te dra. Dié party sou algaande nader aan die OB beweeg. Die Nuwe Orde, onder leiding van Van Rensburg se vriend Oswald Pirow, het 'n sterk nasionaal-sosialistiese grondslag gehad, maar was anders as die OB bereid om aan verkiesings deel te neem. Malan het smalend na die Nuwe Orde as die OB se tweelingbroer verwys.[6]

'n Belangrike geskilpunt tussen die OB en die HNP was die kwessie van die demokrasie en partypolitiek, spesifiek in terme van hoe dit neerslag vind in die republikeinse ideaal. Soos reeds genoem, het die OB nie in die demokrasie of in die partypolitiek geglo nie. Die HNP was egter deel van die partypolitieke stelsel.

Van Rensburg het gemeen dat die OB as volksbeweging steeds kragdadig op staatkundige gebied kon optree sodat die Afrikaner se politieke ideaal van 'n republiek verseker kon word. Hy het dus nie gedink dis nodig dat die OB hom slegs tot kulturele aksies beperk nie.

Malan is daarvan beskuldig dat hy nie altyd in die verlede konsekwent die republikeinse ideaal nagestreef het nie.[7] Hy het volgehou dat 'n republiek slegs deur die stembus bereik kon word. Malan het die OB daarvan beskuldig dat hy teer "op die Afrikaner se republikeinse vryheidsgedagte, en die demokrasie verwerp as 'n euwel".[8]

Die onversoenbare standpunte oor die beginsels van partypolitiek en demokrasie het die organisasies ligjare van mekaar verwyder.

In die loop van 1940 was daar pogings tot samewerking tussen Hertzog en Malan. Malan se Nasionaliste in die Gesuiwerde Nasionale Party en Hertzog se groep volgelinge is in die Herenigde Nasionale Party saamgevoeg (in 1951 is die naam terug verander na die Nasionale Party).

Van Rensburg se weersin in die partypolitiek en 'n wantroue in sekere Nasionaliste is verskerp deur die wyse waarop hulle sy mentor, genl. Hertzog, behandel het en wat uiteindelik op 'n dramatiese, volgens Van Rensburg vernederende, uitsluiting uit die politiek uitgeloop het. Hertzog is ook valslik daarvan beskuldig dat hy in oorleg met genl. Smuts die republikeinse strewe gaan fnuik. Die oorsprong van dié gerug was 'n brief wat glo tydens 'n inbraak by 'n Vrymesselaarslosie gevind is. Dit het later geblyk die brief en die gerugte daarin was vals, maar Hertzog is nietemin in die politieke wildernis uitgedryf. 'n Ontnugterde en verbitterde Hertzog het hom daarna na sy plaas by Middelburg teruggetrek waar hy einde 1942 as politieke uitgeworpene dood is.[9] Die sage van die vals Vrymesselaarsbrief en die wyse waarop Hertzog deur sekere Nasionaliste behandel is, verduidelik deels Van Rensburg se wantroue in die Nasionaliste en dit het nogmaals sy weersin in partypolitiek versterk.

Daar was verskeie pogings om die broeiende onenigheid tussen die OB en die HNP te probeer besweer. In Maart 1941 het Van Rensburg byvoorbeeld deur bemiddeling van Emmie du Toit tot groot ontsteltenis van sy Noord-Transvaalse volgelinge sy bywoning van 'n groot OB-saamtrek by Potgietersrus gekanselleer en na Stellenbosch vertrek om met Malan te beraadslaag om die groeiende onenigheid uit die weg te probeer ruim.[10] Hoewel hy naby Beaufort-Wes beseer is toe hul motor (wat deur Katie bestuur is) in 'n botsing betrokke was, het hy na Stellenbosch voortgereis. Die twee leiers het besluit om voortaan alle geskille op leiersvlak uit te stryk.[11] Niks sou egter daarvan kom nie.

Daarna het veral die Broederbond verbete pogings agter die skerms aangewend om Afrikanereenheid te bewerkstellig. In die lig van die Broederbond se geheime aard is die versoeningspogings deur 'n verlengstuk van die organisasie genaamd die Afrikanereenheidskomitee (AEK) gehanteer. Benewens die OB en die HNP het ander Afrikanerorganisasies soos die FAK en Reddingsdaadbond ook verteenwoordiging in die AEK gehad. Malan was die voorsitter en Van Rensburg het ook daarin gedien. Die liggaam het tot September 1941 in 'n reeks byeenkomste probeer om onderlinge geskille te besleg.

In 'n poging om 'n gemeenskaplike doel te vind, is die AEK gevra om 'n republikeinse konsepgrondwet op te stel. Prof L.J. du Plessis, 'n Potchefstroomse akademikus wat die vernaamste rol daarin gespeel het, was aangetrokke tot die idee van 'n gesagstaat en 'n partylose republiek. Die konsepgrondwet het dus voorsiening gemaak vir 'n Christelik-nasionale republiek gebaseer op 'n gesagstaat. Die konsepgrondwet is aan die verskillende leiers van die Afrikanerorganisasies voorgelê.[12]

Soos te verwagte was Malan nie ten gunste van 'n gesagstaat nie. Die AEK kon uiteindelik nie daarin slaag om 'n broederstryd tussen die OB en die Nasionaliste te verhinder nie.

'n Openlike botsing het gedreig. Die konflik is aangeblaas toe HNP-lede uit die OB geskors is nadat hulle partybelange eerste gestel het en OB-offisiere aan die Witwatersrand verbied is om HNP-ampte te beklee. In Mei 1941 het die HNP-gesinde koerant *Die Burger* ook sy eerste sydelingse aanvalle op Van Rensburg gedoen.[13]

Die reeds troebel waters is verder versteur toe die HNP op sy landwye kongres aan die begin van Junie 1941 in Bloemfontein besluit om sy partystruktuur van grondvlak af te hervorm op 'n wyse wat sterk aan die OB se struktuur herinner het. Van Rensburg het heftig beswaar gemaak oor die verwarring wat dit tussen die OB en HNP kon veroorsaak. Daar is geglo dat die HNP met hierdie herorganisasieplan gepoog het om die OB te kaap. Hoewel die OB se besware nie sonder meriete was nie, was dit simptomaties van veel dieper probleme.[14]

In Julie 1941 het die OB 100 000 pamflette versprei waarin die republikeinse konsepgrondwet van die AEK vervat is. In 'n omsendbrief wat vooraf uitgestuur is, het Van Rensburg verduidelik dat daar nie plek vir partypolitiek in die voorgestelde republiek sal wees nie.[15] Die openbaarmaking van die konsepgrondwet het 'n kettingreaksie van botsings veroorsaak.

Malan het hewig beswaar gemaak. Aangesien hy nie die konsepgrondwet ondersteun het nie, was hy ontsteld oor die openbaarmaking van die dokument. Hy het voorts geglo dat die propagering van die republikeinse ideaal die uitsluitlike taak van die HNP is en dat die OB hom met die bekendmaking van die dokument op die politieke terrein begewe het. Omdat die HNP egter nie onmiddellik daarteen beswaar gemaak het nie, het die vermoede ontstaan dat dit later gerieflikerwys as 'n slaanstok teen die OB gebruik is om hom in die stryd tussen dié organisasie en die HNP by te kom.

Op die keper beskou was die konflik tussen die OB en die Nasionaliste onafwendbaar. Hoewel daar groot ideologiese verskille was, het die twis grotendeels sy oorsprong in 'n politieke magstryd om die siel van die Afrikaner gehad. Daar was byvoorbeeld aanvanklik nie enige noemenswaardige kritiek van die HNP op die OB se nasionaal-sosialisme nie. Dit was eers nadat die sweer in die tweede helfte van 1941 oopgebars het dat die HNP groot aanslae teen die OB se ideologiese grondslag begin doen het.

Die tafel was gedek vir 'n bittere broederstryd waarin die een die ander sou beskuldig dat hy die oorsaak van die skeuring is. Twee leiers met botsende ambisies en verskillende temperamente was midde-in die konflik: Hans van Rensburg as leier van die OB teenoor Daniël Malan as leier van die HNP.

Malan was 'n onaantreklike, gesette, bejaarde man met 'n ronderaambrilletjie wat te klein gelyk het: 'n gewese predikant wat in die openbaar somber en stroef voorgekom het. Op die oog af het hy oor geen of weinig charisma beskik.[16]

Teenoor hom was die aantreklike, sjarmante Van Rensburg, in sy vroeë veertigs, wat soveel gemakliker was in omgang met mense op alle vlakke. Hy het by OB-byeenkomste nog heel atleties perdgery. Waar Van Rensburg die militaris en grootwildjagter was, is van Malan gesê dat hy nie tussen die voor- en agterkant van 'n geweer kon onderskei nie.[17] Van Rensburg se opmerking dat hy baie tuiser voel "tussen soldate as met teoloë" was uit en uit op Malan gerig.[18]

Van Rensburg het verreweg groter skares na byeenkomste gelok en meer sjarme as Malan gehad, maar die leier van die HNP was 'n uitgeslape en gesoute politikus. Hy was pragmatieser as Van Rensburg en inhoudelik ook 'n beter spreker. Anders as Malan, het Van Rensburg nie oor die noodsaaklike politieke genadeloosheid beskik nie. Van Rensburg sou voortaan die stryd aan twee fronte moes veg: teen die Smuts-regering en teen sy eie mense – die Nasionaliste. In sy memoires skryf hy: "We had our hands full; far too full to look forward with any zest to internal squabbling as well."[19]

Die finale verbrokkeling van die OB en Nasionaliste se verhouding word dikwels voor Van Rensburg se deur gelê. Daar is egter geen onskuldige partye nie en almal het 'n aandeel gehad aan hierdie ongekende laagtepunt, terwyl die strydende partye ironies genoeg 'n gemeenskaplike vyand in die Smuts-regering gehad het, en dieselfde einddoel nagejaag het – die bevordering van Afrikanernasionalisme en die nastrewing van die republikeinse ideaal.

16
Verdeelde Afrikaners

"Waarom moet ek hulle ophang as hulle mekaar se kele afsny?"
– Jan Smuts

DIE EERSTE SARSIE SKOTE IN die openbare konflik tussen die OB en die HNP is deur Van Rensburg afgevuur in 'n opsienbare toespraak op Elsburg, naby Germiston, op 9 Augustus 1941. Hy het die HNP onder meer van "ketterjagtery" op die Nuwe Orde beskuldig en daarmee aangedui dat hy Pirow se Nuwe Orde onder die OB se beskerming neem.

Van Rensburg het verder daarop gewys dat die HNP nie die enigste party is wat Afrikanerbelange verteenwoordig nie. Hy het die Nasionaliste ook van "hardhorendheid" beskuldig omdat hulle nie na die OB se besware oor die ongewenste herorganisasie van die HNP-struktuur wou luister nie.[1]

Die gort was behoorlik gaar ná die toespraak. Van Rensburg is veral in die Afrikaanse pers, wat die HNP goedgesind was, daarvan beskuldig dat hy deur hierdie aanval op 'n onsensitiewe wyse die reeds gespanne situasie onnodig vererger het. Voorheen was die HNP nog versigtig om die OB se nasionaal-sosialistiese ideologie te kritiseer, maar op 11 Augustus 1941 het *Die Burger* vir die eerste keer prominent berig dat Malan die nasionaal-sosialisme verwerp.[2]

In dié tyd het Malan sekere vrae aan Van Rensburg gerig, onder meer of hy nog die Cradock-ooreenkoms eerbiedig en of hy die OB in 'n politieke party wil omskakel. Malan het toegelaat dat die vrae in die Afrikaanse pers gepubliseer word, waarop Van Rensburg hom daarvan beskuldig het dat hy "vuilwasgoed" in die openbaar was terwyl die AEK daar was om probleme uit te stryk.[3] Dié soort wedersydse openbare beskuldigings het daarna toegeneem.

Op 23 Augustus het Van Rensburg in 'n toespraak op Springs teruggekap en herhaal dat die OB net twee vereistes het: Is jy 'n volksbewuste Afrikaner en is jy 'n oortuigde republikein? Hy wou ook by Malan weet met presies watter beginsels van die AEK se republikeinse konsepgrondwet hy saamstem.[4]

Die gespanne verhouding is op 27 Augustus op die spits gedryf toe Malan een van sy gewigtigste toesprake op 'n openbare vergadering in die Stellenbosse stadsaal lewer. Met sy kenmerkende welsprekendheid het hy Van Rensburg van 'n onverskillige en vyandige gees beskuldig en geëis dat die gewraakte omsendbrief met die republikeinse konsepgrondwet onmiddellik teruggetrek word. Indien daar nie aan die versoek voldoen word nie, sal die OB as vyandig beskou en alle HNP's versoek word om die OB te verlaat. Malan het Van Rensburg daarvan beskuldig dat hy die OB in 'n onafhanklike politieke party wou omskep en het geëis dat die OB onmiddellik uit die politieke terrein tree.[5]

Malan was besonder waagmoedig met sy toespraak, want in daardie stadium was die OB nog baie gewild. Sy daaropvolgende hantering van die konflik met die OB was 'n politieke kragtoer wat hy met die hulp van die Afrikaanse pers sou uitvoer en waarvoor Van Rensburg en die OB nie 'n antwoord sou hê nie.

Ongelukkig het Malan ook die man pleks van die bal gespeel en gesuggereer dat Van Rensburg met die Smuts-regering geskakel het. Dié bewerings en gepaardgaande stigma dat Van Rensburg met Smuts sou gekonkel het, sou tot sy dood by hom bly. Dit was ten spyte daarvan dat Malan later beweer het dat hy nooit Van Rensburg se bona fides in twyfel getrek het nie, maar eintlik net bedoel het dat die gevolge van sy optrede die Smuts-regering help.[6]

Ter wille van eenheid het die Grootraad toe opdrag gegee dat die pamflet met die republikeinse konsepgrondwet teruggetrek word omdat dit 'n vertroulike dokument was, terwyl Malan se beswaar eintlik daaroor gegaan het dat die OB hom in die proses op die politieke terrein begeef het.[7]

Die nasionaal-sosialisme het 'n nuttige slaanstok vir Malan gebied en hy het gereeld die gevare van dié vreemde ideologie vir gewone Afrikaners uitgewys.

Intussen het Malan HNP-lede wat ook lid van die OB was, versoek om uit dié organisasie te bedank. 'n Groeiende stroom Nasionaliste, onder wie vooraanstaande politici soos C.R. Swart (latere staatspresident) het die OB begin verlaat. Later het Van Rensburg self opgemerk dat dit die begin van die OB se ondergang was.[8] Die Afrikaanse koerante wat die HNP goedgesind was, het groot gewag daarvan gemaak deur lyste met die name van mense wat die OB verlaat, te publiseer.[9]

Op 19 Augustus 1941 het *Die Burger* 'n brief gepubliseer van P.W. Botha (die latere staatspresident, maar toe nog 'n jong politikus) waarin hy sy "gevoel van die bitterste teleurstelling" in die OB-leier uitspreek en sy bedanking indien "as teken van protes teen die rampspoedige rigting waarin dr. J.F.J. van Rensburg hierdie beweging lei". Hy het Van Rensburg daarvan beskuldig dat hy poog om "homself te verhef tot volksleier en dan nogal op 'n koers wat vir ons volk vreemd is".[10] Botha en Van Rensburg se paaie sou later weer kruis.

Die onverwagse bedanking van die eerste voorsitter van die OB-Grootraad, ds. C.R. Kotzé, was 'n groot knou vir die OB. Sy bedanking het gevolg die dag nadat hy nog die nag van 4 en 5 September 'n belangrike Grootraadsvergadering bygewoon het. Die rede vir sy skielike bedanking was glo dat hy nie 'n suiwer tradisionele Christelik-nasionale rigting met die nasionaal-sosialisme kon vereenselwig nie.

Kotzé het OB-lede onkant betrap toe hy sekere sensitiewe inligting bekendmaak. Op 10 September het besonderhede in die Afrikaanse pers verskyn van 'n pamflet wat in die geheim in die OB-kantore afgerol is toe eenheidsgesprekke nog aan die gang was. Die pamflet het Malan van "onrepublikeinse optrede" in die verlede beskuldig en het die vraag gestel of hy weens sy twyfelagtige geskiedenis nie in die toekoms weer die republikeinse strewe sou verloën nie. Kotzé se openbaarmaking het groot opslae gemaak. *Die Burger* het van "die skandelike stuk" gepraat wat Malan agteraf wou beswadder.[11] Die HNP's het nie gras onder hul voete laat groei nie en die inligting wat Kotzé verskaf het, vir hul propagandaveldtog teen die OB aangewend.

Van Rensburg het ontken dat hy daarvan bewus was. Weens verskillende weergawes wat aan hom verskaf is, kon hy nooit na behore 'n verduideliking vir die oorsprong van die pamflet gee nie. Dit het in 'n groot verleentheid vir hom ontaard en vir Malan nog 'n stok gegee om die OB mee by te kom.¹² Sommige OB-lede het Kotzé se optrede as suur druiwe beskou omdat hy in die verkiesing vir die OB-leierskap teen Van Rensburg uitgeval het.¹³

Van Rensburg het nog krampagtig aan die AEK vasgeklou om met die HNP te probeer versoen, maar Malan het die laaste pogings tot samewerking deur die AEK geboikot. In dié tyd het die AEK 'n stille dood gesterf.

Al het Malan herhaaldelik aangekondig dat alle onderhandelinge met die OB gestaak is, het hy aan die einde van Oktober die Eenheidskomitee gestig en Van Rensburg genooi om deel daarvan te word. Tydens die samesprekings het dit gelyk asof vordering gemaak word en die partye is met 'n "goeie verstandhouding" uiteen. Maar alles was nie pluis nie.

Uiteindelik sou dit blyk dat die samesprekings onderworpe was aan Malan se uitsluitlike oogmerke. Toe dit boonop aan die lig kom dat hy die oorspronklike voorstelle voor die komitee eensydig gewysig het, het Van Rensburg geen keuse gehad as om hom aan die Eenheidskomitee te onttrek nie. Hy was nie bereid dat die OB 'n front van die HNP word nie.

Die OB-leierskap het gemeen dat Malan goed geweet het dat sy optrede sou veroorsaak dat Van Rensburg nie verder aan die Eenheidskomitee sou deelneem nie en ook dat sy onttrekking hom na buite sou laat lyk soos die persoon wat Afrikanereenheid in die wiele ry. Boonop het Malan die lywige korrespondensie tussen die twee aan die pers oorhandig, al sou hy die OB in die toekoms oor soortgelyke optrede verwyt.¹⁴

Teen die einde van November 1941 was enige verdere onderhandelinge tussen die OB en HNP van die baan. Dit kom voor asof Malan ook deur vuurvreters soos Eric Louw, J.G. Strijdom, C.R. Swart en die redakteur van *Die Transvaler*, Hendrik Verwoerd, onder druk geplaas is om enige verdere onderhandelinge teen te staan en genadeloos teen die OB op te tree.¹⁵

Van Rensburg het 'n groot fout begaan deur Eric Louw (toe nog 'n jong Nasionalis) vertroulik mee te deel dat hy in die geheim in kontak met die Duitse regering is.¹⁶ Met hierdie optrede het Van Rensburg hom aan hoogverraad skuldig gemaak. In die tweede helfte van 1941 het sekere kabinetslede in die Smuts-regering dit rugbaar gemaak dat die OB via Lourenço Marques met Berlyn kommunikeer.

Hierop het Van Rensburg gesê: "Daar word gerugte versprei dat ek in verbinding kom met die Duitse konsul in Lourenço Marques. Al wat ek hierop kan sê, is dat ek nog nooit in Lourenço Marques was nie."[17]

Aanvanklik was die HNP stil oor dié kwessie, maar dit het verander nadat die konflik tussen die HNP en die OB in die tweede helfte van 1941 tot uitbarsting gekom het. Malan het gesê die wyse waarop Van Rensburg op die bewerings gereageer het, was "allermins gerusstellend". Hy het gereken Van Rensburg slaan 'n gevaarlike rigting in deur sy betrokkenheid by sulke soort ondermynende bedrywighede.

Die HNP het die OB ook direk verantwoordelik gehou vir die terreurveldtog van die Stormjaers en geen onderskeid tussen die OB en die Stormjaers getref nie.[18] Die sporadiese bomontploffings en ander sabotasiedade deur die Stormjaers en Terreurgroep, asook die hou van militêre oefeninge in afgeleë gebiede, is verkeerdelik aan die OB toegeskryf terwyl hulle in werklikheid hul oorsprong in die Stormjaers gehad het. Die ontevredenheid het vererger toe Van Rensburg openlik erken dat hy die leier van die ondergrondse Stormjaerbeweging is.[19]

Op 14 November het Malan in 'n toespraak in die Paarl die OB openlik daarvan beskuldig dat daar 'n binnekring in die organisasie is wat vir rebellie voorberei. Hy het gewaarsku dat die republikeinse ideaal nie deur gewelddadige ondergrondse bedrywighede bereik kan word nie, want daardeur word in die vyand se hande gespeel. Hy het daarop gehamer dat die Cradock-ooreenkoms bepaal dat "geen ondergrondse aktiwiteite of geweldpleging geduld sou word nie".[20]

Op sy beurt het Van Rensburg die HNP daarvan beskuldig dat hulle in die hande van die Smuts-regering speel deur die OB van sabotasie te beskuldig. Hierdie beswaar van die OB is bevestig toe die minister van justisie, Harry Lawrence, Malan met "sy onthulling" tydens sy toespraak in die Paarl gelukgewens het. Lawrence het inderwaarheid politieke munt uit die gebeure probeer slaan deur 'n groter wig tussen die OB en HNP in te dryf. Die Smuts-regering se veiligheidsmagte was in daardie stadium reeds geruime tyd op hoogte van wie by sabotasiedade betrokke was. Van Rensburg was egter oortuig daarvan dat Malan se optrede die regering se bloedhonde aangewakker het om sy mense te teister en te arresteer.[21]

Die OB-binnekring (voorste ry, v.l.n.r.): Pat Jerling, Van Rensburg, Heimer Anderson en Sambok Smith.

Die Afrikaners was nou meer verdeeld as vantevore. Die intriges sou in 1942 nog heftiger en die konflik nog openliker word, met die groepe skynbaar daarop gerig om mekaar te vernietig.

Aan die einde van Februarie 1942 het Van Rensburg voor sowat 7 000 geesdriftige OB-aanhangers by 'n skouspelagtige saamtrek op die Majubaterrein gesê dat die OB alleen en op sy eie manier vir 'n republiek gaan veg. Hy het met bravade verklaar dat die OB die land gaan oorneem en dat Suid-Afrika daarna heeltemal anders gaan lyk. Onder meer sou die belangrikste man in elke distrik die plaaslike OB-generaal wees en in elke wyk die OB-veldkornet.[22]

Vrae het onmiddellik ontstaan oor hoe die OB sy einddoel gaan bereik. Die antwoord moet gesoek word in wat Van Rensburg se strategie met die omstrede en ondermynende optrede van veral die Stormjaers was.

Op die kantlyn het 'n uiters uitgeslape Jan Smuts die Afrikanerstruwelinge gadegeslaan en die land dieper die Tweede Wêreldoorlog ingetrek. Toe hy gevra is waarom hy "sagkens" teen aktivistiese Afrikaners optree, het hy skalks opgemerk: "Waarom moet ek hulle ophang as hulle mekaar se kele afsny?"[23]

17

Sabotasie

*"I fought his [Smuts's] war effort and I fought it bitterly with all the
means at my disposal – which were considerable . . .
In doing so, we often broke the law – and broke it shatteringly."*
– Hans van Rensburg

DIE NAG VAN 19 MEI 1942 het 'n vlaag kragtige bomontploffings die Oos-Rand getref en die poskantore op Alberton, Benoni en Boksburg verwoes. Die gevolge daarvan het die land tot op die mespunt gebring.

Vroeër die jaar is 'n noodregulasie in 'n buitengewone *Staatskoerant* afgekondig wat bepaal het dat enigeen wat sabotasie met springstof pleeg, voortaan die doodstraf opgelê sal word. Ingevolge die regulasie het die hof geen diskresie gehad om 'n ander straf as die doodstraf op te lê nie.[1]

In die ontploffing by die Benoni-poskantoor is een omstander dood. Twee jong Afrikaners – die 27-jarige Hendrik van Blerk en die 28-jarige Julian Visser – is op 8 Julie 1942 deur 'n spesiale hooggeregshof in Johannesburg ter dood veroordeel vir hul aandeel aan die ontploffing.[2]

Van Blerk en Visser het aan 'n splintergroep van die Stormjaers behoort wat sonder Van Rensburg se kennis die sabotasiedaad beplan en uitgevoer het. Daar is beweer dat die Transvaalse OB-leier, Pat Jerling, die meesterbrein agter die vlaag bomontploffings was. Hy het die splintergroep gestig (wat net bekend was as die X-groep) nadat hy nie met die Witwatersrandse Stormjaerleier, P.P. du Plessis, oor die weg kon kom nie. Daar was waarskynlik ook naywer betrokke omdat hy nie na wense in die Stormjaers gevorder het nie.[3]

Van Rensburg is voor een van sy ernstigste krisisse as OB-leier geplaas toe groepe Stormjaers by hom aandring om die bevel vir grootskaalse sabotasie en ander wraakoptredes te gee omdat Van Blerk en Visser die doodstraf opgelê is. Emosies is tot breekpunt opgejaag en dit het groot moeite van Van Rensburg geverg om die Stormjaers tot bedaring te bring. Hy wou nie hê dat hulle iets onverantwoordeliks doen wat die twee bomplanters se kanse op 'n moontlike versagting van die vonnis in die wiele kon ry nie.[4]

Toe die nuus van die vonnis hom bereik, het Van Rensburg dadelik van die wildtuin teruggekeer waar hy 'n paar dae gaan kajuitraad hou het. By sy aankoms in Pretoria het Steve Hofmeyr hom met trots meegedeel dat planne reg is om 'n aantal kabinetslede gyselaar te neem.

Die terdoodveroordeelde bomplanters Hendrik van Blerk en Julian Visser.

Van Rensburg het Smuts goed geken en geweet dié sal hom nie laat afdreig nie: "There were many men whom one could not sway from their course with threats – and Smuts was one of them."[5] Hy het Hofmeyr dadelik in die bek geruk. Volgens Heimer Anderson, wat teenwoordig was, het Van Rensburg Hofmeyr behoorlik geroskam:

> Steve, as jy nou wil seker maak dat Visser en Van Blerk hang, dan moet jy dit doen. Ek ken vir Smuts. As jy dit doen, as jy een gyselaar vat, dan gaan Smuts daardie mense juis hang. Hy gaan nie voor dreigemente swig nie. Want as jy dit vandag aan Visser en Van Blerk doen, dan kan jy môre nog 'n gyselaar vat en eis dat hy as eerste minister moet bedank. Ek's bevrees kanselleer jou orders![6]

Hofmeyr het daarna sy bevele aan die Stormjaers teruggetrek.

Van Rensburg het besef indien die teregstellings uitgevoer word, sou selfs hy nie in staat wees om die militantes onder die Stormjaers in toom te hou nie: "It was difficult to keep men under control, while their comrades were being arrested and grilled. I could not see that control persisting after the hangings."⁷

Getrou aan sy lojale aard het Van Rensburg hom by die veroordeeldes geskaar en gesorg dat almal in die OB en Stormjaers saam met hom 'n laer van solidariteit om hulle trek. Dit is vir eers geïgnoreer dat hulle namens 'n ongemagtigde splintergroep opgetree het.

Van Rensburg het reeds sy hande vol gehad met ander groepies Stormjaers wat gedreig het om tot geweld oor te gaan. Volgens die Noord-Transvaalse Stormjaerleier, Pikkie Botha, is onder meer 'n sluipmoord op Smuts beplan, maar gelukkig nie deurgevoer nie.⁸

Genl. Jan Smuts. 'n Vreemde verhouding van algehele politieke vyandigheid, maar ook wedersydse respek, het tussen hom en Van Rensburg geheers.

Alhoewel Smuts daarvoor bekend was dat hy nie voor druk swig nie, het Van Rensburg geweet Smuts behoort te besef dat die teregstellings katastrofiese gevolge kan inhou. In die oë van baie Afrikaners sou dit ongetwyfeld martelare van die twee mans maak en Smuts sou weer beskuldig word dat hy die bloed van sy mense op sy hande het, soos die geval was met Jopie Fourie in 1914. Daarbenewens sou grootskaalse binnelandse sabotasie en onluste 'n verdere las op die Unie-Verdedigingsmag plaas wat nadelig vir die oorlogspoging teen Duitsland sou wees. Die kanse was ook goed dat die teregstellings in die komende verkiesing van 1943 verpolitiseer sou word.[9]

Sowel Malan as Hertzog het by Smuts gepleit om nie die vonnis te voltrek nie. Verskeie petisies is namens die HNP opgestel. Onder Van Rensburg se leiding was die OB egter nie bereid om om genade te vra nie, maar die organisasie het hom wel sterk teen die vonnis uitgespreek. "We felt that if we asked the Government for anything then we would also have to thank them, if they acceded to the petition. Among enemies, that is simply not done," skryf Van Rensburg.[10] Hy het ook Visser se bejaarde moeder besoek.[11]

Van Rensburg het 'n direkte waarskuwing aan Smuts gerig dat hy bevrees is hy sal nie sy mense kan beheer indien die vonnis voltrek word nie. Malan het Smuts intussen laat weet dat 140 000 mense reeds sy petisie onderteken het. Daar was waarskynlik 'n mate van politieke opportunisme in dié taktiek, want Malan het na Van Blerk en Visser verwys as "nie ons mense nie". Hy is daaroor behoorlik oor die kole gehaal.[12] Later het die veroordeelde Van Blerk geskryf hoe dankbaar hy en Visser teenoor Van Rensburg was nadat hy hulle in die tronk laat weet het: "Julle is my broers en ek is my broers se hoeder", teenoor Malan wat gesê het hulle is nie sy mense nie.[13]

Agter die skerms het Van Rensburg die Stormjaerbeweging landwyd in die geheim op 'n gereedheidsgrondslag geplaas vir indien die vonnis voltrek sou word. In daardie geval sou hy opdrag gee dat daar met mening teen die regering teruggeslaan word. "Strict orders were circulated secretly to all S.J. units, cancelling any leave and forbidding a man to go out of his area ... Arms were to be taken from their hiding-places and brought in closer to areas where they might be needed soon. In effect, an underground order to all S.J. units to 'Stand by!'" skryf Van Rensburg.[14]

'n Stormjaerleier, Pikkie Botha, wat 'n vertroueling van Van Rensburg was, gee 'n aanduiding van die erns waarmee Van Rensburg die saak beskou het: "Kyk, as Visser en Van Blerk hang, dan moet daar weerwraak wees ... Daar moet 'n St. Bartholomeusnag in Suid-Afrika wees!"

Van Rensburg se standpunt was ondubbelsinnig dat weerwraak net een ding beteken: "As hulle my mense doodmaak, maak ek sy [Smuts se] mense dood!"[15]

Later het Van Rensburg aan 'n joernalis gesê hy het besef dat Smuts 'n opstand sou kon onderdruk, maar dat dit nietemin die gang van die geskiedenis sou verander.[16] Stilweg het Van Rensburg gehoop dat inligting oor sy bevel om die Stormjaers op 'n gereedheidsgrondslag te plaas deur Smuts se informante aan hom oorgedra sou word en dat dit hom sou laat herbesin. In dié tyd het Van Rensburg hom ook tot Hertzog vir advies gewend. Hertzog het genoem dat hy sy stilswye verbreek het deur in 'n brief aan Smuts te vra dat die teregstellings nie deurgevoer word nie. Hy het sy brief afgesluit met die woorde dat een Slagtersnek in die Afrikaner se geskiedenis genoeg is.[17]

Ná 'n angsvolle paar weke breek die nuus op 1 Augustus 1942 dat Smuts tot inkeer gekom het en dat Van Blerk en Visser se doodsvonnis in lewenslange gevangenisstraf verander is. Van Rensburg het die Stormjaers se staat van gereedheid opgehef en hy kon weer vir 'n wyle asemhaal.

Van Rensburg het sterk op die Stormjaers se gehoorsaamheid en dissipline gesteun. Daar is talle voorbeelde waar sy ingryping verhoed het dat Stormjaers se sabotasie handuit ruk, maar daar was ook kere wat dit moeilik was om sommige van die heethoofdiges in toom te hou.

In die eerste maande van 1941 moes Van Rensburg byvoorbeeld keer dat sekere treinbrûe op die spoorlyne na die hawens opgeblaas word. 'n Groep Stormjaers wou daardeur die vervoer van troepe en oorlogsvoorraad na die hawens blokkeer.[18]

Reeds aan die begin van sy OB-leierskap was daar 'n groep wilde Stormjaers in die Delmas-gebied wat hulle op hul eie begin voorberei het vir 'n gewapende optrede op 31 Mei 1941. Hulle het op dié datum besluit om die Vrede van Vereeniging in 1902 te wreek. Met Salomo se wysheid het Van Rensburg dieselfde datum as 'n biddag vir die OB verklaar en dit is ook deur die Afrikaanse kerke ondersteun.[19]

Die bekende stoeier en OB-generaal, Johannes van der Walt, het ook 'n bloutjie met Van Rensburg geloop toe hy voorstel dat die Modderfonteindinamietfabriek opgeblaas word. Die Natalse Stormjaerleier, Tos Pienaar, was teenwoordig en het vertel dat Van der Walt op 'n vraag van Van Rensburg geantwoord het dat hy verwag dat sowat 300 tot 400 lewens in die operasie geneem sou word. Dit het Van Rensburg hewig ontstel. Hoewel

Pienaar gevra is om buite te gaan wag, kon hy steeds die gesprek hoor. Volgens Pienaar het Van der Walt uit die vertrek gekom "met 'n dik mond soos 'n stout seun. Hy was ontevrede dat die KG hom gekeer het met die woorde: 'Volstrek nie! Dit sal nie gebeur nie – ek sal die Ossewabrandwag [sic] nooit vir sulke moorddadigheid leen nie!'"[20]

Aan die begin van 1942 moes Van Rensburg Stormjaers met moeite paai toe hulle gedreig het om die militêre hoofkwartier by Voortrekkerhoogte oor te neem en beslag te lê op die magasyn en militêre voertuie. Die situasie was in daardie stadium hoogs plofbaar nadat honderde polisiemanne in Januarie 1942 gearresteer is omdat hulle daarvan verdink is dat hulle Stormjaers is. Daar was veral verbittering omdat een van die polisiemanne doodgeskiet is toe hy hom na bewering by die polisiebarrakke in Doornfontein, Johannesburg, teen arrestasie verset het. Hy was in die geheim 'n Stormjaer.[21]

Van Rensburg het groot moeite gehad om Chris Neethling, Noord-Transvaalse Stormjaerleier (en die eerste man van die aktrise Anna Neethling-Pohl), en 'n groep van Brits en Rustenburg te beheer wat vir 'n opstand begin voorberei het en nie vir bevele wou wag nie.[22]

Stormjaers het hul mes in gehad vir J.G. Strijdom (die Transvaalse leier van die HNP en toekomstige premier) wat venynige aanvalle op die OB gedoen het. Hulle wou hom "'n les gaan leer", maar Van Rensburg het 'n stokkie daarvoor gesteek. "Sy standpunt was dat ons nie teen mederepublikeine moes veg nie maar teen Jan Smuts," het een Terreurgroeplid later vertel.[23]

Dit is maar enkele van vele voorbeelde waar militante Stormjaers deur Van Rensburg verhoed is om tot geweld oor te gaan. Hy en sy Stormjaeroffisiere was egter nie altyd daartoe in staat om ongemagtigde sabotasie te keer nie omdat daar groepe en selfs individue was wat uit eie beweging opgetree het.[24]

Wanneer Van Rensburg oortuig was dat sabotasieoptrede geregverdig en noodsaaklik was, het hy egter nie gehuiwer om tot aksie oor te gaan nie. "I fought his [Smuts's] war effort and I fought it bitterly with all the means at my disposal – which were considerable," skryf hy in sy memoires.[25]

Die inhegtenisname in Januarie 1942 van 'n groot aantal polisie- en spoorwegpolisielede wat van lidmaatskap van die Stormjaers verdink is,

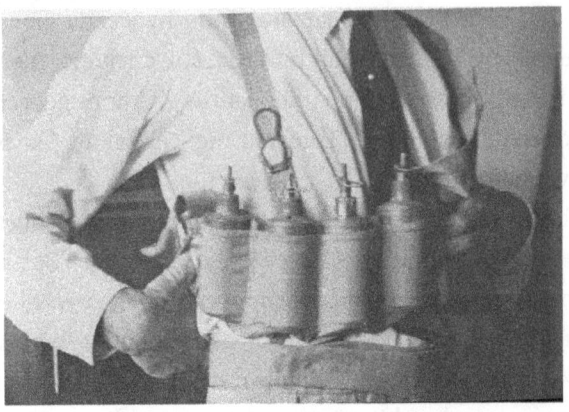
'n Polisiefoto van 'n bandolier met handgranate wat deur die Terreurgroep of Stormjaers vervaardig is.

het enorme druk op Van Rensburg geplaas vir 'n grootskaalse teenreaksie. Hy moes 'n manier vind vir die omgekrapte Stormjaers om uiting aan hul frustrasies te gee en tegelykertyd vir Smuts te wys dat hy nie net kan doen wat hy wil nie. Dit het tot die Stormjaers se grootste aanslag nog op elektriese toevoerlyne en kommunikasieverbindings gelei.

In die vroeë oggendure van Donderdag 29 Januarie 1942 het Stormjaers en Terreurgroeplede 'n massiewe aanslag op die hoofkragtoevoerlyne in Transvaal uitgevoer. Dit word beskou as van die bes beplande aksies van sy soort in die geskiedenis van sabotasie in Suid-Afrika. Renfrew Christie ('n ANC-lid wat in die apartheidsera tronkstraf vir oortredings ingevolge die Wet op Terrorisme uitgedien het) sê hieroor:"The Ossewa Brandwag [sic] achieved what the 'left wing' sabotage groups of the 1960's could not come close to doing: They endangered the entire Witwatersrand power network."[26]

Gedurende die nag van 29 en 30 Januarie 1942 is telefoon- en ander kommunikasielyne ook op 'n georkestreerde wyse in Transvaal, die Noord-Kaap en die Vrystaat geteiken. Krag- en telefoondrade is voorheen gereeld gesaboteer, maar nooit op só 'n groot skaal nie.

Hierdie sabotasieveldtog was in direkte opdrag van Van Rensburg. Aanvanklik het hy en die Stormjaerleiers beplan dat die sabotasie in drie fases sou plaasvind met die uitdruklike instruksie dat lewens nie in gevaar gestel word nie. Eers moes op die verbindingslyne in Oos-Transvaal toegeslaan word en terwyl die speurders daar besig was, moes Wes-Transvaal, die noordoostelike Kaapprovinsie en laastens die Vrystaat aan die beurt kom. Die koördinasie van die veldtog was egter nie na wense nie en sabotasiedade is toe op 29 en 30 Januarie in al hierdie gebiede uitgevoer.

Op enkele uitsonderings na, is die veldtog op Van Rensburg se bevel gestaak om te verhoed dat dit handuit ruk. Daarmee is 'n duidelike waarskuwing aan die Smuts-regering gerig dat dit enersyds 'n gedissiplineerde en georkestreerde aanslag was en andersyds dat die Stormjaers tot veel meer in staat is.

Die sabotasie van die elektrisiteitstoevoer na die Witwatersrand het 'n paar dae lank ongerief veroorsaak waarna dit herstel is. 'n Opskrif in *The Star* van 5 Februarie 1942 lui: "Rand telephone lines 'cut to ribbons' more than 80 acts of sabotage in a week. Considerable delays to traffic." Dit het natuurlik ook groot publisiteitswaarde vir die OB ingehou.

Die aanslag kon veel groter gewees het as die hoofkragsentrales geteiken is en die Stormjaers, en veral die Terreurgroeplede, was in staat daartoe. Dit sou die gebied lank verlam het. Die kragsentrales is egter doelbewus op Van Rensburg se bevel vermy om te keer dat lojale inwoners die harnas in gejaag word.[27]

Die sabotasie het wel 'n teenreaksie by die Smuts-regering ontlok wat tot verskerpte noodregulasies gelei het. Baie Stormjaers is in hegtenis geneem en geïnterneer, terwyl ander maande lank sonder verhoor in polisieselle aangehou is. 'n Aantal is swaar tronkstraf opgelê en in die berugte Pretoria-Sentraal-gevangenis aangehou.[28] Malan het hom verder in die openbaar van die OB, wat hy as 'n "boewe-organisasie" beskryf het, gedistansieer.[29]

Die knip van telefoondrade, opblaas van substasies en beskadiging van kragtoevoer het sporadies gedurende die oorlog voorgekom en was 'n manier om sabotasie te pleeg sonder lewensverlies. Daar is egter meningsverskille oor of geïsoleerde gevalle waar telefoondrade vernietig en die kragtoevoer belemmer is, werklik van soveel waarde was. Dié soort sabotasie het die gemeenskap waar die sabotasie uitgevoer is, insluitend lede van die OB en Stormjaers, verontrief.

Stormjaers soos Pikkie Botha het sy bedenkinge oor dié optredes gehad: "Ek persoonlik het nooit die waarde van die dradeknippery gesien nie, maar ek het dit darem ook aanvaar as 'n soort van 'n teken: Kyk, as julle ons druk, dan sal ons terugbetaal."[30] Die Natalse Stormjaerleier, Tos Pienaar, was ook skepties oor die waarde van die vernietiging van kragpale: "Ek het nie kans gesien om bv. 'n 'pylon' te gaan opblaas wat hulle binne 'n uur kan herstel nie."[31]

In die praktyk het dié soort sabotasiedade nie blywende sukses vir die Stormjaers ingehou nie aangesien die skade vinnig herstel kon word. Dit het dus hoogstens propagandawaarde gehad.

Dit beteken egter nie dat die Stormjaers en Terreurgroep se sabotasie-veldtog nie 'n groot impak gehad het nie. Sommige Afrikanerhistorici soos prof. D.W. Krüger onderspeel die veldtog heeltemal wanneer hy skryf: "There were isolated instances of sabotage and subversive activity, but the Special Police soon put an end to this."[32]

Wanneer die twee groepe se ondermynende bedrywighede sorgvuldig nagegaan word in die daaglikse koerantberigte, polisie- en militêre verslae uit die era, saamgelees met die herinneringe van Stormjaers en Terreur-groeplede, besef 'n mens die ware omvang daarvan.[33] Daar was dalk nie 'n realistiese kans op 'n suksesvolle nasionale opstand deur die Stormjaers nie, maar 'n mens moet jou afvra wat sou gebeur het as Van Rensburg die Stormjaers 'n vrypas met sabotasie gegee het. Soos een Stormjaer in sy herinneringe opmerk: "Net 'n vonk was nodig dan kon hier 'n bloedbad in hierdie land gewees het."[34]

Van Rensburg was versigtig om openlik vergeldende sabotasie te ver-kondig. Wanneer hy wel die onderwerp aangeraak het, soos tydens 'n toe-spraak op Fauresmith in Februarie 1942, was hy soms dubbelsinnig: "Ons preek nie rebellie nie. Ons preek net die bereidwilligheid van die Afrikaner in die OB om die Republiek te dien duskant die tronk, binne die tronk en dwarsdeur tot anderkant die tronk," het hy gesê.[35]

Van Rensburg het die sabotasieveldtog probeer regverdig as 'n teen-reaksie en 'n vorm van selfverdediging teen onderdrukkende optredes deur die Smuts-regering: "I wish to state soberly that to my mind (and, having been in the centre of things, I should be able to assess motives) these were not so much acts of violence as, rather, violent reactions. Violent reactions to arrest and imprisonment of trusted comrades without charge or hearing in open court."[36]

Benewens sy politieke einddoel, het Van Rensburg geglo dat die sabotasieveldtog duisende soldate weggehou het van die gevare van die front omdat hulle in Suid-Afrika moes agterbly om die onrus te bekamp. Daardeur is duisende lewens, ook dié van Afrikaanse soldate, volgens hom gespaar.[37]

Van Rensburg het enduit geglo dat "Der Tag" sou aanbreek. In die eerste fase van die oorlog was die Geallieerdes in 'n benarde posisie toe die Duitsers groot sukses behaal en talle Europese lande ingeneem het. Teen Junie 1942 het dit ook nie goed gegaan met die Suid-Afrikaanse troepe in Noord-Afrika nie nadat bykans 11 000 van hulle by Tobruk aan die Duitse veldmaarskalk Edwin Rommel se mag oorgegee het.

In werklikheid is Hitler egter al in 1941 deur 'n onafwendbare nederlaag in die gesig gestaar ná sy besluit om Rusland binne te val.[38] Die verwagtinge oor "Der Tag" sou algaande vervaag namate die oorlogsgety teen Duitsland gedraai het.

18

Verraad gewreek

"Police informers... deserved the fate they received."
– Hans van Rensburg

OP SONDAGAAND 12 DESEMBER 1942 onthaal die eiendomsagent "Dice" Lötter vriende by sy huis in Waverley, wat in daardie tyd nog aan die buitewyke van Pretoria geleë was. Toe twee onbekende mans aan die voordeur klop, gaan roep die niksvermoedende lyfwag wat die polisie aan Lötter toegewys het hom. Een van die mans pluk 'n pistool uit en skiet Lötter twee keer trompop. Hy sterf binne minute, terwyl die moordenaars in hul motor wegjaag.

Lötter was voorheen 'n lid van die OB. Nadat hy sy rug op die beweging gedraai het, het hy vertroulike inligting oor ondermynende bedrywighede aan die politieke polisie verskaf. Hy het ook in 'n spesiale hooggeregshofsaak getuig waarin 'n vrou aan hoogverraad skuldig bevind en tot gevangenisstraf gevonnis is. Lötter is reeds tevore weens sy manteldraaiery só erg aangerand dat hy gehospitaliseer moes word en polisiebeskerming ontvang het. Hy het met sy optrede volhard totdat hy die slagoffer van die sluipmoord geword het.[1]

Op Woensdagaand 30 September 1942 verdwyn die 27-jarige Louis Nel van sy huis in Bloemfontein. Tien dae later kom 'n veewagter op die oorblyfsels van sy uitgebrande lyk af in 'n ou delwersgat in die Waterberge sowat 650 km noord van die Vrystaatse hoofstad. Nel was 'n polisieinformant wat inligting oor die Stormjaers se sabotasiedade aan die polisie deurgegee het.[2]

Die sluipmoorde is deur lede van die Terreurgroep en radikale Stormjaerlede uitgevoer. Hoewel die polisie in al twee gevalle 'n goeie vermoede gehad het wie die skuldiges was, is niemand ooit van die moorde aangekla nie.³

Ná die oorlog het die Duitse spioen Walter Kraizizek Van Rensburg in 'n beëdigde verklaring direk by die sluipmoord op Lötter betrek. Volgens Kraizizek het hy Van Rensburg in 1936 na die openingseremonie van die Olimpiese Spele in Berlyn vergesel. Hy was egter gedurende die oorlogsjare in Suid-Afrika waar hy as 'n boodskapper tussen Van Rensburg en die Duitse adjunkkonsul in Mosambiek, Luitpold Werz, opgetree het. Werz was 'n sleutelfiguur in die organisasie en beheer van Duitse spioene in Suid-Afrika.

Volgens Kraizizek het Van Rensburg hom vertel dat Stormjaers Lötter geskiet het die aand voordat Lötter in 'n hoogverraadsaak sou getuig.⁴ Kraizizek het Van Rensburg in 'n verklaring direk by die moord betrek: "Van Rensburg told me that Lötter had been shot on his instructions by one Barney Basson...".⁵

Kraizizek het Van Rensburg ook geïmpliseer in 'n moontlike sluipmoordpoging op die Duitse agent Hans Rooseboom nadat hy by Van Rensburg in onguns verval het. "[B]ecause Rooseboom had all the inside information about the transmitting of news from Van Rensburg's farm to Lourenco Marques, he [Van Rensburg] thought it advisable that Rooseboom should be killed."⁶

Nadat Kraizizek in 1944 deur die Portugese uit Mosambiek gedeporteer is, het hy by die berugte SS-offisier Otto Skorzeny se spesiale weermageenheid aangesluit. Hy is gevang tydens 'n operasie waarin gepoog is om genl. Dwight Eisenhower en veldmaarskalk Bernard Montgomery te ontvoer. Hy is ná die oorlog in die Dachau-konsentrasiekamp aangehou waar hy deur die Suid-Afrikaanse ondersoekbeampte George Visser ondervra is na aanleiding van onder meer 'n moontlike hoogverraadsaak teen Van Rensburg. Hy het homself ook bereid verklaar om in die saak te getuig.⁷

Kraizizek se getuienis is uiteindelik nooit in 'n hof getoets nie. Dit is ook 'n ope vraag of hy in die lig van sy manteldraaiery as 'n geloofwaardige getuie beskou kan word. Sy bewerings oor Van Rensburg bly nietemin ernstig.

Daar is geen ander aanduiding behalwe die hoorsêgetuienis van Kraizizek dat Van Rensburg vooraf van die sluipmoorde geweet of opdrag daarvoor gegee het nie. Tydens sy onderhoud met die twee Amerikaanse gesante in 1944 maak Van Rensburg egter 'n veelseggende opmerking oor die koelbloedige moorde: "Lötter ... and Nel – were both police informers and deserved the fate they received."[8] Daarmee het hy sluipmoord as vergelding vir verraad geregverdig en gekondoneer.

Die Stormjaers het absolute lojaliteit en geheimhouding van hul lede geëis. Om hul saak te verraai, was vir geharde Stormjaers en Terreurgroeplede een van die laakbaarste dinge denkbaar. Die verskynsel van joiners gedurende die Anglo-Boereoorlog is dikwels gelykgestel aan wat die Stormjaers en Terreurgroeplede in die 1940's as Afrikanerafvalligheid beskou het.

Die regeringsondersoekbeampte George Visser het in sy naoorlogse ondersoek na hoogverraad tot die slotsom gekom dat daar 'n opvallende uitsondering was in die beleid van die Stormjaers om gewelddadigheid en gepaardgaande bloedvergieting tydens sabotasiedade te probeer vermy: "This philosophy, if I may call it that, of not wanting to harm anyone who got in their way when they were engaged in a robbery or an act of sabotage, did not apply when they dealt with 'traitors' or persons for whom they had developed a violent dislike on political or other grounds."[9]

Die Stormjaers en Terreurgroeplede het geglo hulle tree op vir 'n edele Afrikanersaak wanneer hulle met verraaiers afgereken het. Dat die Stormjaers verraad sterk afgekeur het, maar nie net na willekeur op enigiemand sou toeslaan wat van hulle verskil het nie, blyk uit 'n brief van Van Rensburg se vertroueling, Apie Spies, wat hy in 1979 op gevorderde ouderdom aan *Beeld* gestuur het nadat 'n groep AWB-lede prof. Floors van Jaarsveld geteer en veer het weens sy kwansuis minagtende vertolking van die Bloedriviergelofte.

In sy brief het Spies geskryf: "Die SJ-afdelings het uiters doeltreffende tugmaatreëls toegepas op ... verraaiers maar nooit ongeprovokeerd opgetree teen andersdenkendes nie."

Daarna het hy daarop gesinspeel dat die groot groep AWB's wat die professor toegetakel het, lafhartig was aangesien die aanranding met minder mense gedoen sou kon word.[10] Wat opval, is dat Spies nie die immoraliteit van hul optrede bevraagteken nie – 'n oorblyfsel van die verharding wat die wraakmotief van die Stormjaers veroorsaak het?

Daar is genoeg bewyse dat Van Rensburg minstens die sentimente van die Stormjaers en Terreurgroeplede gedeel het. Reeds met sy inhuldigingstoespraak as OB-leier op 15 Januarie 1941 het hy teen mense gewaarsku wat herinner aan die "National Scouts" (joiners) van die Anglo-Boereoorlog.[11]

Dit is egter moeiliker om te bepaal of bewerings waar is dat Van Rensburg agter opdragte was vir sekere sluipmoorde (wat nooit uitgevoer is nie). Daar is uit verskillende oorde beweer dat hy byvoorbeeld opdrag gegee het dat Robey Leibbrandt, die Suid-Afrikaans bokskampioen wat sabotasieopleiding in Duitsland ontvang het en deur die Duitsers na Suid-Afrika gestuur is, uit die weg geruim moes word. Dit was nadat Leibbrandt se roekelose optrede 'n wesenlike gevaar vir die Stormjaers geskep het.

Daar was 'n sterk moontlikheid dat die Smuts-regering weens Leibbrandt se ondeurdagte aktivisme op alle regse groeperings, insluitend die OB, sou toeslaan (wat toe inderdaad later gebeur het toe honderde Stormjaers gedurende Januarie 1942 in hegtenis geneem is). Leibbrandt se openlike

 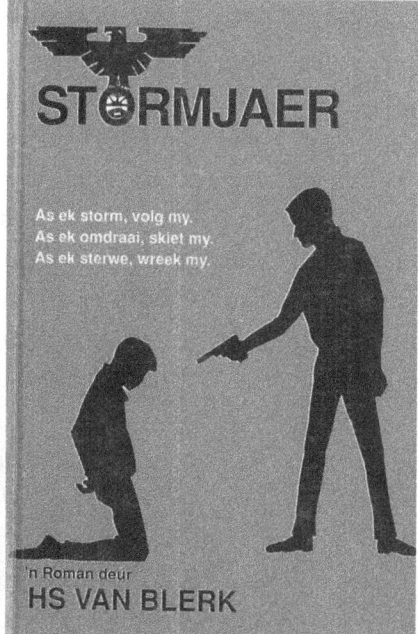

Ná Hendrik van Blerk se doodsvonnis versag is, het hy 'n bekende skrywer geword. Weersin in verraad is 'n sentrale tema in twee van sy romans.

dreigemente om Smuts te vermoor het veral gematigde OB-lede op hete kole gehad. Daarby is Van Rensburg se gesag nooit vanuit regse oorde uitgedaag voordat Leibbrandt op die toneel verskyn het nie. Leibbrandt se afrokkeling van staatmaker-Stormjaers het ook 'n al groter probleem geword.[12]

Die Terreurgrooeplid Lange de Beer het in die sewentigerjare in 'n onderhoud vertel dat hy (waarskynlik iewers in September 1941) opdrag by die Terreurgroepleier Chris Coetsee gekry het om Leibbrandt te vermoor. Coetsee het hom meegedeel dat die opdrag direk van Hans van Rensburg kom. De Beer kon die glibberige Leibbrandt egter nie in die hande kry om sy opdrag uit te voer voordat die polisie Leibbrandt uiteindelik vasgetrek het nie.[13]

In die hoogverraadsaak teen Leibbrandt waarin hy die doodstraf opgelê is, het verskeie getuies ook aangevoer dat Van Rensburg opdrag vir Leibbrandt se "likwidasie" gegee het. Die getuies het moontlik verskuilde motiewe gehad om Van Rensburg swart te smeer, wat dit moeilik maak om waarheid van versinsel te onderskei.[14]

Kol. Jan Taillard was nog 'n individu wat glo in Van Rensburg se visier was. Taillard was 'n hoog aangeprese polisiekaptein wat 'n besondere vermoë gehad het om Nazi-gesinde organisasies in Suid-Afrika en Suidwes-Afrika te infiltreer en aan die pen te laat ry. Deur sy toedoen is honderde Suidwesters gedurende die oorlog geïnterneer. Hy was ook die lokvink wat gesorg het dat die polisie Leibbrandt in 'n hinderlaag gevange geneem het. Ongeag die OB se vyandiggesindheid teenoor Leibbrandt was daar 'n diepe renons in Taillard se optrede teen mede-Afrikaners. Volgens Coetsee het hy deur Heimer Anderson 'n persoonlike opdrag by Van Rensburg gekry vir "die kop van Taillard op 'n skinkbord". Terreurgroeplede moes die opdrag uitvoer.[15]

Daar was etlike ander voorvalle van gewelddadige, maar nie-noodlottige vergeldings onder Van Rensburg se leierskap van die Stormjaers waarvan hy kwalik nie bewus kon gewees het nie. Die Stormjaers het byvoorbeeld 'n gewoonte gehad om 'n vermeende verraaier met 'n sweep oor sy rug te slaan terwyl die slagoffer oor 'n motor se enjinkap getrek is. In Stormjaertaal was dit om iemand te "bonnet". Dit het redelik algemeen voorgekom.[16]

'n Baie ernstige aanranding wat groot opspraak verwek het, was dié op

Frans Mentz, volksraadslid vir Westdene in Johannesburg en organiserende sekretaris van die Herenigde Nasionale Party aan die Witwatersrand. Mentz is daarvan beskuldig dat hy teen Van Rensburg en die OB-Noodhulpfonds te velde getrek het. Stormjaers het dit as verraad teenoor 'n goeie Afrikanersaak beskou – die Noodhulpfonds het die gesinslede van geïnterneerdes en politieke gevangenes gehelp.

Vier gemaskerde mans het Mentz die aand van 21 Julie 1944 buite sy woning in Mayfair oorweldig en ontvoer. Hy is na 'n afgeleë stuk veld geneem waar hy wreedaardig aangerand en net so agtergelaat is. Mentz het by die dood omgedraai.

Van Rensburg het ten sterkste ontken dat hy opdrag vir die aanranding gegee het. Sy hantering van die voorval het Malan egter heelwat skietgoed gegee omdat Van Rensburg geweier het om die aanranding te veroordeel. Op 5 Augustus 1944 het Van Rensburg tydens 'n byeenkoms in Pretoria weer eens nie die aanranding veroordeel nie, maar eerder die "verraaiers" voor stok gekry wat veroorsaak het dat 'n groot aantal "onskuldiges" aangekeer is.

Slegs een van die verdagtes, S. J. Vorster, is skuldig bevind aan die aanranding en gevonnis tot vier jaar gevangenisstraf met hardearbeid en ses rottanghoue. Ná sy vonnisoplegging het Vorster uitdagend vanuit die beskuldigdebank geskree: "Heil Van Rensburg!"[17]

Van Rensburg se geneigdheid om die Stormjaers feitlik ten alle koste te beskerm het hom mettertyd begin inhaal. Sommige Stormjaers se bullebakkery het daartoe bygedra dat 'n besonder militante beeld van hom geskep is wat onherstelbare skade veroorsaak het.

Nog 'n aanranding wat groot opslae in die pers gemaak het, was toe Van Rensburg se seun, Johan, die redakteur van die HNP-koerant, *Die Kruithoring*, in Kaapstad gaan takel het. Johan het 'n heldeverering vir sy pa gehad en daar was 'n besonder hegte band tussen hulle. Johan was alombekend as 'n goed gemanierde, kunssinnige en stil seun. Hy was ietwat tengerig en heelwat kleiner as sy pa gebou. Gevolglik het hy met aansporing van sy pa bokslesse begin neem om homself te kan handhaaf. Die 18-jarige Johan het andersins egter allermins die profiel van 'n bakleier of jong skobbejak gehad.[18]

In Mei 1944 het hy, sonder om enigiemand van sy planne te vertel, met

*Die Van Rensburg-gesin voor die onstuimige OB-jare.
Van Rensburg se seun, Johan, is regs van hom.*

geleende geld 'n treinkaartjie gekoop en alleen na Kaapstad gereis. Hy het later vertel dat hy op breekpunt was met al die vals gerugte wat in die pers oor sy pa versprei is. Een van die voorste gerugmakers was Etienne Malan, redakteur van die HNP se spreekbuis, *Die Kruithoring*. Johan het gevoel dit was sy plig om Malan tot verantwoording te roep.

In Kaapstad is hy reguit na die perseel van *Die Kruithoring* waar hy Malan in sy kantoor aangetref en dadelik met sy vuiste te lyf gegaan het. Hy is kort daarna in hegtenis geneem en moes die nag in die selle deurbring. Die volgende dag is hy in die magistraatshof aan aanranding skuldig bevind en 'n opgeskorte boete van £2 opgelê.

Met Johan se terugkoms in Pretoria het honderde lede van die OB se Jeugafdeling hom 'n heldeontvangs gegee onder leiding van Henri Slegtkamp, 'n legendariese held van die Anglo-Boereoorlog.[19] Van Rensburg het sy seun se aanranding op Etienne Malan nooit veroordeel nie. Inteendeel, hy en Katie het Johan se optrede beloon met 'n goue medalje wat spesiaal deur 'n goudsmid gemaak is om die geleentheid te gedenk.[20]

Die koerante het groot gewag gemaak van die aanranding. Een berig het melding gemaak van 'n telegram met die volgende woorde wat Van Rensburg aan sy seun sou gestuur het: "Johan, jy het sonder verlof gehandel, maar ek dank jou. Moeder en ek dink met liefde aan jou. Transvaal kom en hy kom met geweld."[21]

As hoofredakteur van *Die Transvaler* was Hendrik Verwoerd ook in die visier van die Stormjaers weens sy vyandigheid teenoor die OB en veral Van Rensburg.[22] Daar was in onderskeidelik 1941 en 1944 twee mislukte pogings om hom te ontvoer. Die seun van Eric Louw, die latere NP-minister van buitelandse sake, is ook aangerand.[23] Sowel Verwoerd as Louw het selfs ná die ontbinding van die OB vyandig teenoor Van Rensburg gebly.[24] Dit is ook nie bekend of Van Rensburg enige kennis gedra het van hierdie aanslae nie – na alle waarskynlikheid nie.

Indien Van Rensburg wel opdrag gegee het vir gewelddadige aanvalle en sluipmoorde, of hulle goedgekeur het, sou dit teenstrydig gewees het met sy eienskappe as beskaafde denker wat oor die algemeen eties opgetree het. As dit waar is, sal dit 'n donker kant van sy persoonlikheid openbaar wat hy andersins weggesteek het. Die moontlikheid bestaan ook dat sy persoonlike etiek deur die oorlog geaffekteer is.

Die Stormjaerbeweging het uiteindelik die achilleshiel van die eens magtige OB geword. Na buite het dit dalk voorgekom asof die OB nie werklik probeer om hom van die Stormjaers se sabotasieveldtog te distansieer nie, maar vir die meer gematigde OB-lede het die beweging gou 'n las geword. Die Stormjaers se ondermynende dade het die OB se kultuuraktiwiteite na 'n rookskerm laat lyk, met die gevolg dat elke legitieme aktiwiteit met agterdog bejeën is. Baie lede het die OB om dié rede verlaat.

Die Stormjaers se aanrandings het tot die vlak van boewery gedaal en dit bly 'n aaklige nalatenskap van die tyd.

19
Skakeling met Nazi-Duitsland

"Ons was nie Nazi's nie – ons was pro-Duits omdat ons anti-Brits was."
– Apie Spies (Stormjaerleier)

HANS VAN RENSBURG HET SEDERT sy aanvaarding van die OB-leierskap en tot aan die einde van die oorlog deurlopend in die geheim met die Duitse regering geskakel. Dié skakeling het al die elemente van 'n verbeeldingryke spioenasieverhaal bevat en is gevul met intriges, spanning en die noodwendige rugstekery.

Dit was uiters gevaarlike optrede wat op hoogverraad neergekom het. Indien Van Rensburg betrap sou word, kon hy die doodstraf opgelê word. Met die uitbreek van die Tweede Wêreldoorlog het die Duitse regering onsuksesvol na die amptelike opposisie in Suid-Afrika – D.F. Malan se Nasionaliste – uitgereik. Hul doel was om binnelandse onrus aan te moedig en maniere te vind om die Geallieerde oorlogspoging te ondermyn.

Verskillende militante splintergroepe het reeds kort ná die uitbreek van die oorlog op 'n ongekontroleerde wyse met Duitsland kontak gemaak. Nog voor die stigting van die Stormjaer-beweging was daar sekere OB-lede wat sonder toestemming van die Grootraad radiosenders opgerig het. Die kommunikasie met die Duitse owerhede is eers onder Van Rensburg se leierskap gesentraliseer, beter gekoördineer en uitgebrei.

Ná die OB se breuk met Malan se Nasionaliste in die tweede helfte van 1941 het die Duitsers die OB as die enigste versetbeweging beskou waarmee kontak gehou moes word. Die skakeling met Duitsland was onder Van Rensburg se direkte toesig en sonder toestemming van die Grootraad, wat in werklikheid in die duister was daaroor. In hierdie skakeling is Van Rensburg deur lede van die Stormjaers bygestaan.[1]

Van Rensburg was oortuig dat Duitsland 'n belangrike bondgenoot kon wees om sy ideaal van 'n republiek in Suid-Afrika te verwesenlik. Dit was dus vir hom belangrik om direkte kontak en 'n sterk band met die Duitse regering op te bou. Hy het daarop aangedring dat hy uitsluitlike beheer oor die skakeling met Duitsland moet hê – hy wou die enigste kontakpunt vir die Duitse regering in Suid-Afrika wees. Die Duitse regering het gesorg dat Van Rensburg deur Radio Zeesen, die Duitse radiostasie wat propaganda in Suid-Afrika uitgesaai het, ondersteun word.[2]

Nieteenstaande sy bewondering vir die Duitsers wou Van Rensburg ten alle koste verhoed dat Afrikaners Britse oorheersing vir Duitse oorheersing verruil. Sy standpunt was duidelik: "Ek wil nie van Afrikaners Duitsers maak nie."[3] 'n Duitse oorwinning moes help om 'n Afrikanerrepubliek te verwesenlik en nie om onderdanigheid aan Brittanje met onderdanigheid aan Duitsland te vervang nie.[4] Daar was dus 'n element van opportunisme aan Van Rensburg se pro-Duitse gesindheid gedurende die oorlog.

Van Rensburg het die gevare van moontlike Duitse oorheersing alte goed besef. Hy het teenoor Emmie du Toit opgemerk: "As Hitler hier kom, sal ons moet werk dat dit kraak! Ons sal ons republiek met ons twee hande moet vat. G'n Duitser sal ons 'n republiek op 'n skinkbord gee nie ... Moet nie dink die Duitsers gaan ons help nie."[5]

Die volgende opmerking deur die Stormjaerleier, Apie Spies, is 'n refrein wat deurgaans in die herinneringe van Stormjaers en Terreurgroeplede voorkom: "Ons was nie Nazi's nie. Ons was pro-Duits omdat ons anti-Brits was. Dit was die kern van die hele vrywording los van Engeland."[6]

Aanvanklik was die sein van die radiosenders in Suid-Afrika nie sterk genoeg om Duitsland te bereik nie. Gevolglik is senders gebruik wat die Duitse konsulaat in Lourenço Marques in Mosambiek kon bereik vanwaar die boodskappe met 'n sterker sender na Berlyn herlei is. Boodskappe is ook deur geheime agente tussen Suid-Afrika en Mosambiek gesmokkel en soms is boodskappe in kodevorm in advertensies in die Engelstalige koerante in Suid-Afrika geplaas. 'n Tyd lank is boodskappe ook deur 'n sender op Van Rensburg se plasie, Die Weide, na Mosambiek gestuur.[7]

Vroeg in 1943 is direkte skakeling met Duitsland bewerkstellig deur 'n sender wat spesiaal vir dié doel ontwerp en opgerig is. Die sender is gereeld verskuif sodat dit nie opgespoor kon word nie en is uiteindelik na Dekka in die Vryburg-distrik oorgeplaas.

Onder Van Rensburg se toesig is opdragte deur verskeie plaaslike senders na die hoofsender versend, wat dit na Berlyn herlei het. Toe die politieke speurders se opsporingsafdeling in die nekke van die operateurs by Vryburg begin blaas, is die sender na die Molopo geneem vanwaar daar tot die einde van die oorlog met Duitsland geskakel is.[8]

Geallieerde ondersoekbeamptes wat ná die oorlog oorlogsmisdade ondersoek het, het omvattende inligting gevind oor veral Geallieerde skeepsbewegings wat met Van Rensburg se toestemming per radio vanaf Suid-Afrika na Duitsland gestuur is. Inligting is verskaf oor Britse en Amerikaanse skeepskonvooie wat die Suid-Afrikaanse hawens verlaat en militêre vragte en troepe vervoer het. Gedurende die oorlog sou 153 Geallieerde skepe met 'n tonnemaat van 864 tot 606 deur hoofsaaklik Duitse duikbote aan die Suid-Afrikaanse kus gekelder word.[9]

In die middel van 1942 was daar 'n groot opbou van 'n troepemag en oorlogskepe in die Durbanse hawe met die oog op 'n grootskaalse inval in Madagaskar. Twee lede van die Terreurgroep het gedetailleerde inligting oor dié bedrywighede ingewin. Die inligting is in opdrag van Van Rensburg aan 'n Duitse agent oorhandig wat dit na Lourenço Marques geneem het. Voordat hy die inligting aan die Duitse konsulaat kon oorhandig, is die agent 'n tyd lank deur die Portugese polisie aangehou.[10] Die ondersoekbeampte George Visser het gemeen dat dit 'n bedekte seën vir die Geallieerdes was: "Had he not been delayed the convoy from Durban would undoubtedly have been attacked."[11]

Volgens Dries Groeneveldt, wat gemoeid was met die bou, opstel en werking van die hoofsender, het Van Rensburg 'n belangrike beperking op die versending van inligting oor skeepvaart geplaas: "Duitsland mag geen inligting kry van enige skip waar daar Suid-Afrikaners aan boord was nie, soldaat of nie, want geen Suid-Afrikaner mog doodgemaak word nie. Die Afrikaners wat as soldaat op die skepe was, was nie noodwendig pro-Engels nie. Hulle was miskien Suid-Afrikaners wat gaan veg het, maar hulle kon nie anders nie . . . Ek kan verseker dat die houding van dr. Van Rensburg was dat die inligting wat ons aan Duitsland gegee het, onder geen omstandighede enige Afrikaner moes kwaad doen of seermaak nie."[12]

Dié beperkende opdrag is deur verskeie Stormjaers bevestig.[13] Daar was ook lede van die weermag wat in die geheim OB- en Stormjaerlede was en Van Rensburg sou wou verseker dat hulle geen leed aangedoen word nie.

Miskien het Van Rensburg sy gewete met dié beperking probeer sus. In werklikheid sou nie hy of enigeen wat die inligting ingewin het, kon weet of daar wel enige Suid-Afrikaners op die skepe was waaroor inligting na Duitsland gestuur is nie.

Militêre inligting wat aan die Duitsers versend is, was nie tot skeepsbewegings beperk nie. Daar was getuienis oor ander gevalle waar strategiese militêre inligting aan die Duitsers verskaf is. Twee voorbeelde daarvan: Inligting wat by die militêre hoofkwartier in Pretoria gesteel is, is na Duitsland gestuur twee weke voor die Geallieerde inval in Tunisië en Algerië; so ook omvattende inligting oor die voorbereiding vir die Geallieerde inval in Nederland in 1944.[14]

Van Rensburg was egter gekant teen enige direkte Duitse betrokkenheid by Suid-Afrika se binnelandse aangeleenthede. Volgens Heimer Anderson wou die Duitsers in 'n stadium by Van Rensburg weet watter ondersteuning hulle van hom kon verwag ingeval hul sabotasiekommando's gelyktydig in Kaapstad, Port Elizabeth en Durban aan land laat gaan. Hy het hulle ondubbelsinnig per radio laat weet: "Indien Duitse soldate op Suid-Afrikaanse bodem land, gooi ek die Ossewabrandwag teen hulle in."[15]

Groeneveldt noem ook verskeie gevalle waar Van Rensburg direkte Duitse betrokkenheid in Suid-Afrika verhoed het: "Die Duitsers wou wapens aan ons in Suid-Afrika stuur. Hulle sou dit aan land bring in Namakwaland, maar dr. van Rensburg wou daar niks van hoor nie. Hy het gesê dit is in elk geval veels te vroeg; as die tyd kom, kan ons sien . . . 'n Ander keer het die Duitsers gevra of hulle 'n paar spioene na ons kon stuur, hulle sou naby Oos-Londen aan land gaan en of ons, die Ossewa-Brandwag, nie vir hulle geskikte blyplekke kon kry nie. Dr Van Rensburg het die ding heeltemal uitgegooi, hy wou daar absoluut niks mee te doen gehad het nie."[16]

Later het Van Rensburg die deurgee van militêre inligting aan Duitsland geregverdig omdat hulle daardeur ook kommunistiese Rusland beveg het (Brittanje was 'n bondgenoot van Rusland).

Duisende Afrikaanssprekendes het gedurende die Tweede Wêreldoorlog voor hul radio's vasgenael gesit om na onwettige uitsendings van die Duitse Radio Zeesen vanuit Berlyn te luister. Afrikaanssprekende omroepers, wat almal in Berlyn gebaseer was, het 'n verskeidenheid programme uitgesaai wat elemente van Nazi-propaganda bevat het. Ná die breuk tussen die OB en die HNP het die radiostasie die OB nog openliker begin steun en Van Rensburg as leier hoog opgehemel.[17]

Die uitsendings op Radio Zeesen was vir Van Rensburg van groot propagandawaarde omdat die HNP-gesinde koerante publisiteit vir die OB geboikot en dit 'n wesenlike impak gehad het. Dit, tesame met 'n verbod deur die Smuts-regering op die publisering van Van Rensburg se toesprake, het beteken dat sy toesprake nie die gewenste reikwydte en trefkrag gehad het nie. Hy het dus gereeld politieke inligting na Berlyn gestuur met die doel dat dit op Radio Zeesen uitgesaai word. Op 'n transmissie van 5 Mei 1942 waarop die Geallieerdes ná die oorlog beslag gelê het, het Van Rensburg byvoorbeeld gevra dat Duitse propaganda vir die OB verskerp word.[18]

Radio Zeesen het voorts 'n weeklikse program oor sabotasiemetodes gehad en die uitsendings is gebruik om gekodeerde boodskappe aan Duitse spioene in Suid-Afrika te stuur. Radio Zeesen het soms verrassend vars nuus van 'n vertroulike aard uitgesaai, danksy berigte deur spioene in Suid-Afrika. Die stasie het die inligting ontvang deur boodskappe wat ook met die geheime senders vanuit Suid-Afrika na Lourenço Marques gestuur en na Duitsland herlei is. Vanaf 1943 is die boodskappe met die hoofsender direk vanuit Suid-Afrika gestuur.

Van Rensburg het deurgaans streng beheer uitgeoefen oor watter boodskappe met die sender gestuur is. Ná die oorlog moes verskeie Afrikaanse Radio Zeesen-omroepers weens hul ondermynende dade op aanklagte van hoogverraad teregstaan.[19]

In die Duitse regering se eerste boodskap aan die amptelike opposisie – wat deur 'n Suid-Afrikaanse spioen met die naam Marietjie Radley gememoriseer en uit Berlyn na Suid-Afrika gebring is – het die Duitse regering aangedui dat hulle Suid-Afrika se onafhanklikheid sou erken en vrede met die Unie van Suid-Afrika sou verklaar indien Duitsland die oorlog wen.

Radley kon nie by Malan uitkom om die boodskap persoonlik af te lewer nie en het dit na Van Rensburg in Bloemfontein geneem met die versoek dat hy die boodskap aan Malan oordra. Van Rensburg was toe nog die Vrystaatse administrateur.

In 'n latere, tweede boodskap wat Marietjie se man, Will, uit Duitsland gebring en ook aan Van Rensburg oorgedra het, het die Duitsers onderneem om in die geval van 'n binnelandse opstand wapens aan die opposisie te verskaf en het hulle weer bevestig dat die onafhanklikheid van Suid-Afrika gewaarborg word. Hierdie boodskappe is egter nooit aan Malan oorgedra nie en Van Rensburg het ook nie iets daarmee gedoen nie omdat hy in daardie stadium nie betrokke was by enige skakeling met die Duitsers nie.[20]

Nadat Van Rensburg OB-leier geword het, het hy egter toenemend met Duitse spioene begin saamwerk en in werklikheid die samewerking met verskillende Duitse spioenasienetwerke gekonsolideer en verskerp. Daar was deurgaans 'n noue skakeling tussen hom en verskillende Duitse geheime agente wat vanuit Mosambiek en in Suid-Afrika geopereer het.

Lourenço Marques was tydens die oorlog 'n nes van Duitse en Geallieerde spioene aangesien Mosambiek 'n neutrale gebied was. Dit het eers in 1944 verander nadat Portugal voor Geallieerde druk geswig, die Duitse konsulaat gesluit en die diplomatieke personeel en ander Duitsers gedeporteer het.

Die Duitse adjunkkonsul in Mosambiek, Luitpold Werz, was 'n sleutelfiguur in die organisasie en beheer van Duitse spioene in Suid-Afrika. Hy is deur George Visser beskryf as "a romantic ideal of the Aryan manhood".[21] Voor die oorlog was hy by die Duitse konsulaat in Kaapstad en later in Pretoria gebaseer.

Van Rensburg het Werz reeds voor die oorlog tydens die Simboliese Ossewatrek in 1938 ontmoet. Tydens die oorlog het hulle nou saamgewerk om deur ondergrondse kommunikasienetwerke inligting vanuit Suid-Afrika na Duitsland te versend. (Ná die oorlog het Werz se ware kleure na vore gekom toe hy Van Rensburg tydens ondervraging deur Geallieerde ondersoekers sonder skroom geïnkrimineer het om sy eie bas te red. Op 'n manier het hy daarin geslaag om gedenazifiseer te word, waarna hy sy loopbaan in die Duitse diplomatieke korps voortgesit het.)[22]

In sy kontak met Duitse spioene het Van Rensburg streng by sy "Der Tag"-strategie gehou. Wanneer die spioene daarvan afgewyk het, het hulle gewoonlik bedroë daarvan afgekom. Hulle was veral in die moeilikheid wanneer hulle versuim het om gehoor te gee aan sy instruksies om inligting van 'n politieke aard deur te stuur of wanneer hulle ongekontroleerde militêre inligting wat Suid-Afrikaanse soldate in gevaar kon stel, deurgestuur het. Volgens Van Rensburg moes die stryd nie ryp gedruk word nie en met suksesse van die Duitse weermag saamloop.

Van Rensburg het hom ook nie deur die Duitse spioene laat voorskryf nie – dit was vir hom ononderhandelbaar dat hy volle beheer oor enige skakeling met Duitsland moes hê. Sy eerste ware skakeling met Duitsland was deur 'n spioenasiegroep onder leiding van Hans Rooseboom – 'n Duitsgebore genaturaliseerde Suid-Afrikaner wat hom met die uitbreek van die oorlog in Duitsland bevind het. Rooseboom is deur die Abwehr (die Duitse militêre intelligensie) gewerf om in Suid-Afrika met die OB te skakel.

Hy het die land by Komatipoort binnegeglip, maar is ná 'n tyd gearresteer en in die Leeukopkamp geïnterneer. Rooseboom het egter met die hulp van 'n groep OB-lede ontsnap. Daarna het hy 'n spioenasiegroep gestig wat in samewerking met 'n binnegroep van Van Rensburg (wat eintlik uit die Stormjaers bestaan het) met Berlyn gekommunikeer.

Rooseboom se spioenasiegroep het 'n sender gebruik om boodskappe na die Duitse konsul in Lourenço Marques te stuur en het ook gekommunikeer deur advertensies in kodevorm in Suid-Afrikaanse koerante te plaas. Toe Rooseboom egter nie aan Van Rensburg se opdragte gehoor wou gee om nie ongekontroleerde militêre inligting na Duitsland te stuur nie, en boonop geweier het om politieke inligting te versend, het die verhouding in so 'n mate versuur dat Van Rensburg alle verdere samewerking met sy groep gestaak het.

Uiteindelik is Rooseboom só gewantrou dat Stormjaers 'n sluipmoord op hom oorweeg het. Rooseboom het daarna ook by die Duitsers, wat Van Rensburg in daardie stadium as die ware leier van die versetbeweging beskou het, in onguns verval.[23]

Die Rooseboom-groep is vervang deur die Felix-spioenasiegroep onder leiding van Lothar Sittig, 'n Duitse burger met die kodenaam Felix. Met die uitbreek van die oorlog is Sittig na Suid-Afrika, maar hy is kort daarna geïnterneer. Hy het ontsnap en in Lourenço Marques gaan skuil waar Werz hom gewerf het om na Suid-Afrika terug te keer en 'n spioenasienetwerk saam te stel. Met sy terugkeer is Sittig egter weer gevang en in die Baviaanskloofkamp geïnterneer.

Sittig het met die hulp van Stormjaers weer ontsnap en is om veiligheidsredes naby Van Rensburg se plasie afgelaai waar hy Van Rensburg een oggend kort ná tweeuur sopnat en bibberend wakker gemaak het. Met die hulp van Van Rensburg en Heimer Anderson het Sittig 'n stabiele spioenasienetwerk opgebou wat betroubare Duitse agente soos Nols Pasch en Olaf Andersen ingesluit het. Die Felix-groep was ook aktief betrokke by die installering van die sender waarmee direkte kontak met Duitsland bewerkstellig is. Hulle was gemoeid met die opstel van kodes en die direkte versending van boodskappe na Berlyn. Sittig het tot middel 1944 nou met Van Rensburg en sy mense saamgewerk.

Ná die oorlog het Geallieerde speurders alles in hul vermoë gedoen om Sittig in hegtenis te neem, maar hulle kon hom eenvoudig nie opspoor nie. Nadat die stof gaan lê het, het hy hom in Bloemfontein gevestig.[24]

'n Radiosender wat gebruik is om onwettig met die Duitse konsulaat in Mosambiek kontak te maak. Hierdie en verskeie ander radiosenders word deur die Erfenisstigting by die Voortrekkermonument in Pretoria bewaar.

Die radiosender wat Dries Groenewaldt gebou het waarmee direk kontak met Duitsland gemaak is.

Die Duitse agent en avonturier Hans Masser, wat Van Rensburg in 1936 in sy Berlynse hotel gaan besoek en hom die tegniese spesifikasies van 'n meeluistertoestel aangebied het, het gedurende die oorlog ook sy opwagting in Suid-Afrika gemaak. Teen 1940 was hy 'n vlieginstrukteur by die Randse vliegklub toe hy gearresteer is op grond van sy pro-Nazi sentimente en hy is daarna geïnterneer. Hy het herhaaldelik uit die interneringskamp ontsnap, maar is die eerste twee keer aangekeer.

Ná sy derde suksesvolle ontsnapping was hy onder die kodenaam Schmidt by verskeie spioenasiebedrywighede in Suid-Afrika betrokke. Hy het onder meer 'n pakket met industriële diamante by OB-lede ontvang wat hy met die hulp van Stormjaers na Lourenço Marques gesmokkel het. Die diamante, met 'n beweerde waarde van £50 000 ('n aardige bedrag vir daardie tyd), was bedoel vir die vervaardiging van Duitse oorlogsmateriaal. Die Portugese owerhede het hom later uit Mosambiek gedeporteer.

Voor sy deportasie het Masser Van Rensburg weer genader en dié keer aangebied om as 'n skakel tussen die OB en Duitsland op te tree. Van Rensburg het Masser egter steeds nie vertrou nie en die aanbod van die hand gewys. Sy vermoedens oor Masser se onbetroubaarheid is bevestig toe Masser ná die Tweede Wêreldoorlog tydens ondervraging deur politieke speurders van die Barrett-missie in die hoogverraadsaak teen Van Rensburg geprobeer het om hom (Van Rensburg) te inkrimineer.[25]

In Junie 1941 het 'n verwikkeling die reeds plofbare situasie in Suid-Afrika verder aangeblaas en veral die Stormjaers se ondergrondse bedrywighede beduiwel.

Robey Leibbrandt, 'n voormalige Suid-Afrikaanse Olimpiese bokser wat hom kort voor die oorlog in Duitsland bevind en 'n groot aanhanger van die nazisme geword het, is in Duitsland deur die Abwehr opgelei. Hy het onder meer opleiding in sabotasietegnieke ontvang. Daarna is hy deur die Duitsers op 'n geheime sending na Suid-Afrika gestuur met die doel om as skakel tussen die Duitsers en die OB te dien.

Hy is in die geheim met 'n seiljag al die pad van Europa na Suid-Afrika gebring en in Junie 1941 aan die Namakwalandse kus afgelaai. Leibbrandt het egter sy eie planne gehad – hy wou 'n sluipmoord op Jan Smuts uitvoer en die regering omverwerp.

Die gevaar was groot dat die Smuts-regering weens Leibbrandt se roekelose aktiwiteite op alle regse groeperings, insluitend die OB en veral die Stormjaers, sou toeslaan. Dit het ook duidelik geword dat Leibbrandt die leierskap van die OB vir homself wou toeëien. Van Rensburg se afkeer van bloedvergieting en sy opdragte aan die meer militante Stormjaers om hulle doelbewus van enige gewelddadige optrede te weerhou, het ook nie goed by Leibbrandt afgegaan nie.

Nadat Leibbrandt in Transvaal aangekom het, het hy aangedring om die OB-hoofleier self te spreek. Intussen het dit al duideliker geword dat Leibbrandt besig was om van die geharde Stormjaers vir sy eie groep, die Nasionaal-Sosialistiese Rebelle, af te rokkel. Dit het Van Rensburg laat besluit om hom te woord te staan in die hoop dat hy daardeur meer oor sy planne sou kon uitvind.[26]

Die eerste ontmoeting het einde Julie 1941 in die donkerte van 'n wintersaand op 'n afgeleë plek langs die pad tussen Pretoria en Silverton plaasgevind. Behalwe dat die twee 'n gemeenskaplike agting vir Hitler gehad het, was daar geen ander raakpunte tussen hulle nie. Van Rensburg het rede gehad om ernstige bedenkinge oor Leibbrandt te hê: "I found him curt and brimful of self-confidence, impervious and not inclined to accept any views but his own. To me he hardly seemed to form a picture of the South African scene at that time, possibly because he had, since his landing, spent all his time in a sort of 'closed shop' the O.B. and S.J.'s. Presumably he thought that the whole of South Africa was peopled by such men which – unfortunately – was wide off the mark."[27]

'n Polisiefoto van Robey Leibbrandt, hier nog met sy Hitler-snor.

Volgens Van Rensburg het Leibbrandt te kenne gegee dat die OB nie dinamies genoeg was na sy sin nie: "We were not shifting mountains fast enough to his liking and were altogether too ladylike for the job."[28]

'n Tweede ontmoeting, wat in die voorkamer van Van Rensburg se plaashuis op Die Weide plaasgevind het, was selfs 'n nog groter fiasko. Tydens hierdie gesprek het Leibbrandt aggressief geraak en gedreig om Van Rensburg aan te rand nadat dié hom 'n Duitse spioen genoem het. Leibbrandt wou nie as 'n Duitse lakei bekendstaan nie. Wat Leibbrandt egter nie geweet het nie, was dat ten minste twee gewapende Terreurgroeplede hom in die visier gehad het en nie sou skroom om te skiet nie. Volgens Heimer Anderson was Van Rensburg sy hoflike self en het hy beheer van die situasie geneem. Hulle was bewus daarvan dat dit weens Leibbrandt se emosionaliteit maklik handuit kon ruk. Die OB het ná hierdie ontmoeting alle bande met Leibbrandt verbreek.[29]

Leibbrandt se openlike vyandigheid teenoor Van Rensburg en die OB het hom gou by die Duitsers in onguns laat verval, want dit was belangrik vir hulle om 'n goeie verhouding met Van Rensburg as OB-leier te handhaaf. Stories dat Leibbrandt Van Rensburg aangerand het, is die wêreld ingestuur en dit het verreikende gevolge vir Leibbrandt ingehou. Hierna het die Abwehr opdrag gegee dat Leibbrandt met 'n sluipmoord uit die weg geruim word.[30]

Voortaan sou daar openlike vyandskap tussen Van Rensburg en Leibbrandt wees. Hierdeur is 'n derde front geopen waar Van Rensburg sy man moes staan. Intussen was die polisie ook warm op Leibbrandt se spoor weens sy dreigemente om sluipmoorde uit te voer en veral ook die wesenlike gevaar wat sy groep met moontlike sabotasiedade ingehou het. Terwyl Leibbrandt voortvlugtend voor die polisie was, het hy aan die begin van Desember 1941 in 'n venynige propagandastuk 'n persoonlike aanval op Van Rensburg gedoen en hom daarvan beskuldig dat hy as 16-jarige seun in die Rebellie aan regeringskant geveg het. Dit is insiggewend dat Leibbrandt gewaarsku het dat hy weet dat Van Rensburg drie van sy manne opdrag gegee het om hom te vermoor.[31]

'n Week later bevat Leibbrandt se volgende pamflet 'n bedekte doodsdreigement aan Van Rensburg: "Dr Van Rensburg spreek sy eie doodvonnis uit. Ossewabrandwag! Julle is verraai – Word wakker!" In die pamflet kryt hy Van Rensburg uit as 'n groot verraaier en vaar ook uit teen sy geleerdheid en beskuldig hom van geldgierigheid. Hy het ook die ou bewering herhaal dat Van Rensburg 'n lakei van Smuts is en in die geheim met hom konkel:

> Waar kom Hans van Rensburg in? £3 000 moes eers as salaris vir drie jaar deur die O.B. gewaarborg word, voordat hy die posisie, in diens van sy volk en vaderland, sou aanvaar. Daar eindig die geldgierigheid van hierdie winssugtige materialis egter nog lank nie. Met sy aanstelling as hoof van die O.B. het hy na daardie vrymesselaar en verraaier Jan Smuts gegaan vir 'n bespreking... Trots sy vrywillige bedanking as staatsamptenaar, wat sy kammakastige wantroue in die regering as skyn moes dra, is hom 'n pensioen van £600 per jaar toegereken.[32]

Leibbrandt het Van Rensburg daarvan beskuldig dat hy by die Engelse flikflooi en hom gewaarsku: "Al die wagte om jou woning sal jou van die verwerkliking van die parool – *'n Stryder kan sterwe maar 'n verraaier moet sterwe* – NIE red nie."[33]

Toe gerugte die rondte begin doen dat Leibbrandt Van Rensburg se seun, Johan, gaan ontvoer, is hy vir twee weke uit die koshuis gehaal en na 'n veilige plek geneem.[34] Dit was duidelik dat Leibbrandt se emosionele onstabiliteit 'n wesenlike gevaar ingehou het.

Die Leibbrandt-groep is egter vroeg reeds in opdrag van Van Rensburg deur 'n lid van die Terreurgroep geïnfiltreer. Van Rensburg is so in 'n mate op hoogte gehou van Leibbrandt se doen en late. Dit was egter 'n infiltreerder van die Smuts-regering wat daarvoor gesorg het dat Leibbrandt aan die einde van Desember 1941 in 'n lokval gelei en gevange geneem is. In die daaropvolgende hofsaak teen hom is hy aan hoogverraad skuldig bevind en die doodstraf opgelê. Dit is later na lewenslange tronkstraf versag, maar ná die Nasionaliste se bewindsoorname in 1948 is hy onvoorwaardelik vrygelaat.[35]

Dit is moeilik om te bepaal presies watter impak die militêre inligting wat aan die Duitsers versend is, gehad het. Dit bly ook 'n ope vraag in watter mate die lek van vertroulike inligting aan die Duitsers oor skeepvaartbewegings langs die Suid-Afrikaanse kus bygedra het tot Geallieerde skeeps- en menseverlies. E.G. Malherbe, direkteur van militêre intelligensie tydens die oorlog, noem in sy outobiografie dat die uitlek van inligting oor skeepsbewegings aan ons kus "the death of thousands" veroorsaak het.[36] Hy verskaf egter nie direkte bewyse daarvoor nie en sy waarneming is na alle waarskynlikheid 'n oordrywing.

Die kodes en die frekwensies waarmee die hoofkwartier in Duitsland met die duikbootbevelvoerders gekommunikeer het, is nooit aan die Duitse en Stormjaeroperateurs in Suid-Afrika verskaf nie. Aan die begin is inligting in hawestede versamel en na binnelandse senders gestuur wat dit dan via Lourenço Marques na Berlyn versend het. Teen die tyd wat die Duitsers hierdie inligting na hul duikbote herlei het, was dit waarskynlik reeds verouderd en waardeloos. Selfs toe inligting deur die hoofsender vanuit die Kalahari versend is, het dit Berlyn waarskynlik ook te laat bereik.

In die geheel beskou, was die grootste nut van die OB se skakeling met Duitsland waarskynlik die propagandawaarde van inligting wat aan Radio Zeesen verskaf en na Suid-Afrika uitgesaai is. Dit verander egter niks daaraan dat Van Rensburg en die OB se skakeling met die Duitsers op hoogverraad neergekom het nie – wat ingevolge die Suid-Afrikaanse reg met die dood strafbaar was. Van Rensburg was onteenseglik skuldig daaraan en hy het dit maar alte goed geweet.

20

"Konkelry" met Smuts?

"Party politics and war psychosis, each by itself, forms prolific breeding-grounds for rumour-mongering. When the two combine, Dame Calumnia flourishes like the very bay-tree."
– Hans van Rensburg

DIE BEWERING DAT VAN RENSBURG 'n lakei van Jan Smuts was en in die geheim die OB sou verraai het, is 'n gerug wat ná agt dekades steeds nie wil wyk nie. Dit het telkens tydens gesprekke as deel van my navorsing opgeduik wat toon dat daar nou eenmaal altyd mense sal wees wat vatbaar is vir vergesogde samesweringsteorieë en ongegronde gerugte.

Die feit dat Smuts Van Rensburg gedurende die oorlog nooit gevange laat neem en geïnterneer het nie, het bespiegelinge laat ontstaan dat hy deur die regering beskerm word. Volgens hierdie gerugte sou Smuts Van Rensburg gebruik het om die meer radikale elemente in die OB in toom te hou. Dit is ook as 'n rede aangevoer waarom die Smuts-regering nooit die OB verban het nie, maar die Stormjaers tot 'n onwettige organisasie verklaar is. Dit is ook as 'n rede gegee waarom Van Rensburg 'n staatspensioen ontvang het, al was hy wetlik daarop geregtig.[1]

Vir Van Rensburg het hierdie "absurde aantygings" herinner aan die soort onderduimsheid waaraan Hertzog gedurende die Vrymesselaarsage (waarna vroeër verwys is) blootgestel was: "Party politics and war psychosis, each by itself, forms prolific breeding-grounds for rumour-mongering. When the two combine, Dame Calumnia flourishes like the very bay-tree. ... These malicious old wives' tales were really a reflection on the brains and characters which hatched them out."[2]

Die volgehoue gerugte is veral in die politieke stryd met groot vrug deur Van Rensburg se vyande gebruik en sou hom die res van sy lewe volg. Selfs ná sy dood is dié bewerings sporadies in briewekolomme van Afrikaanse koerante herhaal.³ Dit is 'n klassieke voorbeeld van wat vandag fopnuus genoem word. In die lig van die ingrypende gevolge wat die bewerings oor Van Rensburg se kwansuise konkelry met Smuts ingehou het, moet die geloofwaardigheid daarvan getoets word.

Allerlei wilde bewerings is versprei dat Van Rensburg Smuts in die middernagtelike ure op sy plaas in Irene besoek het. Die Terreurgroeplid Rawat de Wet vertel van 'n keer toe dié gerug vir die waarheid aan hom vertel is. De Wet, wat Van Rensburg se lyfwag was, was op 'n dag saam met Van Rensburg op pad na die OB-hoofkantoor in die middestad van Pretoria toe hulle 'n polisiesersant teëkom. Die sersant was 'n ou kennis van De Wet en het geweet waar sy politieke lojaliteite lê. Hulle het skaars gegroet toe die sersant hom reguit vertel dat sy leier (bedoelende Van Rensburg) 'n verraaier is. Hy het met gesag voortgeborduur dat hy in bevel van die polisiewag by Smuts se huis in Irene is en dat die OB-leier snags in die geheim die eerste minister besoek.

Op 'n vraag van De Wet of hy Van Rensburg sal kan uitken, het die polisiesersant met absolute oortuiging bevestigend geantwoord. Toe hy gevra is of hy die man by De Wet herken, het hy ontkennend geantwoord en tot sy groot verleentheid is hy ingelig dat dit Van Rensburg is. "Gelukkig het hy hom soos 'n hond wat vet gesteel het uit die voete gemaak," vertel De Wet.⁴

In die groot aantal onderhoude met Stormjaers en Terreurgroeplede wat in die OB-argief bewaar word, word die bewering dat Van Rensburg met Smuts gekonkel het deur almal verwerp. Benewens dat Van Rensburg se integriteit so iets nie sou toelaat nie, sou dit ook nie moontlik wees sonder dat sy lyfwagte daarvan geweet het nie, reken De Wet: "Ons het KG immers soos sy skaduwee gevolg."⁵

Volgens die Stormjaerleier Herman Havenga maak dit nie sin nie omdat hy en ander in die geval van so 'n konkelry sekerlik aan die pen sou ry. "As hy met Smuts geheul het, dan sou ek 'n strop om my nek gekry het en nie net ek nie maar 'n hele klomp ander."⁶

Van Rensburg se gedrag toon dat hy verwag het om te enige tyd in hegtenis geneem te word. Hy het byvoorbeeld Die Weide in sy seun se naam laat registreer ingeval die owerhede probeer om daarop beslag te lê. Hy het ook skriftelik volmag aan Katie verleen om sy sake te hanteer ingeval hy in hegtenis geneem word.[7] Onder die Leica-films waarop die Geallieerdes ná die oorlog beslag gelê het, is afgekom op instruksies van Van Rensburg waarin hy in September 1942 versoek dat genl. Hertzog die leisels van die OB moet oorneem, sou hy gearresteer word.[8]

Smuts se optrede dui ook nie op enige teken van konkelry nie. In 1947 het hy oorweeg om 'n witskrif oor die Barrett-verslag (wat bevind het dat Van Rensburg se ondermynende optredes tydens die oorlog op hoogverraad neerkom) te publiseer, wat hy nie sou gedoen het as Van Rensburg sy lakei was nie.[9] Korrespondensie tussen Smuts en Van Rensburg kort voor Smuts se dood verskaf ook nie enige gronde vir hierdie gerugte nie. Dit getuig inteendeel daarvan dat daar nie sprake van enige konkelry was nie.[10]

Ná die vredesluiting is Van Rensburg se optrede gedurende die oorlog onderwerp aan intensiewe ondersoeke deur die Rein- en Barrett-missies wat deur die Smuts-regering aangestel is. Hulle het ook nie bewyse gevind van skakeling tussen Van Rensburg en Smuts nie. Die Britse geheime diens (MI5), wat gedurende die oorlog kontak met Duitse spioene in Suid-Afrika ondersoek het, het ook geen verbintenis tussen Van Rensburg en Smuts gevind nie.[11]

Die OB het nie werklik 'n teenvoeter vir die swartsmeerdery van Van Rensburg gehad nie en het die situasie dikwels onbeholpe gehanteer. Die volgehoue vals gerugte dat Van Rensburg in die geheim met Smuts geskakel het, het byvoorbeeld veroorsaak dat die OB gedreig het om die Afrikaanse pers te boikot.[12] In 1947 het die OB in 'n brosjure 'n amateuragtige uitdaging gerig aan diegene wat die gerugte versprei om met konkrete bewyse na vore te kom en 'n beloning van £1 000 vir bewese inligting aangebied. Indien die inligting vals was, sou die skuldige hom egter aan 25 houe met 'n seekoeisambok moes onderwerp.

Volgens die brosjure was daar "'n wydverspreide en georganiseerde leuen ... dat die leier van die Ossewa-Brandwag van genl. Smuts £2 000 per jaar ontvang het om die Ossewa-Brandwag te verraai" en dat hy in werklikheid £478.13.0 pensioen per jaar ontvang waarop hy geregtig is.[13] Soos te wagte kon wees, het niemand na vore getree met bewyse nie.

'n Ander skadelike gerug oor Van Rensburg wat die rondte gedoen het, is dat hy Robey Leibbrandt verraai het en dat dit tot Leibbrandt se gevangeneming in Desember 1941 aanleiding gegee het. As voorspel tot Leibbrandt se inhegtenisneming het adv. Pat Jerling, 'n OB-Grootraadslid, een aand in Oktober daardie jaar onverwags by Harry Lawrence, die minister van binnelandse sake, se huis opgedaag en hom vertel dat Leibbrandt in die land is (Leibbrandt is in Junie deur 'n Duitse seiljag aan die Weskus afgelaai). Dit was die eerste keer dat daar op regeringsvlak inligting ontvang is dat Leibbrandt terug was in die land en 'n gevaar inhou. Hierna het die polisie se pogings om Leibbrandt vas te trek met mag en mening begin.[14]

Jerling was 'n vreemde figuur. Sy dramatiese optrede en voorkoms – hy het 'n rybroek en kamaste gedra – het aan Mussolini herinner. Jerling het graag sy eie beeld gepoets en was maar alte bereid om in die kalklig te wees deur as advokaat vir al wat OB-lid en Stormjaer was in die hof op te tree.[15] 'n OB-offisier, J.H. Abraham, wat later 'n parlementslid sou word, het Jerling as 'n groot hindernis vir die OB beskryf: "As daar ooit een man was wat daartoe gehelp het om die Ossewa-Brandwag af te takel, dan was dit Pat Jerling met sy onbesonne optredes."[16]

Uiteindelik is Jerling uit die OB gedryf waarna hy onsuksesvol as 'n onafhanklike kandidaat in die 1943-verkiesing gestaan het.[17]

Die vraag is of Jerling op eie inisiatief met Lawrence vergader het of in opdrag van Van Rensburg. Sommige meen Jerling was gebelgd omdat hy nie aangestel is as leier van die Stormjaers nie – 'n pos wat Van Rensburg aan Steve Hofmeyr toegewys het – en daarom op eie houtjie in verskeie sake opgetree het, ook in sy skakeling met Lawrence.

Hoewel Van Rensburg graag van Leibbrandt ontslae wou raak, sou dit 'n groot risiko wees as dit uitkom dat die OB met die regering – die aartsvyand – saamwerk. Aan die ander kant het Leibbrandt se onverantwoordelike optrede 'n wesenlike gevaar vir die hele versetbeweging ingehou. Sou Van Rensburg dit dus waag om Jerling met die regering te laat skakel? Die antwoord op hierdie vraag is tot vandag nog nie beantwoord nie.

Van Rensburg se vrese dat Leibbrandt se onverantwoordelike optrede rampspoedige gevolge vir die hele protesbeweging kon inhou, het later geblyk waar te wees. Dit het indirek daartoe gelei dat die polisie inligting bekom het oor die binnewerkinge van die Stormjaers en honderde lede gearresteer is.[18]

Daar was sterk druk vanuit Smuts se geledere om kragdadig teen Van Rensburg op te tree. Dit sou betreklik maklik gewees het om die OB-leier met pantserkarre en 'n klompie troepe op sy plaas te oorval, maar Smuts wou niks daarvan weet nie. Die militêre intelligensiehoof, dr. E.G. Malherbe, vertel dat die wysheid van Smuts se besluit in dié verband meestal bevraagteken is:

> When we used to report to General Smuts the activities of one of the most powerful subversive organisations, the Ossewa-Brandwag, he almost exceeded the limits of tolerance by forbidding us to touch Dr Hansie van Rensburg, who as Commandant General directed the O.B's operations from his farm just outside Pretoria. This, of course, did not make my task as Director of Military Intelligence any easier at the time, however wise his decision proved to be in the long run.
>
> Some of our Defence Force Generals had plans to raid the farm. General Smuts, however, refused to allow them, because it would also have led to bloodshed, something he wanted to avoid at all costs. He did not want to make any martyrs.[19]

Smuts het 'n reputasie gehad dat hy nie gehuiwer het om kragdadig op te tree nie. Toe die OB en die Nasionaliste se paaie skei, kon hy ingegryp het, maar hy het wyslik nie.

Soos reeds genoem, het die onderlinge Afrikanerstryd "Slim Jannie" goed gepas en hy het volgens Malherbe sy kaarte briljant gespeel. "In any other country at war, hundreds of these men thus involved in treasonable activities would have been summarily shot and thousands locked up and deported. Smuts, however, did not want to make any martyrs. He did not want another Jopie Fourie, however much military exigencies or the safety of the State might have demanded it.[20]

Smuts het 'n duur les geleer met die teregstelling van Jopie Fourie gedurende die Rebellie van 1914. Volgens sy seun het hy as't ware 'n beleid van "oë toemaak" gevolg, behalwe waar sabotasie betrokke was. "[H]e knew full well that nothing was quite so humiliating and killing to [the Ossewabrandwag] as to ignore [it] completely. More active interest would only have served to consolidate and to strengthen, and to create unwanted martyrs."[21]

Die Stormjaers en Terreurgroep het geglo dat drastiese optrede teen Van Rensburg katastrofiese gevolge sou inhou. In die woorde van een Terreurgroeplid: "Genl. Smuts het baie wyslik besef dat hy 'n baie groot fout sou maak as hy enigsins 'n vinger op Hans van Rensburg lê, want kyk, dan sou hy onmiddellik 'n nasionale held van Hans van Rensburg maak, en dit sou in daardie stadium met die algemene klimaat onder die volk, baie beslis tot 'n algemene bloedbad gelei het. Daar sou geen twyfel daaraan gewees het nie."[22]

In 'n onderhoud in 1944 het Van Rensburg 'n soortgelyke mening uitgespreek: "I can assure you that if the Government was foolish enough to put me in prison I can name at least five Cabinet Ministers who would be killed or at least badly beaten up that same night."[23]

Oudsenator Naas Raubenheimer het later daarop aanspraak gemaak dat hy in opdrag van Van Rensburg namens die OB met die Smuts-regering geskakel het. Dit was egter nie om te konkel nie, maar om beter bemiddeling te bewerkstellig. Raubenheimer was bevriend met Colin Steyn, die seun van pres. M.T Steyn en minister van justisie in die Smuts-regering, wat toeganklik was.

Raubenheimer is 'n keer na Smuts gestuur met 'n dreigende opdrag van Van Rensburg: "Gaan sê vir genl. Smuts ons gaan nie toelaat dat hy verder mense vang en onverhoord in die tronke stop nie."

Smuts, wat hom nie laat dreig het nie, het Raubenheimer vererg laat weet dat hy sowel Van Rensburg as Raubenheimer sal laat opsluit. Hierop het Raubenheimer geantwoord: "As jy jou hande aan Van Rensburg sit, dan het jy onmiddellik burgeroorlog in hierdie land, en jy sal die verwyt dra tot jou dood toe."

Raubenheimer het gemeen dat sowel die internerings as die ondermynende optrede daarna begin afneem het.[24]

Nadat Van Rensburg sy bedanking as administrateur persoonlik aan Jan Smuts oorhandig het, het hulle mekaar net een keer weer voor Smuts se dood in 1950 ontmoet. Daarna was Van Rensburg een van die skare wat vanaf 'n sypaadjie afskeid van Smuts geneem het toe die stoet met sy kis voor hom in Pretoria verby beweeg het.[25]

Hul laaste ontmoeting het heel onverwags kort voor die 1943-verkiesing in Bloemfontein plaasgevind. Van Rensburg, vergesel van die Natalse Stormjaerleier, Tos Pienaar, is na 'n middagete met senator Jack Brebner en Jack Reitz by die Bloemfontein Klub genooi. Buite die klub het hulle 'n groot aantal polisielede en soldate aangetref, maar het weens die oorlogstoestand nie veel aandag daaraan geskenk nie.

Van Rensburg het tussen Brebner en Reitz met sy rug na die ingang gesit toe Smuts, vergesel deur verskeie generaals, daar opdaag. Smuts het na die drie gestap om Brebner, 'n ou kameraad uit die Anglo-Boereoorlog te groet, toe hy Van Rensburg vir die eerste keer opmerk. Dit het die aanwesiges dadelik gespanne gemaak oor wat sou volg.

Die twee ou bekendes het mekaar egter beleefd gegroet. Tot groot konsternasie van die res van die geselskap, het Van Rensburg in Duits met Smuts begin praat. Die twee intellektuele het na aanleiding van opmerkings oor Wolfgang von Goethe se *Faust* met mekaar die draak gesteek oor hul onderskeie omstandighede en die netelige posisie van die land. Daarna is hulle hoflik uiteen.

Toe Van Rensburg die klub verlaat, het hy tot sy stille tevredenheid opgemerk dat een van Smuts se lyfwagte 'n Stormjaer is, maar niks aan die ander laat blyk nie. Kort daarna het wilde gerugte weer die rondte gedoen dat Van Rensburg met Smuts skakel.[26]

Dat Van Rensburg daarin geslaag het om grootskaalse terreur in toom te hou, verklaar grootliks waarom hy nooit geïnterneer en die OB verban is nie. Smuts het besef dat die OB in 'n mate gebruik kon word as 'n manier om anti-oorlogsentimente betreklik vreedsaam te kanaliseer. Militante groepe soos die Stormjaers is wel verban en is daardeur ondergronds gedryf. Oor een ding is daar sekerheid: Van Rensburg was nooit 'n lakei van Smuts nie.

Die geskiedenis is nie sonder ironie nie. Ondanks hul radikaal uiteenlopende oortuigings, het Hans van Rensburg en Jan Smuts se koel koppe verhoed dat fanatisme die oorhand kry en Suid-Afrika tydens die Tweede Wêreldoorlog in 'n bloedbad gedompel is.

21
Morsige politiekery

"Elke stem wat nie teen die Smuts-regering uitgebring word nie, is 'n stem wat nie tel nie."
– 'n Nasionalistiese verwyt

TEEN 1942 WAS DAAR GROOT politieke tweespalt onder die Afrikaners. Ná die botsings in die tweede helfte van 1941 het die stryd tussen die OB en die Nasionaliste in felheid toegeneem. Die twee groepe het genadeloos probeer om mekaar op enige moontlike manier te vernietig.

Dan was daar ook nog 'n beduidende persentasie Afrikaanssprekendes wat Smuts se Verenigde Party ondersteun het. Sommige, soos die sogenaamde Bloedsappe, was blindelings lojaal aan Smuts. Dit is insiggewend dat amper die helfte van die soldate in die Unie-Verdedigingsmag wat na die Noorde – oorlog toe – is, Afrikaanssprekend was. Die meeste het egter nie uit idealisme aangesluit nie, maar om meer "prosaïese materiële redes".[1]

Dit alles het beteken dat die Afrikaners teen 1942 behoorlik verdeeld was. Die konflik tussen die OB en die HNP sou in 1942 en daarna 'n verdere laagtepunt bereik toe die sweer rondom die Johannes van der Walt-sage oopbars. Dit is 'n voorbeeld van waar 'n tragiese geval skroomloos vir politieke gewin gemanipuleer is.

Min van vandag se jonger geslag weet dat 'n man met die naam Johannes van der Walt gedurende die eerste helfte van die 20ste eeu die grootste Afrikaanse sportster tot in daardie stadium was. Hy het in die 1930's wêreldbekendheid in die stoeikryt verwerf.

In Europa en die VSA het hy vol sale getrek en in Athene het hy voor 'n skare van 95 000 teen die Griekse kampioen geveg. Ook in Suid-Afrika het duisende toeskouers na die "Gemaskerde Wonder" se gevegte gestroom in 'n tyd voordat professionele stoei in die spektakel verander het wat dit vandag is.

Van der Walt was 'n vurige Afrikaner wat betreklik gou in die OB tot hoofgeneraal van die Witwatersrand gevorder het. Teen die einde van 1941 het hy heldestatus onder anti-oorlogsgesindes bereik weens sy vreeslose gevegte met skoorsoekende soldate. Van der Walt was nie net militant nie, maar ook trots en beginselvas. Hy was besorg oor wat hy as 'n ondergrawery van en blatante verraad teen mede-Afrikaners in die OB beskou het.

Dit het Robey Leibbrandt dus nie veel oortuigingskrag gekos om Van der Walt vir sy Nasionaal-Sosialistiese Rebelle te werf nie. In die lig van sy groot aansien onder gewone Afrikaners was Van der Walt se aansluiting by die Leibbrandt-groep 'n enorme verlies vir die Stormjaers.

Van der Walt is in Desember 1941 in hegtenis geneem op aanklag van die onwettige besit van 'n vuurwapen (wat eintlik net 'n verskoning was om hom te interneer), maar hy het kort daarna ontsnap. Terwyl hy voortvlugtig was, het hy Joe Ludorf, 'n geskorste kommandant van die OB, besoek. Albei het rede gehad om nie van Pat Jerling te hou nie: Ludorf (later 'n regter van die hooggeregshof) het 'n tydjie tevore 'n klag teen Jerling by die Grootraad ingedien dat hy met die regering konkel en geheime uitlap, maar Ludorf se bewerings is verwerp en hy is op die koop toe uit die OB geskors.

'n Gebelgde Jerling het Van der Walt daarna opdrag gegee om Ludorf te vermoor, maar die stoeier het geweier om die opdrag uit te voer en Ludorf daarvan gaan vertel. Van der Walt is toe ook uit die OB geskors.

Ludorf het Van der Walt waarskynlik tot ander politieke insigte gebring, want die stoeier het toe sy bande met sowel die Stormjaers as die Leibbrandt-groep verbreek. Die twee het hulle daarna tot die HNP gewend.

Op 6 Januarie 1942 het Van der Walt by Ludorf se huis in die Johannesburgse voorstad Linden 'n verklaring opgestel wat Ludorf beëdig het. Die verklaring was grotendeels 'n striemende aanval op Jerling, maar dit het ook beweer dat Van Rensburg Jerling onder druk geplaas het om Robey Leibbrandt (wat toe pas gearresteer is) aan die polisie te verraai. Leibbrandt was steeds baie gewild onder 'n groot groep Afrikaners en die bewerings van verraad teenoor hom sou groot skade aan Van Rensburg se reputasie kon aanrig.[2]

Die volgende dag het Ludorf die verklaring aan Hendrik Verwoerd, destyds redakteur van *Die Transvaler*, besorg. Verwoerd het die verklaring as só belangrik geag dat hy dit inderhaas Kaapstad toe geneem het waar die parlement in sitting was. Daar het hy dit aan Malan oorhandig.

Malan het 'n politieke bom losgelaat deur die verklaring tydens 'n debat aan die minister van justisie, Colin Steyn, te oorhandig. Die wyse waarop Malan die verklaring aan die Smuts-regering bekendgemaak het, het groot kritiek by die OB ontlok omdat dit volgens hulle in die hande van die vyand gespeel het deur mede-Afrikaners te ondergrawe.[3] Hoewel die verklaring hoofsaaklik 'n aanval op Jerling was, is dit duidelik dat Malan eintlik Van Rensburg se beeld wou afbreek. Die gebeure het boonop saamgeval met die grootskaalse arrestasies van Stormjaers aan die begin van 1942.

Die geloofwaardigheid van die verklaring is deur die OB in twyfel getrek, veral nadat dit aan die lig gekom het dat daar meerdere "oorspronklike" weergawes van die verklaring was. Op een van hulle het Van der Walt die gewraakte verwysings na Van Rensburg doodgetrek en daarlangs geparafeer – dit het Van Rensburg in effek van alle blaam onthef. Die verwarring is vererger deur 'n byvoeging in die laaste paragrawe van een van die ander verklarings waarin Van der Walt Van Rensburg weer eens van verraad teen Leibbrandt beskuldig. Die moontlikheid is geopper dat Van der Walt onbehoorlik beïnvloed is, asook dat sy bewerings op aannames berus en dat hy geen konkrete bewyse vir sy aansprake verskaf het nie.[4]

Die HNP is van politieke opportunisme beskuldig omdat die party Van der Walt skielik as 'n ware Afrikaner gehuldig het, terwyl hy kort tevore nog 'n militante nasionaal-sosialis was. Van der Walt se vroeëre dade was teenstrydig met die HNP se beleid, wat teen terreur gekant was.

Die HNP het kort tevore politieke munt probeer slaan uit republikeinse sentimente onder die Afrikaners deur self op die republikeinse wa te spring en 'n prorepublikeinse mosie in die parlement in te dien. Die party het egter 'n groot drag slae gekry toe dit nie aanvaar is nie. Die OB het die HNP daarvan beskuldig dat hy doelbewus sy eie republikeinse vaandel wou laat wapper as 'n teenvoeter vir die sterk republikeinse boodskap van die OB. Daarna het die HNP die OB in die parlement aangeval met die dramatiese bekendmaking van die Van der Walt-verklaring.[5]

In 'n latere tweede aanvullende verklaring het Van der Walt Van Rensburg

Johannes van der Walt het wêreldroem as rofstoeier verwerf.

weer eens van verraad beskuldig, maar sonder om nuwe feite te verskaf. Eric Louw, wat die dryfkrag agter die tweede verklaring was, is daarvan beskuldig dat hy Van der Walt beïnvloed het omdat dié verklaring nie die oorspronklike deurhalings bevat het nie.

As teenvoeter vir hierdie beskuldigings het die OB 'n soort "hof van ondersoek" na Van der Walt se bewerings saamgestel onder voorsitterskap van oudregter C.L. Botha. Malan is ook na die ondersoek genooi, maar het dit om verstaanbare redes van die hand gewys. Die hof van ondersoek het soos te wagte kon wees, niemand aanspreeklik bevind nie. Soos reeds genoem, het getuienis wat jare later aan die lig gekom het bevestig dat Jerling wel inligting oor Leibbrandt aan die Smuts-regering verskaf het. Daar is egter nooit stawende getuienis gevind dat Van Rensburg op enige manier meegedoen het en dus aandadig was nie.

Op 23 Februarie 1942 is Van der Walt deur 'n polisieman in die onderlyf geskiet terwyl hy uit 'n plaashuis in die Krugersdorp-distrik probeer ontsnap het. Die skietvoorval het landwyd opslae gemaak en groot simpatie vir Van der Walt ontlok omdat hy daarna permanent in die onderlyf verlam was. Die HNP het die gebeure as 'n politieke speelbal gebruik en die propagandaperd behoorlik gery. HNP-leiers het die bedlêende Van der Walt gereeld besoek en dit het wye publisiteit gekry. Die OB, daarenteen, het hom as 'n verraaier gebrandmerk.[6]

Johannes van der Walt is 'n jaar later, ná 'n verskriklike lyding, op 25 Maart 1943 oorlede. Hy is ses dae later in die Wespark-begraafplaas in Johannesburg ter ruste gelê in wat destyds een van die grootste begrafnisse in die geskiedenis van die Witwatersrand was. Meer as 8 000 motors was in die stoet wat die ossewa met die kis gevolg het. Volgens sommige berigte was daar meer as 50 000 begrafnisgangers.[7]

Ongeag die vrae oor die Van der Walt-verklaring, het die bekendmaking daarvan die beeld van die OB en gevolglik ook dié van Van Rensburg skade aangedoen.

Op 10 Januarie 1942 verklaar Van Rensburg in 'n toespraak in Bellville: "Afrikanereenheid is dood georganiseer."[8] Die verhouding tussen die OB en die HNP was inderdaad só troebel dat daar nie sprake was van enige toekomstige samewerking nie.

Lede van die Broederbond het daarop gewys dat gewone Afrikaners lamgelê is deur al die verdeeldheid. Kommer is uitgespreek oor die verdagmakery wat Afrikanerleiers soos 'n klomp "skelms" laat lyk het. Verdere pogings tot samewerking deur die Broederbond het herhaaldelik misluk.[9]

Tog was daar steeds nuwe versoeningspogings, al was dit op 'n plaaslike eerder as landwye vlak. Die ou volksdigter Totius het byvoorbeeld in Maart 1942 met die idee van 'n "vredesbond" vorendag gekom, maar dit het op niks uitgeloop nie.[10] Genl. Hertzog het ook uit sy politieke ballingskap gekom en 'n sterk bewoorde pleidooi om versoening gelewer. Hy het op die vernietigende gevare van Afrikanerverdeeldheid gewys.[11] Louis Wiechardt van die Gryshemde – 'n anti-Semitiese organisasie, geïnspireer deur Hitler se Bruinhemde – het ook met 'n opportunistiese voorstel vir samewerking gekom, maar is nie ernstig opgeneem nie.[12]

Die OB se koerantjie, Die O.B., het 'n opdraande stryd teen 'n vyandige Engelse en nasionalistiese Afrikaanse pers gevoer.

MORSIGE POLITIEKERY

'n Versoeningspoging wat verleentheid vir sowel Van Rensburg as Malan veroorsaak het, was 'n gesamentlike voorstel deur Jacob Wilkens van die HNP en die OB-generaal Michael Eloff in die kiesafdeling Ventersdorp. Hulle het met die oog op die komende verkiesing in 1943 voorgestel dat hul twee leiers op 'n vergadering op 9 Desember 1942 aan 'n openbare debat deelneem. Elkeen sou 'n anderhalfuur kry om sy standpunte te stel. Nie een van die twee het egter magtiging gehad om só 'n debat te reël nie en dit het tot groot ongelukkigheid in hul onderskeie organisasies gelei.

Hierdie versoeningspoging het 'n verdere dilemma veroorsaak toe die pers met groot verwagtinge daaroor berig. Vir Malan was enige verkiesingsooreenkoms taboe aangesien dit daarop sou neerkom dat die OB as politieke speler erken word. Daar is beweer dat Malan siek was en nie die voorgestelde vergadering sou kon bywoon nie, maar die OB het Malan se bewegings in die geheim gemonitor en dit het geblyk dat hy op die punt was om met vakansie te gaan.

Die OB se Grootraad het Van Rensburg wel toestemming gegee om aan die debat deel te neem.[13] Die uiteinde was dat Van Rensburg dit vir propagandadoeleindes uitgebuit het. Hy het benadruk dat dit maar net weer 'n voorbeeld is van hoe die partypolitiek twis veroorsaak en Afrikaners verdeel.[14] Hoewel die OB as oorwinnaar uit die gebeure getree het, was dit net tydelik van aard. Die OB se beleid om nie aan enige verkiesings deel te neem nie, sou hom nog duur te staan kom.

Daar was ondergrawery en platvloersheid op alle vlakke van die stryd tussen die OB en die HNP en die karaktermoord op Van Rensburg het voortgeduur. Onder meer is vals gerugte versprei dat hy 'n vuurwapen op Malan gerig het.[15] Die HNP se spreekbuis, *Die Kruithoring*, het ook volhard met berigte dat daar skakeling tussen die OB (Van Rensburg) en die Verenigde Party (Smuts) is, maar sonder enige konkrete bewyse.[16]

Die HNP is daarvan beskuldig dat hy die Stormjaers enersyds verdoem, maar andersyds 'n eie fonds vir geïnterneerdes begin het as 'n propagandateenvoeter vir die OB se Noodhulpfonds waarvan Van Rensburg die voorsitter was. Dit is opvallend dat die twis nie soseer oor ideologiese verskille gegaan het nie. Die HNP het die OB toenemend aangeval oor die sabotasiedade wat aan die binnekring (die Stormjaers) van die organisasie toegeskryf is.

Van Rensburg se antwoord op Malan se vraag in November 1942 oor waar die OB in terme van geweld staan, getuig van die onderlinge wantroue wat geheers het. Volgens Van Rensburg was Malan die laaste een wat hy met 'n antwoord hieroor sou vertrou omdat Malan reguit daarmee na die regering sou hardloop.[17] Daar is ook van Malan as "Sy Majesteit se Opposisieleier" gepraat.[18]

Sonder die OB se steun het die Nasionaliste geen hoop op groot sukses in die verkiesing van 1943 gehad nie. Die Nasionaliste het die OB daarvan beskuldig dat elke stem wat nie teen die Smuts-regering uitgebring word nie, 'n stem vir die Empire is, of soos OB-geskrifte daarna verwys het, empaaier.

Aanvanklik was Van Rensburg se idee dat 'n boikot van enige parlementêre verkiesing "'n volksdemonstrasie" sou wees waardeur die Afrikaner sou toon dat hy die "Empire-stelsel" verwerp. Daar was nie sprake van eenstemmigheid oor so 'n boikot nie, en hy het sy sienswyse aangepas.[19]

Die OB het met twaalf tussenverkiesings wat op 22 April 1942 gehou is, reeds aangetoon dat daar 'n kentering gekom het in sy siening oor deelname aan partypolitieke verkiesings. Ofskoon die OB self nie aan die tussenverkiesings sou deelneem nie, het hy aangedui dat sy lede vir enige kandidaat sal stem wat teen die Smuts-regering gekant is (die sogenaamde anti-Empire-kandidaat of volkskandidate) en nie die OB vyandiggesind is nie.

Malan wou nie aan die OB se vereistes om vir sulke anti-Empire-kandidate te stem voldoen nie, aangesien dit die deur sou oopmaak vir OB-inmenging in politieke aangeleenthede. Daar was ook geen sprake van samewerking nie, tensy die OB sou verklaar dat hy nie by die politiek betrokke gaan raak nie. Ook moes die OB afstand doen van die beginsel van 'n partylose gesagstaat, maar daartoe was hy hoegenaamd nie bereid nie. Die gevolg was dat die HNP in die reeks tussenverkiesings sekere setels soos die Vryburg-kiesafdeling aan die Verenigde Party afgestaan het vanweë die OB-wegblystemme.[20]

Van Rensburg het met die oog op die 1943-verkiesing weer eens voorgestel dat die OB saam met die drie ander Afrikanerpartye in 'n verenigde front teen die Smuts-regering staan. Bo alles wou hy die Smuts-bewind tot 'n val bring. Die OB het 'n soort verkiesingspakt tussen die drie partye –

MORSIGE POLITIEKERY

Die OB-Grootraad in 1943. Voor, v.l.n.r.: Jurgens Schoeman, J.F. van der Merwe, dr. F.D. du Toit van Zyl, E.B. Cadle. Middel: prof. L.J. du Plessis, C.A. Pienaar, dr. J.F.J. van Rensburg (K.G.), ds. S.J. Stander (voorsitter), J.A. Smith, J.C. Jerling, prof. A.J.H. van der Walt. Agter: dr. P.J. Meyer, J.L. Uys, W. van Rooyen, Louis Bootha, H.J.R. Anderson, M.P. Wessels en J.H. Moolman.

Malan se HNP, Pirow se Nuwe Orde en Klasie Havenga se Afrikanerparty – voorgestel sodat 'n anti-Empire-stem uitgebring kon word. Van Rensburg se verdere vereiste was dat die drie partye se kandidate nie die OB vyandiggesind moes wees nie.[21]

In sy "aanbod" aan die drie partye het Van Rensburg aangebied om die volle organisasie van die OB tot die partye se beskikking te stel. Hy het ook benadruk dat die OB nie van plan is om as 'n politieke party – toe of in die toekoms – aan verkiesings deel te neem nie.[22]

Pirow en Havenga het tot die voorstel ingestem, maar Malan het nie eens op die uitnodiging gereageer nie. Hy het alle toenadering deur die OB konsekwent afgewys en het van die HNP-kandidate geëis dat hulle aan geen ander beweging behoort nie.[23] Die HNP-pers het oor die OB se aanbod ten opsigte van die 1943-verkiesing geswyg.[24] *Die Volksblad* het nietemin die OB se besluit om deel van 'n partypolitieke front te word, beskryf as "verreweg die ergste bolmakiesie wat ons nog in ons politieke geskiedenis beleef het".[25] Dit alles toon hoe vasberade Malan en sy party was om veral Van Rensburg en daardeur die OB, finaal te breek.

Van Rensburg het op sy beurt die HNP daarvan beskuldig dat partybelange vir hom belangriker as volksbelange is[26] en het verklaar dat Malan met die verkiesing seker wou maak dat "alle moontlike na-oorlogse mededingers binne die Afrikaanse geledere vernietig word".[27]

Aan regeringskant het Smuts verkiesingsooreenkomste met die Dominium- en Arbeidersparty gesluit, terwyl die Kommunisteparty ook onderneem het om die Verenigde Party-pakt te steun.[28] Die opposisie was magteloos in sy verdeeldheid.

In wat as "'n welverdiende pak slae" vir die Afrikaners bestempel is, het die Verenigde Party 'n reuse-oorwinning in die verkiesing behaal deur 89 setels te verower (hy en sy bondgenote het gesamentlik 110 setels verower) teenoor die HNP se skamele 43.[29] Die OB se politieke drome is aan flarde geruk toe die Afrikanerparty en die Nuwe Orde nie 'n enkele setel verower het nie. Die Nuwe Orde het daarna verdwyn terwyl die Afrikanerparty op die rand van oorlewing bly fladder het. Daarmee is die OB effektief uit die politiek geskakel, terwyl die HNP ongeag die uitslae aan die groei was.

Op die oog af het dit gelyk asof die OB-wegblystem die HNP erg geknou het. Die OB het 'n leedvermakerige ek-het-jou-mos-gesê-houding ingeneem.[30] Verkiesingstatistiek kan egter misleidend wees. Etlike ontledings van die 1943-verkiesing toon dat die Smuts-oorwinning nie so rooskleurig was as wat aanvanklik gedink is nie. Sommige historici soek die oorsprong van Smuts se ondergang in 1948 reeds in die 1943-verkiesing se uitslae.[31] Die ontledings wys dat die HNP gegroei het van 248 000 stemme in die 1938 verkiesing tot 318 000 in 1943, terwyl die Verenigde Party-pakt se steun gedaal het van 448 000 stemme in 1938 tot 432 000 in 1943.[32]

Wat die verkiesing wel duidelik getoon het, is dat die politieke stryd voortaan slegs tussen die Verenigde Party en die Nasionaliste sou wees. Op die duur het Malan die regte besluit geneem deur nie met die OB saam te werk nie.

Van Rensburg het onverpoosd voortgegaan om groot byeenkomste toe te spreek en die OB-boodskap te versprei. Saam met sy getroue adjudant, Heimer Anderson, het hy in vyftien maande 160 000 km afgelê, die meeste daarvan alleen in een voertuig.[33] Ná die 1943-verkiesing was dit egter 'n opdraande stryd vir die OB en het sy mislukte pogings om by die politiek betrokke te raak beteken dat die beweging op die lang termyn geen realistiese kans op sukses sou hê nie.

22
Die stryd teen 'n vyandige pers

"Van Rensburg is a shrewd, intelligent man who, as long as he remains at liberty, constitutes a menace to any democratic government in the Union of South Africa."
– Verslag van Amerikaanse gesante aan Washington

DIE UURGLAS HET REEDS VOOR die einde van die oorlog vir die OB begin uitloop. Waar die beweging in 1941 volgens eie raming veel meer as 300 000 lede gehad het, het dit teen 1944 tot minder as 100 000 gedaal. Daarna sou die getalle nog meer dramaties afneem.[1]

In 1945 het die steun vir die OB in só 'n mate afgeneem dat die Broederbond, wat enkele jare tevore nog bankvas agter die OB gestaan het, die HNP beskou het as die enigste party wat die Afrikaner se aspirasies kon verwesenlik. Van Rensburg se invloed het ook op ander gebiede gekwyn en hy het as gevolg daarvan byvoorbeeld in 1944 as erepresident van die Afrikaanse Nasionale Studentebond bedank.[2]

'n Faktor wat 'n deurslaggewende rol gespeel het in die stryd tussen die OB en HNP, is die Afrikaanse pers, in die besonder die Nasionale Pers, se veldtog teen die OB. Malan het oor 'n kragtige persfront beskik wat reeds sedert 1915 uit Keeromstraat in Kaapstad opgebou is en hom skaamteloos sou steun.

Toe die OB en die HNP begin bots, het die Nasionale Pers se koerante *Die Burger, Die Volksblad* en *Die Oosterlig*, asook die Voortrekkerpers se *Die Transvaler*, saam 'n aanslag teen die OB geloods. *Die Kruithoring*, die HNP se spreekbuis, het ook 'n meedoënlose propagandastryd gevoer. Hierdie koerante se redakteurs het almal 'n eenvormige beleid teenoor die OB gehandhaaf deur gereeld met mekaar en met HNP-politici te beraadslaag. Sodoende het hulle as't ware 'n nasionale front teen die OB gevorm. Die koerante het 'n verbod op OB-advertensies geplaas en enige teenaanslag deur die OB is doodgeswyg.

Die Afrikaanse pers het Van Rensburg as persoon genadeloos aangeval. Tydens sy administrateurskap was hy nog *Die Volksblad* se goue Vrystaatse seun en met sy verkiesing as OB-leier het die koerant hom nog as 'n wonderkind opgehemel. Teen November 1941 het selfs *Die Volksblad* hom egter persoonlik begin aanval en nie gehuiwer om die waarheid te verdraai nie soos die volgende aanhaling uit 'n artikel toon:

> Dr. Van Rensburg het op 16-jarige leeftyd uit vrye wil die wapen teen Afrikaner-rebelle opgeneem; in 1933 was hy 'n getroue ondersteuner van die Hertzog-Smuts-regering; hy het geweier om 'n trustee van die R.D.B.-fonds te word, want die regering het skeef daarna gekyk; hy het in die moeilike opbou-jare van die O.B. nooit lid geword nie en was nooit 'n H.N.P.-lid nie.[3]

Van Rensburg was nooit 'n ondersteuner van die "Hertzog-Smuts-regering" nie en hy was altyd 'n vurige ondersteuner van die Reddingsdaadbond. Die verwysing hier en elders na sy betrokkenheid aan regeringskant gedurende die Rebellie was bedoel om hom onder Afrikanernasionaliste te diskrediteer. "To a large extent the party's attacks had been focused on me personally: on the old principle that one should drive a wedge between leadership and the followers," skryf hy in sy memoires.[4]

Van Rensburg is ook daarvan beskuldig dat hy 'n hoër salaris as OB-leier verdien, terwyl sy salaris in werklikheid die helfte minder was as toe hy administrateur was. Wanneer dit broekskeur gegaan het met die OB, het hy op geen besoldiging aanspraak gemaak nie – in só 'n mate dat hy en sy gesin later in 'n finansiële verknorsing beland het.

Die Afrikaanse pers se taktiek was om "die skuld vir alles" wat verkeerd was aan Van Rensburg as persoon toe te dig eerder as om die beweging te kritiseer.[5] 'n Tipiese voorbeeld is die volgende vleiende kommentaar deur *Die Volksblad* oor die OB gekoppel aan 'n negatiewe verwysing na sy leier: "Die O.B. self is gesond. Dit is 'n pragtige organisasie maar sy leiding is verkeerd."[6]

Onder Van Rensburg het die OB die aanslag van die Afrikaanse pers lomp en onbeholpe gehanteer. Daar is byvoorbeeld gepoog om die direksie van die Nasionale Pers by 'n aandeelhouersvergadering te vervang, maar die OB was nie opgewasse teen die Nasionale Pers nie. Dié het waarskuwings aan sy aandeelhouers in al sy koerante gepubliseer en dit duidelik gemaak dat hy die OB se poging teenstaan.[7] Spotprenttekenaars soos *Die Burger* se T.O. Honiball het ook die spot gedryf met Van Rensburg en die OB.[8]

In die persstryd het al twee kante op nasionalistiese sentimente gespeel deur die ander party daarvan te beskuldig dat hy die Afrikanersaak ondergrawe. In 'n omsendbrief het die OB byvoorbeeld aangevoer: "Die Nasionale Pers is die eiendom van die Nasionaalgesinde Afrikanerdom. As sodanig moet dit alle nasionale Afrikanerpogings goedgesind wees. Dit mag nie die instrument van een groep alleen wees om die ander nasionale deel te beveg en belaster nie."[9]

Toe die Nasionaalgesinde pers weier om OB-advertensies te plaas, het die OB gedreig om alle koerante en tydskrifte van die Nasionale Pers, asook *Die Transvaler*, te boikot. *Die Volksblad* het die dreigement as't ware op sy kop gekeer en dit teen die OB gebruik, soos uit die volgende reaksie blyk: "Nie alleen moet die Nasionale koerante gebreek word nie; maar selfs al

'n Spotprent wat Malan se onversetlikheid teenoor Van Rensburg uitbeeld.

die tydskrifte, boeke, ens. wat deur die Nasionale Pers uitgegee en gedruk word... En die Imperialiste begeer niks so erg as die vernietiging van die Afrikanerdom se pers nie om só vrye spel in Suid-Afrika te kry. Die O.B. probeer nou wat die Imperialiste met al hul mag en geld nie kan regkry nie... om die Nasionale Pers te vernietig."[10]

Van Rensburg en die OB het nie 'n teenvoeter vir die aanslag van die Nasionaalgesinde pers gehad nie.[11] *Die Vaderland*, wat die OB simpatieker gesind was, was soos 'n verlore stem in die woestyn. (Die koerant het tevore Hertzog en die Verenigde Party gesteun, maar later van beleid verander.) Die OB se eie koerantjie, *Die O.B.*, wat vanaf November 1941 een keer per week verskyn het, was nie van dieselfde joernalistieke gehalte as die groter Afrikaanse koerante wat die HNP ondersteun het nie en was gewoon nie opgewasse teen hulle nie.[12] Hierbenewens was daar ook 'n aanslag vanuit die Engelse pers. Sonder 'n eie magsbasis in die pers was hul terugvegpoging onbeholpe en sonder veel impak.

'n Belangrike nalatenskap van hierdie historiese gebeure is dat die Afrikaanse pers die Nasionale Party dekades daarna nog slaafs gesteun het. Daardeur het hulle van hul selfstandigheid en joernalistieke objektiwiteit ingeboet.

Op 5 Junie 1944 het twee Amerikaanse amptenare 'n onthullende onderhoud met Van Rensburg op sy plaas buite Pretoria gevoer. Die gebrek aan blootstelling in die Suid-Afrikaanse pers het hom heel waarskynlik aangevuur om doelbewus uitgesproke te wees. Die amptenare was dr. J.S. Harris, 'n spesiale gesant, en Oren Stephens, hoof van die Amerikaanse departement van oorlogsinligting in Suid-Afrika, maar hulle was volgens die politieke speurder George Visser waarskynlik ook lede van die Amerikaanse Geheime Diens.[13]

Volgens Visser het die Amerikaners baie in die OB belanggestel: "From its Embassy in Pretoria and the Office of War in Johannesburg, the American State Department watched Van Rensburg with fascination. In a sense this fascination was almost that which a hawk has for a snake it will not attack, but watches."[14] Ná die onderhoud het die twee Amerikaners 'n lywige verslag na Washington gestuur.

Van Rensburg het tydens die vyf uur lange onderhoud nie sy woorde getel nie. Die OB het enige vorm van blootstelling broodnodig gehad en Van Rensburg het dalk ook om dié rede uitlokkende en inkriminerende uitlatings gemaak, dikwels oor sensitiewe onderwerpe soos sabotasie, geweld en sy eie posisie. Die amptenare wys reeds in die inleiding van hul verslag sekere knelpunte uit:

> The most striking of the many anomalies of South Africa is the fact that while it is allied with the other United Nations in the fight to the finish against Hitlerism, it permits its local branch of Hitlerism to thrive virtually unchecked. Still on the loose are its local "Führer" and all but a few of his followers, although their declared objective is the overthrow by revolutionary means of the government now in power. The incredulous observer from abroad finds that while loyal "Springboks" are fighting and giving their lives to defeat the Nazis of Europe, the Nazis of South Africa are carrying on with only slight interference their campaign to establish a National Socialist state. This "Führer" is Dr J.F.J. "Hansie" van Rensburg...

Van Rensburg het te kenne gegee dat daar nie plek vir sowel die OB as HNP is nie, veral omdat die HNP nie die wil het om revolusionêr te wees nie: "They are not true Nationalists. They are wishy-washy, professing to believe in constitutional reforms, in achieving a republic while keeping all of the allegedly democratic trappings of the present. We, on the other hand, believe in real National Socialism achieved by revolutionary means – and when I say revolution I actually mean armed rebellion."

Die verslag gee besondere aandag aan Van Rensburg se betrokkenheid by geweld en sabotasie: "At various times in the conversation Van Rensburg alluded to acts of sabotage and robbery by members of his Stormjaers. He insisted, however, that they were not to be classed with common thieves but that if the O.B. had engaged in robbery it was for excellent reasons."

Van Rensburg het weer aan die hand van die Robin Hood-legende verduidelik dat die Stormjaers uit noodsaak wederregtelik optree om die gesinne van die geïnterneerdes en die politieke gevangenes te onderhou. Die Amerikaners het gewaarsku dat hy nie onderskat moet word nie en steeds 'n bedreiging is, ten spyte van die dalende steun vir die OB:

> Van Rensburg is a shrewd, intelligent man who, as long as he remains at liberty, constitutes a menace to any democratic government in the Union of South Africa. He is in many ways successfully aping Hitler. Like his avowed master he has no hesitation to openly proclaiming his programme, since he knows that it will be ignored as ranting by those who do not want to believe him but will be accepted by a large part of the discontented.[15]

Die Amerikaners het hul verslag as volg afgesluit: "That Van Rensburg's relationships with Germany may be more than cultural and spiritual is a problem beyond the scope of this report, and certainly, one which could not be probed with direct questioning of Van Rensburg. Undoubtedly, the appropriate agency of our government has pertinent information regarding this."[16]

Uit die verslag is dit duidelik dat Van Rensburg toe nog aan 'n Duitse oorwinning geglo het.

Verskeie faktore het uiteindelik bygedra tot die vinnige agteruitgang van die OB. As 'n populistiese Afrikanerbeweging was daar nooit 'n realistiese kans dat 'n volksvreemde ideologie soos die nasionaal-sosialisme permanent in die OB vastrapplek sou kry nie. Benewens die opdraande stryd teen die Afrikaanse en Engelse pers, het die Afrikaanse kerke hulle ook sterk teen die nasionaal-sosialisme uitgespreek.

Die HNP het voorts met 'n groot aanslag teen die OB se Noodhulpfonds gekom, met bewerings oor wanadministrasie en dat die Stormjaers die fonds deur rooftogte en bedrog aanvul. Van Rensburg het teruggekap deur die HNP daarvan te beskuldig dat hy met sy aanval op die OB die vrouens en kinders van geïnterneerdes in die steek laat.[17]

Malan se HNP het in die partypolitiek gebly en het by feitlik elke geleentheid op dieselfde Afrikanerhartsnare as die OB getokkel deur te verklaar dat Suid-Afrika hom aan die oorlog moet onttrek. Veral van die begin van 1942 af het die party ook republikanisme gepropageer. Daarby het die HNP die rassekwessie aan kiesers voorgehou en daarop aanspraak gemaak dat slegs die HNP wit mense kan beveilig.[18]

In die laaste maande van die oorlog het die vyandigheid teen die OB toegeneem. Waar HNP-lede voorheen versoek is om nie lidmaatskap van die OB te aanvaar nie, is daar in Junie 1944 'n streng verbod daarop geplaas.[19]

Die maalkolk en magteloosheid waarin nasionaalgesinde Afrikaners hulle vir 'n groot deel van die oorlog bevind het, kan deels aan Smuts se beleid van verdeel en heers toegeskryf word. Smuts se rol in die tweespalt onder Afrikaners lê ironies genoeg waarskynlik daarin dat hy so min druk op dié groep uitgeoefen het. Aangesien hy nie die OB verbied het nie, kon die stryd tussen die HNP en die OB voortduur. Indien daar genoeg druk van buite, dus van Smuts se kant af, op die Afrikanerdom was, sou die Afrikanernasionaliste hul tyd en energie aan 'n "terugvegpoging" teen Smuts moes bestee het, ten koste van hul onderlinge gevegte. Pleks van energie aan hul stryd teen die regerende Verenigde Party te bestee, het die OB en die HNP dus nou eerstens mekaar in die visier gehad.

Suid-Afrikaners was ná ses jaar van oorlog moeg vir nuus van geweld en bloedvergieting en die tekort aan noodsaaklikhede. Al het die oorlog tekorte en ander swaarkry veroorsaak, was daar nou tekens dat 'n beter toekoms wink en gewelddadige oproer was geensins gewens nie.[20]

In sy oorgretige en obsessionele drang na selfhandhawing het die OB homself met onrealistiese politiek en die verkeerde soort optrede toenemend ongewild gemaak. Gou het dit al hoe meer 'n oorlewingstryd geword.

23
Die Ossewabrandwag op 'n kreeftegang

"Ons het tervegeefs op Der Tag gewag."
– OB-generaal

DIE NUUS VAN DUITSLAND SE onvoorwaardelike oorgawe aan die Geallieerdes op 8 Mei 1945 het Van Rensburg soos 'n donderslag getref. Die OB-generaal prof. Tjaarda Buning vertel dat hy Van Rensburg "in 'n verskriklike emosionele toestand gevind het, wat glad nie 'n karaktertrek van hom was nie".[1]

In 'n oomblik van algehele verslaentheid het Van Rensburg gevra dat die Stormjaers gemobiliseer word. Dit is onduidelik wat hy met dié irrasionele optrede beoog het. Gelukkig is die bevel nie uitgevoer nie en het hy gou tot sy sinne gekom.

Van Rensburg het tot die laaste oomblik van die oorlog bly glo dat 'n soort wonderwerk Duitsland gaan red en dat die Duitsers die oorlog met geheime wapens sou wen.[2] Onder sy leiding is die skakeling met Duitsland, asook die Stormjaers se ondermynende bedrywighede, tot feitlik die einde van die oorlog volgehou, ofskoon al hoe minder intens. Hy het bly hoop dat "Der Tag" sou aanbreek.

Van Rensburg was naïef met sy onrealistiese verwagtinge van 'n Duitse oorwinning, veral namate die oorlogsgety teen Hitler gedraai en 'n Geallieerde oorwinning al hoe moontliker gelyk het. Hoe waarskynliker 'n Duitse nederlaag geword het, hoe meer het die OB se invloed gekwyn. Die werklikheid dat Duitsland besig was om die oorlog te verloor het nie by Van Rensburg ingesink nie en oproepe dat die OB hom by die veranderde omstandighede moet aanpas, het gevolglik op dowe ore bly val.[3]

Vir Van Rensburg was daar darem die troos dat die Stormjaers op die Geallieerde oorwinningsdag ("Victory Day" of "VE Day " soos dit in Engels verewig is) hul grootste morele oorwinning behaal het. Soos elders in die Geallieerde wêreld is "Victory Day" in Suid-Afrika uitbundig gevier en 'n euforiese skare het voor die Uniegebou in Pretoria saamgetrek. Onder die gesing en gejuig en kanongebulder het die Stormjaers in direkte opdrag van Van Rensburg 'n laaste keer toegeslaan.

Sir Theodore Truter was onder baie Afrikaners 'n gehate man. As voorsitter van die krygshof het hy in 1914 Jopie Fourie op omstrede wyse ter dood veroordeel en talle Afrikaners het hom nooit daarvoor vergewe nie. Gedurende die Tweede Wêreldoorlog het hy as hoof van die interneringskampe gesorg dat geen weerstand teen sy besluite moontlik was nie. Van Rensburg het dit soos volg opgesom: "In South Africa, during the war years, the official attitude (and also that of the Government's supporters) was that the Chief Security Officer [Truter], like the King, could do no wrong. Whom he ordered to be arrested and interned on the evidence of some anonymous informer, was arrested: and 'that was that.'"[4]

Truter se hoofkantoor oor interneringsake was naby die Uniegebou. Die lêers met persoonlike dokumente wat volledige inligting oor die geïnterneerdes bevat het, is netjies in geslote staalkabinette in een van die kantore geberg. Dit het ook inligting bevat oor mense wat die geïnterneerdes verkla en verraai het.

Van Rensburg het direk opdrag gegee dat die gedugste Stormjaers wat toe nog beskikbaar was, 'n strooptog op Truter se kantore uitvoer en die lêers verwyder. Dieselfde nag waarin die oorwinning by die Uniegebou gevier is, het Stormjaers die wagte by Truter se kantoor oorval en met van die lêers weggekom. Daarmee het die besonderhede van 'n aantal nuusdraers en informante bekend geword wat groot gevolge vir hul reputasies sou inhou.[5]

Wat vir ander na 'n desperate daad gelyk het, was vir die geharde kern van die Stormjaers 'n morele oorwinning en dit het die owerhede geskok en verleë gelaat. Tien jaar later kon Van Rensburg, wat die heroïese by tye kon oordryf, steeds kwalik sy trots verbloem: "[O]n that nadir night of all nights, some youngsters made their boldest coup."[6] Hy skryf voorts "It was a daring and cheerful end."[7]

In 1946 het 'n historiese roman van Van Rensburg verskyn onder die skuilnaam Stephanus Johannes de Jongh en met die titel *Sonder Gewere: 'n Verhaal van Nog 'n Rondte* waarin hy die Stormjaer-era idealiseer. Die boek, wat hy aan Steve Hofmeyr opgedra het (wat in 1944 onverwags oorlede is), was sy lofsang aan die groep wat hom die naaste aan die hart gelê het.

'n Soort romantiese patriotisme en kameraderie gee die toon aan in die gebeure wat hy beskryf en wat rofweg op die waarheid gebaseer is. In die voorwoord skryf hy: "[E]k ag 'n ideaal soveel werd as die mense wat dit dra. Veel beter as sy draers kan die ideaal nie wees nie."

Sy adjudant, Heimer Anderson, het egter gedink in die onsekere na-oorlogse era was mense nog nie gereed vir só 'n boek nie.[8] Die boek is toe ook veral in die Engelse pers met vyandigheid begroet omdat dit sabotasie sou verheerlik.[9]

In die tyd net ná die oorlog toe Van Rensburg aan *Sonder gewere* gewerk het, het sterk geluide vanuit die OB opgegaan dat ondermynende optrede tot die verlede behoort en dat die Stormjaers ontbind moet word. Die voortbestaan van die Stormjaers is as 'n verleentheid vir die OB beskou. Die publiek was keelvol vir die ontwrigtende onderbrekings weens sabotasie van die kragtoevoer en kommunikasiemiddele terwyl dit al duideliker geword het dat geen sukses daarmee behaal sou word nie.

Die druk het veral van OB-leiers soos Sambok Smith gekom wat volgehoue ondermynende bedrywighede reeds gedurende die oorlogsjare as misdadig en oneervol beskou het. Van Rensburg het egter vasgeklou aan die Stormjaers wat hy as die hart van die verset beskou het. Hy was nie bereid om sommer net sy rug op die groep te draai nie. Volgens hom kon die Stormjaers steeds 'n rol speel met kragdadige optrede teen terugkerende soldate, teen die Springbok Legioen wat in 1941 gestig is om hom vir die regte van soldate te beywer, asook teen kommuniste wat vergaderings en ander bedrywighede van die OB wou ontwrig.[10] Van Rensburg se antwoord was duidelik: "Ons gaan aan met die stryd!"[11]

Smith het teenoor N.G.S. van der Walt, die redakteur van *Die O.B.*, opgemerk: "[Van Rensburg] kan blykbaar nie meer dink aan 'n ander soort stryd as ondergronds nie. Vir hom gaan dit bloot om geweld al gaan alles na die hoenders."[12]

Die geskil tussen Van Rensburg en sy Stormjaergarde aan die een kant en die Smith-faksie in die OB aan die ander kant is vroeg in November 1945 op die spits gedryf toe Smith sy bedanking as onderleier en OB-Grootraadslid indien. Benewens die Stormjaers se aktivistiese optrede was Smith se verdere beswaar dat Stormjaeroffisiere die gesag van die OB-offisiere doelbewus ondermyn het. Van Rensburg moes sy aandag toe nie net aan die stryd teen Smuts en Malan gee nie, maar ook aan die onmin in die binnekringe van die OB. Die OB het toe sy grootste krisisuur tot in daardie stadium ingegaan.[13]

Nadat die Grootraad 'n kommissie van ondersoek na die geskil ingestel het, het Smith ingestem om sy bedanking voorlopig terug te trek. Die kommissie het in 'n lywige verslag groot begrip vir Smith se besware getoon:

> Die Kommissie is van oordeel dat die feit dat die K.G. tegelyk leier is van die Ossewabrandwag en ook hoof is van die Stormjaers aanleiding gegee het in die verlede en moontlik vandag nog gee tot situasies waarin dit onmoontlik is vir O.B.-offisiere wat buite die Stormjaers staan, om gesag en dissipline te handhaaf. Dit skep botsings, skep wederkerige wantroue, eensydige kritiek en soms lelike reaksies wat die Ossewabrandwag verswak van binne. Na buite het dit weliswaar – ten onregte, maar tog telkens weer – die gevolg dat deur die K.G. se persoon in sy dubbele kapasiteit die O.B. steeds as medepligtige van die Stormjaers aangeval en beskimp word.

Die verslag is op 5 en 6 Februarie 1946 op 'n buitengewone vergadering van die Grootraad in Bloemfontein bespreek. Die kommissie het Van Rensburg van alle blaam onthef en hom bedank dat hy tydens die oorlog die militantes in die Stormjaergeledere in toom gehou het: "In minder bekwame hande en met iemand wat onvoorsigtelik die teuels nie so styf gehou het nie, kon daar veel groter ellende vir die Boerevolk gekom het. Gesien die provokasie wat daar was, was daar wel psigologiese gronde vir opstand en daadwerklike protes; en geen generasie van betekenis in die lewe van 'n volk gaan verby sonder om te protesteer teen vorme van dwinglandy en nasionale uitbuiting nie. Dat dr. Van Rensburg wyse leiding gegee het op hierdie uiters gevaarvolle pad moet tot sy eer getuig word."[14]

In die uitgawe van Die O.B. *op 13 Feb. 1946 word die indruk gewek dat alles wel is in die OB terwyl dit nie die geval was nie.*

Die belangrikste gevolg van die kommissie se verslag was dat dit die doodsklok vir die Stormjaers gelui het. Van Rensburg het op grond van die verslag uiteindelik ingewillig om die beweging te ontbind. Self het hy toe ook besef dat die Stormjaers nie meer 'n bestaansreg het nie.[15] Hy en Smith het mekaar die hand gegee en op die oog af het dit gelyk of alles weer pluis is in die OB.

Hoewel die onenigheid vir eers verby was, was Van Rensburg onseker oor sy leierskap van die OB. Aan die einde van Januarie 1946 het hy tot die onsteltenis van baie OB-lede sy bedanking as leier ingedien. As rede het hy aangevoer dat die oorlog verby is en dat die beweging straks 'n minder gekompromitteerde leier vir sy nuwe beleidsrigtings nodig het. Hy het dit moontlik ook gedoen om te bepaal of hy nog 'n mandaat het.

Van Rensburg het hom onder groot druk weer verkiesbaar gestel en is op 7 Februarie in Bloemfontein sonder enige teenstem herkies en deur ds. S.J. Stander weer as KG ingesweer.[16] Met die tweede laertrek – 'n offisiersaamtrek – in Februarie 1946 is daar ook formeel van die oorlogsfase afskeid geneem en na die terrein van praktiese politiek beweeg.[17]

Dit was egter nog nie die einde van die binnegevegte in die OB nie, want daar was steeds onenigheid oor wat presies die rol van die OB in die toekoms moes wees.

24
Onder 'n swaard van hoogverraad

"There is no doubt that Dr van Rensburg has committed treason of a most heinous and flagitious nature."
– Law officer for Union War Prosecutions (1947)

TOE DIE VERSKRIKLIKE OMVANG VAN die Nazi-gruwels ná die Tweede Wêreldoorlog aan die lig kom, is daar onder die Geallieerdes om wraak geroep. Militêre tribunale is ingestel om Duitse oorlogmisdadigers te vervolg en verskeie Nazi-leiers is gedurende die Neurenberg-verhore ter dood veroordeel en daarna tereggestel.

In Suid-Afrika het veral sekere Engelssprekendes in die Smuts-regering daarop aangedring dat Suid-Afrikaners wat met die vyand geheul het, op dieselfde manier vervolg moet word. Hans van Rensburg was nommer een op daardie lys.[1]

Hy was deurgaans bewus van die risiko waaraan hy homself deur sy kontak met die Duitse regering blootgestel het en het in die oorlogsjare teenoor 'n Grootraadslid opgemerk: "As die regering agterkom, word ek gefusilleer!"[2]

Kort ná die einde van die oorlog het die Geallieerdes beslag gelê op 'n magdom Duitse oorlogskorrespondensie en dokumente wat inligting bevat het oor ondermynende bedrywighede in Suid-Afrika en skakeling tussen Suid-Afrikaners en Nazi-Duitsland. Die Britse militêre intelligensiediens het die inligting vir verdere ondersoek aan die Suid-Afrikaanse regering oorhandig. Dié dokumentêre bewyse oor veral Van Rensburg se betrokkenheid was besonder volledig en verdoemend.

Aan die begin van die 1946-parlementsitting het Harry Lawrence, toe minister van justisie, aangekondig dat die kwessie van Suid-Afrikaanse oorlogmisdadigers en spesifiek dié wat tydens die oorlog met Duitsland geskakel het, ondersoek gaan word. Teen daardie tyd was 'n ondersoek na die OB en veral na Van Rensburg, reeds in volle gang nadat Lawrence reeds in Mei 1945 opdrag gegee het dat met 'n voorlopige ondersoek begin word.

Die Rein-missie is in Januarie 1946 aangestel en begin Februarie na Brittanje gestuur om onder meer te bepaal watter dokumente wat op Suid-Afrika van toepassing is, beskikbaar is. Die lede was Rudolph Rein, 'n latere prokureur-generaal van Transvaal en kapt. Bushy Jackson, 'n bekwame speurder. Hulle is van Brittanje af na Duitsland waar hulle by die Britse geheime diens (MI5) inligting oor die kontak tussen die OB en Duitsland ontvang het. Dit het onder andere direkte verwysings na Van Rensburg bevat.

Rein en Jackson het geen moeite ontsien om alle relevante dokumente te bekom nie. Hulle het 'n deeglike ondersoek gedoen wat hulle selfs na 'n soutmyn en 'n meul geneem het waar hulle versteekte dokumente gevind het. Nadat hulle deur alles gewerk het, is 'n inventaris van die relevante dokumente opgestel en sowat 700 daarvan is op mikrofilm geplaas. Uiteindelik kon hulle 'n bykans volledige weergawe van die skakeling tussen die OB en Duitsland saamstel en het hulle in April 1946 'n voorlopige verslag aan Lawrence oorhandig.[3]

Daarna is die Barrett-missie aangestel om die saak behoorlik te ondersoek. Die twee lede was Lawrence Barrett, 'n assistent-prokureur-generaal van Transvaal, en die gesoute politieke speurder George Visser. Nadat die twee mans in Junie 1946 na Berlyn gevlieg het, het hulle deur die Duitse dokumente gewerk, inligting wat daaruit voortgespruit het opgevolg en getuies op verskillende plekke in Europa ondervra. Hulle het 50 beëdigde verklarings by staatsgetuies gekry en 11 volumes van kopieë van vertaalde dokumente oor die kommunikasie met Duitsland, asook ander bewysstukke, na Suid-Afrika teruggebring.[4]

Die Barrett-missie is deur heelwat uitdagings in die gesig gestaar. Hoewel sommige Duitse agente gretig was om saam te werk om hulself te beskerm, het ander soos Lambertus Elferink ("Hamlet"), wat ná die oorlog in Nederland aangehou is, geweier om inligting te verskaf. Selfs nadat hy gedreig is dat hy aan die Nederlandse veiligheidspolisie oorhandig gaan word op grond van bewyse van sy spioenasiebedrywighede namens Duitsland, het Elferink lojaal teenoor Van Rensburg en die OB gebly.

Sy antwoord aan Visser was ondubbelsinnig: "I don't care what happens to me, but I refuse to make any statement or say anything against Van Rensburg or any person in South Africa who sheltered me. I will betray no one." Sy volle rol gedurende die oorlog in ondergrondse aktiwiteite is steeds grootliks in geheimsinnigheid gehul.[5]

Die sleutelgetuie Lothar Sittig ("Felix") is nooit deur die missie opgespoor nie. In Suid-Afrika kon hulle ook weinig samewerking van Stormjaers verwag, ongeag of hulle verdagtes of getuies was. Dikwels het die missielede hulle in openlike vyandigheid vasgeloop.[6]

Uit die verslae van sowel die Rein- as die Barrett-missie blyk dit dat hulle nie 'n duidelike onderskeid tussen die OB en die Stormjaers getref het nie. Hulle het eerder na 'n "binnekring" van die OB verwys. Van die Terreurgroep, waarvan Van Rensburg ook die hoof was, het hulle klaarblyklik nie geweet nie. Die rede is moontlik dat daar onder die vaandel van die OB met Duitsland geskakel is en dat die regeringsondersoekers duidelik nie geweet het dat die Grootraad nooit toestemming daarvoor gegee het en meestal nie eens van die skakeling bewus was nie.

Nieteenstaande hierdie uitdagings het die Barrett-missie net voor Kersfees 1947 'n omvattende verslag aan Lawrence oorhandig. In afwagting op die minister se besluite sou Visser, bygestaan deur 'n ondersoekspan, na Duitsland vlieg en getuies na Suid-Afrika bring.[7] Sowat agt verdagtes, onder wie Van Rensburg en Heimer Anderson, is in die span se ondersoek na hoogverraad as moontlike beskuldigdes geïdentifiseer.[8]

Luidens die verslag was Van Rensburg onbetwisbaar betrokke by skakeling met Duitsland en het hy opdragte daarvoor gegee terwyl dié land 'n verklaarde vyand was waarmee Suid-Afrika in 'n oorlog betrokke was. Die kontak en onderhandelinge met Duitsland het boonop op 'n redelik intensiewe en deurlopende basis plaasgevind en was daarop gerig om die Suid-Afrikaanse oorlogspoging te ondermyn met die uiteindelike doel om die regering omver te werp.

Die voorlopige klagstaat wat in 1947 opgestel is, het verskeie uittreksels bevat uit Van Rensburg se kommunikasie met Duitsland. Daar is ook aangedui dat van die boodskappe met 'n sender vanaf sy plaas gestuur is en dat hy ook deur middel van spioene boodskappe na Lourenço Marques gestuur het. Dit is opmerklik dat die ondersoek spesifiek gerig was op Van

Rensburg se kontak met Duitsland en nie gefokus het op sy moontlike betrokkenheid by ondermynende bedrywighede in Suid-Afrika soos sabotasie nie.

'n Voorlopige aanklag is onder die opskrif "Rex versus Johannes Frederick Janse van Rensburg and others" geformuleer:

> The charge against the organisation known as the Ossewa-Brandwag is one of treason in that broadly speaking they –
> (1) communicated with the enemy by means of couriers carrying messages of a treasonable nature from the Union to the German Consulate of Lourenço Marques;
> (2) communicated with the enemy by transmitting matter of treasonable nature to Lourenço Marques and to Berlin;
> (3) conspired and agreed with the German authorities and other persons in the Union to make war and rebellion against the Government of the Union of South Africa;
> (4) Did acts or gave advice with a view to assisting the enemy.[9]

Heelwat van die vertaalde uittreksels wat as aanhangsels aan die klagstaat geheg was, het direkte verwysings na Van Rensburg se betrokkenheid by die skakeling bevat. 'n Telegram gedateer 25 Julie 1943 het byvoorbeeld die volgende boodskap aan Duitsland bevat:

> Van Rensburg replies as follows: "... the O.B. can unite Afrikanerdom only under the condition that unification takes place on a basis of totalitarism. O.B. is the only political organisation standing above parties, which represents such view ... Every effective support given (i.e. by Germany) without qualification to the O.B. as an organisation is, therefore, at the same time the more suitable assistance in the struggle against the state of war and for us the realisation of the stressing of Afrikaner aims."

In 'n ander telegram (21 Desember 1942) wat 'n Duitse agent gestuur het, word om bystand gevra: "After discussing matters with Van Rensburg and with his agreement, I submit the following suggestion: Submarine to disembark fully qualified mechanic with several sets, spare parts, [for a radio transmitter] money and sabotage equipment, submarine to return with O.B. representative with diamonds . . . Van Rensburg stands and falls with Germany."

Nog 'n telegram (2 Mei 1942) wat deur die Duitse konsulaat in Lourenço Marques ontvang is, het hoogs vertroulike militêre inligting oor Geallieerde troepbewegings verskaf:

> Messenger from Van Rensburg just arrived reports: 'In the Tanganyika territory are 11 000 (eleven thousand) empire troops and . . . ['n Verdere lys van Geallieerde troepe saamtrekkings in Afrika word dan verskaf.]
>
> 'In Durban: Aircraft carrier Victorius, one heavy cruiser and four light cruisers, 12 Torpedo boats, twelve warships, 45 supply ships as well as sloops with 80 men and a heavy tank each, ready for Madagascar. As from Wednesday all leave has been stopped in Durban. Operation was to begin last Thursday. For the last three months construction of an aerodrome near Kosi Bay is actively under way.'

'n Ander telegram (23 Augustus 1941) verskaf weer inligting oor direkte Duitse militêre hulp aan die OB: "Best possibility for eventual secret landing 5 miles north of Lamberts Bay."

Die volgende inligting oor Van Rensburg en 'n versoek van hom is op 21 Julie 1942 in 'n telegram aan die Duitsers oorgedra:

> Van Rensburg fully German and National Socialist . . . Van Rensburg would appreciate it if his wish for detailed propaganda exploitation of his manifesto could be complied with. The Stormjaers are being reformed. It is alleged that they number about 3 500, unarmed, on the Rand of which 700 are in Pretoria with three months military training. There are 14 first class pilots. Dynamiting is intended to keep enemy (i.e. Union's) armed forces at bay.
>
> Van Rensburg's appreciation of the situation is as follows:
>
> Complete change of situation only possible through Germany. O.B. is at disposal with all its forces. At present it is considered that Van Rensburg will accept if Smuts offers collaboration, but subject to the

armed forces, the railways, post and telegram traffic be handed over to the O.B. The intention is to force a separate peace ... Van Rensburg and the Ossewabrandwag stand and fall with Germany.

Benewens die bewering in sy beëdigde verklaring dat Van Rensburg opdrag gegee het dat Lötter vermoor moet word, het die spioen Walter Kraizizek ook inligting oor sy betrokkenheid by die skakeling met Duitsland verskaf: "Van Rensburg gave me details as to my proposed mission to the Portuguese border. He told me that I would be required to take a parcel which would contain Leica films. All that I had to do was to hand this to the German consulate."[10]

In die geheel beskou was die bewyse teen Van Rensburg in die Barrett-verslag besonder verdoemend. Barrett het in sy aanbeveling 'n sterk pleidooi gelewer dat 'n besluit oor vervolging teen veral Van Rensburg dringend noodsaaklik was:

(1) I appreciate that this is a most important matter for the Minister to decide, as there is no doubt that Dr Van Rensburg has committed treason of a most heinous and flagitious nature. For many reasons it is extremely desirable that a decision be made as soon as possible as to whether the investigations should continue, as naturally with the passage of time the case must dim and the availability of the witnesses will become more difficult.

(2) The evidence, prima facie, does disclose a conspiracy between certain members of the Ossewabrandwag organisation, at whose head was the Commandant General Dr J.H.J. van Rensburg, and other persons including German Nationals, to commit high treason against the South African State.

(3) The evidence is present, and the telegrams tell the whole story, a story which without any doubt is an extremely shocking one when it is considered that whilst South Africa and her allies were fighting for their very lives and freedom such shamefull acts of treason were committed in order to assist a most powerful and aggressive enemy.

(4) The organisation known as the Ossewabrandwag, which according to the information in the documents annexed to this report began its career as a cultural movement developed after the control was

> taken away from Col Laas by Dr. Van Rensburg into a militant force designed, if possible, to subvert and overthrow the government of the Union, and to render every possible aid and assistance to Germany. From the information available it appears that Dr. Van Rensburg was one of those in control of the Ossewabrandwag as "Kommandant Generaal".[11]

Nuus oor die bevindings van die Barrett-missie het gou na die Stormjaers en OB-lede deurgesyfer. Vir Rawat de Wet van die Terreurgroep was dit ontstellend dat die ondersoekbeamptes se feite "95% korrek" was toe hulle hom tydens hul ondersoek met hul inligting gekonfronteer het.[12]

Sommige Stormjaers was ook bekommerd omdat Van Rensburg, soos Jopie Fourie in 1914, nie uit die weermag bedank het nie (hoewel Van Rensburg nie soos Fourie in die aktiewe mag was nie, maar in die reserweburgermag).[13] Toe hulle deur die lede van die Barrett-missie ondervra is, het die Stormjaers in hul weerbarstigheid teenoor die Smuts-regering volhard.[14]

Die Barrett-verslag is streng geheim gehou, maar Van Rensburg het inligting oor die inhoud ontvang en hy was terdeë bewus van die ernstige aanklagte wat teen hom gelê kon word. Hoewel hy sekerlik vermoed het dat 'n voorlopige klagstaat teen hom reeds opgestel is, is dit onseker of hy ooit daaroor ingelig is. Hy sou nietemin 'n goeie idee van die aard van die aanklagte gehad het.

In die lig daarvan dat Leibbrandt en die twee destydse Benoni-bomplanters se doodsvonnis omskep is in lewenslange gevangenisstraf, het Van Rensburg verwag dat hy 'n soortgelyke vonnis opgelê sou word. Hy het wel gehoop dat Smuts nie weer dieselfde fout sou wou maak soos met Jopie Fourie se teregstelling toe hy 'n martelaar geskep het nie.

Die onsekerheid het egter aan hom bly knaag en waarskynlik daartoe bygedra dat sy gesondheid agteruit begin gaan het.[15] Die OB-Grootraadslid ds. S.J. Stander vertel dat hy en Van Rensburg in 1947 in die rante buite Warmbad vurig gebid het toe 'n aanklag van hoogverraad onafwendbaar gelyk het.[16] Dit is van die weinige kere wat bekend is waar Van Rensburg sy toevlug tot gebed geneem het.

Van Rensburg en ds. S.J. Stander.

Van Rensburg het in elk geval 'n hofsaak en 'n uiteindelike skuldigbevinding verwag en reëlings ten opsigte van sy persoonlike sake en sy gesin getref ingeval hy in hegtenis geneem word. Hy het nie voorberei om sy onskuld in 'n verhoorsaak te probeer bewys nie, want hy was van plan om sy swygreg uit te oefen. Sodoende sou hy nie enige inkriminerende getuienis teen sy kamerade lewer nie.

In wat sommige verkeerdelik as 'n verweerskrif beskou, het hy 'n betoog ter strafversagting opgestel wat hy ná 'n skuldigbevinding sou lewer. Die betoog bevat sterk politieke en patriotiese retoriek eerder as wat dit 'n betoog om versagting op juridiese gronde is. Dit is gevolglik erg inkriminerend. Hy het die betoog met 'n verduideliking begin oor waarom hy nie in die saak wou getuig nie:

> In die verhoor het ek geen getuienis gegee nie omdat ek, in die aard van die saak nie alles kan sê nie. Ek kan, byvoorbeeld, nie gaan getuienis gee oor dinge wat ek onder eed gebonde is om nie te openbaar nie: so het ek gesweer om nie 'n mede-Afrikaner aan die vyand uit te lewer nie en ek sou slegs op 'n vraag aangaande die identiteit van een of ander medepligtige kon weier om te antwoord. Dit sou wellig tot minagting van die hof lei... iets wat ek verkies om nie te doen nie. Derhalwe het ek nie in die getuieblok gegaan nie. Maar met verlof van die hof sal ek graag 'n paar dinge nou sê ter verduideliking van die saak: 'n Korte motivering vir my dade.

As juris was Van Rensburg ten volle bewus van die gevolge wat die trant van sy betoog op 'n vonnisoplegging kon hê, maar patriotiese beginsels het vir hom swaarder geweeg: "Dit spreek vanself dat as 'n man wat hoë ampte in diens van die staat beklee het (onder andere ook dié van hoof van die staatsdepartement waarin hy vandag as misdadiger aangekla word) hierdie pad gevolg het, dan moet daar buitengewoon sterke gronde, goed of sleg, vir sy optrede gewees het. Daardie gronde wil ek probeer aanstip," het hy gesê.

Van Rensburg het benadruk dat hy nie Anglofobies is nie, maar dat die Britte in die verlede talle onregte gepleeg en Afrikaners toe teen hul sin by hul oorlog betrek het:

> Almal van ons is in 'n net van oorsaaklikheid gevange – 'n net wat slegs binne sekere onoorskreibare perke ons 'n mate van bewegingsvryheid toelaat. Vir my was die perke van oorsaaklikheid onder andere dat ek van geboorte 'n Afrikaner is en van oortuiging 'n Republikein. By hierdie tweevoudige verhouding het gekom 'n derde, naamlik dat elke poging om met Afrikanerbloed 'n Imperiale oorlog te voer die oorsaaklike ketting geweldig spanning bring.

Daardie spanning het op 4 September 1939 ontstaan, toe die Parlement... besluit het om Suid-Afrika in die Duits-Poolse oorlog te dompel...

Die oorlogverklaring van 1939 was vir my 'n geweldige skok... 'n siniese roekeloosheid... Dat Suid-Afrika aan die hakke van Engeland ingesleep word in 'n Duits-Poolse grensgeskil was vir my onvoorstelbaar... Ons die Afrikaanssprekendes, het die oorlog ingegaan met die herinnering aan 1914 toe 'n rebellie ontstaan het...

Hy het voortgegaan om te verduidelik dat sy Afrikanerskap hom nie toegelaat het om anders op te tree nie:

Geleidelik het ek tot die bewussyn gekom dat mens hierdie handlangers van Whitehall in die Uniegebou niks anders skuld as wantroue en verset nie. En toe ek daarvan oortuig was, het ek oorgegaan om dit in die daad oor te sit. Aangesien die hele oorlog met Christendom en sulks vrome frases meer niks te doen gehad het nie; dit was slegs die realpolitieke stryd van 'n oorsese Empire, wat ook my land voorheen platgetrap en verwoes het, teen sy mededinger die Duitse Ryk in Europa: en in Suid-Afrika, teen die republikeinse Afrikaner wat nie bereid is om ja en amen te sê op alles wat die Empire hier wil uitvoer nie...

Dit het vir my duidelik geword... dat daar net een pad van plig en eer was en dit was om my mense by te staan... Sonder voorbehoud en sonder aansien van die koste het ek die leiding geneem... Maar... en dit is waarom ek vandag voor die Hof verskyn... jy kan nie as Afrikaner en Republikein teen die Britse Empire optree sonder om hoogverraad te begaan nie...

Wel, het ek gevoel, as dit dan hoogverraad is om die Britse Empire se handlangers teen te werk, hierdie mense wat van Boere-offisiere verlang dat hulle die mede-Boere desgewens moet skiet ad majorem gloriam van die Union Jack... as *dit* dan hoogverraad is, is ek bereid om ook hoogverraad te pleeg, hoogverraad met variasies as dit nodig is! En van daardie dag het ek in Duitsland gesien die middel om die Empire waarteen ek in verset gekom het, te verswak en te breek. En ek het die middel gebruik en gehelp net so ver ek kon...

Trou aan sy aard het Van Rensburg alleen verantwoordelikheid vir die Stormjaers se dade aanvaar deur aan te voer dat hulle onder sy gesag en verantwoordelikheid gestaan en sy bevele uitgevoer het. "Die oorgrote meerderheid van my volgelinge het geen benul gehad van die stappe wat ons doen nie. Veral die Ossewa-Brandwag en ook die Groot Raad daarvan het ek nie ingelig nie; selfs die SJ's as beweging is tot 'n groot mate in die duister gehou. Kennis van hierdie dinge was gevaarlik en ek het so ver ek kon, het op my eie gehandel..."

Volgens Van Rensburg het hy met die moed van sy oortuigings opgetree. Hy het nie berou daaroor gehad het nie en was dus nie bereid om verskoning te vra nie: "Ek het met die enigste middele wat tot my beskikking was teen die Empire opgetree omdat hulle ons weer in 'n oorlog ingesleep het waarmee ons niks te doen gehad het nie. Ek het dit met oop gemoed gedoen en onder dieselfde omstandighede sou ek weer so handel... Elke keer sal die oorlogsplanne van die Empire in die wiele gery word as hulle sulke oorlogsplanne met Afrikanerbloed wil olie..."[17]

Nieteenstaande die verdoemende saak teen veral Van Rensburg, was die Smuts-regering in 'n dilemma. Daar is gevrees dat die Verenigde Party in die komende verkiesing meer stemme sou verloor as bykry as Van Rensburg vervolg word. Smuts is gewaarsku dat die OB-lede ingeval van optrede teen Van Rensburg hul gewig bankvas agter die HNP sou ingooi. Dit sou ook 'n verleentheid wees indien onrus die Britse koninklike besoek in 1947 sou ontsier.[18]

As Van Rensburg in hegtenis geneem sou word, kon dit weer vlamme van verset aanblaas. Smuts wou nie nuwe martelare skep en rede gee vir verdere aktivisme nie. Van Rensburg se getroue volgelinge sou nie sy inhegtenisname gelate aanvaar nie – en daar was fanatieke mense onder hulle wat só 'n geleentheid sou aangryp. Die gevolg was dat die Smuts-regering gesloer het met die besluit oor of vervolging ingestel moes word.

Die OB-Grootraad het in November 1947 met 'n kragtige mosie hul volle solidariteit met Van Rensburg uitgespreek en terselfdertyd 'n bedekte dreigement aan die Smuts-regering gerig:

Terwyl die aasvoëls van die Britse Empire – wat kort gelede die geswore en gedienstige bondgenote van die Russiese Bolsjewisme was – besig is om oor die hoof van die Kommandant-Generaal te draai, verbind die Grootraad homself en die Ossewa-Brandwag as geheel om Hans van Rensburg nooit in die steek te laat of aan die vreemdeling en vyand uit te lewer nie. Ook al sal die Empire se handlanger-regering in Suid-Afrika Dr. van Rensburg van hoogverraad beskuldig, weet die Grootraad en die Ossewa-Brandwag as geheel dat sy Kommandant-Generaal hom nie aan volksverraad skuldig gemaak het of sal maak nie . . .

Die Grootraad weet baie goed wat Veldm. Smuts en sy Regering teen Dr. Van Rensburg in die skild voer en watter duistere magte daaragter skuil maar verklaar dat hy en die O.B. juis daarom vir die huidige bewindhebbendes nog minder vrees of agting koester as in die verlede.

As die Regering graag die instrument wil wees om nog 'n ge-eerde Afrikaner 'n hoë of selfs die hoogste prys vir sy trou aan die Afrikanervolk en sy verset teen die Empire te laat betaal, moet hy gerus maar sy gang gaan . . . Die Ossewa-Brandwag sal met des te meer vasberadenheid en inspanning die stryd teen die Britse Empire voortsit totdat die Afrikanervolk geheel-en-al van die Britse juk bevry is.[19]

Selfs Sambok Smith, 'n groot teenstander van sabotasie, het dié keer gedreig: "Ek sal enige ding doen, wettig of onwettig, as aan die OB gevat word. Ek verseker die owerheid, as hy 'n tweede hel in Suid-Afrika wil hê, ek dit vir hom sal bring."[20]

Vir die historikus Piet van der Schyff was Smith se reaksie mosterd ná die maal: "Smith se dreigemente was soos 'n verdwaasde swaaihou van 'n bokser wat reeds die uitklophou ontvang het en op pad planke toe was."[21]

Smuts wou vervolgens 'n Witskrif publiseer om veral Van Rensburg en die OB se skakeling met Duitsland te onthul, maar hy is deur adviseurs onder leiding van Louis Esselen afgeraai om dit te doen omdat dit hom polities groot skade kon berokken.[22]

Die Smuts-regering het besluit om eerder ná die 1948-verkiesing oor die Barrett-verslag te besluit. Die HNP het egter die verkiesing gewen en die verslag was vir altyd uit die Smuts-mense se hande.

Ná sy bewindsaanvaarding het Malan ook die Barrett-verslag onder oë gekry. In sy memoires skryf hy die bevindinge van die verslag is "buitengewoon volledig. Geen boodskap daarheen of terug is blykbaar uitgelaat nie. Die prentjie is kompleet... Om die minste te sê, was dit uit 'n juridiese oogpunt beskou, beslis verdoemend."[23]

Die Nasionaliste was egter op ander dinge gefokus as die vervolging van Afrikaneroorlogsmisdadigers. Daarby het al hoe meer OB-lede hulle by die HNP begin skaar. Die sentiment het posgevat dat verdere politieke verdeeldheid onder Afrikaners vermy moet word en dat daar eenheid moet wees in die strewe na 'n republiek.

Met die bewindsaanvaarding van die Nasionaliste in 1948 en die vrylating van alle Afrikaner- politieke gevangenes was Van Rensburg se moontlike vervolging van die baan. Terwyl die Nazi-kollaborateurs in die veroverde lande gejag en dikwels met die dood vir hul verraad gestraf is, is diegene wat in Suid-Afrika aan sogenaamde oorlogmisdade skuldig bevind is, betreklik gou vrygelaat en ander het skotvry daarvan afgekom. Dit moet beskou word in die konteks van Suid-Afrika se spesifieke verlede en die feit dat dit die enigste van al die Geallieerde lande was waar die amptelike opposisie teen die oorlog met Duitsland gekant was.

Ná al hul harde werk het die Smuts-regering se ondersoekspan gevoel hulle is misbruik en in die steek gelaat. 'n Gefrustreerde George Visser het later opgemerk: "we had been used as pawns in a political game".[24] Die Barrett-verslag was gedoem om in die kluis stof te vergader.[25]

25
1948 – "Stembus eerder as 'blunderbuss'"

"Sonder Hans van Rensburg was die nasionalistiese oorwinning van 1948 nie moontlik nie."
– John Vorster

IN DIE JARE DIREK NÁ die Tweede Wêreldoorlog het nuwe vraagstukke soos die rassekwessie, die kommunistiese gevaar en verhoogde lewenskoste die politieke toneel begin oorheers. Die nuwe wêreld het groot aanpasbaarheid geverg en daar was nie plek vir mislukte nasionaal-sosialistiese idees nie.

Die vermoë om by die eise van veranderde tye aan te pas en nie ten alle koste vas te klou aan uitgediende idees nie, was 'n onontbeerlike eienskap. In hierdie konteks het die OB se weiering om hom tot die partystelsel te wend die beweging al nader aan die afgrond gebring.

In 'n merkwaardige ommekeer wat getuig van verrassende aanpasbaarheid, het Hans van Rensburg toe begin om die OB nader aan die partypolitiek te bring: "I had led an activistic Republican movement, as best I could; but that was in circumstances – the catastrophe of war – not of our choosing. That was over and done with. We would now have to deal with the more normal considerations of party politics; on that patttern things had to be worked out."[1]

Van Rensburg het begin besef dat nie net die Stormjaers nie, maar ook die OB in sy huidige vorm sy bestaanreg verloor het. Daar was eenvoudig nie meer plek vir die OB se soort versetpolitiek soos die beweging dit gedurende die oorlog beoefen het nie. OB-lede het die beweging in strome verlaat en hulle tot die gevestigde demokratiese politieke instellings gewend.

Twee faktore het volgens Van Rensburg nog verhoed dat die OB ontbind word. Eerstens was die OB volgens hom die enigste organisasie wat omgesien het na die families van die politieke gevangenes wat steeds in aanhouding was: "[T]he best and most selfless men I had ever known in my life... If ever there was a debt of honour, this was the one. Disbandment was entirely out of the question."[2]

Tweedens het hy geglo dat die OB as buiteparlementêre organisasie in die beste posisie was om onbelemmerd 'n republiek te propageer aangesien die HNP en die Afrikanerparty die republikeinse strewe in die aanloop tot die 1948-verkiesing vir eers in die koelkas gebêre het.[3]

Van Rensburg het reeds aan die begin van 1946 begin worstel oor hoe die OB homself anders kon posisioneer om ondergang te voorkom. In Februarie van daardie jaar het hy 'n soort "volksfront" van al die groepe aan die Grootraad voorgestel. Dié groepering kon dan saamstaan om in die volgende verkiesing, in 1948, 'n einde aan die Smuts-bewind te probeer maak. Terwyl die OB uiteraard nie self aan die verkiesing sou deelneem nie, kon sy lede wel. Hy het dit vergelyk met die kerk wat nie deelneem nie, maar sy lidmate wel.[4]

Van Rensburg moes sy idees versigtig implementeer omdat daar nog 'n militante groep in die OB was wat steeds nie aan die partypolitiek wou deelneem nie. Hy het sy hande vol gehad om sekere Grootraadslede oor te haal om met ander Afrikaner- politieke partye saam te werk en dit het dikwels tot 'n stram atmosfeer binne die OB gelei.[5]

Intussen het die HNP ook pogings begin aanwend om met die OB saam te werk. Die groot struikelblok was die HNP se voorwaarde dat die OB afstand doen van sy beleid vir 'n toekomstige partylose gesagstaat. Die OB het bly weier en dit het samewerking bykans onmoontlik gemaak.[6] Die na-oorlogse twis tussen die OB en HNP was deels 'n voortsetting van dieselfde elemente van die oorlogstydse wantroue en ondergrawery. Daar sou nog harde bene gekou word voordat politieke eenheid in Afrikanergeledere bewerkstellig kon word.

Onder Van Rensburg se aansporing het die OB aan die einde van 1946 'n hand van samewerking na die Afrikanerparty onder leiding van Klasie Havenga uitgereik. Die Afrikanerparty was aan die agteruitgaan en het die toenadering gretig aangegryp. Die OB het oor die mannekrag en organisatoriese vermoë beskik om die Afrikanerparty reg te ruk en te gebruik.[7]

In sekere opsigte was die samewerking tussen die OB en die Afrikanerparty 'n vreemde assosiasie omdat Havenga, steeds in die Hertzog-tradisie, nie juis die republikeinse strewe gesteun het nie en soos die Afrikaanse Smelters billik teenoor die Engelssprekendes gebly het. ("Smelters" was 'n bynaam vir Verenigde Party-lede toe Hertzog ná die samesmelting van die NP en die SAP in 1934 nog die leier was.) Die historikus Bertie Fourie beskryf die samewerking soos volg: "Die politieke bondgenootskap wat tussen die OB en AP [Afrikanerparty] ontwikkel het, kom neer op 'n simbiotiese bestaansamewerking, want al twee moes hard werk om nie teen die HNP onder te gaan nie."[8]

Met dié dat OB-lede nie toegelaat is om lid van die HNP te word nie, moes hulle noodgedwonge by die Afrikanerparty aansluit. Uiteindelik sou die OB se bystand aan die Afrikanerpary grootliks neerkom op 'n kaping van die party, veral op grondvlak. Die party is onder meer volgens OB-strukture herorganiseer en in sekere kiesafdelings was die oorname van die Afrikanerparty deur OB-mense so aansienlik dat daar beswaarlik 'n onderskeid tussen die twee was. So het die OB 'n voet in die deur van die partypolitiek gekry.[9]

Met die oog op die komende verkiesing het Van Rensburg Havenga van agter die skerms aangespoor om met Malan saam te werk. Van Rensburg se oorheersende doel was om die Smuts-bewind tot 'n einde te bring, selfs al het dit beteken hy moes die geskil met die HNP opsyskuif. Die Afrikanerparty het 'n voertuig gebied om dié doel te bereik.[10] Samesprekings tussen Malan en Havenga het in Maart 1947 begin.

'n Belangrike ondertoon in Van Rensburg se benadering was sy vrees vir die kommunistiese gevaar en die rasseprobleem. Hy was oortuig dat die Smuts-bewind nie dié probleme bevredigend sou kon oplos nie. Uiteindelik sou die komende verkiesing vir hom nie meer oor 'n staatsvorm gaan nie maar oor die voortbestaan van die blanke ras, die bekamping van die kommunisme en die vervulling van die republikeinse ideaal.

Van Rensburg het op 24 September, sy verjaarsdag, die eerste keer in die openbaar in Pretoria se Koffiehuis sy siening oor toekomstige samewerking met die HNP gestel. Die HNP was nou bereid om sy verbod van twee jaar tevore op HNP-lede se lidmaatskap van die OB op te hef, mits die Grootraad sekere beleidsrigtings soos die partylose gesagstaat prysgee en die OB hom uit die politieke terrein onttrek. Van Rensburg het die nuwe gesindheid verwelkom, maar ook daarop gewys dat die venynige vyandigheid nie sommer oornag sal verdwyn nie. Hy het ook die vrees uitgespreek dat die HNP met sy nuwe gesindheid bloot stemme wou werf en daardeur partypolitiek bo volkspolitiek gestel het.[11] Daar was dus nog heelwat struikelblokke op die pad na samewerking.

Hoewel Malan 'n pragmatieser benadering gevolg het, was daar van binne die HNP se leierskorps sterk teenkanting teen groter samewerking met die OB, veral van J.G. Strijdom, die Transvaalse HNP-leier, asook C.R. Swart, Eric Louw en Hendrik Verwoerd. Hul beswaar was dat die OB die Afrikanerparty in werklikheid gekaap het en boonop die HNP van binne wou rysmier. Hulle het gemeen die HNP se ooreenkoms met Havenga en die Afrikanerparty is in werklikheid 'n ooreenkoms met die OB, terwyl Havenga besig was om beheer oor sy party te verloor.[12]

Die viermanskap se weerstand het ook gespruit uit die vrees dat in 'n verdeling van setels OB-lede wat as kandidate van die Afrikanerparty benoem word, weens die Nazi-stigma van die OB nie genoeg stemme sou trek nie. Hulle was bekommerd dat enige band met Van Rensburg weens die moontlike aanklag van hoogverraad teen hom niks goeds sou inhou nie.[13]

Op sy beurt het Van Rensburg die leierskorps van die HNP daarvan beskuldig dat hulle partybelange voorop stel en daardeur die werklike stryd teen die Smuts-bewind, asook die republikeinse strewe, versaak.[14] Intussen het Van Rensburg hom die gramskap van die onversetlikes in die OB op die hals gehaal met sy toenadering tot die HNP.

Sommige HNP-politici wou die genadelose konflik van kort tevore met die OB net nie laat gaan nie. Die enigste beginselsverskil was die kwessie van 'n partylose gesagstaat, maar met OB-lede se toenemende deelname aan die partypolitiek was dié ideaal skynbaar besig om te vervaag.

In die aanloop tot die 1948-verkiesing het die Afrikaanse pers met sy aftakeling van die OB volgehou. Van Rensburg is stief behandel en sy belangrike rol genegeer. Meestal is die inhoud van sy toesprake verswyg, selfs waar hy samewerking tussen die HNP en die Afrikanerparty verwelkom het. Teen Junie 1946 het die Nasionale Pers-koerante steeds geweier om die OB se advertensies te aanvaar. Eers kort voor die verkiesing het die Nasionale Pers die eerste keer in jare OB-advertensies toegelaat.[15]

Dit het maar net weer die noue band tussen die Nasionale Pers en die

Nasionaliste beklemtoon. Die wyse waarop die Afrikaanse koerante die OB-kwessie gehanteer het, was van wesenlike belang in die 1948-verkiesing. 'n Gekoördineerde veldtog deur die Nasionale Pers volgens HNP-beleidsvoorskrifte, tesame met 'n taktvolle poging om soveel OB-stemme moontlik te werf, het daartoe bygedra dat die HNP die verkiesing naelskraap gewen het.[16]

Malan en Havenga het uiteindelik 'n verkiesingsooreenkoms aangegaan en die setels tussen hul onderskeie kandidate begin verdeel, maar gou het nuwe probleme kop uitgesteek.

Die toewysing van setels aan die Afrikanerparty wat as veilige Verenigde Party-setels beskou is, het tot onmin gelei, want die Afrikanerparty het nie veel kans in dié kiesafdelings gestaan nie. Maar in die 1943-verkiesing het hy geen setels gewen nie, dus het die HNP eintlik agteroor gebuig deur elf kiesafdelings aan hom toe te ken.[17]

'n Eensydige besluit deur die HNP dat geen kandidaat van die Afrikanerparty wat ook 'n OB-lid is, toegelaat sou word om as 'n kandidaat in die verkiesing te staan nie, het groot moeilikheid veroorsaak. Van Rensburg was veral bitter daaroor dat die HNP geweier het dat twee "gewilde en beproefde Afrikaners" soos John Vorster en Louis Bootha (al twee OB-generaals) onderskeidelik in Brakpan en Roodepoort as kandidate van die Afrikanerparty staan.[18] Die gevolg was dat Vorster die verkiesing naelskraap met twee stemme verloor het omdat hy verplig was om as onafhanklike in Brakpan te staan.[19]

Van Rensburg het die HNP telkens daarvan beskuldig dat hy met dié soort optrede in die hande van 'n liberale opposisie speel en dat die "Swart Gevaar" uiteindelik daardeur nie die hoof gebied sou kon word nie. Van Rensburg het in radeloosheid die Nasionale Pers oor die rassekwessie geroskam: "Die Hemel bewaar Blank Suid-Afrika as haar laaste redding lê by die Skeurders van Keeromstraat."[20]

Die skande van die dreigende hoogverraadsaak en Van Rensburg se verbintenis met Nazi-Duitsland gedurende die oorlog het aan hom bly kleef. Geeneen van die Afrikanerpartyleiers wou dus openlik met hom geassosieer wees nie. Selfs Havenga, wat baie aan Van Rensburg verskuldig was omdat hy gehelp het om sy party weer op die voete te kry, het in die openbaar fyn getrap.[21]

Hoe onseker Van Rensburg se posisie was, blyk uit die feit dat hy te kenne gegee het dat hy nooit geweet het of hy 'n volgende toespraak sou kon hou nie. Hy het verwag hy sou enige oomblik in hegtenis geneem word. Nietemin het hy onverpoosd voortgegaan om die OB se standpunt landwyd te propageer.[22]

Aanvanklik het Van Rensburg die voorwaarde gestel dat daar vir HNP-kandidate gestem kan word solank hulle nie die OB vyandiggesind is nie en het hy benadruk dat dit 'n gesamentlike stryd teen die Smuts-regering is.[23] Nieteenstaande die vyandige gesindheid teenoor hom vanuit HNP-geledere het hy sy volgelinge aangemoedig om te gaan stem. Dit het groot oortuigingskrag van sy kant geverg om sekere OB-lede wat ontstig was oor hul stief behandeling deur die Nasionaliste te oorreed om te stem. Daar is selfs nog in die 1970-onderhoude met OB-lede tekens van bitterheid hieroor.[24]

Op die laaste nippertjie het Van Rensburg openlik OB-lede opdrag gegee om te gaan stem bloot om die Smuts-bewind te beëindig.[25] Oor sy eie besluit om op 26 Mei 1948 stembus toe te gaan, het Van Rensburg sy veelseggende ommekeer soos volg verduidelik: "Ag, nou ja, as dit ons nader aan 'n republiek bring, dan gee ons nie om of dit nou 'n 'stembus' of 'omnibus' of 'n 'blunderbus' is nie!"[26]

Die HNP het nie 'n volstrekte meerderheid in die verkiesing behaal nie en was verplig om met sy verkiesingsbondgenoot, die Afrikanerparty, saam te werk. Die HNP het ook nie die meerderheid stemme behaal nie, maar is deur die afbakening van die kiesafdelings bevoordeel omdat die meerderheid Verenigde Party-stemme in 'n minderheid kiesafdelings gekonsentreer was. Die naelskraapse oorwinning vir die HNP en die Afrikanerparty toon hoe belangrik elke OB-stem was:[27]

HNP	70 setels
Afrikanerparty	9
Verenigde Party	65
Arbeiders	6

Die HNP se twis met die OB en die halsstarrigheid aan veral die kant van die HNP het wel nadelige gevolge ingehou. Hendrik Verwoerd se onverbiddelike vyandigheid teenoor die OB, as redakteur van *Die Transvaler*, het byvoorbeeld daartoe bygedra dat hy in die Alberton-kiesafdeling naelskraap verloor het.[28]

Die Nasionaliste se bewindsoorname op 26 Mei 1948 is een van die belangwekkendste gebeurtenisse in die Suid-Afrikaanse geskiedenis. Dit het onder meer die begin van die apartheidsera ingelui. In die verlede is daar nie veel gemaak van Hans van Rensburg se aandeel om die party wat uiteindelik sy naam na die Nasionale Party sou verander, aan bewind te bring nie.

Die latere staatspresident John Vorster, wat midde-in die stryd gestaan het, het egter Van Rensburg se bydrae as van wesenlike belang beskou en geglo dat hy agter die skerms 'n deurslaggewende rol gespeel het om samewerking tussen Malan en Havenga te bewerkstellig.

Van Rensburg se invloed op Havenga was volgens Vorster enorm: "[B]aie mense beroem hulle daarop dat hulle die oorsaak is dat dr. Malan en mnr. Havenga bymekaar gekom het in 1948 – dit is so dat baie mense hulle daarvoor beywer het, maar die man wat die deurslag gegee het en sonder wie dit nie moontlik sou gewees het nie, was Hans van Rensburg."[29]

26

Die Ossewabrandwag se laaste stuiptrekkings

"Só skielik die opgang, net só skielik die ondergang!"
– Katie van Rensburg

IN DIE VROEË 1940'S, TOE Van Rensburg ongekende gewildheid beleef het met die hoogbloei van die OB, het sy vrou, Katie, teenoor mense wat haar man se lof besing het, tot hul groot verbasing opgemerk: "Só skielik die opgang, net só skielik die ondergang!"[1]

Dit was profetiese woorde. Van Rensburg se val was volkome en die OB se skouspelagtige opgang en indrukwekkende opbloei in sy beginjare staan in skrille kontras met sy roemlose einde.

Die Nasionaliste se oorwinning in Mei 1948 was vir Malan en sy volgelinge amper net so 'n groot verrassing soos dit 'n onverwagse skok vir Smuts en sy volgelinge was.

Van Rensburg het twee hoofredes aangevoer vir waarom die OB ná die oorlog steeds 'n bestaanreg gehad het: sy republikeinse ideaal en sy optrede in belang van politieke gevangenes. Voor die einde van 1948 het die Nasionaliste egter al die politieke gevangenes vrygelaat. In sy memoires skryf hy: "After that the end came, noiselessly; almost lethargically.[2]

Daarna het verbete kampvegters vir 'n republiek uit die HNP na vore getree, onder wie J.G. Strijdom en C.R. Swart. Die OB het hom dus nou in 'n onbenydenswaardige posisie bevind.

Gevolglik het Van Rensburg dit goedgedink om die Grootraadsitting van November 1948 na Julie te vervroeg sodat 'n strategie bedink kon word voor die HNP-kongresse aan die einde van die jaar.[3] Die OB het miskien die Afrikanerparty gekaap, maar daar is verwag dat hierdie party met die

HNP sou saamsmelt en dit sou die OB in die politieke wildernis laat. Die Afrikanerparty en die HNP het inderdaad in 1951 as die Nasionale Party saamgesmelt.[4]

Al was die redes vir die voortgesette bestaan van die OB aan die verdwyn, wou nie alle OB-leiers dit so aanvaar nie. Hulle het bly vasklou aan die nodigheid van so 'n beweging en die idee van 'n partylose staat. Siende dat die OB daarin geslaag het om die Afrikanerparty te kaap, het dié groep bly glo dat die magsbalans in die OB se guns was en "die stert was van plan om die hond te swaai".[5]

Hoewel Van Rensburg se toekoms ná 1948 onseker was, het hy besluit om nie die raad te volg van diegene wat hom aangemoedig het om die OB by die Afrikanerparty in te skakel en om self dan adjunkleier van die party te word nie. Hy was wel bereid om lid van die Afrikanerparty te word as die Grootraad instem.[6]

Havenga het openlik die OB se lof besing en verklaar dat die OB bygedra het tot die verkiesingsoorwinning van 1948.[7] Hy moes Van Rensburg se aandeel daarin maar al te goed besef het. Self was hy met niks minder as 'n adjunkpremierskap tevrede nie.

Ten spyte van sy erkentlikheid teenoor Van Rensburg, het Havenga nie sy invloed gebruik om 'n pos vir Van Rensburg te beding nie. Hy kon nie of wou nie na Van Rensburg omsien nie. Havenga het hom moontlik as 'n politieke melaatse beskou van wie hy moes wegbly.

Volgens Van Rensburg se seun, Johan, het Malan sy pa op 24 Augustus 1948 na Grootte Schuur ontbied en hom met 'n lys beskuldigings gekonfronteer:

1. dat hy tydens die oorlog met Smuts geskakel het;
2. dat hy met die Duitsers geskakel het; en
3. dat hy die opdrag gegee het vir die sluipmoorde op Lötter en Nel.

Die ontmoeting was stormagtig. Van Rensburg het gedreig dat indien Malan wou doen wat Smuts nie bereid was om te doen nie (hom aankla van hoogverraad), hy hof toe sou gaan "en nie alleen sal dans nie". Dit is nie seker wat hy daarmee bedoel het nie. Die eerste aantyging sou Van

Rensburg uiteraard met minagting as vals verwerp het, en die derde een het hy ontken. Dit was egter alombekend dat hy wel met die Duitsers geskakel het.[8]

'n Verwysing na soortgelyke beskuldigings is in die Grootraad se notule van 28 Januarie 1949 vervat:

> K.G. wys daarop hoe skinderstories teen hom nog steeds versprei word; dr Malan het min. Havenga spesiaal ontbied om hom te vertel dat die regering oor dokumentêre bewys beskik dat
>
> 1 dr. Van Rensburg tydens die oorlog met Duitsland kontak gehad het;
> 2 dat dr Van Rensburg tydens die oorlog kontak gehad het met Grooteskuur, Genl. en Me. Smuts; en
> 3 dat hy verantwoordelik is vir die dood van Lötter en Nel.
>
> K.G. het aan min. Havenga gesê dat hy nie skuldig is aan punte 2 en 3 nie, maar wel aan die eerste punt; hy het so gehandel omdat hy gemeen het dat die politici eerlik is in hul geskree teen die Empire.[9]

Dit is waarskynlik in die lig van Malan en ander Nasionaliste se vyandigheid teenoor Van Rensburg en teen die agtergrond van die aanklagte van hoogverraad en ander bewerings dat Havenga nie meer beskermend teenoor Van Rensburg opgetree het nie.

Terwyl Van Rensburg alte goed besef het daar kon toe met oorgawe langs konstitusionele weë na 'n republiek gewerk word, moes hy vir die soveelste keer 'n nuwe vyandige front trotseer. Anders as voorheen was dit hierdie keer in eie geledere.

Ná 1948 het die interne verdeeldheid in die OB ontaard in 'n noord-suid geskil met OB-lede in die suide van die land wat Van Rensburg toenemend vyandiggesind was. Die suidelike, of Kaapse, groep het onder leiding van die voorsitter van die Grootraad, prof. D.J. van Rooy van Potchefstroom, en gesteun deur die Kaapse leier, Sambok Smith, en N.G.S. van der Walt, die redakteur van *Die O.B.*, 'n felle aanval op Van Rensburg geloods. Van der Walt het 'n besonder venynige veldtog in *Die O.B.* gevoer en Van Rensburg het hom van blatante ondergrawery beskuldig.[10]

In wese het dit daarom gegaan dat Van Rensburg nie die OB in 'n politieke party wou omskep nie. Hy het voorgestel dat die OB voortaan slegs as 'n "propagandistiese orgaan" vir die republikeinse ideaal aangewend word.[11] Hy het diegene wat nie toegewings wou maak nie, gewaarsku: "Ek het besef as ons ooit die OB uit die woestyn en die verlatenheid wou red, dan was dit nou of nooit ... Alles of niks beteken meestal niks ... Ons veg nie net vir die OB nie, maar vir die Afrikanerdom ... Die sluiting van Afrikanergeledere het broodnodig geword vir die voortbestaan van ons volk."[12]

Van Rensburg het ook voorgestel dat gewone OB-lede van hul verpligtinge onthef word. Die OB was in 'n geldelike verknorsing en sy voorstel het ingepas by noodsaaklike besnoeiing wat gedoen moes word.[13]

Van der Walt spreek hom in Maart 1950 in 'n brief aan Van Rooy onomwonde uit oor wat hy as nie 'n organisatoriese probleem nie, maar 'n leierskapskrisis in die OB beskou: "Ons leier weier om te lei, en as dit 'n feit is, kan niks ter wêreld ons vooruit bring of aan die lewe hou nie ... Hy het geen geloof meer in die toekoms van die O.B. nie. Die K.G. [het] alle belangstelling in die O.B. en sy stryd verloor, en [is] op die oomblik net begaan ... oor die kortste pad na likwidering."[14]

Van Rensburg het glo teenoor Van der Walt erken dat hy besig was met die "geleidelike likwidering" van die OB. "Wat ek doen is die nieamptelike eervolle ontslag [van die OB]," het hy gesê.

Volgens Van der Walt het Van Rensburg se "tam en onwillige leierskap" in 1949-50 'n akute probleem geword en tot verdeeldheid aanleiding gegee.[15] Hy het Van Rensburg daarvan beskuldig dat hy 'n verbitterde man is wat geen positiewe idealisme of doelstellings meer het nie en net daarin belangstel om die OB te gebruik om hom op die HNP te wreek.[16]

Die waarheid is dat Van Rensburg 'n nuwe, logieser politieke uitweg gekies het. Die Nasionaliste sou voortaan omsien na die verwesenliking van die republikeinse ideaal, wat al hoe haalbaarder deur die stembus geword het. Daar was nie meer plek vir verdeeldheid nie – republikeinsgesindes moes eerder konsolideer. Van Rensburg het voorts geglo alle wit mense moet saamstaan teen die sogenaamde Swart Gevaar en Rooi Gevaar. Die wonde wat die geskille by die twee wit taalgroepe veroorsaak het, moes gou geheel word, veral in die lig van die rassevraagstuk wat al hoe prominenter geword het. Die OB met sy verlede van nasionaal-sosialisme en status as 'n burgerlike beweging sou beswaarlik 'n rol daarin kon speel.

Al die druk en die vyandigheid het Van Rensburg laat besluit om onbetaalde verlof te neem en hy het hom op sy eiland in die Vaalrivier teruggetrek. Ná 'n tyd is gevoel dat sy leiding broodnodig was en hy is gevra om terug te keer. Hy het dit gedoen, maar die vyandigheid van die suidelike groep het bly toeneem.

Toe Van der Walt in die Augustus 1951-uitgawe van *Die O.B.* te kenne gee dat die OB die politiek gaan betree, is dinge op 'n spits gedryf. Die koerantjie is as die mondstuk van die OB beskou en 'n verkeerde boodskap is daarmee na buite gestuur. Dit was vir Van Rensburg totaal onaanvaarbaar: Dit het nie net 'n verwronge beeld van die OB geskep nie, maar ook van hom as leier. Die gevaar was dat dit opnuut die Nasionaliste se wantroue sou aanvuur terwyl die HNP, wat intussen tot die Nasionale Party herdoop is, nie meer die vyand was nie. Vir Van Rensburg was die Verenigde Party, die Torch Commando en die kommuniste nou die vyande. Van der Walt se kommentaar het dus 'n verleentheid geword wat openlik gerepudieer moes word.[17]

Daarna was Van Rensburg voortdurend in Van der Walt se visier en die Grootraad het nie *Die O.B.*-redakteur tot orde geroep nie. Van Rensburg kon die ondermyning nie langer verduur nie en het aan die begin van 1952 as OB-leier bedank, maar sy OB-lidmaatskap behou.[18]

Die OB is toenemend lamgelê deur interne onmin. Die offisiersbyeenkomste van laat 1951 en 1952 is gekenmerk deur 'n reeks opeenvolgende binnegevegte. Op nasionale vergaderings is 'n warboel mosies ingedien waarin opponerende groepe hul misnoeë met mekaar te kenne gegee het. Die OB het 'n vernederende einde tegemoet gegaan.

Ná die opname van die Afrikanerparty in die HNP en die herdoop van die nuwe party na Nasionale Party in 1951, het Van Rensburg lid van die Nasionale Party geword en is hy verkies tot erepresident van die Bond van Oud-Geïnterneerdes en Politieke Gevangenes.[19]

In die OB se laaste stuiptrekkings is die Grootraad verklein en die pos van kommandant-generaal afgeskaf. Die koerantjie *Die O.B.* is herdoop as *Die Republikein*, maar al die pogings tot herlewing was doodgebore. Die OB is in 1954 finaal ontbind.[20]

'n Spotprent van die bekende Victor Ivanoff in Die Vaderland *wat lui:*
"SKOUER AAN DIE WIEL: Na aanleiding van die Grootraad van die O.B.
se eenparige goedkeuring aan dr. J.F.J. van Rensburg se optrede ten
opsigte van eenwording van die H.N.P. en A.P."

Die historikus Bertie Fourie aanvaar Van der Walt se weergawe, asook sy klagtes dat Van Rensburg sedert 1949 tekens van onaanvaarbare moedeloosheid en défaitisme teenoor die OB getoon het. Hoewel Fourie nie aandag skenk aan die vraag of Van Rensburg se benadering in die tyd uit eerlike oortuiging gespruit het nie,[21] vind hy dat sy apatiese optrede teenoor die OB deels veroorsaak is deur die volgende:

> dat hy sedert sy instelling as KG in 1941 min of meer elke skokgolf wat na die OB aangekom het, moes absorbeer ... [en dat hy] min of meer 'n solo-rol gespeel het in die heftige stryd tussen die OB en HNP, en sy program van openbare optredes was so gelaai dat hy fisiek en geestelik eenvoudig daaronder sou moes swig ... dat hy nie alleen die OB moes lei nie, maar ook die Stormjaers, en in beide gevalle het dit sy

kragte tot breekpunt toe beproef, veral toe die Stormjaers kwaai onder die spervuur geplaas is.

En dan was daar faktore soos die dralende en hangende moontlikheid van 'n hoogverraadaanklag teen hom wat reeds veroorsaak het dat ander leiers hulle nie met hom of die OB wou assosieer nie ... Al hierdie faktore saamgegooi moes eenvoudig psigosomatiese gevolge hê, dit wil sê dat die stremminge en spanning van tien jaar en selfs stoflike gebrek vir Van Rensburg en sy gesin in die jare toe dit met die OB finansieel broekskeur gegaan het, so 'n invloed op sy psige gehad het, dat hy psigies afgetakel is en uiteindelik gehospitaliseer is.[22]

Van Rensburg het self opgemerk dat hy die weerligafleier vir die Smutsregering, die HNP en die Engelse en die Afrikaanse pers se meedoënlose aanvalle op die OB was.[23]

Katie van Rensburg het nooit gedink dat die OB-leierskap haar man gepas het nie: "Hy was nie 'n politikus nie. Hy moes die politieke lot gelos

Van Rensburg en Katie op Die Weide.

het," het sy verskeie kere opgemerk.[24] Ander mense wat na aan Van Rensburg was, het soortgelyke menings gehuldig. Sy vriend Albert Hertzog meen Van Rensburg se persoonlikheid het gemaak dat hy nie geskik was vir die politiek nie: "Die feit dat dr. Van Rensburg Nietzscheaans was in sy uitkyk en op gesag klem gelê het, het gemaak dat hy die finesse van politiek geminag het."

Hertzog noem ook dat indien Van Rensburg moeilike situasies versigtiger gehanteer en openlike konfrontasies vermy het, hy veel meer sou vermag het.[25]

Volgens die politikus Paul Sauer, wat Van Rensburg ook goed geken het, was die OB-leier intelligent maar hy het "nie politieke diepte gehad nie".[26]

In sy biografiese skets van Van Rensburg is die joernalis Bernard Sachs simpatieker: "[He] posseses a generosity of spirit and humanity, which was observable when he was dealing with political opponents." Sy eerlikheid het Sachs getref: "He is absolutely self-revelatory... To me it does not seem altogether natural to be so ruthlessly straightforward."[27]

Die eise van 'n spanningsvolle en ongesonde lewenstyl het sy tol begin eis. 'n OB-generaal en vriend van Van Rensburg, Kalie Behrens, het sy kommer oor die gesondheid van die KG in 'n brief aan 'n mede-OB-offisier uitgespreek en genoem dat hy baie gewig verloor het, besig was om in een oog blind te word en neerslagtig was oor sy gesondheid.

Andreas Wassenaar, voorsitter van die Sanlam-direksie waarin Van Rensburg ook gedien het, meen dat Van Rensburg nie sy gesondheid opgepas het nie en ook nie na die opdragte van sy geneesheer, die bekende chirurg dr. Frans du Toit van Zyl, geluister het nie. Volgens Wassenaar het Van Rensburg ook geen geheim gemaak van sy lewensuitkyk om "eerder voluit te leef as 'n lang, leë lewe te hê" nie.[28]

Die twee Amerikaanse gesante wat in 1941 'n onderhoud met hom gevoer het, het selfs in hul verslag aan Washington sy strawwe rookgewoonte genoem: "Chainsmoking cigarettes, he fumbled repeatedly with matches, flicked ashes when there were no ashes to flick and on several occasions dropped his cigarette, remarking apologetically that is was 'an elusive cigarette'."[29]

Van Rensburg het sy eerste hartaanval in 1951 gehad, maar betreklik gou daarvan herstel. Later sou hy ook 'n tweede hartaanval oorleef, maar dit sou nie die laaste een wees nie.

27
"Ek wil in 'n gat wegkruip!"

*"Bitterness is a luxury for individuals,
not for leaders who bear responsibilities."*
– Hans van Rensburg

OP AANBEVELING VAN KLASIE HAVENGA, wat in daardie stadium nog die adjunkpremier was, het Van Rensburg hom in die algemene verkiesing van 1953 beskikbaar gestel as 'n kandidaat vir die Nasionale Party in die kiesafdeling Vredefort in die Vrystaat.

Om as amptelike kandidaat van die Nasionale Party aangewys te word, moes hy eers 'n voorverkiesing van die party in die kiesafdeling wen en hy het te staan gekom teen die sittende parlementslid, Henning Klopper, wat die kiesafdeling reeds in 1943 vir die Nasionale Party verower het. Sy besluit om hom spesifiek in hierdie kiesafdeling verkiesbaar te stel, was waarskynlik naïef en ondeurdag, want Klopper was 'n vooraanstaande figuur in die party – hy was 'n stigterslid en eerste voorsitter van die Broederbond en die besielende leier van die Simboliese Ossewatrek van 1938, asook 'n gevestigde inwoner van die distrik.[1]

As Van Rensburg dalk aan die een of ander grootheidswaan gely het nadat hy as OB-leier so opgehemel is, is hy met die voorverkiesing om die NP-kandidaat aan te wys hard aarde toe gebring. Hy het 'n vernederende nederlaag teen Klopper gely waarin hy nie eens 22% van die totale nominasiestemme kon kry nie.[2]

In 'n brief aan die oud-Stormjaerleier Pikkie Botha vat Van Rensburg die hou op die ken met die opmerking:: "I got hit for a six! It was a knock out with a knuckle duster!"[3] Hy is wel ook taamlik swartgallig oor die uitslag en kla bitterlik oor hoe hy swartgesmeer is. "Here, ou Pikkie, hoe het hulle my beskinder," skryf hy.

Die voorverkiesing is voorafgegaan deur 'n smerige maar suksesvolle veldtog teen Van Rensburg. Die ou bewerings van konkelry met Smuts is weer versprei, asook dat hy drank misbruik terwyl hy in werklikheid alkohol matig gebruik het.[4] Volgens sy vriend en vertroueling, oud-OB-generaal Kalie Behrens, het die verkiesingsterugslag Van Rensburg emosioneel erg getref. Hy het in selftwyfel verval en 'n ruk lank aan 'n minderwaardigheidskompleks gely. In dié tyd sê hy aan Behrens: "Ek wil in 'n gat wegkruip."[5] Volgens Behrens het Van Rensburg inderdaad toe "begin wegkruip".[6]

Dit was vir Behrens vreemd om iemand wat bykans altyd in beheer van homself voorgekom het en nie aan gemoedskommelinge gely het nie, in só 'n emosionele laagtepunt te sien verval. Ander het dit ook opgemerk.[7]

Van Rensburg het vroeër reeds getoon dat die soort vyandigheid soos in die voorverkiesing hom erg raak. In Oktober 1949 kla hy in 'n brief teenoor Julian Visser (wie se doodsvonnis vir sy aandeel in die opblaas van die poskantoor op Benoni later versag is): "Ons leef in dae waar vyande talryk en vriende aansienlik skaarser is... en juis daarom weeg elke vriend des te swaarder in [my] waardering."[8]

Van Rensburg se joernalissuster, Louise Behrens, het nie gehuiwer om in die openbaar vir haar ouboet in die bresse te tree nie. Teen 1955, toe hy 'n uitgeworpene in Afrikaner- politieke geledere was, het sy haar verbittering oor die behandeling wat hy van mede-Afrikaners ontvang het in 'n brief aan hom uitgestort:

> ons [die Van Rensburgs] is nie ware Afrikaners nie. Al dink ons ons is. Ek weet nie van jou nie maar ek moet eerlik sê dat ek nog nooit lekker gevoel het onder 'n spul ras-egte Afrikaners nie. Die ontuiste wat ek nog ooit in my lewe gevoel het, was op 15 Des. 1949 toe ek vir *Die Volkstem* tussen die juigende skares op Monumentkoppie [by die inhuldiging van die Voortrekkermonument] rondgedwaal het om menslike stories vir die koerant op te spoor. Dit is vir my onmoontlik om aan te neem dat alles wat Afrikaans is reg en edel en wonderlik is en dat alles wat Engels is, verfoei en verag moet word. Jy is 'n Duits-Engelse-kosmopolitaan wat toevallig Afrikaans praat en ek is Engels, skoon Engels en druk my in Afrikaans uit.[9]

Ten spyte van die oordeel en swaarkry waaraan Van Rensburg blootgestel was, het sy ingeburgerde Afrikanernasionalisme hom nie toegelaat om sy suster se alternatiewe sentimente te deel nie. Hy het hom reeds as student op Stellenbosch onherroeplik tot die Afrikanernasionalisme verbind – hy sou altyd 'n Christiaan de Wet-man bly. Louise se frustrasie wys wel hoe uiteenlopend die Van Rensburg-sibbe oor volksake gedink het.

Van Rensburg het ná 'n tyd sy neerslagtigheid afgeskud en heel onbaatsugtig sy gewig agter Nasionale Party-kandidate ingegooi. Hy het onder meer in die verkiesing van 1953 die kandidaat op Vryburg aktief gaan ondersteun.[10] Hy skryf in sy memoires: "I am a poor hater."[11] Vir hom was daar op die duur nie plek vir haatdraendheid nie: "Bitterness is a luxury for individuals, not for leaders who bear responsibilities".[12]

Dit is opvallend dat Van Rensburg moeite gedoen het om vrede te maak met ou vyande. Enkele dae ná Smuts se nederlaag in die 1948-verkiesing het Van Rensburg in 'n brief aan die oudpremier hom vir sy meesterlike geduld tydens die oorlogsjare geloof. Hy het ook daarop gewys dat hy oor die deelname aan die oorlog skerp van Smuts verskil het en meegedoen het aan sy nederlaag. Hy het nietemin sy waardering herhaal vir die wyse waarop Smuts telkens voorkom het dat geweld gedurende die oorlog eskaleer.[13]

'n Paar dae later het Smuts teruggeskryf: "Dit is omdat ek my volk so lief het en hul ware motiewe so goed begryp dat ek deur die jare sagkens met hulle gehandel het. Jou ook het ek beskerm, hoewel jy soos 'n stout kind gehandel het en jou diep blootgestel het. Ons jare tesaam het my baie geleer."[14]

Die korrespondensie getuig van die twee se wedersydse hoflikheid, al was hulle in die openbaar aan teenoorgestelde kante van 'n oorlog.

Volgens Emmie du Toit wou Hendrik Verwoerd Van Rensburg nie eens ná die oorlog aanvaar nie.[15] Gedurende die oorlog het Verwoerd geen geleentheid laat verbygaan om as die redakteur van *Die Transvaler* die OB en Van Rensburg aan te val en te verkleineer nie. Op sy beurt het Van Rensburg geen oogware vir Verwoerd gehad nie. Met die onluste vroeg in 1941 toe die gebou aangeval is waarin *Die Transvaler* gehuisves is, het die redakteur geskitter in sy afwesigheid. Hierna het Van Rensburg hom gereeld gekoggel deur te vra: "Waar was Verwoerd?" Hy het ook met Verwoerd

DOORNKLOOF.
IRENE.
TRANSVAAL.

31, V. 48

Waarde Hans

Ek waardeer u brief en dank u daarvor. Dit sal deur my as privaat en persoonlik behandel word.

Dit is omdat ek my volk lief het en hul innere motiewe so goed begryp dat ek deur die jare jagkens met hul gehandel het. En ook het ek erkenn, hoewel hy voor 'n stout knid gehandel het en hom diep blootgestel het. Ons jare tesaam het my baie geleer.

Met medegevoel en wens tot betrekking [!] Steeds die uwe

J Smuts

Jan Smuts se brief aan Van Rensburg kort ná die 1948-verkiesing.

gespot met behulp van trappe van vergelyking: "verward, verwarder, Verwoerd".[16]

Katie vertel dat Verwoerd hulle óf nie gegroet het nie óf hulle kortaf behandel het toe hulle in die 1950's in Kaapstad gewoon het. Volgens haar "wou g'n mens Hans groet met Verwoerd in die nabyheid nie". Die stram verhouding het vir 'n ongemaklike aand gesorg toe die nuwe Sanlamgebou in 1962 in die stad geopen is. By die dinee is Van Rensburg, wat 'n direksielid van Sanlam was, en Verwoerd saam met hul vrouens aan dieselfde tafel geplaas.[17]

Van Rensburg was nie een om haat- of wrokgevoelens met hom saam te dra nie. Die slegte verhouding met Verwoerd het hom jare lank gepla, in so 'n mate dat hy later 'n afspraak met Verwoerd gemaak het en die twee het vrede gemaak.[18]

Van Rensburg het vergesel van Havenga Malan ook vroeër besoek om vrede te maak. Dit was kort voor Malan se uittrede as premier in 1954. Die twee het mekaar die versekering gegee dat hulle nie kwade gevoelens koester nie. Waaroor Van Rensburg besonder bly was, was dat Malan kort daarna in die openbaar genoem het dat Van Rensburg nie gedurende die oorlog met Smuts geskakel het nie. Malan het ook verklaar dat die Nasionaliste nie voor die 1948-verkiesing 'n ooreenkoms met die OB kon aangaan nie, aangesien dit die Smuts-regering dalk sou beweeg om voort te gaan met die aanklagte van hoogverraad as 'n soort strategiese vervolging van die OB. Dit kon 'n vernietigende uitwerking op die HNP gehad het.[19]

Van Rensburg het in 'n groot mate verstote gevoel. Dit blyk onder meer uit sy fyngevoeligheid toe John Vorster hom een dag tydens 'n besoek aan die parlement nie gegroet het nie. Dit het vir hom soos 'n onverstaanbare verwerping deur sy ou kameraad gelyk. Toe Van Rensburg hom daaroor gaan spreek, het Vorster dit as 'n misverstand afgemaak.[20]

Kort voor Vorster se dood het hy in 1981 in 'n onderhoud by sy aftreehuis op Oubos verklaar dat hy tot aan die einde "net die hoogste agting en respek vir Hans van Rensburg gehad [het]. Ek het na hom opgesien. Hy was my vriend. Ek het hom as my leier beskou..."[21]

Van Rensburg se gematigde persoonlikheid blyk duidelik uit sy ongepubliseerde Afrikaanse memoires en die Engelse weergawe wat as *Their paths crossed mine* gepubliseer is. In dié geskrifte meld hy weinig oor die

*Katie en Van Rensburg weerskante van John Vorster
by 'n dinee van die B.O.P.G.*

vurige Afrikanertwiste sedert 1942. Dit was waarskynlik nie in sy aard om ná 'n konflik verwyte rond te slinger nie. Wanneer hy wel die sluier ietwat lig, is dit sonder enige venyn en net om sy saak te stel.

Van Rensburg verklap nie veel detail oor die Stormjaers se aktiwiteite in sy memoires nie en wanneer hy wel iets daaroor skryf, noem hy nie name nie. Terwyl die boek oor die algemeen gunstige resensies in sowel die Afrikaanse as die Engelse pers ontvang het, was bykans almal dit eens dat daar te min oor die omstrede aangeleenthede van die Stormjaers onthul is.[22] Al was die kanse skraal dat enigiemand in 1956 nog vervolg sou word, wou hy nie waag om enigiemand in gevaar te stel nie.

Onder lojale OB-lede was daar hoë verwagtinge dat Van Rensburg ná die 1948-verkiesingsoorwinning op grond van sy bekwaamheid 'n senior pos in die regering sou kry. Daar was selfs bespiegelinge dat hy die minister van verdediging of justisie sou word. Daarvan het dadels gekom.

Daar was veral ongelukkigheid toe die onbekwame Frans Erasmus as minster van verdediging aangestel is.[23] Die voormalige OB-hoofgeneraal, prof. G. Cronjé, het gemeen dat die Nazi-stigma en die feit dat Van Rensburg as 'n "gevaarlike man" beskou is, daartoe bygedra het dat hy doelbewus polities geïsoleer is.[24]

Van Rensburg het in die jare daarna sporadies 'n senior regeringspos probeer kry. Toe 'n ambassadeurskap in Spanje oopval, het hy voelers uitgesteek, maar daarvan het niks gekom nie. Dit was egter veral die administrateurskap in Suidwes-Afrika waarop hy sy hoop geplaas het.

Van Rensburg het in 1958 as't ware met die hoed in die hand vir John Vorster, in daardie stadium 'n opkomende parlementslid, genader om voorspraak vir hom by Albertus van Rhyn te doen. Van Rhyn was administrateur in Suidwes-Afrika van 1951 tot 1953 en later minister van ekonomiese sake en mynwese. Van Rensburg het te kenne gegee dat die ou wrewels van die OB en Stormjaers met so 'n administrateurskap eens en vir altyd in die bed gelê kon word. In 'n daaropvolgende brief aan Van Rhyn het hy daarop gewys dat hy die gepaste ondervinding vir die pos het en by die Duitsers in Suidwes-Afrika aanklank sou vind. Dit was egter nie nodig om Van Rensburg se versoek ernstig te oorweeg nie omdat die destydse administrateur, Daniël Viljoen, wie se termyn in 1958 sou verstryk, te kenne gegee het dat hy vir nog 'n termyn sou aanbly.[25]

In later jare het Van Rensburg se ouderdom nie sy geesdrif vir die militêr gedemp nie. Teen die einde van die 1950's het hy 'n paar keer navraag by die militêre owerhede gedoen hoe hy weer as burgermaglid betrokke kon raak. Met die onluste in 1960 en die volgende jaar het hy ywerig aansoek gedoen vir opname in aktiewe diens. Dit is elke keer weens sy ouderdom afgewys.[26]

In die laat 1940's het Van Rensburg Die Weide verkoop en met die finansiële hulp van OB- en Stormjaervriende 'n plasie, 'n eiland in die Vaalrivier stroom af van Parys, gekoop. Hy het dit Mooi Eiland gedoop en het besonder aangename tye in die laaste dekades van sy lewe daar deurgebring. Sy beskrywing van Mooi Eiland vertel veel oor sy sensitiewe sy:

> Hemmed all along the river's edge with mimosa and wild willow, it is a jewel set amidst murmuring waters. You could set out with a fishing rod or book or what would you, go to some beautiful nook, forget the world and be by the world forgot. The next day and the next, and many other days, you could find another and another spot, each more beautiful than the first – if that be possible. There was no end to the places

that beckoned so enticingly. Here a spot where some rivulet cut its babbling way athwart a corner. There a quiet pool, bedded in flat rocks, where one could lie and sunbathe, feeling that the world was still pagan. Pan could emerge from the reeds, or a naiad – and only the hardest baked Philistine would register a surprise! Or, as evening falls and you stroll down to the pond, well stocked with Black Bass, you discover new enchantment. In a corner of that idyllic beauty some forty water-lilies rest on their broad leaves – shimmer pearls floating on green velvet.[27]

Geen mens kan ten volle beskryf of verstaan word nie. Gebeure in iemand se lewe kan help om lig te werp op hom as mens, maar ander voorvalle kan net meer onduidelikheid skep.

Die Van Rensburgs was besonder geheg aan hul troeteldiere.

Van Rensburg was besonder lief vir diere. Wanneer sy honde doodgegaan het, het hy besonder lank getreur. Toe sy kalkoene per ongeluk gif ingekry het en almal vrek, was hy hewig ontsteld, nie oor die geldelike verlies nie, maar oor die verlies van sy "troeteldiere". Hy het eens by Stormjaers van Rustenburg 'n makgemaakte bobbejaan as geskenk gekry en gou besonder geheg geraak aan die dier. In 'n stadium het die bobbejaan egter geniepsig met besoekers begin raak. Hy het die dier toe na 'n afgeleë gedeelte van Mooi Eiland geneem en hom doodgeskiet. Hy skryf niks daaroor in sy gepubliseerde Engelse memoires nie.[28]

Hen Pretorius, 'n Terreurgroeplid, vertel hoe hy gedurende die oorlog saam met Van Rensburg in die Vrystaat gereis het toe hulle 'n swart man teëkom wat 'n erg gelaaide donkie wat lê, vreeslik slaan. Van Rensburg het Pretorius beveel om stil te hou, die man uitgetrap, die pak van die donkie losgemaak en die dier weggejaag.[29]

Weens die politieke stigma wat aan Van Rensburg bly kleef het, is sy bewese bekwaamheid in die naoorlogse jare misgekyk en is hy opsigtelik stief behandel. Nadat OB-leiers druk op Havenga geplaas het, is 'n pos as streekkommissaris in die nuut gestigte Groepsgebiederaad egter aan Van Rensburg toegeken. Daarmee het hy hom midde-in die praktiese toepassing van die beleid van apartheid begeef.

28

Apartheidsapologeet

"[Van Rensburg's] main attributes is his integrity . . . Even when he dealt with the Colour question, at that point where the rub was greatest, he did not resort to 'white lies'."
– Bernard Sachs, joernalis en linkse aktivis

VAN RENSBURG SE NEEF EN kleintydse speelmaat, Jan van Reenen, vertel hoe hulle as seuns gereeld by die enigste watergat in 'n spruit buite Winburg gaan swem het. Die watergat, wat eintlik in droë tye niks meer as 'n modderpoel was nie, was naby die swart woonbuurt geleë. Wanneer hulle swart kinders by die poel aantref, het hulle hulle verwilder.[1]

Tog was swart seuns Van Rensburg se enigste speelmaats op Trommel wanneer sy neef nie by hom gekuier het nie. In dié opsig kan sy optrede as jong kind waarskynlik toegeskryf word aan 'n ras-chauvinisme wat hy by sy ouers geleer het en wat tipies was van die rasverdeelde, konserwatiewe samelewing waarin hy grootgeword het.

Van Rensburg was, wat Suid-Afrika se rassevraagstuk betref, 'n kind van sy tyd en 'n onbeskaamde prediker van apartheid. Vir die grootste deel van sy volwasse lewe was die vernaamste stryd tussen die twee wit taalgroepe en nie tussen wit en swart nie. Die fokus was volledig op Afrikanernasionalisme se stryd teen Britse heerskappy. Die bevoordeling van wit Afrikaanssprekendes onder apartheid was deel van die poging om die onregte en vernederings reg te stel wat die Afrikaner onder Britse heerskappy moes verduur.

In die naoorlogse Suid-Afrika is die stryd teen Britse heerskappy vervang met 'n stryd teen die sogenaamde Swart Gevaar en Rooi Gevaar (die kommunisme). Die Nasionaliste het kort ná hul bewindsoorname die apartheidsbeleid in wetgewing omskryf en afgedwing. Dit was nie lank nie of die nuwe Afrikanerregering het die muishond van die wêreld geword weens sy apartheidsbeleid wat in die buiteland dikwels as pro-Nazi voorgestel is.

Terwyl hy nog adjunkpremier was, het Klasie Havenga belowe dat daar na Van Rensburg omgesien sou word deur 'n geskikte senior pos in die staatsdiens vir hom aan te bied. Die voorsitterskap van die Groepsgebiederaad is in die vooruitsig gestel, maar daarvan het dadels gekom.

Eers toe Tos Pienaar, die voormalige Natalse OB- en Stormjaerleier, by Havenga aandring dat hy dit aan Van Rensburg verskuldig is om hom te help, is daar daadwerklik gereageer.[2] Oor Van Rensburg se bekwaamheid kon daar geen twyfel wees nie. Hy het tevore immers belangrike staatsposte beklee en was as provinsiale administrateur en sekretaris van justisie baie suksesvol.

As 'n soort troosprys is Van Rensburg in 1953 as streekskommissaris van die Groepsgebiederaad in die Oos-Kaap aangestel waar hy nie 'n politieke bedreiging sou inhou nie. Sy swak finansiële omstandighede het hom moontlik genoop om die pos te aanvaar. Daar is aan hom voorgehou dat hy later nasionale voorsitter van die Groepsgebiederaad sou word, maar dit het nooit gebeur nie.[3]

Van Rensburg se aanstelling by die Groepsgebiederaad het hom by die praktiese implementering van 'n hoeksteen van die apartheidbeleid betrek – die Wet op Groepsgebiede van 1950. Die doel van die wet was om afsonderlike woongebiede vir verskillende rasse af te dwing. Dit het in die praktyk beteken dat veral gekleurde gemeenskappe uit "wit" gebiede na afsonderlike buurte verwyder moes word.

Die Wet op Groepsgebiede het die eiendomsreg en bewoning van grond tot 'n bepaalde statutêre groep beperk. In die praktyk was dit tot voordeel van wit mense. Die wet het 'n dramatiese uitwerking gehad. Hoewel misdaadgeteisterde gebiede in sommige gevalle geteiken is, is lewenskragtige binnestedelike gebiede deur die gedwonge verskuiwings ontwrig. Die massaverskuiwings het groot pyn en ongerief veroorsaak. Meestal is die swart en bruin mense na onontwikkelde ekonomiese gebiede buite die stedelike of dorpsgebiede verskuif, wat beteken het dat armes ver van hul werkplek gebly het.[4]

Van die belofte dat die wet billik en regverdig uitgevoer sou word, het in die praktyk niks gekom nie. Die wet het op naakte rassisme berus en honderde duisende mense se menswaardigheid is in die toepassing daarvan aangetas.

Voordat Van Rensburg se rol as Groepsgebiedekommissaris bespreek word, is dit nodig om na sy beskouings van "groot en klein apartheid" te kyk.

Van Rensburg was 'n rasbewuste wit Afrikaner wat in "groot apartheid" die oplossing vir die Suid-Afrikaanse rassevraagstuk gesien het. Dit kan ook as 'n vorm van paternalisme beskou word. Soos baie van sy tydgenote het hy opreg geglo dat dit 'n Christelike en morele beleid was.[5] Dit sou die Nasionale Party-regering tot die vroeë 1990's neem om die immoraliteit van apartheid te aanvaar.

In 1964 is Van Rensburg se memoires in Duits onder die titel *Der Weisse Sündenbock* gepubliseer. Hy het 'n gedeelte oor apartheid ingevoeg wat grotendeels 'n verdediging van veral "groot apartheid" is. Van Rensburg het in lyn met die heersende Afrikanerdenke van die tyd geglo dat die onderskeie rasse hulle op verskillende vlakke van ontwikkeling bevind het. Vir hom was die swart bevolking van Suid-Afrika heel anders as die wit bevolking en het hulle volgens hom nog 'n "primitiewe instink" gehad. Hy het sy standpunt ondersteun deur voorbeelde te gee van swart mense wat middel 1960's rituele moorde gepleeg, in voorvaderlike geeste geglo en veelwywery bedryf het. Hy het verduidelik dat hy swart mense nie as minderwaardig beskou nie, maar dat dit 'n geval van "ander rasse, ander waardes" is – 'n begrip wat hy dikwels gebruik het.[6]

In sy Afrikaanse memoires noem hy met trots dat hy tydens sy ondersoek na die regstatus van die Angolese Dorslandtrekkers se huwelike uit 800 huwelike nie een gemengde huwelik gevind het nie: "Rasseskeiding is by die Afrikaner 'n onuitwisbare deel van sy geestelike samestelling, 'n fundamentele kwessie van selfbehoud, nie van slimmigheid nie. En dit sal heelwat meer as dinamiet vereis om dit uit hom uit te skiet!"[7]

Alhoewel hy teen Hertzog en Smuts se samesmelting in die Verenigde Party was, was hy nogtans tevrede dat dit Hertzog in staat gestel het om die 1936-Naturellewetgewing deurgevoer te kry – die grondslag van die Nasionale Party se latere apartheidswetgewing.[8]

Vir Van Rensburg was afsonderlike ontwikkeling 'n eerlike poging om rasseharmonie in Suid-Afrika te bewerkstellig. Hy het daarop gewys dat 'n beleid van afsonderlike ontwikkeling 'n regverdige verdeling van grondgebied tussen die rasse as ideaal het. Vir hom was daar 'n prioriteitsorde in die aanvaarding van en samewerking tussen die verskillende rasse. In sy memoires skryf hy: "We have a duty to all mankind. That is – as we say in Afrikaans – 'as wide as God's mercy'. Within that ambit of that admitted duty we also have narrower (and therefore more pressing) duties and loyalties: to White South Africa and and – still narrowing it down to the scale – to the Boer nation, to Afrikanerdom".[9] Rasseharmonie was vir hom die kernbeginsel van rasseverhoudinge, met rasseselfliefde as uitgangspunt.

Van Rensburg het soos baie ander Afrikaners van die tyd wat "groot apartheid' betref 'n Hendrik Verwoerd-man geword – die man wat eens op 'n tyd sy aartsvyand was en met wie hy lustig in die oorlogjare gespot het: "Verward, Verwarder, Verwoerd!"[10] Kort ná Verwoerd se dood het Van Rensburg teenoor John Vorster opgemerk: "Die volk het, Goddank, die voorbeeld van H.F. Verwoerd om na te streef".[11]

Van Rensburg het in sy briewe en ander kommentaar nie aandag gegee aan swart politieke aspirasies nie, maar wel die gevare daarvan bespreek. Hy het in abstrakte terme na swart mense verwys. Vir die grootste deel van sy lewe het dit gegaan om die sake waarin die Afrikaner destyds vasgevang was – die armblankevraagstuk en bevryding van Britse heerskappy. Hoewel dit vir Afrikanernasionaliste én swart mense om bevryding en die verbetering van hul ekonomiese lot gegaan het, het hulle in aparte wêrelde geleef en nie ag geslaan op mekaar se politieke aspirasies nie.

In die onderhoud wat die Joodse joernalis Bernard Sachs sowat 'n jaar voor Van Rensburg se dood met hom gevoer het, het hy openhartig sy standpunt oor die rassekwessie in Suid-Afrika gegee. Sachs was getref deur sy eerlikheid: "[O]ne of his main attributes is his integrity. And he makes no effort to cover up anything ... More than once he cut through the ideological cant and hypocrisy, and reached the core of things. Even when he dealt with the Colour question, at that point where the rub was greatest, he did not resort to 'white lies.'"[12]

Van Rensburg het wel nie veel hoop vir toekomstige rasseverhoudinge in Suid-Afrika gehad nie. Toe Katie in 1938 namens haar man 'n inhuldiging in Thaba Nchu bywoon, het die leier van die Barolongs teenoor haar opgemerk dat daar in Suid-Afrika nie plek is vir twee rasse nie – een sal plek moet maak vir die ander. Toe Van Rensburg dit hoor, het dit hom ontstel en dit het hom altyd bygebly.[13] In sy onderhoud met Sachs sê hy: "It will be a struggle of rights. The Whites will be fighting for their right to a stake in the country they pioneered and developed; while the Blacks will battle for what they consider to be their rights politically, socially and economically. Blood will flow!"[14]

In sy Engelse memoires sê hy: "I am not trying to apportion the blame in the inevitable struggle for survival. I merely note the sad deteriorating in racial relations; that – and the lengthening shadows before us."[15]

Van Rensburg was tien jaar lank 'n kommissaris by die Groepsgebieraad. Hy was nooit betrokke by die formulering van die Groepsgebiedebeleid nie, maar het dit bloot as amptenaar toegepas. In sy Duitse memoires verduidelik hy hoe hy as 'n Groepsgebiedekommissaris een keer gepoog het om aan 'n Joodse vrou te verduidelik dat Afrikaners met apartheid bloot wil bereik wat die Sioniste in Israel het, naamlik 'n aparte staat vir Afrikaners.[16]

Hy het sy pligte tot op die letter van die wet uitgevoer. Omdat hy direk betrokke was by die afbakening van gebiede en kompensasie vir verliese, is hy dikwels geskenke aangebied deur moontlike benadeeldes, maar hy het dit elke keer geweier. Hy was onwrikbaar in sy deugdelikheid en onomkoopbaarheid.[17]

Die Groepsgebiedewet was 'n baie omstrede aspek van die apartheidsbeleid wat sterk teenstand ontlok het, nie net van swart Suid-Afrikaners nie, maar algaande ook uit Afrikanergeledere weens die onmenslikheid daarvan. Hoewel hy 'n voorstander van "groot apartheid" was, het Van Rensburg probeer om hierdie drakoniese wetgewing in die praktyk so billik moontlik toe te pas.

Daar is talle voorbeelde waar hy op 'n deernisvolle manier in belang van moontlike benadeeldes opgetree het. 'n Amptenaar van die departement van kleurlingsake, J.A.N. Louw, het in 1969, in die tyd toe die Groepsgebiedewet genadeloos toegepas is, oor Van Rensburg gesê: "Hy was altyd genaakbaar, vriendelik en beskeie en het altyd gepoog om die ander man se punt te begryp, veral waar die ander man 'n minder bevoorregte was. Met die toepassing van die Wet op Groepsgebiede het hy altyd probeer toesien dat die ontbering wat dit noodwendig veroorsaak het so draaglik moontlik gemaak word, indien dit nie vermy kon word nie."[18]

Van Rensburg het met sy eie werkers eerstehands die swaarkry ervaar wat die wet meegebring het. Hy het Christiaan en Maria[19], twee getroue swart werkers op Mooi Eiland, as Kleurlinge laat herklassifiseer in die hoop om groter bewegingsvryheid en voorregte vir hulle te bewerkstellig. Hierdie optrede was in wese 'n erkenning van die onregverdigheid van die bestel.[20]

Vanaf 1 Januarie 1955 is Van Rensburg as streekvoorsitter na die Wes-Kaapse Groepsgebiederaad oorgeplaas.[21]

In Mei 1956 lig die bekende sosioloog en maatskaplike werker prof. Erika Theron die sluier oor Van Rensburg se moeilike taak in die Boland waar veral bruin mense aan gedwonge verskuiwings onderwerp is. Theron was 'n voormalige vrouegeneraal van die OB wat veral in die 1970's bekendheid verwerf het met die "verligte" verslag van die Erika Theron-kommissie oor die lewensomstandighede van bruin mense. Sy het hom in 'n brief bedank vir sy poging om bruin mense in die omstandighede sover moontlik billik te behandel en het bygevoeg: "Ek dink hulle verstaan baie goed u probleem."[22]

Hy was veral gewild onder die Kaapse Maleiers. Die voorsitter van hul raad van afgevaardigdes het hom in Augustus 1957 hartlik bedank vir sy "simpatieke beslissing om die Kaapse Maleiers saam met die Kleurlinge te groepeer ooreenkomstig die Wet op Groepsgebiede. Hierdie besluit was vir ons gemeenskap 'n groot verligting, wat andersins swaar sou gekry het."[23]

Gedurende sy tyd as kommissaris het Van Rensburg nooit meer as 'n week verlof geneem nie. Die kere wat hy om langer verlof aansoek gedoen het, is dit dikwels afgekeur of het werkdrukte veroorsaak dat hy nie die verlof kon neem nie. Hy was lang tye weg van Katie, wat uiteindelik ook 'n tol van hul huwelik geëis het.

Van Rensburg was om verskillende redes ongelukkig by die Groepsgebiederaad. Hy skryf in Oktober 1956 aan Julian Visser: "Selfs Job was, afgesien van sy buie, darem 'n vry man en nie 'n kantoormeubelstuk nie."[24]

Daarom het hy ook om ander, meer ambisieuse poste aansoek gedoen.

Op 22 Februarie 1962 het Van Rensburg skielik sy summiere bedanking as Groepsgebiedekommissaris ingedien. P.W. Botha, die destydse minister van gemeenskapsontwikkeling en kleurlingsake, het onmiddellik gereageer en Van Rensburg se bedanking aanvaar. Dit is asof hy nie vir die geleentheid kon wag om van Van Rensburg ontslae te raak nie.[25]

Botha het die departement herorganiseer kort nadat hy die vorige jaar as minister aangestel is. Dié herorganisasie het die magte van die Groepsgebiederade aansienlik ingekort. Dié sentralisasie van mag was teen Van Rensburg se grein in omdat dit die kommissarisse in werklikheid van hul magte ontneem het. Dit het die gevaar ingehou dat daar nie op grondvlak regverdig opgetree sou word nie. Die kommissarisse het ook nie meer direkte toegang tot die minister gehad nie en moes deur sy sekretaris werk. In 'n brief aan Botha waarsku Van Rensburg: "In die komende rassebotsings is dit m.i. veral in Blanke belang lewensnoodsaaklik om die Kleurlinge sodanig te behandel dat hulle aan ons kant staan."[26]

Van Rensburg kon sy bedanking beswaarlik finansieel bekostig, maar hy het 'n gewetensbeswaar gehad om onder die nuwe reëlings aan te bly. In die toekoms sou hy aangewese wees op die inkomste wat hy as direkteur van maatskappye ontvang het en op sy staatspensioen, wat onvoldoende was.

Van Rensburg se bedanking het 'n sterk politieke kleur gekry, veral aangesien die Engelse pers gejubel het dat die voormalige leier van die ultraregse OB nie bereid was om verder in die Groepsgebiederaad te dien nie. Die *Rand Daily Mail* het Van Rensburg se bedanking vertolk as 'n beswaar teen "the cold-blooded implementation of the Act without regard to the sentiments or the convenience of the persons involved" en "the flagrant disregard for human rights implicit in carrying out the Act".[27]

Die Liberale Party, wat 'n groot teenstander van die Groepsgebiedewet was, het hulle ook verheug oor Van Rensburg se bedanking: "Nothing could underline the correctness of the conclusion better than Dr van Rensburg's resignation."[28]

Volgens Tos Pienaar het Van Rensburg bloot aan hom gesê: "Ek kan nie langer met P.W. saamwerk nie. Hy is nie eerlik nie."[29]

Om Van Rensburg se siening van die rassekwessie na behore te verstaan is dit ook nodig om sy intense afkeer van die kommunisme te begryp. Vir

Van Rensburg was een van die redes vir die OB se bestaan tydens en ná die oorlog die stryd teen wat hy beskryf het as "die god- en raslose kommunisme".³⁰ Tydens sy termyn as sekretaris van justisie in die 1930's, waartydens hy te doen gekry het met die bedrywighede van die Suid-Afrikaanse Kommunistiese Party, en later betrokke was by die ondersoek na die bedrywighede van die Nazi-party in Suidwes, het hy diep onder die indruk van die gevare van die kommunisme gekom.

Volgens die politieke wetenskaplike Albert Venter was Van Rensburg "ondubbelsinnig anti-kommunisties gesind: nie net op die praktiese vlak nie, maar ook op lewensbeskoulike, filosofiese niveau."³¹ Hy het enduit geglo dat Smuts gehelp het dat die Sowjet-Unie se Josef Stalin in Oos-Europa heers en dat Rusland 'n voet in die deur in Suid-Afrika kon kry met die opening van 'n Russiese konsulaat in Pretoria in 1944.³²

Vir Van Rensburg het die opkoms van Afrika-nasionalisme 'n teelaarde vir die kommunisme geskep. Hy was skepties oor die onafhanklikheidstryd in Afrika wat volgens hom op 'n katastrofe afgestuur het en net die deur vir die kommunisme sou oopmaak.

29
Finansiële struikelblokke

"Hans was as mens iemand wat vreeslik min van geld gedink
het en ewe min belang daarin gestel het."
– Albert Hertzog (vriend)

HANS VAN RENSBURG SOU NOOIT 'n ryk man wees nie, want geld was nie vir hom belangrik nie. Dit het egter nie beteken dat hy hom nie intens oor die armblankevraagstuk bekommer het nie. Die Anglo-Boereoorlog het talle Afrikaners op hul knieë gedwing en baie moes noodgedwonge van hul plase na die stede trek. Toenemende verstedeliking en die depressie van die vroeë 1930's het die armblankevraagstuk net vererger.

Van Rensburg self het nie veel van 'n sakeaanleg gehad nie. Volgens Albert Hertzog was sy vriend iemand wat "vreeslik min van geld gedink het en ewe min belang daarin gestel het. Hy het eendag vir my gesê wat hy van spaar weet en wat sy vrou van spaar weet, nie die moeite werd is om op 'n stukkie papier te skryf nie. So was hy: hy het hom aan die finansies van die wêreld maar min gesteur ... want hy was 'n idealis ..."[1]

Van Rensburg se vrygewigheid was alombekend. Soos die Stormjaeroffisier Pikkie Botha vertel: "Ek kan my goed herinner dat 'n sekere generaal se vrou by hom £2 000 geleen het en dit nooit in haar lewe terugbetaal het nie. En hy het dit nie gehad nie. Hy moes dit ook gaan leen om daardie geld terug te betaal."[2]

Hendrik van Blerk, een van die bomplanters wie se doodstraf later versag is, het vertel dat Van Rensburg £50 vir Hen Pretorius, 'n Terreurgroeplid, gegee het om vir die mediese toelatingseksamen by die Universiteit van Pretoria te betaal nadat hy in 1948 uit die gevangenis vrygelaat is (hy is skuldig bevind aan 'n reeks sabotasiedade). Dit was in 'n tyd toe Van

Rensburg geen inkomste gehad het nie. Pretorius, 'n skrander man, het uiteindelik as internis gekwalifiseer.³

In die OB-jare het dit by tye broekskeur met Van Rensburg gegaan, veral later toe die beweging weens 'n kwynende ledetal en gepaardgaande verlies aan ledegeld finansieel swaar begin trek het. Gedurende hierdie tydperk het Van Rensburg geen inkomste by die OB ontvang nie en was hy en sy gesin afhanklik van sy staatspensioen en sy direkteursvergoeding by Sanlam. Dit was egter nie voldoende nie. Die agteruitgang van sy gesondheid en hartaanval vroeg in die 1950's het sy omstandighede nog moeiliker gemaak.⁴

Van Rensburg het nie met sy finansiële probleme te koop geloop nie, maar sy benarde posisie het nie ongesiens by sy getroue volgelinge verbygegaan nie. Uit die briewe en herinneringe van OB- en Stormjaerlede wat na aan hom was, blyk dit dat hulle besorg was oor sy droewige finansiële omstandighede. Die OB-generaal Kalie Behrens het byvoorbeeld sy kommer uitgespreek oor die feit dat Van Rensburg aan die begin van die 1950's knaend dieselfde verslonste pak klere gedra het.⁵

By tye het van sy ondersteuners hom finansieel ruim ondersteun. Van Rensburg het vanaf die middel 1950's die aanbod van die Bond van Oud-Geïnterneerdes en Politieke Gevangenes om vir sy retoervliegtuigkaartjie van Kaapstad na Pretoria te betaal om hul jaarlikse byeenkoms by te woon, verleë aanvaar.⁶

Nadat 'n vrygewige Van Rensburg sy enigste OB-lapelwapentjie, wat hy met trots gedra het, aan 'n getroue OB-man gegee het, het van die gewese Stormjaers as 'n "ereskuld" 'n goue lapelwapen teen £4.10. laat maak en aan hom geskenk.

Daar is talle soortgelyke voorbeelde wat dui op Van Rensburg se gebrek aan materialisme.⁷

In 1947 het hy Die Weide verkoop en na Mooi Eiland verhuis danksy die mildelike bydrae van ondersteuners. Hul finansiële hulp (wat deur donasies verkry is) het dit moontlik gemaak dat Mooi Eiland 'n paar jaar later in sy naam geregistreer kon word.⁸ Weens sy gedurige afwesigheid kon die boerdery op die plasie egter nooit van die grond af kom nie. Verskeie pogings om die boerdery op dreef te kry, soos die aanplant van vrugteboorde en die aanvul van sy klein kudde vee, het misluk. In die laat 1950's

Van Rensburg was op sy gelukkigste op Mooi Eiland.

het hy Mooi Eiland met groot teësin op die mark geplaas, maar hy kon nie 'n bevredigende aanbod kry nie.

Met sy aanstelling as Groepsgebiedekommissaris in 1953 is sy finansiële verknorsing ietwat verlig. Sy jaarlikse besoldiging was £1 200 plus 'n lewenskostetoelaag van £320 per jaar wat heelwat minder was as wat hy in die 1930's as administrateur verdien het.[9] Teen 1958 was sy allesinsluitende besoldiging as Groepsgebiedekommissaris £2 400 per jaar.[10]

Van Rensburg was van jongs af 'n ywerige seëlversamelaar. Nadat hy uit die Groepsgebiederaad bedank het, het hy sy versameling aan 'n Britse handelaar verkoop om ekstra inkomste te kry. Volgens hom het hy egter 'n teleurstellende prys daarvoor gekry.[11]

Die opbrengste wat hy uit *Sonder Gewere* en *Their paths crossed mine* en die Duitse vertaling daarvan, verdien het, was welkom, maar hy het gou besef dat dit hoogstens tydelik finansiële verligting sou bied.[12]

Die armblankevraagstuk het Van Rensburg van vroeg af intens gepla. Teen die 1930's het Afrikaners 'n swak selfbeeld gehad, veral weens armoede en 'n algemene minderwaardigheidsgevoel teenoor Engelssprekendes. Dit sou lank neem voordat Afrikaners werklik groot korporasies kon vestig wat vergelyk kan word met dié van sakeleiers uit die Engelse en Joodse gemeenskap.[13]

Die Ekonomiese Volkskongres, wat later as die Eerste Ekonomiese Volkskongres bekend sou staan, het van 3-5 Oktober 1939 in die Bloemfonteinse stadsaal plaasgevind en is deur 757 afgevaardigdes bygewoon. Van Rensburg was een van die erevoorsitters (as administrateur kon hy nie die versoek aanvaar om in die raad van trustees te dien nie).[14]

Die kongres het plaasgevind skaars 'n maand nadat Smuts die leisels van die regering oorgeneem het. In die destydse gespanne atmosfeer was daar in sekere Engelssprekende geledere weerstand teen die kongres. Sommige Afrikaners het Van Rensburg weer verwyt omdat hy nie die trusteeskap wou aanvaar nie en hy is daarvan beskuldig dat hy 'n Smuts-handlanger is.[15]

Die Reddingsdaadbond – wat hom die ekonomiese opheffing van Afrikaners ten doel gestel het – is uit die Eerste Ekonomiese Volkskongres gebore. 'n Kapitalistiese benadering is gevolg wat later "volkskapitalisme" genoem is – die kapitalistiese stelsel moes aangepas word om by die Afrikaanse volksaard te pas.[16] Dit was daarop gerig om nie net 'n handjievol individue te help nie, maar om die hele volk uit ekonomiese knegskap te help ontsnap. Van Rensburg het hiermee akkoord gegaan – wat daarop dui dat hy ook in hierdie opsig nie 'n suiwer nasionaal-sosialis was nie.

In sy toespraak op die kongres het Van Rensburg daarop gewys dat daar sowat 300 000 armblankes is. Hy het dit 'n "noodlottige feit" genoem dat bykans almal Afrikaanssprekend is. Hy het ook verklaar dat die Reddingsdaadbond geen boikotte of politieke doelstellings moet nastreef nie, maar 'n diensorganisasie sal wees en as sodanig erkenning moet geniet. "As dit ons mense is wat vergaan moet in hemelsnaam nie in ons pad staan as ons wil help nie," was sy boodskap wat by die kongresgangers vasgesteek het.[17]

Die OB-Noodhulpfonds, waarvan Van Rensburg ook die voorsitter was, het hom na aan die hart gelê. Hy het dit vergelyk met die Helpmekaarfonds wat ná die Rebellie gestig is.[18] Soos reeds genoem, het hy nie gehuiwer om ekstreme stappe te doen om die fonds aan te vul om die families van die politieke gevangenes en geïnterneerdes by te staan nie.

Van Rensburg het sedert die 1930's in die direksies van bekende Afrikaanse ondernemings soos Sanlam, Santam en Federale Mynbou gedien, al was hy 'n aanhanger van die nasionaal-sosialisme. Die OB se beleid van staatsbeheer en staatsmag het nie met vryemarkbeginsels gerym nie. Van Rensburg se direkteurskap in die nie-staatsbeheerde Sanlam en ander

Die Sanlam-direksie in 1963. Voor v.l.n.r.: dr. M.S. Louw, P.A. Malan (vise-voorsitter), dr. C.R. Louw (voorsitter), dr. E.H. Louw, dr. I.P Schabort. Agter: J.F. Kirsten, dr. J.F.J. van Rensburg, dr. A.D. Wassenaar, G.F.M. Combrink en C.J.H. Scoombie.

organisasies waar winsbejag 'n prioriteit was, was dus teenstrydig met OB-beleid. Sy betrokkenheid by hierdie groot ondernemings het egter sy oorsprong in sy strewe na Afrikaner- ekonomiese bemagtiging gehad.[19]

Sanlam was die versinnebeelding van die Afrikaner se opgang in die korporatiewe wêreld van kapitalisme. Van Rensburg se status as administrateur van die Vrystaat was die hoofrede vir sy aanstelling as direkteur van Sanlam vanaf Januarie 1937 – hy is in die plek van die vorige Vrystaatse administrateur, C.T.M. Wilcocks, verkies. Daarna is hy ononderbroke tot sy dood op tien opeenvolgende jaarvergaderings vir 'n tydperk van drie jaar herkies.

Alle aanduidings is dat Van Rensburg 'n aanwins vir die direksie was. Sy gebrekkige ekonomiese agtergrond het nie afbreuk gedoen aan sy bydrae nie. Uit sy persoonlike dokumente in die OB-argief blyk dit dat hy hom veral ná die oorlog in diepte in belangrike vraagstukke ingestudeer het.[20]

Volgens Andreas Wassenaar, hoofbestuurder en later voorsitter van die Sanlam-direksie, was Van Rensburg "'n bekwame en eerbare persoon... 'n ewewigtige persoon... ek sou hom nooit daarvan beskuldig dat hy sake nie op meriete benader het nie – ek sou hom ook nooit daarvan beskuldig het dat hy bevooroordeeld was nie... Hans se menseverhoudinge was baie goed en sover my kennis strek, het hy met die meeste mense baie goed oor die weg gekom..."[21]

Van Rensburg se innemende persoonlikheid het gemaak dat hy goed met die meeste ander direksielede oor die weg gekom het, met een uitsondering – dr. Eric Louw, die latere minister van buitelandse sake. Volgens Wassenaar was die twee mans soos "water en vuur" en het hulle heelwat vasgesit.[22]

Dit is merkwaardig dat Van Rensburg 'n direksielid van Sanlam gebly het selfs nadat hy by die OB aangesluit het en nadat die venynige stryd tussen die HNP en die OB uitgebreek het. Dit is wel so dat van die direksielede soos Andreas Wassenaar ook OB-lede was. Sanlam se teikenmark was hoofsaaklik Afrikaanssprekendes en daar is besluit dat politiek nie 'n rol moet speel in hul keuse van kliënte nie. Dit het egter nie beteken dat daar nie binne die direksie hewige politieke en persoonlike geskille was nie.

Gedurende die oorlog was veral iemand soos Louw 'n genadelose teenstander van die OB en Van Rensburg.

Tydens die OB-jare was Van Rensburg meer betrokke by OB-sake en het hy sy Sanlam-sake dikwels laat links lê. Daar was minstens een volle direksievergadering elke maand wat Van Rensburg vanweë sy ander verpligtinge nie altyd kon bywoon nie. By tye was hy vir meer as drie agtereenvolgende direksievergaderings afwesig. In so 'n geval kon 'n direkteur sy direkteurskap verbeur indien daar nie 'n geldige skriftelike verskoning was nie. Dit het hy by geleenthede versuim om in te dien.

Gevolglik was daar later sterk druk vanuit die HNP en veral van Louw se kant dat Van Rensburg as Sanlam-direksielid moet bedank. Die koelkop voorsitter, dr. Charlie Louw, het dit egter gekeer deur te laat notuleer dat Van Rensburg wel verskoning aangeteken het. Die vete met Eric Louw het ná die oorlog en tot Van Rensburg se dood voortgeduur.

Van Rensburg het ook in die direksies van Santam, Sankor en Federale Mynbou gedien en was vanaf Maart 1962 in Santam se plaaslike adviserende raad vir die Vrystaat. Santam het in die tyd wat hy 'n direkteur was, skouspelagtige gegroei.[23]

Vanaf Junie 1961 was hy ook 'n direkteur van Federale Mynbou wat as 'n mynfinansieringshuis gestig is. Gedurende sy direkteurskap is Federale Mynbou se steenkoolbelange aansienlik uitgebrei en het dit 'n al groter belang en beheer oor myne verkry totdat dit naas dié van Anglo Amercan die grootste in die land geword het.[24]

Van Rensburg se vergoeding as direkteur van die verskillende maatskappye het beteken dat hy ná sy bedanking as Groepsgebiedekommissaris darem kop bo water kon hou.

30
Katie – 'n liefdestragedie?

"Hansie wat doen jy?"
– Katie van Rensburg

OP SY HOOGTEPUNT AS LEIER van die OB het Van Rensburg groot roem, selfs amper 'n kultusstatus, onder baie van sy volgelinge geniet. Hy was 'n lang, sjarmante man met grysblou oë en 'n innemende persoonlikheid wat elkeen wat hy ontmoet het, spesiaal kon laat voel. Dit kom dus nie as 'n verrassing dat hy sekere vroue se voete onder hulle uit geslaan het nie.

Emmie du Toit het gesien hoe hy sommige vroue bekoor het. Sy het vertel dat selfs dr. D.F. Malan se vrou – heelwat jonger as die destydse eerste minister – tekens van bewondering vir Van Rensburg begin toon het. Sonder om te veel weg te gee, het Du Toit later tog veelseggend opgemerk: "En toe begin mev. Malan van hom hou, né, want, kyk, hy is darem sjarmant ook daarby, en 'if he kissed her hand', dan was die ding gewonne..."[1]

Terwyl ek een dag aan die begin van 2020 in die OB-argief deur ongeordende dokumente van Katie van Rensburg snuffel nadat hulle kort tevore deur familielede aan die argief geskenk is, het ek tussen gewone verjaardag- en kerskaartjies op twee handgeskrewe briewe in 'n koevert afgekom. Die een brief het gelyk asof dit doelbewus geskeur is – soos ek later sou agterkom, waarskynlik in 'n emosionele oomblik. Om dit te kon lees, moes ek dit weer aanmekaar las.

Al twee briewe is geskryf deur 'n vrou wat haar hart uitstort nadat sy in haar liefde versaak is. Dit is onbekend of dit afskrifte is van briewe wat Katie aan Van Rensburg gegee het en of sy bloot haar gedagtes op papier wou neerpen. Wat duidelik is, is dat alles nie pluis was in Van Rensburg en Katie se huwelik nie.

My vermoede was dat die briewe per abuis tussen haar ander dokumente in die skenking beland het. Familielede het dié vermoede bevestig en dit het aan die lig gekom dat van haar kleinkinders onbewus was van die persoonlike hartseer wat in die briewe onthul word.

Die bedoeling is nie om vergange liefdesintriges sensasioneel te onthul nie, maar die inligting in die briewe werp lig op 'n sekere aspek van Van Rensburg se persoonlikheid en sy integriteit.

Van Rensburg was volgens alle aanduidings nie 'n rokjagter nie en het ook nie 'n dwalende oog gehad nie, maar sy innemende persoonlikheid het mense na hom aangetrek en hy het soms oor die tou getrap. In die 1930's was hy byvoorbeeld in 'n kortstondige verhouding met 'n Duitse vrou en Katie het hom 'n ruk lank verlaat. Hy het die verhouding verbreek en Katie beloof dat hy nie weer so iets sal doen nie.[2]

Die konflikte in Van Rensburg en Katie se huwelik is in 'n groot mate suksesvol uit die openbare oog en weg van skindertonge en vyandiges gehou. Na buite was hul huwelik die toonbeeld van geluk. Net sekere van Van Rensburg se nasate en enkele ander is nog bewus daarvan dat Van Rensburg ook 'n buite-egtelike verhouding met Johanna van Graan gehad het.

Van Rensburg het die aantreklike blondekop Johanna aan die einde van die 1940's ontmoet. Sy was amper die helfte jonger as hy. Haar man, van wie sy later geskei is, was 'n offisier in die OB. Ná haar egskeiding is sy vir enkele jare na Londen. Met haar terugkeer in die vroeë 1950's het sy haar

Johanna van Graan

joernalistieke loopbaan as redakteur van die Stellenbosse koerant *Eikestadnuus* voortgesit. Daarna was sy vroueredakteur van die *Landbouweekblad* totdat sy as assistentredakteur van *Sarie Marais* aangestel is.

Ná Van Rensburg se dood is Johanna getroud met Dirk de Villiers, 'n voormalige redakteur van *Die Huisgenoot* en besturende direkteur van Nasionale Tydskrifte en Koerante.[3] Martie Retief-Meiring, wat as jong joernalis onder haar gewerk het, beskryf haar as besonder intelligent, aantreklik en elegant.[4] Daar moes dus duidelik 'n intellektuele aanknopingspunt tussen haar en Van Rensburg gewees het.

Katie het Van Rensburg ontmoet toe sy vyftien was en sy sou altyd lief bly vir hom. Sy het hom deur dik en dun bygestaan, al het dit met emosionele pyn gepaardgegaan. In een van haar briewe aan haar man noem sy dat sy hom steeds "waansinnig lief het" en altyd sal hê.

Die briewe waarop ek afgekom het, is in 1956 geskryf terwyl Katie op Parys by vriende gebly en Van Rensburg in Port Elizabeth as kommissaris van die Groepsgebiederaad gewerk het. Sy noem dat sy reeds ses jaar lank met die wete van Van Rensburg en Van Graan se verhouding moes saamleef. Volgens haar kan sy nie meer anderkant toe kyk nie en het sy uitsluitsel nodig om 'n einde te bring aan die onsekerheid in hulle huwelik. Sy skryf ook hoe die angs en spanning haar in die bed laat bly.

Katie skryf hoe sy sukkel om sy ontrouheid te verstaan:

> Jy het nooit vir my leuens vertel nie – oneerlikheid is nie deel van jou karakter nie – dit is een van die karaktertrekke wat ek in jou bewonder het – in die politiek, teenoor jou vriende, teenoor my – waarom dan liefste Hans, waarom het jy toegelaat dat so 'n avontuurlustige en ydele vrou jou gebring het tot 'n stadium waar jy soos 'n gejaagde dier altyd skelmagtig dit, dat en ander dinge moes doen ...

Van Rensburg en Johanna het in dié tyd in 'n restaurant in Kaapstad die twee Van Rensburg-kinders ontmoet waar hulle meegedeel is dat hul pa wil skei en met Johanna wil trou. Dit het nooit gebeur nie. Dit is onseker of Van Rensburg se pligsbesef of dalk 'n skuldgevoel hom uiteindelik daarvan weerhou het om met 'n egskeiding voort te gaan.

Op die oog af het dit gelyk of Van Rensburg en Katie se huwelik daarna genormaliseer het. Briefwisseling tussen Van Rensburg en Katie ná 1955 verklap niks oor sy verhouding met Johanna nie. In die briewe spreek hy Katie aan as "mammatjie" en die inhoud van hul briewe gaan oor alledaagse aspekte van die huishouding.[5] Maar soos die ou gesegde sê, ou liefde roes nie sommer nie . . .

Op Sondagoggend 25 September 1966 het Van Rensburg van sy seun se huis op Melkbosstrand vertrek om 'n ou OB-vriend te gaan besoek. Van Rensburg en Katie was in die Kaap sodat hy Sanlam-direksievergaderings kon bywoon. Toe hy wegry, het sy twee bekommerde kleinseuns, Hannes en Pieter, hom nog dopgehou totdat hy om 'n draai verdwyn het, want hulle het geweet hul oupa se bestuursvermoë was maar verdag.

Later daardie middag, met klassieke musiek wat in die agtergrond speel, het Van Rensburg deur 'n venster in 'n woonstel in Tamboerskloof na die skilderagtige uitsig oor Tafelbaai gestaar. Dit was 'n dag ná sy 68ste verjaardag. "Wat 'n mooi prentjie," het hy aan Johanna van Graan gesê waar sy in die kombuis doenig was. Dit was sy laaste woorde. Hy het daarna agteroor geslaan en aan 'n massiewe hartaanval gesterf.[6]

Die volgende dag het al die Afrikaanse en Engelse koerante berigte oor Van Rensburg se dood gedra. Vir die eerste keer het baie van hulle hom lof toegeswaai.

Dit is doelbewus verswyg dat Van Rensburg by Johanna in haar woonstel in Tamboerskloof gesterf het. In Van Rensburg se doodskennisgewing word die plek van sy dood aangedui as sy seun se huis op Melkbosstrand.[7] Die meeste koerante het ook berig dat hy ten tye van sy afsterwe by sy seun was.[8] Sommige berigte gee selfs te kenne dat Katie by was toe hy dood is.[9]

Net *Die Burger* moes iewers snuf in die neus gekry het, want dié koerant het wel berig dat hy by Johanna was toe hy sy laaste asem uitgeblaas het.[10]

31
'n Vergete "heldeakker"

Ek is my broeder se hoeder.
– OB-leuse

'N JAAR VOOR SY DOOD het Van Rensburg teenoor 'n joernalis opgemerk: "I have no complaints whatsoever. I have lived a full life – with plenty of ups and plenty of downs. No regrets. I look upon it with pleasure, and am grateful for it."[1]

Vroeg in 1966, enkele maande voor sy dood, het Van Rensburg in 'n gedetailleerde brief aan die Bond van Oud-Geïnterneerdes en Politieke Gevangenes (BOPG) 'n volledige uiteensetting van die reëlings vir sy begrafnis gegee.[2] Ná sy tweede hartaanval in 1962 moes hy geweet het hy leef op geleende tyd, veral omdat hy nie wou afsien van sy kettingrokery nie. Die Bond kon aan die meeste van sy versoeke voldoen, behalwe sy wens om op Majuba begrawe te word.

Van Rensburg is op Saterdag 1 Oktober 1966 in Lyttelton (vandag se Centurion) aan die buitewyke van Pretoria in 'n semimilitêre begrafnis ter ruste gelê. Sy liggaam het die oggend in staatsie gelê, waarna ds. S.J. Stander wat destyds teen Van Rensburg as OB-leier gestem het, die kerkdiens die middag gelei het in die NG kerk Pretoria-Oos. In sy preek het hy Van Rensburg as een van die grootste Afrikaners van alle tye beskryf.

Die diens is met mikrofone na mense buite die oorvol kerk herlei.

'n Motorstoet van amper vyf kilometer het die lykswa na die Lytteltonbegraafplaas gevolg terwyl vlae halfmas by staatsgeboue gehang het. Die weermagorkes het by die graf opgetree en terwyl trompetblasers die laaste taptoe gespeel het, het die vuurafdeling die saluutskote gevuur. Terselfdertyd is die OB-vlag gestryk en die Republikeinse vlag gehys.[3]

Vyf groepe kis- en slippedraers het om die beurt by die kerk en graf opgetree. Dit het van die vernaamste oorlewende oud-OB-lede en oud-Stormjaers ingesluit. Onder hulle was die omstrede genl. Lang Hendrik van den Berg, toe hoof van die veiligheidspolisie, en regters Van Wyk de Vries, J. de Vos en J.F. (Kowie) Marais. Sy vriend Albert Hertzog, wat in daardie stadium minister van pos- en telegraafwese was, was die enigste kabinetslid wat die begrafnis bygewoon het en hy was ook 'n draer.[4]

Van Rensburg se getroue swart werker op Mooi Eiland, Christiaan, het 'n botteltjie met klippies en water van die Vaalrivier saamgebring wat saam met die kis begrawe is.[5]

Dit het opgeval dat die voormalige OB-generaal John Vorster nie die begrafnis bygewoon het nie. Die begrafnis was kort nadat hy die premierskap oorgeneem het ná die moord op Hendrik Verwoerd en dringende sake het verhoed dat hy van Kaapstad na Pretoria reis. Die volgende jaar het Vorster wel die inhuldiging van Van Rensburg se grafsteen met 'n besondere huldeblyk waargeneem. Vorster het vanuit sekere oorde onder hewige kritiek deurgeloop omdat hy as premier die inhuldiging van die oud-OB-leier se grafsteen waargeneem het. Vorster het dit afgemaak as "kleingeestigheid" en oudergewoonte hom nie verder daaraan gesteur nie.[6]

Die pers het wye dekking aan die begrafnis gegee, met meestal objektiewe beriggewing in sowel die Afrikaanse as Engelse koerante oor die eertydse omstrede OB-leier se lewe. Daar was ook etlike lofbetuigings – getrou aan wat die Romeine reeds meer as 2 000 jaar gelede gepredik het: *de mortuis nihil nisi bonum* (sê slegs goeie dinge van die dooies). Dit was in skerp teenstelling met die venynige kritiek wat Van Rensburg in die OB-jare in die pers moes verduur.

Die grootste Afrikaanse Sondagkoerant *Dagbreek en Sondagnuus* het Van Rensburg die volgende dag beskryf as "die mees verguisde en miskende Afrikaner van sy tyd, die onbekende onder die grotes is die naam van Hans van Rensburg" en het berig sy naam is die vorige dag in Pretoria "in dieselfde asem genoem as dié van pres. S.J.P. Kruger, Jopie Fourie, genl. J.B.M. Hertzog, dr. D.F. Malan en dr. H.F. Verwoerd".[7]

Die ink van die lofliedere was egter skaars droog of die ou bewerings oor Van Rensburg se beweerde konkelry met Smuts duik weer in die briewekolomme van Afrikaanse koerante op. Hierop het Van Rensburg se onder-

Van Rensburg se dood en begrafnis het wye publisiteit in die pers geniet. Bo regs is Katie en Van Rensburg se jarelange werker, Christiaan, by sy graf. Onder: Van Rensburg se ronde grafsteen is vandag gevandaliseer en alle inskripsies wat na hom en Katie verwys, is verwyder.

steuners so fel gereageer dat die beweringe 'n tyd lank verdwyn het totdat dit in later jare weer kop uitgesteek het.[8]

The Star se doodsberig van 26 September 1966 het ook na die beweerde skakeling tussen Van Rensburg en Smuts verwys. Van Rensburg se vuurvreter-joernalissuster, Louise, het op 4 Oktober in 'n brief aan die koerant teen die berig te velde getrek. "That he was, when Commandant-General of the O.B., in constant touch with General Smuts '[who] relied on him to warn [him] of its more vicious intentions' is an infamous canard which was widespread at that time in order to bring Dr. van Rensburg's downfall among his followers and all other Afrikaners," het sy onder meer geskryf.

Daarna het sy behoorlik die vloer met die koerant gevee oor verdere suggesties dat haar broer agter 'n komplot was om kabinetslede in die Smuts-regering te vermoor.[9]

Al kan boedelrekeninge soms misleidend wees, toon die Van Rensburg-boedel (waarvan Katie die enigste erfgenaam was) dat hy inderdaad nie 'n vermoënde man was nie. Die enigste noemenswaardige bate was Mooi Eiland, waarop daar 'n verband was.[10]

Nadat die plasie verkoop en die uitstaande verband en ander skuld gedelg is, het Katie die wins te goeder trou by die koper gelaat wat onderneem het om 'n goeie maandelikse rentebetaling aan haar te maak. Ná die koper se dood is sy boedel egter gesekwestreer en het sy hierdie belegging en inkomste verloor. Haar enigste inkomste was daarna die pensioen wat sy as administrateursvrou ontvang het en die waarde daarvan was aan die kwyn.[11]

Van Rensburg se beginsel van "my broeder is my hoeder" het hierna weer onder die OB-geledere prakties beslag gekry toe die BOPG aanbied om Katie finansieel by te staan. Die aangeleentheid het ongelukkig omstredenheid veroorsaak toe daar vanuit 'n minderheidsgroep in die BOPG-geledere beweer is dat sy die boedelgeld verkwis het. Katie het daarna laat weet dat sy niks verder met die BOPG te doen wil hê nie.

'n Groot groep lede van die BOPG het moeite gedoen om die vrede te herstel, waarna die Katie van Rensburg-fonds gestig is waaruit sy tot in die 1980's finansieel ondersteun is. Dit was 'n onafhanklike fonds, maar is deur BOPG-lede geadministreer. Daarna het die bydraes aan die fonds egter begin opdroog, hoofsaaklik omdat die donateurs, van wie John Vorster een was, aan die uitsterf was.¹² Katie het steeds gereeld die byeenkomste van die BOPG waar haar man se nagedagtenis jaarliks herdenk is, bygewoon.

Sy het nie met ander mense oor haar man se verhouding met Johanna van Graan gepraat nie en dit kom voor asof sy enige herinnering daaraan wou vermy. Dit was egter nie altyd moontlik nie, soos die keer toe haar kleinseuns deur hul oupa se viskas gewerk en op 'n foto van Johanna afgekom het. Hulle wou by haar weet wie die vreemde vrou is. Toe daar in die laat 1970's 'n biografie oor die politikus Paul Sauer verskyn wat deur Johanna en haar man geskryf is, wou Katie ook nie eens daarna kyk toe dit aan haar gewys is nie.¹³

Katie het nie weer getrou nie en is op 31 Mei 1988 op 83-jarige ouderdom in Pretoria oorlede.

Vlak teenaan die besige snelweg tussen Johannesburg en Pretoria lê die ou munisipale begraafplaas van Centurion en daarbinne vind 'n mens die OB-heldeakker. Dit is die laaste rusplek van die stryders van 'n grootliks vergete tydperk.

Die Erfenisstigting het 'n aantal jare gelede die verantwoordelikheid van die versorging van die heldeakker by die Bond van die Oud-Geïnterneerdes en Politieke Gevangenes oorgeneem aangesien die lede besig was om uit te sterf. Die versorgde gedenktuin staan duidelik uit teen die res van die grotendeels verwaarloosde begraafplaas. Daar is ongelukkig tekens dat die heldeakker in die verlede gevandaliseer en beelde en ander graftekens beskadig of verwyder is.¹⁴

Van Rensburg se laaste rusplek is 'n unieke ronde graf tussen 59 oudkamerade, onder wie die eens ter doodveroordeelde Julian Visser en ander bekende OB- en Stormjaerlede. Katie is ná haar dood veras en die as is in haar man se graf begrawe.

Epiloog
'n Tragedie van 'n Afrikaner

HOE BEOORDEEL 'N MENS Hans van Rensburg as historiese figuur? Dit is maklik om terugskouend sinies en krities te wees oor iemand se optrede en bydrae in die verlede, veral as daardie figuur nie ingepas het by die denkpatrone van sy tydgenote en die wat ná hom gevolg het nie.

Die taak van die historikus is dieselfde as dié van 'n regter in sy soeke na die waarheid, maar daar hou die ooreenkoms op. Dit is nie die taak van die historikus om individue of groepe skuldig of onskuldig te bevind nie, maar om so eerlik moontlik vas te stel wat gebeur het, te verklaar waarom dit gebeur het en watter impak iemand se optrede, of sekere gebeure, op die samelewing gehad het.

Een van die belangrikste beginsels van die geskiedskrywing is dat elke handeling beoordeel moet word volgens die waardesisteem van die era waarin dit plaasgevind het. Dit word egter nie altyd in die Suid-Afrikaanse geskiedskrywing gedoen nie en die geskiedenis word alte dikwels met 'n vooropgestelde (gewoonlik politieke) doel vertolk. Om by die waarheid uit te kom moet 'n ongemaklike verlede egter juis sonder veroordeling, beskuldiging of pogings tot regverdiging vertolk word.

'n Negatiewe stigma het aan Van Rensburg bly kleef weens sy aanhang van die nasionaal-sosialisme. Die Nazi's se gruweldade gedurende die Tweede Wêreldoorlog maak dit vir sommige mense moeilik om sy optrede neutraal te beoordeel en talle vergeet om dit in die korrekte historiese konteks te plaas. Ongeag wat ná die oorlog oor die Nazi's aan die lig gekom het, bly dit steeds nodig om 'n objektiewe begrip te probeer vorm van die redes vir die ontstaan van die nasionaal-sosialisme en waarom mense soos Van Rensburg dié ideologie aangehang het.

Natuurlik sidder 'n mens by die gedagte aan wat die moontlike gevolge sou gewees het as enige vorm van die nasionaal-sosialisme die regeringsvorm in Suid-Afrika geword het. Nadat die Nazi-gruwels aan die lig gekom het, was dit vir baie 'n bevestiging dat Jan Smuts die "regte" kant in die oorlog gekies het deur die demoniese Adolf Hitler aan te pak.

Veral neo-Marxistiese en sekere liberale geskiedskrywers koppel die opbloei van Afrikanernasionalisme direk aan die opkoms van die fascisme in Europa. Die wortels van apartheid word gevolglik gesoek in Afrikaners se verbintenis met die nasionaal-sosialisme in die 1930's en 1940's en Hans van Rensburg word as 'n leidende figuur voorgehou.[1]

Dit berus egter op 'n swak begrip van sowel Afrikanernasionalisme as die nazisme. Die oorsprong van apartheid is veel komplekser en die wortels daarvan kan teruggespoor word na gebeure van eeue tevore.

Was Hans van Rensburg deur en deur 'n Nazi? Die politieke wetenskaplike Albert Venter meen dat dit moeilik sal wees om Van Rensburg op grond van die algemeen aanvaarde kenmerke van die Duitse nazisme as 'n fascis te etiketteer.[2]

Sowel Venter as die Duitse historikus Christoph Marx kom tot die gevolgtrekking dat hoewel Van Rensburg nie tydens die Tweede Wêreldoorlog die demokrasie as regeringsvorm aanvaar het nie, daar nie werklik getuienis is dat hy 'n Führer-kultus (die mite van 'n onfeilbare leier in die styl van Hitler) om homself gebou het nie.[3] Die joernalis Bernard Sachs meen ook: "There is far too much of the rational and the cultivated in Hans, for him to have made a good Hitlerite."[4] Dit was net nie in Van Rensburg se aard om diktator te speel nie.

Van Rensburg se hoofdryfveer was Afrikanernasionalisme. Ná die Rebellie het hy konsekwent Afrikanernasionalisme aangehang. Vir hom was die belangrikste eindbestemming dié van 'n republiek waarin die Afrikaner sy nasionalisme vrylik kon uitleef. Dit kom in werklikheid voor asof hy ná die oorlog afgesien het van sekere aspekte van die nasionaal-sosialisme wat hy vroeër aangehang het.

Hy het self aangevoer dat daar baie variasies van die nasionaal-sosialisme is. Hy was voorts versigtig om nie gedurende die oorlog openlik al die ander fasette van die nasionaal-sosialisme, behalwe die beginsel van 'n partylose gesagstaat, in sy toesprake te propageer nie. In teenstelling daarmee het hy nie 'n geleentheid laat verbygaan om met totale oorgawe aanvoorwerk vir 'n republiek te doen nie.

Al was Van Rensburg se eie geloofsbeskouings nie glashelder nie, vorm 'n pro-Christelike uitkyk 'n integrale deel van nie net sy politieke nie, maar sy algemene beskouings soos die volgende mening getuig: "Wat ons is, het ons geword uit krag van ons Christelike beginsels. Sodra jy daardie anker los, is jy nie meer 'n beskaafde wese nie en het jy geen etiese maatstawwe meer nie, en die Duitsers het hierdie anker gelos teen die einde van die oorlog en beslis onchristelik gehandel. Daar is toe geen verskil tussen hulle en die Russe nie."[5]

Hierdie standpunt is teenstrydig met dié van die Duitse Nazi's wat wesenlik vyandig teen die Christendom en Christelike kerk was en wat die Germaanse mitologie verromantiseer het.[6]

Al het hy Hitler bewonder en gedurende die Tweede Wêreldoorlog met die Duitsers geheul, het Van Rensburg kort ná die oorlog onomwonde en herhaaldelik erken dat Nazi-Duitsland gruwelike wandade gepleeg het en sy intense afkeer daarvan getoon.[7]

Van Rensburg het wel gedurende die OB-jare anti-Semitiese standpunte ingeneem. In die lig van sy relatief goeie voor- en naoorlogse verhoudinge met Joodse mense is die vraag of hy nie bloot populisties opgetree het in dié verband nie. Sachs, 'n linkse Joodse joernalis wat in die 1960's intensiewe onderhoude met hom gevoer en met hom gekorrespondeer het, het geen anti-Semitisme by hom gevind nie.[8]

Van Rensburg was ná die oorlog erg afwysend oor die wyse waarop die Geallieerdes die Neurenberg-verhore gehanteer het omdat dit volgens die beginsel van die geregtigheid van die oorwinnaar plaasgevind het: Die uitgangspunt dat net die oorwinnaar reg aan sy kant het en self onskuldig is. Van Rensburg het gereken dat die Geallieerdes vergeldend opgetree het sonder om verantwoordelikheid te neem vir hul eie wandade. Vir hom was dit ironies dat dieselfde mense aan wie se hande bloed was omdat hulle onder meer duisende Duitse burgerlikes by Dresden uit vliegtuie gebombardeer en die atoombomme op Hirosjima en Nagasaki in Japan neergelaat het, die Duitse leiers by Neurenberg na die galg gestuur het. Terwyl die Weste geen morele blaam gedra het nie, het hulle volgens Van Rensburg 'n vastrapplek in Europa en uiteindelik elders in die wêreld aan die "demoniese" kommunisme onder Stalin gegee.[9]

Hoewel Van Rensburg 'n rasbewuste, wit Afrikaner was wat aan "groot apartheid" as die oplossing vir Suid-Afrika se rasseprobleme geglo het, is daar bykans geen teken in sy toesprake en geskrifte dat hy die Nazi's se Herrenvolkidee vir Afrikaners aangehang het nie. Sy rassebeskouing was nie gekoppel aan die Nazi's se strewe na 'n suiwer Ariese ras nie, maar was eerder op 'n wit paternalisme, oftewel wit baasskap, geskoei.[10]

Om 'n getroue beeld van Van Rensburg se ideologiese denke te vorm, is dit nodig om wanbegrippe op te klaar oor die kontinuïteit en verandering in sy politieke oortuigings in die loop van sy lewe. Van Rensburg was nie 'n gevangene van een ideologie soos oorvereenvoudigde indrukke van hom as bloot 'n fanaties oortuigde Nazi dit wil hê nie. Veranderde politieke en sosiale omstandighede, sowel in Suid-Afrika as in die buiteland, het 'n groot invloed op sy politieke oortuigings gehad. Sy politieke beskouings was derhalwe nie staties nie.

Daar is in werklikheid merkwaardige en in sekere opsigte redelik radikale omwentelinge in sy beskouings. So verskuif die oortuigings van die seun van 'n hendsopper en kleinkind van 'n joiner van dié van 'n Empiregesinde tydens die 1914-Rebellie na dié van 'n verbete Afrikanernasionalis in die jare ná die Rebellie. Die eens toegewyde nasionaal-sosialistiese teenstander van partypolitiek keur ná die Tweede Wêreldoorlog die gruwels van die nazisme af en neem uiteindelik in die 1950's en 1960's aan die apartheidsbestel deel.

As Van Rensburg nog bedenkinge gehad het oor die parlementêre kiesstelsel het hy na buite daarmee weggedoen deur lid van die Nasionale Party te word en hom in 1953 in Vredefort as kandidaat beskikbaar te stel.

Hy het aan sekere politieke oortuigings soos Afrikanernasionalisme, antikommunisme en groot apartheid vasgeklou, maar ander – soos sy aanvanklike verwerping van die demokrasie en die partykiesstelsel – aangepas.

Albert Venter toon in sy studie dat veranderde sosiale en institusioneel-strukturele omstandighede 'n stempel op Van Rensburg se politieke oortuigings afgedruk het. Hy kom dan tot die volgende slotsom:

> Die "ware Hans van Rensburg" verdien... na sy dood meer begrip vir sy politieke oortuigings as om onthou te word as die "Afrikaner-Nazi" wat Jan Smuts en die VP-regering "verraai" het... [D]ie getuienis oor die kontinuïteit en verandering in Van Rensburg se politieke oortuigings is... 'n bevestiging van die hipotese dat die politieke oortuigings van individue deur kontingente historiese omstandighede beïnvloed en selfs bepaal word. Individuele voorkeur en afkeer is nie eksklusief bepalend ten aansien van politieke oortuigings nie.[11]

Die rol en betekenis van Hans van Rensburg as historiese figuur in Suid-Afrika is grotendeels deur historici afgeskeep. Wanneer hy wel na waarde geskat word, is daar uiteenlopende menings oor die betekenis van die OB onder sy leiding en meestal word sy rol hopeloos onderskat. Volgens die historikus F.A. van Jaarsveld was die invloed van die OB byvoorbeeld "tydelik, seksioneel en oppervlakkig."[12]

Dit is egter grotendeels aan Van Rensburg te danke dat die ondermynende aanslag van die anti-oorlogsgesindes nie geëskaleer het nie en dat daar besonder min lewensverlies weens geweld was. Dit is eers wanneer die omvang van die moontlike geweld nagevors word dat dit duidelik blyk watter bloedbad afgeweer is.[13]

Oor die vraag tot welke mate Van Rensburg bygedra het tot die Nasionaliste se oorwinning in 1948 deur Malan en Havenga bymekaar te bring en OB-lede aan te spoor om te gaan stem en daarvolgens gehelp het om die apartheidsregime tot stand te bring, sal nog gedebatteer kan word. Hoe dit ook al sy, Van Rensburg het in dié verband 'n rol gespeel, al word dit selde in die geskiedskrywing erken.

By Van Rensburg se graf het ds. G.J.J. Boshoff gesê dat die Afrikaner dit aan Van Rensburg te danke het dat sy geesdrif "weer oopgeploeg en sy hart met trots gevul is". Boshoff het voortgegaan dat die Afrikaners voor die tyd skaam was om as Afrikaners geken te word, maar dat Van Rensburg binne enkele maande in 1941 daarin geslaag het om 'n verandering mee te bring.[14] In die lig van soortgelyke kommentaar deur tydgenote was Boshoff se woorde nie net nasionalistiese retoriek by 'n emosionele begrafnis nie.

Albert Hertzog was onder andere dit eens met hom: "As daar nie 'n organisasie soos die Ossewa-Brandwag was wat die Afrikaners uit hul emosionele papbroekigheid kon ruk en hulle weer as Afrikaners kon besiel nie, dan sou daar 'n geweldige insinking onder die Afrikanerdom plaasgevind het... Want deur sy koms en sy optrede – onverskrokke en baie dikwels onbesonne – het hy die Afrikanerdom wakker gehou en besiel, 'n besieling wat hom oor die oorlogsjare gedra het tot 'n nuwe tydperk kon aanbreek."[15]

Wanneer die saak tot op die been oopgesny word (en die OB se beleid van 'n partylose gesagstaat eers opsygeskuif word), was daar nie veel verskil tussen die OB en die HNP se Afrikanernasionalisme en hul strewes na 'n republiek nie. In 'n groot mate het daardie begeestering wat Van Rensburg gebring het, deurgewerk na ander gewone Afrikaners en so ook na die HNP. Dit het by die HNP ook die vlam sterker laat brand om die Britse heerskappy omver te werp en die republikeinse ideaal sterker na te streef.

Sachs het aan sy lewenssktes van Hans van Rensburg die titel "The Tragedy of an Afrikaner" gegee.[16] Was Van Rensburg, soos Sachs en ander beweer, inderdaad 'n tragiese historiese figuur?

Die Natalse OB- en Stormjaerleier Tos Pienaar het jare later opgemerk: "Ek wonder of daar iemand is wat meer verguis is, meer gekritiseer is en verkeerdelik gekritiseer is as juis Hans van Rensburg".[17] Daar is min twyfel dat vanuit sekere Afrikanergeledere 'n sondebok van Van Rensburg gemaak is.

'n Mens is deels ook die maker van jou eie heil. Van Rensburg se sterk intellek het hom moontlik op 'n dwaalspoor geneem, of dalk het omstandighede hom in die verkeerde rigting gedwing. Baie is dit eens dat Van Rensburg 'n besonder talentvolle mens was wat 'n verkeerde rigting ingeslaan het.

Wollie van Heerden, die redakteur van die Sondagkoerant *Dagbreek en Sondagnuus*, het in 1968 in 'n brief aan Van Rensburg se seun, Johan, die volgende oor sy pa opgemerk: "Hy het op 'n kritiese tydstip in sy loopbaan 'verkeerd' gekies – verkeerd in die sin dat sy keuse nie deur daaropvolgende ontwikkelinge onderskryf is nie – en dié omstandighede het daartoe gelei dat een van die briljantste breine van sy tyd versteek is in 'n onbenullige baantjie..."[18]

Tos Pienaar skryf dit aan omstandighede toe: "Ongelukkig het hy as 'n groot gees in 'n verkeerde tyd geleef, anders sou hy seer sekerlik bó in die Kabinet gewees het. Dis waar hy tuisgehoort het."[19]

Die Engelse pers het Van Rensburg se optrede gedurende veral die oorlogsjare as verraad en boos uitgebeeld. Daar was egter meer gebalanseerde reaksies op sy dood, toe *The Star* byvoorbeeld die volgende kommentaar oor sy verspeelde vermoëns gelewer het: "If instead of frittering away his undoubted talents on political and military excentricities, Hans van Rensburg had kept his politics conventional he would almost certainly have made a contribution of lasting value to South Africa. He had the charm and the ability to carry him to high office."[20]

Dalk is dit gepas dat die laaste woord oor Van Rensburg van 'n Engelssprekende kom. Leonard Potterill, 'n hengelvriend van Hans van Rensburg, het ná sy dood 'n ode aan hom opgedra wat hy soos volg afgesluit het:

> Can it be doubted that the late Dr. J.F.J. van Rensburg with his imposing presence, his uncondescending manners of a Prince, his brilliant and cultivated mind and his integrity of spirit might well and properly have achieved the notable place in his country's history as a national Hero second to none had the ladder of fame he was climbing not collapsed under him as he was grasping for the top rung, but whatever the failure of his political ambitions all who were privileged to know him knew he was one of South Africa's great Gentlemen.[21]

Eindnotas

VOORWOORD

1. Vir verskillende vertolkings van Hans van Rensburg se rol sien bv. B. Bunting: *The Rise of the South African Reich*; P.J. Furlong: *Between Crown and Swastika* en M. Shain: *A Perfect Storm: Antisemitism in South Africa*; P.F. van der Schyff (red.): *Die Ossewa-Brandwag: Vuurtjie in droë gras* en meer resent C. Marx: *The Oxwagon Sentinel: Radical Afrikaner Nationalism and the History of the Ossewabrandwag.*
2. 'n Samevattende rekord van die OB se ledetal kon nie gevind word nie. Sommige ramings gee die ledetal so hoog as 400 000, terwyl ander dit as minder as 200 000 stel. Sien Hfst. 11.
3. OB-band nr. 226, B.J. Vorster.
4. OB-band nr. 127, B.C. Schutte.
5. OB-band nr. 69, Albert Hertzog. Hertzog noem dat sy mening 'n persoonlike een is wat hy nie vanuit die sielkunde maak nie.
6. OB-band nr. 226, B.J. Vorster.
7. Sien bv. F.A. van Jaarsveld: *Van Van Riebeeck tot Vorster*; C.F.J. Muller: *500 Jaar Suid-Afrikaanse Geskiedenis*.
8. In 1994 het die Duitse historikus Christoph Marx 'n belangrike bydrae (maar in die wyer onderwerp van die OB-betekenis) gelewer in *The Oxwagon Sentinel: Radical Afrikaner Nationalism and the History of the Ossewabrandwag*. Só ook is Albert Venter se artikel: "Die politieke oortuigings van Hans van Rensburg (1898-1966): kontinuïteit en verandering" van belang.
9. Van Rensburg se seun, Johan, het die dokumentasie wat in die Johan van Rensburg-vers. in die OB-argief bewaar word as té sensitief vir die algemene toegang van die publiek beskou en sy skenking aan 'n embargo onderwerp. Dié beperking is eers ná sy afsterwe met toestemming van sy weduwee en kinders in 2013 opgehef. Sien OB-argief: e-pos Lettie van Rensburg, Anni Snyman, Hannes en P.C. van Rensburg/Annette Kellner 3 Des. 2013.
10. 'n Gepagineerde eksemplaar van Johan van Rensburg se *My vader – kommandant-generaal van die Ossewabrandwag* is ook in die argief in Pretoria te vind: SAB, A174-5, Aanwins Hans van Rensburg-vers. Ongeredigeerde weergawes daarvan in die Noordwes-Universiteit se OB-argief is onduidelik pagineer. Gevolglik word

bladsynommers van dié bron nie in die eindnotas aangedui nie. Dieselfde geld die verskillende weergawes van Hans van Rensburg se ongepubliseerde *Hul paaie het myne gekruis* wat ook in die OB-argief bewaar word.
11. SAB, A174-5, *My vader* ..., p. 34.
12. B. Sachs: *Personalities and Places*, p. 23.
13. OB-band nr. 1, H.L. Pretorius.

VERSPILDE BLOED
1. Die "Nag van Bartolomeus" het op 23 en 24 Aug. 1572 in Frankryk plaasgevind. Dit het 'n groot indruk op Calvinistiese Afrikaners gemaak en die jong Hans van Rensburg het waarskynlik afdrukke gesien van 'n skildery wat die slagting uitbeeld en wat destyds in baie Afrikaanse voorhuise gehang het.

HOOFSTUK 1
1. Van Rensburg se neef Jan van Reenen noem in sy herinneringe dat hy nie weet wat hul oupa Freek se optrede en lojaliteite gedurende die oorlog was nie. Dit dui aan hoe dié sensitiewe aangeleentheid verswyg is. SAB, A133, Aanwins Hans van Rensburg-vers.: *Herinneringe van Jan van Reenen*, 1971.
2. Dit kom ook voor in steekproewe wat ek gedoen het tydens my navorsing vir *Boereverraaier: Teregstellings tydens die Anglo-Boereoorlog* nadat individue navraag oor hul voorouers se optrede tydens die oorlog gemaak het. In etlike gevalle het dit ontstellende resultate vir die navraers opgelewer. Ek moes self ontdek dat daar onder my voorsate hendsoppers was. My voorouers het dit eenvoudig doodgeswyg.
3. "Lang Hans" van Rensburg (1810-1880, geb. Swellendam), getroud met Hester Catharina Meyer (Hans se grootouma) van George.
4. C.J. Beyers (red.): *Suid-Afrikaanse biografiese woordeboek*, Deel IV, pp. 746-747.
5. H. van Rensburg: *Their paths crossed mine*, pp. 8-9.
6. Freek van Rensburg (1839-1912, gebore Swartruggens, Graaff-Reinet), getroud met Dirkie Elizabeth Ferreira (1846-1930) van Port Elizabeth.
7. OB-argief: Johan van Rensburg-vers.: *My vader – kommandant-generaal van die Ossewabrandwag*.
8. TAB CJC 690 CJC 110, "Compensation claims for Protected burghers", Winburg, F.J. van Rensburg.
9. Ibid.
10. P. Labuschagne: "The Brutality of War: A Perspective of the actions of Olaf Bergh's Black Scouts at Smaldeel during the South African War," pp. 67-89; A. Blake: *Boereverraaier*, p. 195.
11. Sien A.M. Grundlingh: *Die "Hendsoppers" en "Joiners"*, Hfst. 8.
12. TAB CJC 690 CJC 110. Olaf Bergh het ook 'n verklaring ter ondersteuning van Freek se kompensasie-eis afgelê.
13. OB-argief: *My vader* ...; Van Rensburg se broer Flip gee 'n soortgelyke verduideliking vir hul oupa se onbetrokkenheid by die Anglo-Boereoorlog. OB-band, nr. 128, P.M.F.J. van Rensburg.

EINDNOTAS | 299

14. *Herinneringe van Jan van Reenen*.
15. Ibid.
16. TAB CJC 690 CJC 110.
17. In die destydse Afrikaanse patriagale wêreld is die rol en betekenis van vroue se gesindhede oor volkslojaliteite soms verswyg. Die rol van die Afrikanervrou in die oorlog was natuurlik baie meer genuanseerd en kompleks as die van blote navolgers van hul mans se besluite. Dikwels was dit juis die vroue wat die bepalende krag was agter hul mans se besluite oor die kwessie of hulle 'n bittereinder, hendsopper of joiner sou wees.
18. OB-argief: *My vader ...*
19. Ibid.
20. Ibid. Johan van Rensburg brei nie uit oor die opheffingswerk waarna hy verwys nie.
21. *Herinneringe van Jan van Reenen*; OB-argief: *My vader ...*
22. Sien Hfst. 18.
23. *Herinneringe van Jan van Reenen*; OB-argief: *My vader ...*
24. OB-argief: Hans van Rensburg: *Hul paaie het myne gekruis*.

HOOFSTUK 2

1. OB-argief: Hans van Rensburg: *Hul paaie het myne gekruis*; H. van Rensburg: *Their paths crossed mine*, pp. 11-12.
2. *Hul paaie ...*
3. SAB, A133, Aanwins Hans van Rensburg-vers.: *Herinneringe van Jan van Reenen*, 1971.
4. Ibid.
5. Ibid.
6. Ibid.
7. *Their paths ...*, p. 271.
8. *Hul paaie ...*
9. SAB, A175, J. van Rensburg: *My vader – kommandant-generaal van die Ossewabrandwag*, p. 16.
10. *Hul paaie ...*
11. *Herinneringe van Jan van Reenen*; *Their paths ...*, p. 23.
12. D.W. Kruger (red.): *Geskiedenis van Suid-Afrika*, p. 441.
13. *Hul paaie ...* Van Rensburg verwys moontlik na Hubertus Elfers se "The English Guide to the Speedy and Easy Aquirement of Cape Dutch" wat in 1903 verskyn het. Die gees van Anglisering kom voor op 'n programmetjie van 'n kinderoperette wat op 13 Des. 1905 by 'n plaasskool in die Brandfort-distrik opgevoer is en waarin 'n sewejarige Van Rensburg gedurende 'n skoolvakansie onder leiding van die onderwyser "Miss" Van Heerden opgetree het. Al die items op die program word slegs in Engels aangedui. SAB, A133, Aanwins Hans van Rensburg-vers.
14. *Hul paaie ...*
15. Ibid.
16. Ibid.

17. *Herinneringe van Jan van Reenen.*
18. OB-argief: Hans van Rensburg-vers.: H. van Rensburg: *Hul paaie het myne gekruis.*
19. P.R. du Toit: "Die Rebellie en die Ned.Geref. Kerk in die Vrystaat, 1914-1919," p. 162. Dié verstommende verskynsel en die betekenis daarvan vir Van Rensburg word verderaan in die teks bespreek.
20. Sien G.D. Scholtz: *Die Rebellie 1914-1915,* Hfste. 11 en 111; L.J. Bothma: *Rebelspoor,* Hfste. 5-8.
21. In *Radelose rebellie?,* p. 121 beoordeel Albert Grundlingh en Sandra Swart die republikeinse motief as synde "'n republikeinse nostalgie" en "die hunkering na 'n vergange leefstyl, wat naatloos en idealisties met 'n republikeinse ideaal verbind".
22. Sien G.D. Scholtz en L.J. Bothma.
23. *Hul paaie ...;* OB-argief: Johan van Rensburg-vers.: J. van Rensburg: *My vader – kommandant-generaal van die Ossewabrandwag*; *Their paths ...,* p. 19.
24. L.J. Bothma, pp. 284-286.
25. OB-argief: *My vader ...*
26. SAB, A175, Vertelling Bettie Verster/Johan van Rensburg, 10 April 1972; L.J. Bothma, pp. 285-289.
27. SAB, A175, Brief Van Rensburg/Albert Hertzog, 18 Feb. 1922.
28. L.J. Bothma, pp. 285-289.
29. SAB, A175, *My vader – kommandant-generaal van die Ossewabrandwag,* pp. 12-14. Sien ook SAB, A133, Aanwins Hans van Rensburg-vers.: *Herinneringe van Jan van Reenen,* 1971. In 'n brief in 1922 aan sy vriend Albert Hertzog bevestig Van Rensburg dat hy bereid was om op die rebelle te skiet. Later sou hy om verstaanbare redes verkies om heeltemal van die netelige onderwerp weg te skram. SAB, A175, Brief Van Rensburg/Albert Hertzog, 18 Feb. 1922.
30. L.J. Bothma, pp. 285-294.
31. *Hul paaie ....*
32. L.J. Bothma, pp. 334-335.
33. *Their paths crossed mine,* p. 25.
34. *Herinneringe van Jan van Reenen.*

HOOFSTUK 3

1. Sien OB-argief: Hans van Rensburg-vers.: H. van Rensburg: *Hul paaie het myne gekruis.*
2. Dié gebeure word verderaan vollediger bespreek.
3. *Their paths crossed mine,* pp. 20-21.
4. S.J. de Jongh: *Sonder Gewere,* pp. 3-7.
5. *Hul paaie ...*
6. Ibid.; Die OB-argief bewaar 'n aantal van Van Rensburg se boeke uit sy Africana-versameling. Sien ook SAB, A175, Aanwins Hans van Rensburg-vers.: *My vader-kommandant-generaal van die Ossewabrandwag,* pp.16-17.
7. *Hul paaie ...*
8. OB-argief: *My vader ...* Tussen Van Rensburg se versameling Africanaboeke is daar

verskeie brosjures van die Nasionale Party met grepe uit Hertzog se toesprake rondom 1917 wat hy as kosbare kleinnood tot sy dood bly vertroetel het.

9. SAB, A175, Brief Van Rensburg/Albert Hertzog, 18 Feb. 1922. Van Rensburg het die brief in Duits geskryf; Sien ook SAB, A175, J. van Rensburg: *My vader–kommandant-generaal van die Ossewabrandwag*, pp. 21-22.
10. Koerantknipsel van *Die Weekblad*, Vrydag 24 Jan. 1958 in OB-argief, Johan van Rensburg-vers.
11. SAB, A133 en A175, *Herinneringe van Jan van Reenen*, 1971.
12. Ibid.
13. *Hul paaie ...*
14. Ibid.
15. Ibid.
16. *Their paths ...*, p. 23.
17. Ibid.
18. H. Phillips: "'Black October': The Impact of the Spanish Infuenza epidemic of 1918 on South Africa", p. 311. Volgens amptelike rekords het 380 inwoners van Winburg aan die griep gesterf.
19. *Their paths ...*, pp. 25-28.

HOOFSTUK 4

1. OB-argief: Hans van Rensburg-vers.: H. van Rensburg: *Hul paaie het myne gekruis*.
2. Ibid.
3. Ibid.
4. Ibid.
5. SAB, A175, Aanwins Hans van Rensburg-vers.: Brief Van Rensburg/Albert Hertzog, 22 Maart 1921. Sien ook SAB, A175, J. van Rensburg: *My vader – kommandant-generaal van die Ossewabrandwag*, p. 18.
6. OB-band nr. 69, Albert Hertzog.
7. *Their paths crossed mine*, p. 270.
8. Ibid., p. 271.
9. *Hul paaie ...*
10. Ibid. Sien ook *Their paths ...*, pp. 238-240.
11. SAB, A175, *My vader ...*, p. 23.
12. *Hul paaie ...*
13. Ibid.
14. SAB, A175, *My vader ...*, p. 23.
15. *Their paths ...*, pp. 14-16.
16. Ibid., pp. 28-29; *Hul paaie ...*
17. *Their paths ...*, p. 32.
18. OB-argief: *My vader – kommandant-generaal van die Ossewabrandwag*.
19. Ibid.
20. Die twee afgebakende areas vir die grafte vir ongedoopte en gedoopte babaslagof-

fers van die konsentrasiekampkerkhof op Springfontein in die Suid-Vrystaat is 'n voorbeeld.
21. P.R. du Toit: "Die Rebellie en die Ned.Geref. Kerk in die Vrystaat, 1914-1919," p. 162. Die outeur maak 'n veelseggend opmerking: "Solank as Winburg en Rietfontein saam bly voortbestaan sal dit as 'n baken dien dat die politieke verskille lank na die rebellie so 'n groot rol binne die kerk gespeel het dat dit slegs in afsonderlike gemeentes uitgeleef kon word."
22. SAB, A175, *My vader ...*, pp. 22-24.
23. OB-argief: *My vader ...*
24. OB-band nr.127, B.C. Schutte; Sien ook SAB, A175, *My vader ...*, pp. 22-24.
25. SAB, A175, *My vader ...*, p. 27.
26. *Their paths ...*, p. 271.
27. OB-argief: N.G.S. van der Walt-vers.: Van der Walt-dagboek.
28. SAB, A175, *My vader ...*, p. 24.
29. Ibid.
30. Ibid., pp. 22-24; OB-bande nrs. 1-2, S.J. Stander.
31. SAB, A175, *My vader ...*, p. 23.
32. Ibid., p. 27.
33. Ibid. Sien ook die verwysings na ander korrespondensie tussen Van Rensburg en Albert Hertzog in die bron.
34. OB-band nr. 69, Albert Hertzog.
35. Ibid.
36. Ibid.; *Hul paaie ...*

HOOFSTUK 5

1. OB-argief: Hans van Rensburg-vers.: H. van Rensburg: *Hul paaie het myne gekruis.*
2. Sien OB-band nr. 69, Albert Hertzog.
3. *Hul paaie ...*
4. Ibid. Turkstra-koffiehuis was 'n gewilde bymekaarkomplek van regsgeleerdes in Pretoria.
5. Vir 'n lewensbeskrywing van Jaap de Villiers sien C.J. Beyers (red.): *Suid-Afrikaanse biografiese woordeboek,* Deel 111, pp. 223-224.
6. SAB, A175, Aanwins Hans van Rensburg: Brief Van Rensburg/Hertzog, 26 April 1923. Sien ook SAB, A175, J. van Rensburg: *My vader – kommandant-generaal van die Ossewabrandwag,* p. 26. Hans se leerklerkskap sou drie jaar duur.
7. OB-argief: *My vader – kommandant-generaal van die Ossewabrandwag.*
8. *Hul paaie ...*
9. Van Rensburg ontwikkel 'n besondere liefde vir die Bolandse berge en het daarna altyd in die Kaap tuis gevoel. *Dagbreek en Sondagnuus,* 2 Okt. 1966, "Ontslape leier van O.B. het op 'geleende tyd' geleef."
10. *Hul paaie ...*
11. Aanhaling uit 'n brief van Van Rensburg aan Albert Hertzog gemaak in 'n memorandum van Johan van Rensburg/Katie van Rensburg, April 1984.
12. *Hul paaie ...*; OB-argief: *My vader ...*

13. *Hul paaie* ... Op die dekblad van die oorspronklike tesis (wat in die Universiteit van Stellenbosch se biblioteek bewaar word) is die woord "Opeising" in Van Rensburg se handskrif met die woord "Opvolging" in die titel vervang. Sien *Opvolging van roerende goed in die derde hand – SUNScholar scholar.sun.ac.za › handle*
14. Die titelbenaming van die hoof van die Dept. van Justisie was in die 1930's "sekretaris" wat in latere jare met "direkteur-generaal" vervang is.
15. H. Giliomee en B. Mbenga: *Nuwe Geskiedenis van Suid-Afrika*, p. 253.
16. H.G. Giliomee: *Die Afrikaners*, p. 397.
17. *Hul paaie* ...
18. Ibid.
19. H.G. Giliomee, pp. 358-361.
20. *Hul paaie* ...
21. Ibid.
22. Ibid.
23. *Their paths crossed mine*, p. 129.
24. *Hul paaie* ...
25. Ibid.
26. A. Venter: "Die politieke oortuigings van Hans van Rensburg (1898-1966): kontinuïteit en verandering," p. 49.
27. Ibid.
28. B. Sachs: *Personalities and Places*, p. 11.
29. Sien J. Smuts: *Holism and Evolution*; H. Giliomee en B. Mbenga, p. 274.
30. *Hul paaie* ...
31. SAB, A174-5, Brief Van Rensburg/J.H. Hollebrands, 9 Maart 1935.
32. *Hul paaie* ...
33. Ibid.; OB-argief: *My vader* ...
34. *Hul paaie* ...; OB-argief: *My vader* ...

HOOFSTUK 6

1. OB-argief: H. van Rensburg: *Hul paaie het myne gekruis;* Mededeling van Bubu Arndt, kleinseun van Hans van Rensburg, soos deur sy ouma aan hom vertel.
2. Ibid.
3. OB-argief: A0271c, Onderhoud J.F.J. van Rensburg/Dept. Oorlogsinligting, Jun. 1944.
4. OB-band nr. 104, R.K. Rudman; Sien ook OB-argief: A0271c, onderhoud J.F.J. van Rensburg.
5. Ibid.; Sien ook OB-argief: A7961, KG-vers. B/L 2/7/53 en G.C. Visser: *OB Traitors or Patriots*, pp.148-176.
6. Die Italiaanse Montessori-leermetode is rondom 1907 deur die eerste Italiaanse vrouedokter Maria Montessori(1870-1951) ontwerp as onderwysstelsel wat beide 'n filosofie en teorie is.
7. *Their paths crossed mine*, p. 39.
8. Memorandum van Johan van Rensburg/Katie.

9. Ibid.; Sien ook *Hul paaie* ...
10. Onderhoude gevoer op 5 Feb. en 30 Nov. 2020 met Hannes en Lettie van Rensburg.
11. *Their paths* ..., p. 189.
12. Ibid.; Memorandum van Johan van Rensburg/Katie. Die eerste ernstige motorbotsing was in 1941 en die tweede in die 1960's.
13. B. Sachs: *Personalities and Places*, p. 21.
14. Mededeling van Katie se kleindogter Ani Snyman aan skrywer.
15. B. Sachs, p.21. Sien ook Hans se opmerkings oor Katie se politieke menings tydens 'n onderhoud wat hy met twee Amerikaners in Junie 1944 gevoer het. OB-argief: A0271c, onderhoud J.F.J. van Rensburg; OB-argief: A7961, Hans van Rensburg-vers. B/L 2/7/53.
16. 'n Verwysing na 'n onderhoud 5 Des. 1979 tussen Johan van Rensburg met sy ma in 'n memorandum Johan van Rensburg/Katie van Rensburg.
17. Onderhoude gevoer op 5 Feb. en 30 Nov. 2020 met Hannes en Lettie van Rensburg.
18. Ibid.; OB-band nr. 84, J.C. Neethling.
19. OB-bande nrs. 1-2, S.J. Stander.
20. OB-band nr. 104, R.K. Rudman.
21. Ibid.
22. Memorandum van Johan van Rensburg/Katie.

HOOFSTUK 7

1. A. Venter: "Die politieke oortuigings van Hans van Rensburg (1898-1966): kontinuïteit en verandering", p. 46. en die voetnoot onderaan die bladsy. Daar was nie 'n onderhoud tussen Hitler en Van Rensburg soos P.J. Furlong in *Between Crown and Swastika: The Impact of the Radical Right on the Afrikaner Nationalist Movement in the Fascist Era*, p. 81 beweer nie. Sien ook P.F. van der Schyff (red.): *Verset teen "Empire oorlog"*, p. 240.
2. *Their paths crossed mine*, pp. 98-99 & 127.
3. Ibid., pp. 98-100.
4. Ibid., p. 99.
5. Ibid., p. 126.
6. Ibid., p. 101.
7. *Hul paaie* ...
8. Ibid.
9. A. Blake: *Robey Leibbrandt*, pp. 24-25.
10. *Hul paaie* ...
11. *Their paths* ..., p. 107.
12. OB-argief: H. van Rensburg: *Hul paaie het myne gekruis*; *Their paths* ..., p. 107.
13. *Their paths* ..., p. 108.
14. *Hul paaie* ... Jeanne D'Arc was 'n 15de-eeuse Franse volksheldin in die stryd teen die Engelse. Sy is deur die Engelse gevang en van kettery aangekla en op die brandstapel na haar dood gestuur. Sy is later deur die Rooms Katolieke Kerk tot heilige verklaar.

15. OB-argief: A0271c, OB2, Onderhoud J.F.J. van Rensburg/Dept. Oorlogsinligting, Jun. 1944.
16. Ibid.
17. *Their paths ...*, p. 109.
18. G.C. Visser: *OB Traitors or Patriots?*, p.14.
19. *Their paths ...*, pp. 107-108.
20. Ibid., pp. 109 en 111; *Hul paaie ...*
21. *Their paths ...*, p. 111.
22. Ibid., p. 107.
23. *Hul paaie ...*
24. M. Shain: *A Perfect Storm: Antisemitism in South Africa, 1930-1948, p. 163.*
25. *Their paths ...*, pp. 117-120.
26. Ibid.
27. Ibid, p.106; *Hul paaie ...*
28. Die benaming "Nazi" is nie destyds deur die nasionaal-sosialiste in Duitsland gebruik nie, maar deur vyandiges in die buiteland.
29. A. Venter, p. 46.
30. *Their paths ...*, p. 104.
31. Ibid., p. 101.
32. *Hul paaie ...*
33. Ibid.
34. Ibid.
35. Ibid.
36. OB-bande nrs. 3-5, A.S. Spies.

HOOFSTUK 8

1. OB-argief: J. van Rensburg: *My vader – kommandant-generaal van die Ossewabrandwag.*
2. SAB, A175, Aanwins Hans van Rensburg-vers.: J. van Rensburg: *My vader – kommandant-generaal van die Ossewabrandwag*, p. 2.
3. Mededeling van Katie aan haar seun Johan op 15 Des. 1979, memorandum Johan van Rensburg/Katie van Rensburg, April 1984.
4. OB-argief: Hans van Rensburg: *Hul paaie het myne gekruis.*
5. *Their paths crossed mine*, p. 12.
6. *Hul paaie ...*; OB-argief: *My vader ...*
7. Ibid.
8. OB-argief: Hans van Rensburg-vers., koerantknipsel van *Die Weekblad*, 24 Jan. 1958.
9. SAB, A174-5, Brief Van Rensburg/Albert Hertzog, 19 Sept. 1928.
10. SAB, A174-5, Fotostate van Van Rensburg se persoonlike militêre lêer, dekkingsbrief/genl.C.H. Hartzenberg, 7 Okt. 1966.
11. SAB, A174-5, Brief Kwartiermeester, 31 Jan. 1933.

12. SAB, A174-5, Brief Brigade-bevelvoerder, 31 Jan. 1933; Sien ook SAB A174-5, Van Rensburg se militêre lêer.
13. SAB, A174-5, Bevorderings- en aanstellingsbriewe; *Hul paaie* ...; OB-argief: *My vader* ...
14. Memorandum van Johan van Rensburg/Katie.
15. OB-band nr.69, Albert Hertzog.
16. *Hul paaie* ...; OB-argief: *My vader* ...
17. OB-band nr. 69, Albert Hertzog.
18. OB-argief: *My vader* ...
19. P.F. van der Schyff: *Verset teen "Empire-oorlog"*, p. 183; OB-argief: *My vader* ...; Sien ook OB-argief, Hans van Rensburg-vers., "Toesprake".
20. *Hul paaie* ...; *Their paths* ..., pp. 46-47.
21. *Hul paaie* ...
22. Ibid.
23. P.F. van der Schyff, pp. 183-184.
24. *Their paths* ..., p. 158.
25. *Hul paaie* ...
26. Ibid.; *Their paths* ..., p. 124.
27. *Hul paaie* ...; *Their paths* ..., pp. 122-123.
28. Sien ook P.F. van der Schyff, pp. 32-33.
29. *Their paths* ..., p. 125.
30. Ibid.
31. SAB, A175, militêre verslag/kol. H. van Rensburg; J. van Rensburg: *My vader* ..., p.46; *Hul paaie* ...
32. D. en J. de Villiers: *Paul Sauer*, p. 74.
33. Sien bv. Y.N. Harari: *Sapiens: A Brief History of Humankind*.
34. OB-band nr. 69, Albert Hertzog.
35. B. Sachs: *Personalities and Places*, p. 14.
36. *Hul paaie* ...
37. OB-argief: *My vader* ...; Sien ook OB-band nr. 69, Albert Hertzog.
38. Memorandum Johan van Rensburg/Katie.
39. *Their paths* ..., p. 176.
40. *Hul paaie* ...
41. *The Friend*, 13 Aug.1937; *The Pretoria News*, 9 Aug. 1937.

HOOFSTUK 9

1. OB-argief: Hans van Rensburg: *Hul paaie het myne gekruis*.
2. Ibid.
3. Ibid.
4. Ibid.
5. OB-bande nrs. 9-10, 204, 238, 268, J.M. de Wet.
6. Ibid.
7. Ibid. Pirow het die Voorwoord tot Van Rensburg se *Their paths crossed mine* geskryf.

8. D. & J. de Villiers: *Paul Sauer*, p. 69.
9. B. Sachs: *Personalities and Places*, p. 18.
10. *Hul paaie ...*
11. Ibid.
12. Ibid.
13. Ibid.; *Their paths ...*, pp. 93-94. Van Rensburg se pogings met kortverhale was onsuksesvol en is nie vir publikasie aanvaar nie.
14. Ibid.
15. SAB, A174/5, Brief Van Rensburg/J. Holloway, 25 Jun. 1938.
16. OB-argief: Katie van Rensburg vers., ongedateerde koerantknipsels.

HOOFSTUK 10

1. Sien L.M. Thompson: *The Unification of South Africa*.
2. OB-argief: J. van Rensburg: *My vader – kommandant-generaal van die Ossewabrandwag*.
3. SAB, A174-5, Aanwins Hans van Rensburg-vers.: J. van Rensburg: *My vader – kommandant-generaal van die Ossewabrandwag*, p. 34.
4. OB-band nr. 69, Albert Hertzog.
5. SAB, A133, Aanstellingsbrief 30 Nov. 1936.
6. SAB, A133, Brief Van Rensburg/Minister van binnelandse sake, 1 Des. 1936 en ander korrespondensie rakende die pensioenaangeleentheid.
7. SAB, A174-5, *My vader ...*, p. 34.
8. Ibid., p. 35.
9. SAB, A133, Brief Van Rensburg/Tesourier, 26 April 1937.
10. Ibid.
11. OB-argief: *My vader ...*
12. Soos aangehaal in P.F. van der Schyff: *Verset teen "Empire Oorlog"*, p. 241.
13. OB-argief: H. van Rensburg: *Hul paaie het myne gekruis*; H. van Rensburg: *Their paths crossed mine*, p. 136.
14. OB-argief: *Hul paaie ...*
15. *Their paths ...*, pp. 136-137.
16. SAB, A174-5, *My vader ...*, p. 35.
17. M. Shain: *A Perfect Storm: Antisemitism in South Africa, 1930-1948*, p.164; OB-argief: Hans van Rensburg vers. 4/33, toespraak, ANS-kongres.
18. L.M. Fourie: *Mobilisering van die Afrikanerdom*, p. 49.
19. OB-argief: *Hul paaie ...*
20. SAB, A174-5, *My vader ...*, p. 35.
21. OB-argief: *Hul paaie ...*; *Their paths ...*, p. 144.
22. J.H.P. Serfontein: *Brotherhood of Power: An Exposé Of The Secret Afrikaner Broederbond*, pp. 58-61, 65.
23. OB-band nr. 51, J.C.J. van der Westhuizen.
24. *Their paths ...*, pp. 132-133.

25. Onderhoude gevoer op 5 Feb. en 30 Nov. 2020 met Van Rensburg se skoondogter, Lettie van Rensburg, en kleinseun Hannes van Rensburg.
26. *Their paths* ..., p. 145.
27. P.F. van der Schyff, p. 194.
28. OB-bande nrs. 63-66, J.S. Labuschagne en Katie van Rensburg; OB-argief: *Hul paaie* ...; G.C. Visser: *OB Traitors or Patriots?*, p. 14.
29. OB-argief: *Hul paaie* ...
30. Ibid.
31. SAB, A174, Briewe Verdedigingshoofkwartier/Van Rensburg, 9 Sept. 1939 en Van Rensburg/sir Percy van Ryneveld, 13 Okt. 1939.
32. P.F. van der Schyff, p. 199.
33. OB-argief: *My vader* ...
34. Ibid.; OB-argief: "Toesprake." Sowat 60 toesprake gedurende sy ampstermyn as administrateur word in bundels bewaar.
35. P.F. van der Schyff, p.207.
36. Ibid.
37. OB-argief: *Hul paaie* ...; OB-argief: *My vader* ...
38. OB-argief: *Hul paaie* ...
39. OB-argief: B.O.P.G.: *Agter tralies en doringdraad*, pp. 39-40 en 51-52.
40. SAB, A174-5, *My vader* ..., p. 37; L.M. Fourie, p. 48.
41. OB-argief: *My vader* ...
42. *Their paths* ..., p. 164.
43. SAB 133 en 174-5. Sien die sensor se kommentaar oor 'n brief van Van Rensburg aan Tibbie du Toit, 4 Des. 1940.
44. *Their paths* ..., p.165.

HOOFSTUK 11

1. Sommige ramings skat die ledetal van die OB op sy piek selfs so hoog as 400 000, wat waarskynlik 'n oorskatting is. P.J.J. Prinsloo: *Kultuuraktiwiteite van die Ossewa-Brandwag*, p. 354.
2. Soos aangehaal in P.F. van der Schyff: *Vuurtjie in droë gras*, p. 3.
3. J.J. Badenhorst: *Vroeë organisasiekultuur*, pp. 17-44; A. Blake: *Wit Terroriste*, pp. 29-31.
4. *Their paths* ..., p. 156; P.F. van der Schyff, p. 188; D.F. Malan: *Afrikanervolkseenheid*, p. 188.
5. Sien bv. B. Bunting: *The Rise of the South African Reich*; P.J. Furlong: *Between Crown and Swastika*.
6. *Their paths* ..., p. 161.
7. A. Blake, pp. 33-34; P.F. van der Schyff, pp. 15-16.
8. *Their paths* ..., pp. 161-162.
9. C. Marx: "The Ossewabrandwag as a mass movement, 1939-1941", pp. 195-196.
10. P.F. van der Schyff, pp. 183-217.
11. Sien bv. H. Opperman Lewis: *Apartheid: Britain's Bastard Child*.

12. A. Blake, p. 41.
13. Ibid., pp. 17-27. Miskien het die versoeningspogings in die lig van die naoorlogse "Swart Gevaar" daarmee te doen dat dié verskynsel nog nooit na behore nagevors is nie.
14. *Their paths crossed mine*, p. 160.
15. B.O.P.G.: *Agter tralies en doringdraad*, p. 68.
16. Soos aangehaal in P.F. van der Schyff: *Verset teen "Empire Oorlog,"* p. 199; A. Blake, pp. 42-43.
17. OB-bande nrs. 63-66, J.S. Labuschagne en Katie van Rensburg.
18. A. Blake, pp. 40-65.
19. *Their paths ...*, p. 170.
20. G.D. Scholtz: *Die ontwikkeling van die politieke denke van die Afrikaner*, Deel VIII, 1939-1948, p. 149.

HOOFSTUK 12

1. OB-bande nrs. 21-22, H.C. Havenga, B. Basson, J. Brink, H Kuperus en J. Ackermann. Die ander Stormjaers by die onderhoud het met Kuperus saamgestem.
2. OB-bande nrs. 3-5, 120, 216-219, 222 en 273, A.S. Spies.
3. OB-argief: nrs. 65-66, J.S. Labuschagne; L.M. Fourie: *Mobilisering van die Afrikanerdom*, p. 48; OB-bande nrs. 63-66, J.S. Labuschagne en Katie van Rensburg.
4. OB-bande nrs. 3-5, 120, 216-219, 222 en 273, A.S. Spies; nrs.16-18, 57, 215, 257, H.J.R. Anderson.
5. Ibid.; OB-bande nrs. 9-20, 64, J.C. Neethling.
6. *Their paths crossed mine*, p. 166.
7. L.M. Fourie, p. 48.
8. OB-bande nr. 84, J.C. Neethling; OB-bande nrs. 63-66, J.S. Labuschagne en Katie van Rensburg.
9. OB-bande nrs. 3-5 en 150, A.S. Spies.
10. *Die Burger* 12 Sept. 1941; L.M. Fourie, p. 48.
11. OB-argief: *My vader – kommandant-generaal van die Ossewabrandwag*.
12. *Their paths ...*, pp. 233-236.
13. Ibid., pp. 166-167.
14. OB-argief: *My vader – kommandant-generaal van die Ossewabrandwag*.
15. Ibid.
16. A. Appel: *Die Oosterlig, 1937-1948*, p. 154.
17. D.F. Malan: *Afrikanervolkseenheid*, p. 189.
18. OB-argief: KG-vers. Toespraak, 15 Jan. 1941. Sien ook sy ander toesprake in dié bron.
19. Ibid. Sien ook OB-band nr. 69, A. Hertzog, vir 'n bespreking van Hans van Rensburg se oratoriese vermoëns. Nie almal was dit met Hertzog eens nie.
20. Sien bv. OB-bande nrs. 9-10, 204, 238, 268, J.M. de Wet; nr. 69, A. Hertzog; nrs .43 en 45, H.M. Robinson; nrs. 34-35, G. Cronjé; nr.51, J.C.J. van der Westhuizen; nr. 84, J.C. Neethling.

21. OB-argief: KG-vers. Toespraak, 13 Okt. 1941.
22. OB-argief: *My vader ...*
23. A. Blake, pp. 47-50.
24. Ibid.
25. *Their paths ...*, p. 178.
26. Ibid.; Die pers het omvattend oor die onluste in die weke daarna berig. Sien *The Rand Daily Mail* Feb.1941; *Die Vaderland* Feb.1941, *Die Transvaler* Feb.1941.
27. *Their paths crossed mine*, p. 182; OB-bande nrs.10-13, J.C. Coetsee.
28. OB-bande nrs. 10-13, J.C. Coetsee.
29. Ibid.
30. G.C. Visser: *OB Traitors or Patriots?*, pp. 36-45.
31. Ibid.; *Their paths ...*, pp.181-183; Sien die reeks berigte in *The Rand Daily Mail* Feb.1941; *Die Vaderland* Feb.1941, *Die Transvaler* Feb.1941; G.C. Visser: *OB Traitors or Patriots?*, pp. 36-45.
32. Ibid.
33. OB-bande nrs. 9-10, 204, 238, 268, J.M. de Wet.
34. *Their paths ...*, pp. 247-248.
35. P.J.J. Prinsloo: *Kultuuraktiwiteite van die Ossewabrandwag*, pp. 353-354 en L.M. Fourie: *Mobilisering van die Afrikanerdom*, pp. 50-52.
36. A. Blake, p. 60.
37. OB-argief: 11/40/10, Brief Van Rensburg/Smuts 17 April 1941; L.M. Fourie, p. 52.
38. OB-bande nrs. 97-98, E.S. du Toit.
39. OB-bande nrs. 9-10, 204, 238, 268, J.M. de Wet.
40. Ibid.
41. OB-bande nrs. 34-35, G. Cronjé.
42. OB-band nr.51, J.C.J. van der Westhuizen. Hannes van Wyk se "Hans van Rensburg die Mens" is 'n voorbeeld van 'n verheerliking van Hans, OB-argief, BOPG 22.
43. OB-bande nrs. 21-22, 225, H.C. Havenga.
44. OB-band nr. 1, H.L. Pretorius.
45. OB-band nr. 69, A. Hertzog.
46. OB-bande nrs. 97-98, E.S. du Toit.
47. OB-bande nrs. 34-35, G. Cronjé.

HOOFSTUK 13

1. OB-argief: Hans van Rensburg: *Hul paaie het myne gekruis*; P. de Klerk: *Die ideologie van die Ossewa-Brandwag*, p. 292.
2. P.J.J. Prinsloo: *Kultuuraktiwiteite van die Ossewabrandwag*, p. 354; P. de Klerk, pp. 292-331; SAB A133: Brosjure van die "Leier van die gedissiplineerde Afrikanerdom en drie toesprake", p. 5.
3. D.F. Malan: *Afrikanervolkseenheid*, pp. 185-195.
4. OB-band nr. 126, H.G. Stoker.
5. P. J.J. Prinsloo, p. 353.
6. P. de Klerk, p. 319.
7. OB-argief: KG Band 7, Toespraak Brakpan 23 Aug. 1941.

8. P.J.J. Prinsloo, p. 360.
9. OB-argief: BOPG 22, Toespraak Pretoria 10 Mei 1941.
10. OB-argief: *My vader – kommandant-generaal van die Ossewabrandwag.*
11. Ibid.
12. P. de Klerk, p. 301. Sien ook M. Shain: *A Perfect Storm: Antisemitism in South Africa*, pp. 237-240, 244-249.
13. OB-argief: My vader …; Ibid.; OB-argief: KG Band 7, Toespraak Pretoria 11 Sept. 1941.
14. OB-argief: A0271c, OB2, Onderhoud J.F.J. van Rensburg/Dept. Oorlogsinligting, Jun. 1944; P. de Klerk, p. 301.
15. J. F. J. van Rensburg: "Die Ossewa-Brandwag: Vanwaar en Waarheen", pp. 60-61.
16. B. Sachs: *Personalities and Places*, p. 10.
17. OB-band, nr. 126, H.G. Stoker.
18. A. Venter: "Die politieke oortuigings van Hans van Rensburg", p. 47.
19. OB-argief: KG Band 7, Toespraak Crossby Okt. 1943.
20. Ibid., Toespraak Brakpan 23 Aug. 1941.
21. Ibid.
22. D.F. Malan: *Afrikanervolkseenheid*, p. 189.
23. OB-argief: "Die Ossewa-Brandwag: Vanwaar en Waarheen", p. 60.
24. J.J. Badenhorst: *Vroeë organisasiestruktuur*, pp. 17-36.
25. P. de Klerk, pp. 311-316.
26. Ibid., p. 311.
27. *Die Vaderland*: "So het ek hom geken – Dr Hans van Rensburg – Afrikaner sonder bedrog", 29 Sept. 1966.
28. "Die Ossewa-Brandwag: Vanwaar en Waarheen", pp. 60-61; A. Venter. p. 48.
29. Ibid.
30. A. Venter, p. 53.
31. Ibid.; "Die Ossewa-Brandwag: Vanwaar en Waarheen", pp. 60-61, asook pp. 311-316.
32. L.M. Fourie: *Mobilisering van die Afrikanerdom*, p. 70.
33. OB-bande, nrs. 35-37, S.C.H. Rautenbach.

HOOFSTUK 14

1. OB-argief: *Notule voorlopige ondersoek: Kroon versus P.P. du Plessis en 57 ander.*
2. OB-bande nrs. 3-5 en 150, A.S. Spies. Sien ook P.F. van der Schyff: *Verset teen "Empire oorlog"*, pp. 228-229.
3. OB-argief: *My vader – kommandant-generaal van die Ossewabrandwag.*
4. OB-argief: Hans van Rensburg-vers.: H. van Rensburg: *Hul paaie het myne gekruis*; P.F. van der Schyff, p. 218.
5. *Their paths crossed mine*, p. 185.
6. OB-bande nrs.74-75, D.P.J. Botha; OB-bande nrs.105-106, C.A. Pienaar.
7. OB-argief: Johan van Rensburg-vers.: J. van Rensburg: *My vader – kommandant-generaal van die Ossewabrandwag.*
8. G.C. Visser: *OB: Traitors or Patriots?*, p. 28.

9. *Their paths ...*, p. 197.
10. Ibid.; OB-bande nrs. 74-75, D.P.J. Botha.
11. E. Theron: *Sonder hoed of handskoen*, p. 41. Erika Theron het later onder meer bekendheid as voorsitter van die Theron-kommissie van ondersoek na probleme in die Kleurling-gemeenskap verwerf.
12. OB-bande nrs. 74-75, D.P.J. Botha; OB-bande nrs. 105-106, C.A. Pienaar.
13. OB-band nr. 51, J.C.J. van der Westhuizen.
14. G.C. Visser, p. 29.
15. OB-bande nrs. 9-10, 204, 238, 268, J.M. de Wet.
16. A. Blake: *Wit Terroriste*, pp. 82-91.
17. OB-bande nrs.10-13, J.C. Coetsee; OB-bande nrs. 9-10, 204, 238, 268, J.M. de Wet.
18. OB-bande nrs. 43 en 45, H.M. Robinson.
19. OB-band nr. 266, S.P.E. Boshoff.
20. OB-bande nrs. 10-13, J.C. Coetsee.
21. OB-argief: *Notule voorlopige ondersoek: Kroon versus P.P. du Plessis en 57 ander.*
22. OB-bande nrs. 16-18, 57, 215 en 257, H. Anderson.
23. Ibid.
24. OB-argief: A0271c, onderhoud J.F.J. van Rensburg/Dept. Oorlogsinligting, Jun.1944.
25. OB-bande nrs. 63-66, J.S. Labuschagne en Katie van Rensburg.
26. G.C. Visser, p. 149.
27. OB-argief: KG-vers. Toespraak Pretoria 10 Mei 1941.
28. OB-bande nrs. 144-145, W. de Beer.
29. OB-bande nrs. 9-10, 204, 238, 268, J.M. de Wet.

HOOFSTUK 15

1. L. Koorts: *DF Malan en die opkoms van Afrikaner-nasionalisme*, p. 228.
2. OB-argief: Die Voorligtingsafdeling van die Ossewabrandwag: *Iets oor die Ossewa-Brandwag*, p. 122.
3. L.M. Fourie: *Mobilisering van die Afrikanerdom*, p. 47.
4. M. Roberts en A.E.G. Trollip meen in *The South African Opposition 1939-1945* dat die konflik oor ideologiese verskille gegaan het, terwyl L.M. Fourie in *Mobilisering van die Afrikanerdom* argumenteer dat dit 'n magstryd oor die Afrikanerdom was.
5. OB-bande nrs. 34-35, G. Cronjé.
6. D.F. Malan: *Afrikaner-Volkseenheid*, p. 190.
7. C.J.F. Muller: *Sonop in die Suide*, pp. 625-626.
8. D.F. Malan: p. 185.
9. H. van Rensburg: *Their paths crossed mine*, p. 162.
10. OB-bande nrs. 97-98, E.S. du Toit.
11. L.M. Fourie, p. 52; *Their paths* ..., p. 189.
12. C.J.F. Muller, p. 611.
13. L.M. Fourie, p. 53.
14. Ibid., p. 57; L. Koorts, pp. 373-4.

15. OB-argief: Hans van Rensburg-vers. Omsendbrief 1/41.
16. Vgl. L. Koorts se lewensskets van Malan.
17. P.F. van der Schyff: *Verset teen "Empire Oorlog"*, p. 200.
18. B. Sachs: *Personalities and Places*, p. 13.
19. *Their paths* ..., p. 204.

HOOFSTUK 16

1. OB-argief: H. van Rensburg-vers., toespraak Elsburg, 9 Aug. 1941; L.M. Fourie: *Mobilisering van die Afrikanerdom*, p. 59.
2. C.J.F. Muller: *Sonop in die Suide*, p. 620.
3. L.M. Fourie, p. 59.
4. OB-argief: H. van Rensburg-vers., toespraak Springs 23 Aug. 1941.
5. C.J.F. Muller, p. 613.
6. L.M. Fourie, pp. 60-61.
7. Ibid., pp. 58-61.
8. OB-argief, Hans van Rensburg-vers., Laertrek 23 Aug. 1952. Van Rensburg het die opmerking in 'n toespraak op die Laertrek gemaak.
9. D. & J. de Villiers: *PW*, p. 28.
10. Ibid.
11. L.M. Fourie, p. 62.
12. Ibid., pp. 62-64; C.J.F. Muller, pp. 625-6.
13. L.M. Fourie, pp. 61-62.
14. Ibid., pp. 72-74; L. Koorts: *DF Malan en die opkoms van Afrikaner-nasionalisme*, pp. 380-381.
15. L.M. Fourie, p. 68.
16. L. Koorts, p. 375.
17. D.F. Malan: *Afrikaner-Volkseenheid*, pp. 218-219.
18. Ibid.
19. Ibid., p. 194.
20. Ibid., p. 217.
21. L.M. Fourie, p. 80.
22. D.F. Malan, p. 189.
23. F.S. Crafford: *Jan Smuts*, p. 315.

HOOFSTUK 17

1. Art. 6 van Oorlogsmaatreël, nr.13 in Buitengewone Staatskoerant, 4 Feb. 1942.
2. OB-bande nrs. 59 en 93, J.D. Visser.
3. A. Blake: *Wit Terroriste*, pp. 106-115.
4. *Their paths crossed mine*, pp. 228-232.
5. Ibid., p. 230.
6. OB-bande nrs.16-18, 57, 215 en 257, H.J.R. Anderson; *Their paths* ..., p. 230.
7. Ibid., p. 228.
8. OB-bande nrs. 74-75, D.P.J. Botha.

9. A. Blake, pp. 106-115.
10. *Their paths ...*, pp. 230-231.
11. Ibid., pp. 235-236.
12. A. Blake, p.113 en die bronne daar vermeld.
13. *Die Vaderland:* "So het ek hom geken – Dr Hans van Rensburg – Afrikaner sonder bedrog", 29 Sept. 1966.
14. *Their paths ...*, p. 230.
15. OB-bande nrs. 74-75, D.P.J. Botha. Sien ook OB-bande nrs.16-18, 57, 215 en 257, H.J.R. Anderson.
16. B. Sachs: *Personalities and Places,* p. 13.
17. *Their paths ...*, p. 232.
18. OB-bande nrs. 1 en 80, H.L. Pretorius.
19. OB-band nr. 57, H.J.R. Anderson.
20. OB-bande nrs. 104-106, C.A. Pienaar.
21. OB-band nr. 57, H.J.R. Anderson; *Their paths ...*, p. 215.
22. OB-bande nrs. 123-125, J.H. Macdonald; OB-band nr. 57, H.J.R. Anderson.
23. OB-bande nrs. 9-10, 204, 238, 268, J.M. de Wet.
24. A. Blake, pp. 127-134 en 153-154.
25. *Their paths ...*, p. 164.
26. R. Christie: *Electricity, Industry and Class in South Africa,* p. 134.
27. OB-argief: Notule Voorlopige ondersoek: Kroon versus P.P. du Plessis en 51 ander; OB-bande nrs. 16, 57, 215, 257, H.J.R. Anderson; B.O.P.G.: *Agter tralies en doringdraad,* pp. 42 e.v.; M. de Witt Dippenaar: *Die geskiedenis van die S.A Polisie,* p. 182; A. Blake, pp. 127-128.
28. Ibid.
29. P.F. van der Schyff: *Verset teen "Empire oorlog",* p. 231.
30. OB-bande nrs. 74-75, D.P.J. Botha.
31. OB-bande nrs. 104-106, C.A. Pienaar.
32. D.W. Küger: *The Making of a Nation,* p. 212.
33. Sien A. Blake: *Wit Terroriste* vir 'n bespreking van die omvang van die sabotasiebedrywighede.
34. OB-bande nrs. 192-193, J.H. Abraham. Sien ook OB-bande nrs. 43 en 45, H.M. Robinson.
35. OB-argief: KG Band 7, Toespraak Fauresmith Feb. 1942.
36. *Their paths ...*, p. 263.
37. Ibid., p.264. Sien ook OB-bande nrs.10-13, J.C. Coetsee.
38. www.nytimes.com › 1981/06/21 › magazine › hitler-s-rus ...

HOOFSTUK 18

1. *Die Beeld,* 10 Aug.1969, "Lötter se moordenaar het net soos hy gesterf"; G.C. Visser: *OB:Traitors or Patriots,* pp. 140-141.
2. G.C. Visser, pp. 139-140.
3. A. Blake: *Wit Terroriste,* pp. 93-97.

4. OB-argief: Univ. van Stellenbosch-vers. Lêer 2/8: Verslae oor die OB organisasie 19 Mei 1947 en Rex v Johannes Frederik Jans van Rensburg: Final Report of the Law Officer for Union Prosecutions 24 Des. 1947.
5. Ibid.; Barnie Basson was 'n berugte Stormjaeroffisier wat later gevang en tronkstraf vir sabotasiedade opgelê is. In die vroeë 1980's het hy as waarnemende leier van die AWB opgetree toe Eugene Terreblanche in hegtenis geneem is. Nog 'n berugte persoon, die Terreurgroepleier Ernst von Elling, is ook by die moord betrek. Sowel Basson as Von Elling was daarvoor bekend dat hulle by tye "onbeheerbaar" was en op eie houtjie sonder bevele sabotasiedade gepleeg het. A. Blake: *Wit Terroriste*, pp. 88, 95 en 187.
6. OB-argief: Univ. van Stellenbosch-vers. Lêer2/8, "Verslae oor die OB organisasie ..."
7. G.C. Visser, pp. 90-91, 176-183.
8. OB-argief: A0271c, onderhoud J.F.J. van Rensburg/Dept. Oorlogsinligting, Jun. 1944; G.C. Visser, p.139.
9. G.C. Visser, p.138.
10. *Beeld*: "Net 3 nodig vir 'n teer en veer-aksie", 20 April 1979.
11. OB-argief: KG-vers. Toespraak, 15 Jan. 1941.
12. G.C. Visser, p. 137; A. Blake, pp. 180-193.
13. OB-bande nrs.144-145, 248, W. de Beer.
14. TAB URU 2140: Rex versus Sidney Robey Leibbrandt.
15. OB-bande nrs. 10-13, J.C. Coetsee.
16. A. Blake, p. 101.
17. G.C. Visser, pp. 142-146; A. Blake, pp. 102-103. Menz het van sy beserings herstel en later 'n adjunkminister in die Nasionale Party-regering geword.
18. Nadat die twee Amerikaanse gesante, wat in 1944 met Van Rensburg 'n onderhoud gevoer het, ook Johan ontmoet het, het hulle hul verbasing uitgespreek dat die stil en klein geboude seun die aanrander kon wees wat soveel publisiteit veroorsaak het. OB-argief: A0271c, OB2, Onderhoud J.F.J. van Rensburg/Dept. Oorlogsinligting, Jun. 1944.
19. *Die O.B.* "Redakteur van Kruithoring kry slae van seun", 31 Mei 1944; *Die O.B.*, "Boerejeug verwelkom Johan van Rensburg, 7 Junie 1944".
20. Onderhoude gehou op 5 Feb. en 30 Nov. 2020 met Hannes en Lettie van Rensburg.
21. OB-argief: Katie van Rensburg-vers. Koerantknipsel van 'n onbekende koerant met die opskrif: "O.B. Hoof se Seun slaan Redakteur," 23 Mei 1944.
22. G.C. Visser, pp. 146-147.
23. A. Blake, p. 103.
24. OB-band nr. 148, D. Wassenaar; SAB Aanwins A174, Brief van A.D. Wassenaar/Johan van Rensburg, 2 Nov. 1972.

HOOFSTUK 19
1. P.F. van der Schyff: *Verset teen "Europese Oorlog"*, pp. 237-249.
2. Ibid.
3. OB-bande nrs. 3-5, 120, 216-219, 222, 273, A.S. Spies.

4. M.M. Visser: "Die Ideologiese grondslae en ontwikkeling van Blanke Fascistiese bewegings in Suid-Afrika", pp. 63-66.
5. OB-bande nrs. 97-98, E.S. du Toit.
6. OB-bande nrs. 3-5, 120, 216-219, 222, 273, A.S. Spies; Sien ook OB-bande nrs. 70, 86-87, C.L. de Jager.
7. OB-argief: Univ. van Stellenbosch-vers. Lêer 2/8, "Verslae oor die OB organisasie, 19 Mei 1947" en Rex v Johannes Frederik Jans. van Rensburg: Final Report of the Law Officer for Union Prosecutions 24 Des. 1947.
8. OB-bande nrs. 31, 68, R. Groeneveldt.
9. A. Blake: *Wit Terroriste*, p. 147.
10. OB-bande nrs. 7-9, J. van Heerden.
11. G.C. Visser: *OB Traitors or Patriots?*, p. 87.
12. OB-bande nrs. 31, 68, R. Groeneveldt.
13. Sien bv. OB-bande nrs. 43 en 45, H.M. Robinson; OB-bande nrs. 16-18, 57, 215, 257, H.J.R. Anderson.
14. OB-argief: Univ. van Stellenbosch-vers. Lêer 2/8, "Verslae oor die OB organisasie ..."; OB-bande nrs. 95-96, 112, L. Sittig.
15. OB-bande nrs. 16-18, 57, 215, 257, H.J.R. Anderson.
16. OB-bande nrs. 31, 68, R. Groeneveldt.
17. A. Blake, pp. 172-173.
18. G.C. Visser, p. 88.
19. A. Blake, pp. 172-173.
20. OB-band nr. 187, W.S. Radley.
21. G.C. Visser, p. 47.
22. A. Blake, pp. 164-167, 169, 189, 244.
23. OB-band nr. 272, H. Rooseboom; OB-bande nrs. 123-125, J.H. Mcdonald; OB-bande nrs. 16-18, 57, 215, 257, H.J.R. Anderson.
24. OB-argief: L. Sittig-vers., Lêer 1/1 "Kontak tussen die Ossewabrandwag en die Duitse regering 1942-1944"; OB-band nr. 95, L. Sittig.
25. A. Blake, pp. 165 & 167.
26. Sien A. Blake: *Robey Leibbrandt*, pp. 93-96.
27. *Their paths crossed mine*, p. 210.
28. Ibid.
29. Ibid., pp. 110-111; R. Leibbrandt: *Geen Genade*, pp. 110-112; OB-bande, nrs. 16-18, 57, 215, 257, H.J.R. Anderson; OB-bande, nrs.144-145, 248, W. de Beer.
30. A. Blake: *Robey Leibbrandt*, p. 155.
31. Ibid., p. 141.
32. Ibid., p. 143.
33. Ibid.
34. Mededelings tydens 'n onderhoud 5 Feb. 2020 met Hannes en Lettie van Rensburg.
35. Sien A. Blake: *Robey Leibbrandt*.
36. E.G. Malherbe: *Never a dull moment*, pp. 213-14.

HOOFSTUK 20
1. *Their paths crossed mine*, p. 206.
2. Ibid., p. 237.
3. OB-argief: Katie van Rensburg vers. ongedateerde koerantknipsels. Ná Van Rensburg se dood en rondom die politieke stryd van die Nasionale Party en die regse HNP van Albert Hertzog het 'n hoofartikel van *Die Transvaler* in 1969 die Hertzogiete se poging vergelyk met dié van Van Rensburg en die OB. Daarna het briewe in die koerant gevolg waarin nogmaals beweer is dat Van Rensburg weens sy sogenaamde gekonkel met Smuts nooit gearresteer is nie.
4. OB-bande nrs. 9-10, 204, 238, 268, J.M. de Wet.
5. Ibid.
6. OB-argief: nrs. 21-22, 225, H.C. Havenga.
7. Mededeling van Katie se kleindogter Ani Snyman aan skrywer.
8. OB-argief: Univ. van Stellenbosch-vers. Lêer 2/8, "Verslae oor die OB organisasie 19 Mei 1947" en Rex v Johannes Frederik Jansen van Rensburg: Final Report of the Law Officer for Union Prosecutions 24 Des. 1947.
9. A. Blake: *Wit Terroriste*, p. 260.
10. Die inhoud van die briewe word later bespreek.
11. E. Kleynhans: *Hitler's Spies*, p. 163.
12. C.J.F. Muller: *Sonop in die Suide*, pp. 627-628.
13. A175 A133 brosjure; OB-argief Die Voorligtingsafdeling van die Ossewabrandwag: *Iets oor die Ossewa-Brandwag*, p. 121.
14. A. Blake: *Robey Leibbrandt*, pp. 132-133.
15. *Wit Terroriste*, pp. 80-81.
16. OB-bande nrs. 192-193, J.H. Abraham.
17. OB-bande nrs. 54-56, L.J.C. Bootha.
18. *Robey Leibbrandt*, p. 168.
19. E.G. Malherbe: *Never a dull moment*, pp. 244, 284.
20. Ibid., p. 284.
21. J.C. Smuts: *Jan Christian Smuts*, p. 387.
22. OB-bande nrs. 43 en 45, H.M. Robinson.
23. OB-argief: A0271c, OB2, Onderhoud J.F.J. van Rensburg/Dept. Oorlogsinligting, Jun. 1944.
24. OB-argief: nrs. 67, 73, OB-byeenkoms Dekka.
25. *Their paths ...*, p. 237.
26. OB-argief: Hans van Rensburg-vers.: H. van Rensburg: *Hul paaie het myne gekruis*; OB-bande nrs. 105-106, C.A. Pienaar; B. Sachs: *Personalities and Places*, p. 11-12.

HOOFSTUK 21
1. H. Giliomee: *Die Afrikaners*, p. 391.
2. A. Blake: *Wit terroriste*, pp. 203-210.
3. *Die O.B.*: "Sterk die hande van ons vyande – Noodlottige Gevolge van dr. Malan se Optrede", 11 Feb. 1942.

4. *Die O.B.:* "Meer Lig op Malan-Verklaring", 18 Maart 1942; L.M. Fourie: *Mobilisering van die Afrikanerdom*, p. 85.
5. L.M. Fourie, p. 84.
6. A. Blake, p. 208.
7. Ibid., p. 209.
8. OB-argief: KG-vers. Toespraak Bellville 10 Jan. 1942.
9. L.M. Fourie, pp. 92-93.
10. Ibid., pp. 89-90.
11. Ibid., p. 90.
12. Die Grys- en Swarthemde was nasionaal-sosialistiese groepe wat in die 1930's ontstaan het, maar nooit werklik 'n impak gemaak het nie. H. Giliomee, p. 392.
13. L.M. Fourie, pp. 99-102.
14. *Die O.B.:* "Een Wapen om Volk te Red met Gods Hulp – Dr. Van Rensburg op Ventersdorp", 18 Des. 1942.
15. OB-argief: KG-vers. toespraak Bellville 10 Jan. 1942.
16. *Die O.B.:* "Venynige Aanval op O.B. deur Dr. Malan se 'Strydblad'", 16 Junie 1943.
17. *Die O.B.:* "Dr. Van Rensburg Beantwoord Dr. Malan se Vraag", 25 Nov. 1942.
18. In verskeie berigte in *Die O.B.:* word Malan daarvan beskuldig dat hy in die hande van die "empaaier" speel. Sien bv. *Die O.B.:* 14, 21 en 28 Julie 1943.
19. OB-argief: KG-bande, KG-verklaring, 4 Jan. 1943.
20. Ibid.
21. OB-argief, KG.-vers. Band 7: "Die Ossewabrandwag en die Verkiesing Aanbod in verband met die verkiesing 1943".
22. Ibid.
23. L.M. Fourie, p. 107.
24. Ibid., pp.108-110; N. M. Stultz : *The Nationalists in Opposition 1934-1948*, p. 83.
25. C.F.J. Muller: *Sonop in die Suide*, p. 629.
26. Sien *Die O.B.:* 14, 21 en 28 Julie 1943.
27. OB-argief: KG-bande KG-toespraak by Majubafees, 24 Feb. 1945.
28. L.M. Fourie, p. 108. Die verkiesing van 7 Julie 1943 was 'n oorlogsverkiesing en ook die soldate in aktiewe diens duisende kilometer ver in die Noorde kon hul stem uitbring vandaar die benaming van die "Kakie-eleksie". Die soldate in aktiewe diens kon slegs vir politieke partye stem en nie vir onafhanklikes nie, met die gevolg dat dit die oorlogstem vergroot het. C.F.J. Muller, p. 602.
29. L.M. Fourie, p. 111.
30. Sien *Die O.B.:* 14, 21 en 28 Julie 1943.
31. C.F.J. Muller, p. 602.
32. L.M. Fourie, p. 111.
33. *Their paths crossed mine*, p. 191.

HOOFSTUK 22

1. OB-argief: A0271c, OB2, Onderhoud J.F.J. van Rensburg/Dept. Oorlogsinligting, Jun. 1944.

2. OB-argief: Hans van Rensburg-vers.; Hul paaie ... ; H. Giliomee: *Die Afrikaners*, p. 395.
3. *Die Volksblad*, 22 Nov. 1941; C.F.J. Muller, p. 627. Die mening in OB-geledere was dat Malan met sy eie verlede tydens die Anglo-Boereoorlog beswaarlik die vinger kon wys. Gedurende daardie oorlog het hy oorsee gestudeer terwyl sy volksgenote in 'n bloedige vryheidstryd in Suid-Afrika gewikkel was. Die Nasionaliste het dit ook probeer stilhou dat J.G. Strijdom (die latere eerste minister) self deel van die Unie-Verdedigingsmagte was wat in die Eerste Wêreldoorlog aan die veldtog in Duits-Suidwes-Afrika teen die Duitsers deelgeneem het.
4. *Their paths crossed mine*, p. 255.
5. *Die Burger*, 3 Okt. 1941; C.J.F. Muller, p. 623.
6. C.J.F. Muller: *Sonop in die Suide*, p. 626.
7. Ibid., p. 614.
8. Ibid., p. 622.
9. Ibid., p. 622.
10. *Die Volksblad*, 6 Feb. 1942; C.J.F. Muller, pp. 627-628.
11. H. Giliomee, p. 395; C.J.F. Muller, p. 612.
12. C.J.F. Muller, p. 610.
13. G.C. Visser: *OB Traitors or Patriots?*, p. 150.
14. Ibid., pp. 149-150.
15. OB-argief, A0271c, OB2, Onderhoud J.F.J. van Rensburg/Dept. Oorlogsinligting, Jun. 1944.
16. Ibid.
17. *Die O.B.*: "£1 000-Uitdaging aan dr. Malan i/s Noodhulp" en *Die O.B.*: "Waarom Weier H.N.P.-koerante Noodhulp-Advertensies", 6 Sept.1944.
18. *Die O.B.*: 18, 25 Feb. en 4 Maart 1942.
19. *Die O.B.*: 28 Junie, 5, 12 en 19 Junie 1944.
20. P.F. van der Schyff: *Verset teen "Empire-oorlog"*, pp. 250-260; L.M. Fourie: *Mobilisering van die Afrikanerdom*, pp. 115-127; C.J.F. Muller: p. 620.

HOOFSTUK 23

1. OB-bande nrs. 138 en 140, T.J. Buning.
2. Ibid.
3. Ibid.
4. *Their paths crossed mine*, p. 250.
5. A. Blake: *Wit Terroriste*, pp. 253-258.
6. *Their paths ...*, p. 253.
7. Ibid., p. 250.
8. *Die O.B.*: "Ses Jaar se Ondergrondse Stryd Geopenbaar", 25 Sept. 1945; P.F. van der Schyff: *Verset teen "Empire-oorlog"*, p. 235.
9. *Die O.B.*: "Engelse Reageer op 'Sonder Gewere'", 23 Okt. 1946.
10. *Their paths ...* p. 242.
11. P.F. van der Schyff, p. 254.
12. OB-argief: N.G.S. van der Walt vers. Van der Walt-dagboek, 1945; P.F. van der Schyff, p. 254.

13. P.F. van der Schyff, p. 252.
14. OB-argief: Grootraad vers. 1/2/14, Verslag van Kommissie van Ondersoek.
15. Ibid.
16. *Die O.B.:* "Eenparige Vertroue in K.G.", 13 Feb. 1946.
17. P.J.J. Prinsloo: *Kultuuraktiwiteite van die Ossewa-Brandwag,* p. 378.

HOOFSTUK 24
1. M.M. Visser: *Die ideologiese grondslae en ontwikkeling van die blanke fascistiese bewegings in Suid-Afrika,* pp. 84-85.
2. OB-bande, nrs. 1-2, S.J. Stander.
3. G.C. Visser: *OB Traitors or Patriot?,* p. 178; E. Kleynhans: *Hitler's Spies,* pp. 172-199.
4. OB-argief: Univ. van Stellenbosch-vers. Lêer2/8, "Verslae oor die OB organisasie 19 Mei 1947" en Rex v Johannes Frederik Jansen van Rensburg: Final Report of the Law Officer for Union Prosecutions 24 Des. 1947; G.C. Visser, pp. 193, 177, 193-4, 197-8; E. Kleynhans, pp. 172-216.
5. G.C. Visser, p. 184.
6. OB-bande nrs. 9-10, 204, 238, 268, J.M. de Wet.
7. G.C. Visser, p. 194.
8. Die name van die ander verdagtes kon nie opgespoor word nie.
9. OB-argief: Univ. van Stellenbosch-vers. Lêer 2/8, "Verslae oor die OB organisasie 19 Mei 1947 ..."
10. Ibid.
11. Ibid.
12. OB-bande nrs. 9-10, 204, 238, 268, J.M. de Wet.
13. OB-bande nrs. 74-75, D.P.J. Botha; OB-band nr. 24, A. Barnard.
14. OB-bande nrs. 9-10, 204, 238, 268, J.M. de Wet.
15. OB-band nr. 24, A. Barnard; OB-bande nrs. 9-10, 204, 238, 268, J.M. de Wet ; OB-bande, nrs. 1-2, S.J. Stander.
16. Ibid.
17. OB-argief: J.F. Marais-versameling, "Pleidooi ter versagting" van Hans van Rensburg teen 'n moontlike aanklag van hoogverraad – 1947. Dit kom voor of daar variasies is van Van Rensburg se betoog, hoewel dit nie wesenlik van mekaar verskil nie. Moontlik het hy met die tyd dit verfyn en ietwat gewysig. Vir 'n ander weergawe sien OB-argief: Univ. van Stellenbosch-vers. Lêer 2/8, "Verslae oor die OB organisasie 19 Mei 1947 ...
18. G.C. Visser, p. 186.
19. OB-argief: Grootraad-vers. 1/1/3 Nov. 1947.
20. P.F. van der Schyff: *Verset teen "Empire-oorlog",* p. 267.
21. Ibid.
22. G.C. Visser, p. 194.
23. D.F. Malan: *Afrikaner-Volkseenheid,* pp. 224 en 226.
24. G.C. Visser, p. 194.
25. Daar was nog 'n kinkel in die kabel. Malan het sy eksemplaar van die Barrett-verslag

na die Staatsargief gestuur om bewaar te word. Daar het dit "verdwyn" en dekades lank kon historici nie daarin slaag om enige van die ander eksemplare onder oë te kry nie. Die vermoede het ontstaan dat die eksemplare "verdwyn" het om enige vervolgings in die toekoms te bemoeilik totdat die historikus Evert Kleynhans onlangs 'n eksemplaar in C.R. Swart se private versameling in die Argief vir Eietydse Aangeleenthede by die Universiteit van die Vrystaat opgespoor het. Die "verdwyning" van die ander eksemplare bly steeds 'n raaisel. E. Kleynhans, pp. 211-217.

HOOFSTUK 25

1. *Their paths crossed mine*, p. 258.
2. Ibid., p.255; G.C. Visser: *OB Traitor or Patriots?*, p. 134.
3. L. M. Fourie: *Mobilisering van Afrikanerdom*, pp. 148-149.
4. OB-argief: Grootraad-vers. 11/8/56, 7 Feb. 1946.
5. *Their paths ...*, p. 256.
6. L.M. Fourie, pp. 128-146.
7. Ibid., p. 129.
8. Ibid.
9. Ibid., pp. 129-132, 147; *Their paths ...*, pp. 256-257.
10. L.M. Fourie, pp. 128-146.
11. OB-argief: KG-vers. Toespraak, Pretoria 24 Sept. 1947.
12. L.M. Fourie, pp. 130-135.
13. Ibid.; C.F.J. Muller: *Sonop in die Suide*, p. 617.
14. L.M. Fourie, pp. 130-135.
15. C.F.J. Muller, pp. 616-619.
16. Ibid., p. 619.
17. OB-bande nrs. 63-66, JS. Labuschagne en Katie van Rensburg.
18. OB-argief: KG-vers. Toespraak, Klerksdorp 17 April 1948.
19. OB-bande nrs. 63-66, JS. Labuschagne en Katie van Rensburg.
20. OB-argief: KG-vers.: 11/7/53, H. van Rensburg verkl., 3 April 1948; C.F.J. Muller, p. 618.
21. L.M. Fourie, p. 153.
22. Ibid., p. 138. Van Rensburg se optredes in die reisprogramme wat in *Die O.B.*:- koerantjie in die tyd gepubliseer is, getuig van sy verstommende werktempo en -vermoë. Vir 'n voorbeeld sien bv. *Die O.B.*: "Reisplan", 20 Feb. 1946. p. 4.
23. L.M. Fourie, p. 142.
24. OB-bande nrs. 63-66, J.S. Labuschagne en Katie van Rensburg.
25. L.M. Fourie, pp. 144-145.
26. OB-bande nrs. 16-18, 57, 215 en 257 H.J.R. Anderson.
27. L.M. Fourie, p. 146.
28. C.F.J. Muller, p. 619.
29. OB-band nr. 226, B.J. Vorster.

HOOFSTUK 26

1. Memorandum van Johan van Rensburg/Katie van Rensburg, April 1984 in skrywer se besit.
2. *Their paths crossed mine*, p. 257.
3. OB-argief: KG-vers. 11/7/53, besluit, 22 Junie 1948.
4. L. M. Fourie: *Mobilisering van Afrikanerdom*, p. 146.
5. Ibid., p. 147.
6. Ibid.
7. Ibid.
8. P.F. van der Schyff: *Verset teen "Empire-oorlog"*, p. 268.
9. Ibid.; OB-argief: Grootraad-vers., 1/1/6, Notule, 28 Jan. 1949.
10. L.M. Fourie, pp. 109-113.
11. Ibid., p. 156.
12. Ibid.
13. Ibid.
14. Ibid., p. 152.
15. Ibid.
16. Ibid.
17. OB-argief: Grootraad-vers. Laertrek 23 Aug. 1952.
18. OB-argief: KG-vers. Omsendbrief 1/52, 7 Feb. 1952.
19. OB-argief: BOPG 22, Brief Van Rensburg/Julian Visser, 24 Okt. 1954.
20. L.M. Fourie, pp. 159-160.
21. Sien bv. OB-argief: KG-bande, H. van Rensburg: "Die Ossewa-Brandwag en sy na-oorlogse Taak", 26 Feb. 1949.
22. L.M. Fourie, p. 153.
23. OB-argief: Grootraad-vers. Laertrek, 23 Aug 1952.
24. Mededeling van Katie van Rensburg aan haar seun Johan, 15 Des. 1979 in 'n memorandum van Johan van Rensburg/Katie, April 1984; OB-bande nrs. 63-66, J.S. Labuschagne en Katie van Rensburg.
25. OB-band nr. 69, A. Hertzog.
26. D. en J. de Villiers: *Paul Sauer*, p. 74.
27. B. Sachs: *Personalities and Places*, pp. 10-11.
28. OB-band nr.148, A.D. Wassenaar.
29. OB-argief: A0271c, onderhoud J.F.J. van Rensburg/Dept. Oorlogsinligting, Jun. 1944.

HOOFSTUK 27

1. A.N. Pelser: *Die Afrikaner-Broederbond*, pp. 6-7.
2. OB-argief: Hans van Rensburg-vers, Brief Van Rensburg/Pikkie Botha, 4 Feb. 1953 en verskeie ander briewe aan vertrouelinge 4 Feb. – 6 Maart 1953 oor die onderwerp.
3. OB-argief: Hans van Rensburg-vers, Brief Van Rensburg/Pikkie Botha, 4 Feb. 1953.
4. Volgens mededelings van familielede het Van Rensburg by geleentheid wyn gedrink

en met sonsondergang 'n sopie brandewyn en water geniet. Onderhoude gehou op 5 Feb. en 30 Nov. 2020 met Hannes en Lettie van Rensburg.
5. OB-band nr. 40, K.J.H Behrens.
6. Ibid., sien ook OB-bande nrs. 63-66, JS. Labuschagne en Katie van Rensburg.
7. OB-bande nrs. 128-129, W.F.P. Gibson.
8. OB-argief: BOPG vers. 22, Brief H. Rensburg/Julian Visser, 21 Okt. 1949.
9. OB-argief: Hans van Rensburg-vers., Band 2, lêers 7-16, Brief Louise Behrens/H. van Rensburg, 2 Feb. 1955.
10. OB-bande nrs. 63-66, J.S. Labuschagne en Katie van Rensburg.
11. *Their paths crossed mine*, p. 126.
12. Ibid., p. 255.
13. OB-argief: Johan van Rensburg-vers.: J. van Rensburg: *My vader – kommandant-generaal van die Ossewabrandwag*.
14. Ibid.
15. OB-bande nrs. 97-98, E.S. du Toit.
16. Onderhoude gehou op 5 Feb. en 30 Nov. 2020 met Hannes en Lettie van Rensburg.
17. OB-bande nrs. 63-66, J.S. Labuschagne en Katie van Rensburg.
18. In 'n brief van Heimer Anderson gedateer 28 Julie 1962 het hy sy blydskap teenoor Van Rensburg uitgespreek dat hy met Verwoerd versoen het, OB-argief: Hans van Rensburg-vers.; Onderhoude gehou op 5 Feb. en 30 Nov. 2020 met Hannes en Lettie van Rensburg.
19. Van Rensburg het spesifiek na 'n berig in *Die Burger* van 21 Okt. 1954 verwys waarin die toespraak van Malan vervat is en waarin hy die erkenning maak. Sien ook OB-argief: BOPG 22, Brief Rensburg/Julian Visser 24 Okt. 1954.
20. OB-band nr. 40, K.J.H Behrens.
21. OB-band nr. 226, B.J. Vorster.
22. Sien bv. *The Star*: "Dr Van Rensburg started a war witin a war", 13 Feb. 1957.
23. OB-band nr. 40, K.J.H Behrens.
24. OB-bande nrs. 34-35, G. Cronjé.
25. OB-argief: H.van Rensburg vers. Dekkingsbrief H. van Rensburg/John Vorster 1 Mei 1958 en brief H. van Rensburg/A. van Rhyn 1 Mei 1958.
26. OB-argief: KG-vers. Briewe Van Rensburg/Minister van Verdediging en Van Rensburg/Kaapse Kommandement, 27 Aug. 1957. Reeds in 'n brief van 18 Sept. 1958 is Van Rensburg deur die dept. van verdediging in kennis gestel dat hy op die lys van afgetrede burgermaglede geplaas is; OB-bande nrs. 74-75, D.P.J. Botha.
27. *Their paths …*, p. 267.
28. J. van Rensburg: *My vader …*
29. OB-bande nr. 1, H.L Pretorius.

HOOFSTUK 28
1. SAB, A133, Aanwins Hans van Rensburg-vers.: *Herinneringe van Jan van Reenen*, 1971.
2. OB-bande nrs. 105-106, 191, 257, C.A. Pienaar.

3. Ibid.; OB-band nr. 40, K.J.H. Behrens.
4. H. Giliomee: *Die Afrikaners*, pp. 433, 454-455,460,462-463.
5. A. Venter: "Die politieke oortuigings van Hans van Rensburg (1892-1955): kontinuïteit en verandering", p. 56.
6. Ibid.
7. OB-argief, Hans van Rensburg-vers.: H. van Rensburg: *Hul paaie het myne gekruis*.
8. A.Venter, p. 45.
9. *Their paths crossed mine*, p. 170.
10. Onderhoude gevoer op 5 Feb. en 30 Nov. 2020 met Hans van Rensburg se skoondogter Lettie van Rensburg en kleinseun dr. Hannes van Rensburg te Sasolburg.
11. OB-argief: BOPG-vers. Toespraak John Vorster, 10 Okt. 1967.
12. B. Sachs: *Personalities and Places*, p. 10.
13. *Their paths* …, p. 139.
14. B. Sachs, p. 21.
15. *Their paths* …, p. 139.
16. A. Venter, p. 52.
17. Toe iemand 'n mooi sigaretkoker aan hom oorhandig as waardering vir sy billike behandeling van die bruin gemeenskap, het hy hom beleef bedank, maar gesê as 'n staatsamptenaar mag hy dit nie ontvang nie. OB-argief: H. Van Rensburg vers. Brief I. Volkwyn/H. Van Rensburg, 30 Junie 1958.
18. OB-argief: Katie van Rensburg vers., Verklaring J.A.N. Louw, 12 Sept. 1968.
19. Hul vanne kon nie vasgestel word nie.
20. Mededeling van Hannes van Rensburg aan skrywer.
21. OB-argief: Katie van Rensburg vers., Verklaring J.A.N. Louw, 12 Sept. 1968.
22. OB-argief: H. van Rensburg 3/18, Brief Erika Theron/H. van Rensburg, 9 Mei 1956.
23. OB-argief: H. van Rensburg vers. Brief S. Dollie/h. van Rensburg, 5 Aug. 1957.
24. OB-argief: BOPG 22, Brief H. van Rensburg/Julian Visser, 1 Okt. 1956.
25. OB-argief: H. van Rensburg-vers., Telegram H. van Rensburg/P.W. Botha en Briewe P.W. Botha/H. van Rensburg 22 Feb. en 13 Maart 1962.
26. OB-argief: H. van Rensburg-vers., Brief H. van Rensburg/P.W. Botha 13 Maart 1962.
27. *Rand Daily Mail*: "Minister and Areas Board men in clash", 22 Feb. 1962. Sien ook *The Star*: "Group Area Board Member resigns", 22 Feb. 1962; *Pretoria News*: "Van Rensburg Quits group Areas Board", 22 Feb. 1962.
28. *Natal Witness*: " 'Shows up Act': say Liberals", 26 Feb. 1962.
29. OB-argief: nrs. 105-106, 191, 257, C.A. Pienaar.
30. OB-argief: KG-vers. Toespraak Pretoria, 24 Feb. 1945.
31. A. Venter, p. 53.
32. *Hul paaie* …

HOOFSTUK 29
1. OB-band nr. 69, dr. Albert Hertzog.
2. OB-bande nrs. 74-75, D.P.J. Botha.

3. *Die Vaderland*: "So het ek hom geken – Dr Hans van Rensburg – Afrikaner sonder bedrog", 29 Sept. 1966.
4. OB-band nr. 40, K.J.H. Behrens.
5. Ibid.
6. OB-argief: BOPG 22, Brief H. van Rensburg/Julian Visser, 24 Okt. 1954.
7. OB-argief: BOPG 22, Brief Du Plessis/ sekr BOPG, 11 Okt. 1958.
8. M. M. Visser: *Die ideologiese grondslae en ontwikkeling van die blanke fascistiese bewegings in Suid-Afrika*, p. 82.
9. OB-argief: H. van Rensburg vers. Aanstellingsbrief Sekretaris van Binnelandse Sake/H. van Rensburg, 7 Mei 1953.
10. OB-argief: H. van Rensburg-vers. Brief Sekretaris van Binnelandse Sake/ H. van Rensburg, 24 Des. 1958.
11. OB-argief: H. van Rensburg-vers, persoonlike brokstukke.
12. Ibid.
13. H. Giliomee: *Die Afrikaners*, pp. 384-390.
14. E.P. du Plessis (red.): *'n Volk staan op*, pp. 97-99.
15. OB-argief: Hans van Rensburg-vers.: *Hul paaie het myne gekruis*.
16. H. Giliomee & B. Mbenga: *Nuwe Geskiedenis van Suid-Afrika*, p. 293.
17. 'n Memorandum van Johan van Rensburg/Katie van Rensburg, April 1984 in skrywer se besit; E.P. du Plessis (red.), pp. 97-99.
18. SAB, A174-5, Aanwins Hans van Rensburg-vers.: *My vader – kommandant-generaal van die Ossewabrandwag*, p. 14.
19. A. Venter: "Die politieke oortuigings van Hans van Rensburg (1892-1955): kontinuïteit en verandering", p. 53.
20. OB-argief: H. van Rensburg.
21. SAB Aanwins A174, Brief van A.D. Wassenaar/Johan van Rensburg 2 Nov. 1972. Sien ook OB-band nr. 148, A. D. Wassenaar.
22. Ibid.
23. OB-band nr. 148, A. D. Wassenaar.
24. E.P. du Plessis (red.), pp. 203-204.

HOOFSTUK 30
1. OB-bande nrs. 97-98, E.S. du Toit.
2. Onderhoude gevoer op 5 Feb. en 30 Nov. 2020 met Hans van Rensburg se skoondogter Lettie van Rensburg en kleinseun dr. Hannes van Rensburg te Sasolburg.
3. Skrywersprofiel van Johanna van Graan en Dirk de Villiers op die omslag van P. en J. de Villiers: *Paul Sauer*.
4. Telefoniese onderhoud gehou met Martie Retief-Meiring op 16 Nov. 2020.
5. OB-argief: Katie van Rensburg-vers. Briewe H. van Rensburg/Katie van Rensburg.
6. Johanna van Graan het die mededeling oor Van Rensburg se laaste oomblikke aan sy familielede gemaak. Onderhoude gevoer op 5 Feb. en 30 Nov. 2020 met Lettie van Rensburg en Hannes van Rensburg.
7. TAB MHG 9039/66 Boedel J.F.J. van Rensburg.

8. *Die Volksblad:* "Hans van Rensburg (O.B.) sterf", 26 Sept. 1966; *The Star:* "Ossewa leader dies at 68", 26 Sept. 1966.
9. *Die Oosterlig:* "OB se oud-K.G. gister oorlede", 26 Sept. 1966; *Rand Daily Mail:* "'Ossewa leader' dies at Cape", 26 Sept. 1966.
10. *Die Burger:* "Gewese leier van Die O.B.: in Kaap oorlede", 26 Sept. 1966.

HOOFSTUK 31

1. B. Sachs: *Personalities and Places*, p. 22.
2. OB-argief: BOPG-vers. Briewe Van Rensburg/sekr. BOPG, Jan.-Mrt. 1966.
3. *Dagbreek en Sondagnuus:* "Ontslape leier van O.B. het op 'geleende tyd' geleef", 2 Okt. 1966.
4. OB-argief: Katie van Rensburg-vers. begrafnisbrief; *Die Burger:* "Laaste Eer vir O.B.-Leier", 3 Okt. 1966; *Die Volksblad:* "Duisende by Graf van O.B. Leier", 3 Okt. 1966; *Dagbreek en Sondagnuus:* "Hooggeplaaste Afrikaners bring hulde by Dr. Van Rensburg se Graf", 2 Okt. 1962; *Die Beeld:* "V.I.P.'s at O.B. Chief's Funeral", 2 Okt. 1966.
5. *Die Ster:* "Die Laaste Rebel word begrawe", 21 Okt. 1966.
6. OB-argief: BOPG-vers. Toespraak John Vorster, 10 Okt. 1967.
7. *Dagbreek en Sondagnuus:* "Hooggeplaaste Afrikaners bring hulde by dr. Van Rensburg se graf", 2 Okt. 1966.
8. Sien bv. *Dagbreek en Sondagnuus:* "Dr. van Rensburg een van Groot Afrikaners wat verguis is", 16 Okt. 1966. Sien ook OB-bande nrs. 3-5 en 150, A.S. Spies.
9. *The Star:* "Van Rensburg's sister defends his name", 4 Okt. 1966.
10. MHG 9039/66 Boedel J.F.J. van Rensburg.
11. OB-argief: BOPG-vers.: 22 Brief Kalie Behrens/Nic Coetzee, 4 Okt. 1976.
12. OB-argief: BOPG-vers. Briewe rakende die Katie van Rensburg-fonds; BOPG-vers. 22, Brief B.J.Vorster, 22 Aug. 1976; BOPG 22, Brief I.L. Ferreira/H.A. Zietsman, 7 Sept. 1976.
13. Onderhoude gevoer op 5 Feb. en 30 Nov. 2020 met Lettie van Rensburg en dr. Hannes van Rensburg te Sasolburg.
14. https://rekord.co.za/371224/residents-clean-up-ossewabrandwag-cemetery/

EPILOOG

1. Sien B. Bunting: *The Rise of the South African Reich*; W.H. Vatcher: *White Laager: The Rise of Afrikaner Nationalism*; P.J. Furlong: *Between Crown and Swastika* en W. Schellack: "The Afrikaners' Nazi links revisited."
2. A. Venter: "Die politieke oortuigings van Hans van Rensburg (1892-1966): kontinuïteit en verandering", p. 53.
3. Ibid., p. 54 en voetnoot 13 op dieselfde bladsy.
4. B. Sachs: *Personalities and Places*, p. 15.
5. OB-argief: N.G.S. van der Walt-vers, Dagboek; P. F. van der Schyff: *Verset teen "Empire oorlog"*, p. 259.
6. A. Venter, p. 54.
7. OB-argief, Hans van Rensburg-vers.: *Hul paaie het myne gekruis*.

8. Bernard Sachs was in 'n stadium lid van die Suid-Afrikaanse Kommunistiese Party en 'n bekende joernalis en skrywer van die 1960's. Sy *Road to Sharpeville* is verbied. *Beeld*: "Kanker eis Sachs", 30 Aug. 1985.
9. *Their paths crossed mine*, pp. 109, 244, en 261; A. Venter, p. 51; M. Shain: *A Perfect Storm: Antisemitism in South Africa, 1930-1948*, p. 270.
10. B. Sachs, pp. 9-23.
11. A. Venter, p. 56.
12. F.A. van Jaarsveld: *Van Van Riebeeck tot Vorster 1652-1974*, p. 293.
13. Skeptisme oor dié mening kom gewoonlik van diegene wat nie die vertroulike polisie- en militêre verslae, die persoonlike herinneringe van die Terreurgroeplede en die Stormjaers, asook die daaglikse koerantberigte van die era, deurgegaan het nie.
14. *Die Beeld*: "OB-vlag wapper by graf", 2 Okt. 1966.
15. OB-band nr. 69, Dr. Albert Hertzog.
16. B. Sachs, p. 9.
17. OB-bande nrs. 104-106, C.A. Pienaar.
18. SAB, A174-5 Brief Wollie van Heerden/J van Rensburg, 20 Feb. 1968.
19. OB-bande nrs. 104-106, C.A. Pienaar.
20. *The Star* (overseas edition): "Errant Flame", 1 Okt 1966.
21. OB-argief: Katie van Rensburg-vers. Leonard Potterill: "A Memory of a Gentleman of South Africa."

Bronnelys

1. **NASIONALE ARGIEFBEWAARPLEK, SENTRALE REGERING VANAF 1910, PRETORIA**
   Buitengewone Staatskoerant, 4 Feb.1942
   SAB, A133, Aanwins dr. Hans van Rensburg-versameling
   SAB, A174-5, Aanwins dr. Hans van Rensburg-versameling

2. **NASIONALE ARGIEFBEWAARPLEK VIR DIE VOORMALIGE TRANSVAALSE PROVINSIE, PRETORIA (TAB)**
   TAB CJC 690 CJC 110 Compensation claims for Protected burghers, Winburg, J.F.J. van Rensburg
   TAB JUS 1485-1487 Enemy subjects
   TAB MHG 9039/66 Boedel J.F.J. van Rensburg
   TAB TES 3456 Rewards for information re sabotage
   TAB URU 2140 Rex versus Sidney Robey Leibbrandt

3. **ARGIEF VIR EIETYDSE AANGELEENTHEDE UNIVERSITEIT VAN DIE VRYSTAAT**
   Leibbrandt-versameling UV PV228

4. **OB-ARGIEF NOORDWES-UNIVERSITEIT, POTCHEFSTROOM-KAMPUS**
   4.1 PERSOONLIKE EN ANDER VERSAMELINGS
   B.C. Seymore-vers.
   Barnie Basson-vers.
   Bond van Oud-Geïnterneerdes en Politieke Gevangenes (BOPG)-vers.
   C.M. Immelman-vers.
   Dr. J.F.J. (Hans) van Rensburg-vers.
   Grootraad-vers.
   J.F. Marais-vers.
   Johan van Rensburg-vers.

K.G.-vers.
K.J.H. Behrens-vers.
L. Sittig-vers.
N.G.S. van der Walt-vers.
Ray Rudman-vers.
S.J. Stander-vers.
Universiteit van Stellenbosch-vers.

4.2 ANDER
Notule voorlopige ondersoek: Kroon versus P.P. du Plessis en 57 ander

4.3 TRANSKRIPSIES VAN BANDOPNAMES ("OB-bande")
1, 235, H.L. (Hen) Pretorius
101, 104, R.K. (Ray) Rudman
101, H. van Cittert
10-13, J.C. (Chris) Coetzee
105-106, 191, 257, C.A. Pienaar
126, H.G. Stoker
128, P.M.F.J. van Rensburg
128-129, W.F.P. Gibson
130-131, F.J. Ferreira
137, 266, S.P.E. (Fankie) Boshoff
14-15, M.L.P. Slabbert
144-145, 248, W. (Lange) de Beer
16-18, 57, 215 en 257 H.J.R. (Heimer) Anderson
173-175, H.M. van As
184, F.H. van Heerden
187, W.S. Radley
187-188, A.G. Dannhauser
192-193, J.H. Abraham
197-198, F.G.H. van der Veen
200-201, J.S. du Plessis
21-22, 225, H.C. Havenga
21-22, 29-30, 190, 207, H.J.B. (Barnie) Basson
21-22, H.C. Havenga, B. Basson, J. Brink, H. Kuperus en J. Ackerman
226, B.J. Vorster
235, D.J. Coetsee
241-242, H.S. (Hendrik) van Blerk
2-5, 120, 216-219, 222, 273, A.S. (Apie) Spies
28, J. Cronjé
31, 68, R. (Dries) Groeneveldt

34-35, G. Cronjé
35-37, S.C.H. Rautenbach
40, K.J.H. Behrens
43, 45, H.M. Robinson
48-49, F.A. (Frik) Faurie
50, W.J.B. (Wynand) Pretorius
51, 68, 78, 107, 112 J.C.J. van der Westhuizen
54-56, L.J.C. Bootha
5-7, J.F. (Kowie) Marais
59, 93, J.D. Visser
60-61, 93, D.J.F. Scribante
61, A.S. Botha
63, P.J. Riekert
69, dr. Albert Hertzog
70, 86-87, C.L. (Chris) de Jager
74-75, D.P.J. (Pikkie) Botha
7-9, J. (Kokkie) van Heerden
80, M.C. Pretorius
85, H.A. Zietsman
9-10, 204, 238, 268, A. Barnard
9-10, 294, 238, 268, J.M. (Rawat) de Wet
9-20, 64, J.C. Neethlingh-Pohl
95-96, 112, L. Sittig
97-98. E.S. (Emmie) du Toit

5. DOKUMENTE IN PRIVAAT BESIT

5.1 Foto-albums en persoonlike dokumente van Van Rensburg – in besit van Anni Snyman.

5.2 Foto's en dokumente - in besit van Hannes van Rensburg.

5.3 Foto's en dokumente – in besit van Lettie van Rensburg.

5.4 Tafeluitleg met name van aanwesiges by die dinee waar Hitler en Van Rensburg in 1936 teenwoordig was – in besit van Bubu Arndt.

5.5 Memorandum van Johan van Rensburg/Katie van Rensburg, April 1984 – in skrywer se besit.

6. GEPUBLISEERDE EN ONGEPUBLISEERDE BOEKE, ARTIKELS, WERKE, VERHANDELINGE EN PROEFSKRIFTE

Appel, A. 1985. *Die Oosterlig, 1937-1948 'n Pershistoriese Studie.* Studiestuk: Universiteit van Port Elizabeth.

B.O.P.G. 1953. *Agter tralies en doringdraad.* Pro Ecclesia: Stellenbosch.

Badenhorst, J.J. 1991. *Vroeë organisasiestruktuur* in P.F. van der Schyff (red.): *Die Ossewabrandwag: Vuurtjie in droë gras*. P.U. vir CHO: Potchefstroom.

Beyers, C.J. (red.). 1977 & 1981. *Suid-Afrikaanse biografiese woordeboek*. Deel III en IV. RGN, Butterworths: Durban.

Blake, A. 2010. *Boereverraaier: Teregstellings tydens die Anglo-Boereoorlog*. Tafelberg: Kaapstad.

Blake, A. 2018. *Wit Terroriste: Afrikaner-saboteurs in die Ossewabrandwagjare*. Tafelberg: Kaapstad.

Blake, A. 2019. *Robey Leibbrandt: 'n Lewe van Fanatisme*. Jonathan Ball: Johannesburg.

Blignaut, C. & K. du Pisani. 2009. " 'Om die fakkel verder te dra': Die rol van die jeugvleuel van die Ossewabrandwag, 1939-1952". *Historia*, 54.

Blignaut, C. 2012. "'Goddank dis hoogverraad en nie laagverraad nie!': Die rol van vroue in die Ossewa-Brandwag se verset teen Suid-Afrika se deelname aan die Tweede-Wêreldoorlog". *Historia*, 57.

Bothma, L.J. 2014. *Rebelspoor Die aanloop, verloop en afloop van die Boereopstand van 1914-15*. L.J. Bothma: Bloemfontein.

Bunting, B. 1986. *The Rise of the South African Reich*. International Defence and Aid Fund for Southern Africa: Londen.

Christie, R. 1984. *Electricity, Industry and Class in South Africa*. Macmillan: Londen.

Crafford, F.S. s.j. *Jan Smuts: 'n Biografie*. Edina Works: Kaapstad.

D'Oliviera, J. 1977. *Vorster – The Man*. Ernest Stanton Publishers: Johannesburg.

De Jongh, S.J. 1946. *Sonder Gewere: 'n Verhaal van nog 'n rondte*. Publicité Handelsreklamediens: Johannesburg.

De Klerk, P. 1991. *Die ideologie van die Ossewa-Brandwag* in P.F. van der Schyff (red.): *Die Ossewabrandwag: Vuurtjie in droë gras*. P.U. vir CHO: Potchefstroom.

De Villiers, D. & J. de Villiers. 1984. *PW*. Tafelberg: Kaapstad.

De Wet, J.M. 1940. *Jopie Fourie: 'n Lewenskets*. Voortrekkerpers: Johannesburg.

Die Voorligtingsafdeling van die Ossewabrandwag 1947. *Iets oor die Ossewa-Brandwag*. 2de Druk, Stellenbosch.

Dippenaar, M. de Witt. 1988. *Die geskiedenis van die Suid-Afrikaanse polisie 1913-1988*. Promedia Publikasies: Silverton.

Du Pisani, K. (red.). 2017. *Jan Smuts van boerseun tot wêreldverhoog: 'n Herwaardering*. Protea Boekhuis: Pretoria.

Du Plessis, E.P. (red.). 1964. *'n Volk staan op: Die Ekonomiese Volkskongres en daarna*. Human & Rousseau: Kaapstad.

Du Toit, F. 2014. *Die Afrikaanse kerke en die Rebellie* in D.J. Langer & A.W.G. Raath (reds.): *Die Afrikanerrebellie 1914-1915*. Kraal-Uitgewers: Pretoria.

Fokkens, A.M. 2006. "The role and application of the Union Defence Force in the suppression of internal unrest 1912-1945." Verhandeling ter gedeeltelike vervulling van MA: Universiteit van Stellenbosch.

Fokkens, A.M. 2012. "Afrikaner unrest within South Africa during the Second World War and the measures taken to supress it". *Journal for Contemporary History*, 37(1).

Fourie, L.M. 1991. *Mobilisering van die Afrikanerdom* in P.F. van der Schyff (red.): *Die Ossewabrandwag: Vuurtjie in droë gras*. P.U. vir CHO: Potchefstroom.

Furlong, P.J. 1991. *Between Crown and Swastika: The Impact of the Radical Right on the Afrikaner Nationalist Movement in the Fascist Era*. Witwatersrand University Press: Johannesburg.

Giliomee, H. & B. Mbenga. 2007. *Nuwe Geskiedenis van Suid-Afrika*. Tafelberg: Kaapstad.

Giliomee, H. & G. Hendrich. 2005. "Die Slag van Andringastraat: Studente-onluste op Stellenbosch, 1940". *Historia*, 50.

Giliomee, H. 2004. *Die Afrikaners: 'n Biografie*. Tafelberg: Kaapstad.

Grundlingh, A.M. & S. Swart. 2009. *Radelose Rebellie? Dinamika van die 1914-1915 Afrikanerrebellie*. Protea Boekhuis: Pretoria.

Grundlingh, A.M. 1999. *Die "Hendsoppers" en "Joiners" Die rasioneel en verskynsel van verraad*. Protea Boekhuis: Pretoria.

Harari, Y.N. 2014. *Sapiens: A brief History of Humankind*. Vintage Books: Londen.

Harris, C.J. 1991. *War at Sea: South African Maritime Operations during World War II*. Ashanti: Rivonia.

Kleynhans, E. 2021. *Hitler's Spies: Secret Agents and the Intelligence War in South Africa 1939-1945*. Jonathan Ball: Johannesburg.

Koorts, L. 2014. *DF Malan en die opkoms van Afrikaner-nasionalisme*. Tafelberg: Kaapstad.

Krüger, D.W. 1975. *The Making of a Nation: A History of the Union of South Africa, 1910-1961*. Macmillan: Johannesburg.

Labuschagne, P. "The Brutality of War: A Perspective of the actions of Olaf Berghs' Black Scouts at Smaldeel during the South African War (1899-1902)". *Scientia Militaria South African Journal of Military Studies*, Vol. 45, no.1, Junie 2017.

Leibbrandt, R. 1993. *Robey Leibbrandt vertel alles in Geen Genade*. Bienedell Uitgewers: Pretoria.

Malan, D.F. 1959. *Afrikaner volkseenheid en my ervarings op die pad daarheen*. Nasionale Boekhandel: Kaapstad.

Malan, M.P.A. 1964. *Die Nasionale Party van Suid-Afrika: Sy Stryd en Prestasies 1914-1964*. Nasionale Handelsdrukkery: Elsiesrivier.

Malherbe, E.G. 1981. *Never a Dull Moment*. Howard Timmins: Kaapstad.

Marx, C. 1994. "The Ossewabrandwag as a mass movement, 1939-1941". *Journal of Southern Africa Studies*, Vol. 20.

Marx, C. 2008. *Oxwagon Sentinel: Radical Afrikaner Nationalism and the History of the Ossewabrandwag*. Unisa: Pretoria.

Meiring, P. 1974. *Jan Smuts die Afrikaner*. Tafelberg: Kaapstad.

Muller, C.J.F. 1990: *Sonop in die Suide: Geboorte en Groei van die Nasionale Pers 1915-1948*. Nasionale Boekhandel: Kaapstad.
Nel, O.L. 1948. *Agter die doringdraad in Koffiefontein*. L & S Bock en Kunssentrum: Johannesburg.
O'Reilly, Y. 2008. *Hitler's Irishmen*. Mercier Press: Black Rock.
Olivier, A.R. 2002. "Die NG Kerk en die Tweede Wêreldoorlog – verkennende aantekeninge oor die invloed van ideologie op die verhouding tussen kerk en staat". *Nederduits Gereformeerde Teologiese Tydskrif*, Vol. 43, no. 1 & 2.
Opperman Lewis, H. 2016. *Apartheid: Britain's Bastard Child*. Reach Publishers: Wandsbeck.
Pelzer, A.N. 1979. *Die Afrikaner-Broederbond Eerste 50 Jaar*. Tafelberg: Kaapstad.
Phillips, H. 1984. "'Black October': The Impact of the Spanish Influenza epidemic of 1918 on South Africa". D.Phil-verhandeling: Universiteit van Kaapstad.
Prinsloo, P.J.J. 1991. *Kultuuraktiwiteite van die Ossewa-Brandwag* in P.F. van der Schyff (red.): *Die Ossewabrandwag: Vuurtjie in droë gras*. PU vir CHO: Potchefstroom.
Prinsloo, P.J.J. 1996. "Die kentering in die kultuurbeeld van die Ossewa-Brandwag 1939-1940". *Koers*, 61(3).
Reitz, D. 1999. *Adrift on the Open Veld: The Reitz Trilogy*. Stormberg: Plumstead.
Roberts, M. & A.E.G. Trollip. 1947. *The South African Opposition 1939-1945: An Essay in Contemporary History*. Longmans: Londen.
Sachs, B. 1965: Tweede druk. *Personalities and Places*. The Dial Press: Johannesburg.
Schellack, W. 1992. "The Afrikaners Nazi links revisited". *SA Historiese Joernaal*, 27.
Scholtz, G.D. 1942. *Die Rebellie 1914-1915*. Voortrekkerpers: Johannesburg.
Scholtz, G.D. 1979 en 1984. *Die ontwikkeling van die politieke denke van die Afrikaner*, Deel VII, 1924-1939 en Deel VIII, 1939-1948. Perskor: Johannesburg.
Scholtz, J.L. 1977. *Johannes van der Walt 1908-1943 – Sportman en Boerepatriot*. PU vir CHO: Potchefstroom.
Serfontein, J.H.P. 1979. *Brotherhood of Power: An exposé of the secret Afrikaner Broederbond*. Rex Collings: Londen.
Shain, M. 2015. *A Perfect Storm: Antisemitism in South Africa, 1930-1948*. Jonathan Ball: Johannesburg.
Smuts, J. 1926. *Holism and Evolution*. Macmillan: Londen.
Smuts, J.C. 1952. *Jan Christiaan Smuts*. Cassell: Kaapstad.
Strydom, H. 1982. *For Volk and Führer: Robey Leibbrandt & Operation Weissdorn*. Jonathan Ball: Johannesburg.
Stultz, N.M. 1974. *The Nationalists in Opposition: 1934-1948*. Human & Rousseau: Kaapstad.
Theron, E. 1983. *Sonder hoed of handskoen*. Tafelberg: Kaapstad.
Thompson, L.M. 1961. *The Unification of South Africa: 1902-1910*. Oxford University Press: Londen.

Van der Schyff, P.F. 1983. *Die Ossewa-Brandwag en die Tweede Wêreldoorlog.* RGN-navorsingsprojek, PU vir CHO: Potchefstroom.

Van der Schyff, P.F. 1991. *Verset teen "Empire-oorlog"* in P.F. van der Schyff (red.): *Die Ossewa-Brandwag: Vuurtjie in droë gras.* Geskiedenisdepartement van PU vir CHO: Potchefstroom.

Van Jaarsveld, F.A. *Van Van Riebeeck tot Vorster 1652-1974.* Perskor: 1976.

Van Rensburg, H. 1956. *Their paths crossed Mine: Memoirs of the Commandant-General of the Ossewa-Brandwag.* Central News Agency: Kaapstad.

Van Rensburg, J.F.J. 1964. *Der Weise Südenboch: Erinnerungen an die antienglische Widerstandsbewegung.* Göttingen: W. Schütz.

Vasey, C. 2016. *Nazi Intelligence Operations in Non-Occupied Territories: Espionage Efforts in the United States, Britain, South America and Southern Africa.* Mcfarland & Co: Jefferson.

Vatcher, W. H. 1965. *White Laager: The Rise of Afrikaner Nationalism.* Frederick Praeger: New York.

Venter, A. Maart 2008. "Die politieke oortuigings van Hans van Rensburg (1898-1966): kontinuïteit en verandering." *Tydskrif vir Geesteswetenskappe,* Jaargang 48, no.1.

Visser, G.C. 1977. *OB: Traitors or Patriots?* Macmillan: Johannesburg.

Visser, M.M. 1999. "Die ideologiese grondslae en ontwikkeling van die blanke fascistiese bewegings in Suid-Afrika." Ongepubliseerde MA-verhandeling, Universiteit van Pretoria.

Warwick, R. 6 Maart 2012. "Afrikaners and the Second World War". *Military History Journal,* Vol. 10, no. 3.

Wessels, A. Des. 1999. "South Africa and World War II: The decisive first two years on the home front (September 1939 – September 1941)". *Joernaal vir Eietydse Geskiedenis,* INEG, UOVS: Bloemfontein.

7. BROSJURES

Van Rensburg, J.F.J. 1942 *Die Ossewa-Brandwag: Vanwaar en Waarheen.* Pretoria: Afrikaanse Pers.

8. KOERANTE EN TYDSKRIFTE

Beeld

Cape Times

Dagbreek en Sondagnuus

Die Beeld

Die Brandwag

Die Burger

Die Huisgenoot

Die O.B.
Die Oosterlig
Die S.A. Beeld
Die Ster
Die Suidwes-Afrikaner
Die Suidwester
Die Transvaler
Die Vaderland
Die Volksblad
Rapport
Sunday Express
The Citizen
The Natal Witness
The Pretoria News
The Rand Daily Mail
The Star
The Sunday Times
Vrye Weekblad

8. ONDERHOUDE

Lettie van Rensburg (skoondogter)
Dr. Hannes van Rensburg (kleinseun)
Anni Snyman (kleindogter)
Bubu Arndt (kleinseun)
Martie Retief-Meiring (joernalis)

9. INTERNETVERWYSINGS

"Opvolging van roerende goed in die derde hand" – SUNScholar scholar.sun.ac.za › handle
https://rekord.co.za/371224/residents-clean-up-ossewabrandwag-cemetery/
Warwick, R. 6 Maart 2012. "Afrikaners and the Second World War," *South African History online*, www.politicsweb.co.za.

Erkennings

EK WIL IN BESONDER VIR Annie Olivier, my uitgewer by Jonathan Ball Uitgewers, Anne-Marie Mischke, die redigeerder, en Louis Esterhuizen, die proefleser, vir hul bystand bedank. Elkeen is 'n meester op haar/sy gebied.

Dankie aan die personeel van die OB-argief aan die Noordwes-Universiteit se Potchefstroomkampus vir hul immer vriendelike hulpvaardigheid.

Ek is besonder dankbaar teenoor die volgende familielede van Hans van Rensburg wat uit hul pad gegaan het om inligting te verskaf: Lettie van Rensburg (skoondogter), dr. Hannes van Rensburg (kleinseun), Anni Snyman (kleindogter) en Bubu Arndt (kleinseun). Hul bydrae het belangrike en onontbeerlike lig gewerp op onbekende feite oor hul merkwaardige voorsaat.

Dankie ook aan my neef William Blake wat behulpsaam was met die verwerking van die foto's.

Indeks

Abraham, JH 199
Africanderism, the old and the young: Letters to John Bull, Esquire 30-31
Afrikaanse Nasionale Studentebond (ANS) 98-99, 214
Afrikaner Broederbond 100-101, 131, 153, 207, 214, 255
Afrikanereenheidskomitee (AEK) 153-154, 157-158, 160
Afrikanernasionalisme 5, 11, 29-30, 35, 45, 53-54, 60, 72, 98-99, 106, 109, 132, 137, 156, 257, 264, 290, 292, 294
Afrikanerparty 152, 211-212, 241-245, 247-248, 251
Afrikaner Weerstandsbeweging (AWB) 176
'Afrikaners landgenote' 110
Alice Athlone, Lady 81
Also Sprach Zarathustra 37
Amajuba, Slag van 132, 162, 283
Andersen, Olaf 189
Anderson, Heimer 120, 123, 126, 147165, 178, 185, 189, 193, 213, 223, 229, 323
anti-Semitisme en standpunt oor Jode 60, 133-134, 291
apartheid 6, 108, 263-264, 266-269, 290, 292
Arbeidersparty 47-48, 212, 245
armblankevraagstuk 20, 25, 48, 60, 71, 103, 110, 136, 140, 267, 272, 275
Athlone, Lord (Alexander Cambridge) 81

Balfour-verklaring 48
Barrett, Lawrence 228, 232
Barrett-missie 191, 198, 228-229, 233
Barrett-verslag 198, 232, 238-239, 320-321
Bartolomeus, Nag van 9
Basson, Barney 175, 315
Behrens, Kalie 254, 256, 273
Behrens, Louise (kyk Janse van Rensburg, Louisa/Louise)
Bell-Robinson, E 40
Bergh, Olaf 14, 298
Bloedrivier, Slag van 132, 176
Bodenstein, HDJ 49
Bond van Oud-Geïnterneerdes en Politieke Gevangenes (BOPG) 251, 273, 283, 286, 287
Boshoff, GJJ 293
Botha, CL 206
Botha, Louis 17, 24-27
Botha, Pikkie 166-167, 171, 255, 272
Botha, PW 4, 106, 159, 270
Brebner, Jack 202
Brehmer, Fritz 65
Britse koninklike besoek (1947) 237
Brotherhood of Power 100
Buning, Tjaarda 221
Burfeind, Otto 64
Burger, Die 154, 157, 159, 214, 216, 282, 323

Cape History 30
Christiaan (werker op Mooi Eiland) 268-269, 284
Christie, Renfrew 170
Coetsee, Chris 123, 144, 178
Cradock-ooreenkoms tussen OB en HNP 150-151, 157, 161
Cronjé, Frikkie 25-26
Cronjé, Geoff 114, 118, 127-128, 260

Dagbreek en Sondagnuus 284, 294
De Beer, W (Lange) 178
De Jongh, SJ 6, 223
De Klerk, Pieter 131
depressie (1929 & 1930's) 51, 65, 71-72, 272
"der Tag" 146, 173, 188, 221
De Villiers, Dirk 47, 287
De Villiers, Jacob 15, 21, 47
De Villiers, Johanna (kyk Van Graan, Johanna)
De Vries, Van Wyk 284
Der Untergang des Abendlandes 38
Der Weisse Sündenbock 6, 266
De Waal, JHH 31
De Wet, Christiaan 25-27, 32-33, 257
De Wet, Danie 25-26, 32
De Wet, Rawat 90, 124, 127, 197, 233
Diederichs, Nic 100, 131
Die Ossewa-Brandwag: Vuurtjie in droë gras 5
"Die Stem" 110
Dingaansdag 103
Dominium-party 212
Dönges, Eben 35
Dorslandtrekkers 55, 73, 86, 266
Dumas, Alexander 21
Duncan, Patrick 97, 101
Du Plessis, LJ 99, 131, 153
Du Plessis, PP 164
Du Toit, Emmie 115, 127, 153, 183, 257, 279

Eisenhower, Dwight 175
Elferink, Lambertus ("Hamlet") 228-229
Eloff, Michael 209
Erasmus, Frans 260
Esselen, Louis 54, 238

Fairley, Rina 24
fascisme 1, 7, 65, 71, 108, 290
Faust 36, 202
Federale Mynbou 276, 278
Federasie van Afrikaanse Kultuurverenigings (FAK) 153
Felix-spioenasiegroep 188-189
Fenwick, Willie 24
Fourie, Bertie 242, 252
Fourie, Jopie 166, 200, 222, 233, 284
Frank, Hans 70

Freud, Sigmund 47
Friedlaender, Ernst 39
Friends of the Soviet Union 60
Friend, The 85

"Gemaskerde Wonder" (Johannes van der Walt) 203-204
Gerlach, Duitse student 100
Gesuiwerde Nasionale Party 53, 152
Gie, GN 65-66
Gillespie, Paul 34
'God save the king' 110-111
Goebbels, Joseph 65, 69-70
Goebbels, Magda 69-70
Goering, Hermann 70
goudstandaard 51-52
Groeneveldt, Dries 184-185
Groepsgebiede, Wet op (1950) 265, 268-270
Groepsgebiederaad 4, 263, 265, 268-270, 274, 281
Grootraad van die Ossewabrandwag 62, 101, 106-107, 114-118, 120, 127-128, 131, 142, 158-159, 182, 199, 204, 209, 224, 227, 229, 233, 237-238, 241-242, 248-249, 251
Groot Trek-eeufeesvierings 79, 98-100, 106, 121, 255
Gryshemde 207

Haasbroek, Jam 25-26
Haasbroek, Kerneels 96
Hamlet 36, 228
Harley, Vivien 24
Harris, JS 217
Havenga, Herman 128, 197
Havenga, Klasie 4, 152, 211, 241-244, 246, 248-249, 255, 259, 263, 265, 293
Heimsoeth, Heinz 38
Heine, Heinrich 36
Helpmekaarfonds 276
Hemingway, Ernest 86
Herenigde Nasionale Party (HNP) 53, 118, 120, 127, 129, 150-155, 157-161, 167, 169, 179-180, 186, 203-205, 207, 209-212, 214, 217-220, 237-239, 241-245, 247-248, 250-253, 259, 277-278, 294, 317
Hertzog, Albert 3, 32, 36-41, 43, 48, 55,

INDEKS

75-76, 83, 95, 128, 254, 272, 284, 293, 297, 300, 317
Hertzog, JBM vii, 3, 7, 15, 31-32, 36, 46-48, 50-55, 76-77, 95-96, 99, 101-102, 117, 152-153, 167-168, 196, 198, 207, 215, 242, 266, 284, 301
Hitler, Adolf 1, 56, 64-73, 82, 104, 108, 148, 173, 183, 192, 207, 218-219, 221, 290-291, 304
Hobhouse, Emily 16
Hofmeyr, Onze Jan 141
Hofmeyr, Steve (OB-leier) 77, 141-142, 144, 165, 199, 223
Hofmeyr, Steve (sanger, aktivis) 141
Holdsworth, Jimmy 24
Holdsworth, Lennie 24
holisme 54
Honiball, TO 215
Hul paaie het myne gekruis 5-6

idealpolitik 131
internerings tydens Tweede Wêreldoorlog 111-112, 141, 145, 171, 178-179, 188-190, 196, 202, 204, 209, 218-219, 222, 251, 273, 276, 283, 287
Jackson, Bushy 228
Janse van Rensburg, Annemarie (dogter) 63, 281
Janse van Rensburg, Bettie (suster) 26
Janse van Rensburg, Hans
  aanleer van en invloed van Duits en Duitse letterkunde & kultuur 32-39
  administrateur van die Vrystaat 7, 62, 79, 84, 95-105, 114-117, 133, 187, 201, 215, 265, 274-275, 277
  afkeer in en later bewonderaar van Christiaan de Wet 32-33
  afwesigheid van materialisme 272-273
  Amerikaanse gesante se onderhoud met 57, 67, 133-134, 148, 176, 217-219, 254, 304, 315
  anti-Semitisme 60, 133-134, 291
  apartheidsapologeet 263-270
  as streekkommissaris van die Groepsgebiederaad 4, 263, 265, 268-270, 274 281
  as voorverkiesingkandidaat vir Nasionale Party in Vredefort 255-256
  bedanking as leier van die OB 226, 251
  beenfraktuur op skool 22, 34, 43
  besoek aan die anti-Kommintern Instituut 69-70
  besoek aan Duitsland en ontmoeting met Hitler 56, 64-69
  besoek aan Olimpiese Spele, Berlyn (1936) 65, 72, 175
  beswaddering tydens OB-leierskapstryd 115-116
  bevelvoerder in Unie-Verdedigingsmag (Vierde Brigade) 29, 78, 84, 113
  beweerde opdrag om Leibbrandt, Taillard te vermoor 178
  bewerings van konkelary met Jan Smuts 4, 158, 194, 196-204, 256, 259, 284, 286, 317
  bewonderaar van JBM Hertzog 31-32, 46, 48, 53, 153
  bewondering vir Adolf Hitler, nasionaalsosialisme, Nazisme 1-3, 7, 37-38, 56, 64-69, 72-73, 82, 104, 108, 148, 183, 192, 218-219, 221, 290-291, 304
  brugspeler 43
  buite-egtelike verhoudings 280-281, 287
  bywoning van Duitse en Britse militêre maneuvers 79-82
  charisma van 1-2
  Cradock-ooreenkoms met HNP en botsing met Malan oor Afrikanereenheid 151, 157-161, 205, 207, 209-213, 218, 243-245, 248-249, 259, 293
  doktorsgraadstudie, Stellenbosch 49-50
  dood en begrafnis 282-284
  eienaar van Die Weide naby Pretoria 127, 145, 183, 193, 197, 216, 261, 273
  en armblankevraagstuk 48, 60, 71, 103, 136, 140, 267, 272, 275
  en die NG Kerk 12, 40-41
  en Dorslandtrek-ondersoek 55, 73, 86, 266
  en fascisme 1, 7, 65, 71, 290
  en Stormjaers 1-2, 4, 6, 73, 77, 79, 81, 84, 90, 101, 110, 113-114, 120-123, 127, 138-149, 161-162, 164-166, 168-172, 174-179, 181-183, 185, 188-189, 191-192, 196-197, 199, 201-202, 204-205, 209, 218-219, 221-225, 229,

231, 233, 237, 240, 252-253, 260-261, 263, 273, 284, 309, 327
erepresident van die Bond van Oud-Geïnterneerdes en Politieke Gevangenes 251, 273
geboorte 19
gebrandmerk as Suid-Afrika se *Führer* 218-219
hantering van doodstraf aan HS van Blerk en Julian Visser 164-168
hartaanvalle 254, 273, 282-283
hoogverraadondersoek 43, 68, 141, 160, 175-176, 191, 195, 198, 227-239, 243-244, 248-249, 253, 259, 320
huweliksprobleme 279-281, 287
idealisering en aanhanger van Nietzsche 3, 36-38, 83, 254
ideologiese beskouings en nasionaal-sosialis 1, 7, 29, 31, 34-35, 54, 71-72, 83-84, 129-138
invloed van Ernst Friedlaender 39
invloed van filosowe 38-39, 42, 45, 47
inwoner van manskoshuise Wilgenhof en Dagbreek 43
jagter en hengelaar 86-94, 154, 295
jeug- en skooljare op Winburg 18-22, 29-32, 34, 74, 89
jingoïsme en anti-Britse gevoel 30-31, 33, 35, 40, 71-72, 132-133, 234
kampvegter vir Afrikaans 23, 29, 31, 77-78, 132-133, 256
kommandant-generaal van die Ossewabrandwag 61-63, 90, 105, 108-109, 113-128, 224-226, 245, 247-248, 251
leerklerkskap by Stegman, Oosthuizen en Jackson-prokureursfirma 47-48
lid van Afrikaner Broederbond 101
lid van direksies van Sanlam, Santam en Federale Mynbou, Sankor 254, 273, 276-278
lidmaatskap van en werk vir Nasionale Party 44, 47-48, 251
liefde vir diere 263
liefde vir lees en musiek 20-21, 31, 43, 59-60, 72, 76
memoires 5-6, 8, 11, 18, 21, 25, 29-30,

34, 42, 46, 52, 66-67, 69, 72-73, 91, 98, 104, 117, 155, 169, 215, 247, 257, 259-260, 263, 266-268
motorbestuursvermoë 59
ontheffing deur Smuts as bevelvoerder in Unie-Verdedigingsmag 29, 102-103, 113
ontmoeting met Alfred Rosenberg 69-70
ontmoetings met Hans Masser 70, 190-191
ontmoeting met Joseph Goebbels 69
ontmoetings met Leibbrandt 192-193
oor Nazi-gruweldade 5, 42, 289, 290, 291, 292
pa en oupa as hendsoppers 3, 15-17, 292
privaatsekretaris van Tielman Roos 47-48
reaksie op Duitsland se oorgawe 221-222
Rebellie van 1914 3, 8-9, 17, 24-27, 29-30, 32, 74, 102, 148
regsadviseur, sekretaris, departement van justisie 7, 50-57, 75, 271
regstudies, Universiteit van Pretoria 44-45, 47, 49
reis met stoomskip Adolf Woermann na Europa 64
religieuse beskouing 3, 40-43, 61, 115, 233, 291
renons in partypolitiek en weersin in Westminster parlementêre stelsel 53-54, 71, 120, 135-137, 152-154
rol in NP-oorwinning van 1948 4, 240-244, 246
rol tydens wit onluste 122
romanskrywer onder skuilnaam SJ de Jongh 6, 223
samewerking met die Afrikanerparty 241-245, 247-248, 251
seëlversamelaar 274-275
siening oor en afkeer in kommunisme 56, 60-61, 69-70, 72, 98-99, 242, 251, 270-271, 292
siening oor ontbinding van Stormjaers 223-225
siening van demokrasie 53, 129, 135, 137, 150, 152, 290, 292
skakeling met Nazi-regering 139, 182-195

INDEKS

skrywer van *Sonder Gewere: 'n Verhaal van Nog 'n Rondte* 6, 30, 223, 275
soldaat, aanhanger van mag, militarisme 3, 38, 74-85, 102, 129, 155
stram verhouding met Eric Louw 277
stram verhouding met Hendrik Verwoerd 257, 259
strewe na republikeinse ideaal 2, 4, 9, 11, 17, 35, 48, 60, 109, 129, 132, 135, 137-139, 146, 150, 152-154, 156, 158-159, 161-162, 169, 172, 183, 205, 218-219, 235-236, 239-243, 245, 247, 249-251, 283, 290-291, 294, 300
student aan die Universiteit van Stellenbosch 34-36, 49-50
teenstander van kapitalisme 133, 136-137, 275, 277
teenstrydighede oor pasifisme en geweld 121-124, 148-149, 168-171, 176-177, 179, 181, 192, 218, 223-224
toespraak voor Reddingsdaadbond, 9 April 1940 103-104
uitgeworpene, politieke melaatsheid en ondergang 247-257, 259-260, 294
verdagte as opdraggewer van sluipmoorde op Lötter en Nel 175-176, 248-249
verhouding met Afrikaanse pers en teenstand teen OB 214-220, 243-244, 246, 253, 257, 282, 284
verhouding met Jan Smuts 4, 29, 54, 102-105, 117, 127, 196-203, 257, 317
verset teen SA betrokkenheid by Tweede Wêreldoorlog, steun vir Duitsland 37-38, 56, 64-69, 72-73, 82, 104, 108-110, 108, 148, 183, 192, 218-219, 221, 290-291, 304
versteking van OB-vlugtelinge in ampswoning 104, 115
voorsitter van Eerste Ekonomiese Volkskongres 103, 275
voorstander van partylose, klaslose gesagstaat 129, 134-135, 137, 154, 210, 241-243, 254, 291, 294
vriendskap met Albert Hertzog 3, 32, 36-41, 43, 48, 55, 75-76, 83, 95, 128, 254, 272, 284, 293, 297, 300, 317
vriendskap met Otto Burfeind 64

vriendskap met en invloed van Oswald Pirow 53, 91
vriendskap met en invloed van Tielman Roos 43-44, 46-49, 52, 59, 91
Janse van Rensburg, Hans (neef) 25-26
Janse van Rensburg, Hannes (kleinseun) 282, 287
Janse van Rensburg, Johan (seun) 6, 11, 14, 16, 27, 42, 63, 74, 140, 179-181, 194, 248, 281-282, 294, 297, 315
Janse van Rensburg, Johannes Frederik (Josh, vader) 8, 14-18, 20-22, 27, 30, 33-34, 40-44, 74-75, 89, 292
Janse van Rensburg, Johannes Frederik (Freek, oupa) 12-18, 89, 292
Janse van Rensburg, Johannes Frederik ("Lang Hans", grootoupa) 11-12, 15
Janse van Rensburg (Joubert), Katie (vrou) 6, 57-63, 74, 94, 115, 117, 153, 180, 198, 247, 253, 259, 267, 269, 279-282, 286, 287
Janse van Rensburg, Lettie (skoondogter) 6, 57
Janse van Rensburg (Behrens), Louisa/ Louise (suster) 21, 43, 256-257, 286
Janse van Rensburg, Louise (moeder) 16, 18-21, 33, 40, 42, 101
Janse van Rensburg, Peet (broer) 115
Janse van Rensburg, Pieter (kleinseun) 282, 287
Jeanne D'Arc 67
Jerling, Pat 115-116, 164, 199, 204-206
Jodl, Alfred 70
Joodse volksmoord en Nazi-gruweldade 42, 69, 71, 134, 227, 289-291
Joubert, Katie (kyk Janse van Rensburg, Katie)
Julius Caesar 36
Kaptein Hindon: Oorlogsaventure van 'n Baas Verkenner 31
Kestell, JD 117
Kipling, Rudyard 33
Kitchener, Herbert 14
Klopper, Henning 255
Koffiefontein-interneringskamp 141
Körner, Theodor 36
Kotzé, CR 116, 159-160
Kraizizek, Walter 175, 232

Krüger, DW 132
Kruger, Paul 103, 132, 284
Kruithoring, Die 179, 209, 214
Kuperus, Henk 114

Laas, JC 79, 104, 108, 115, 150, 233
Lawrence, Harry 161, 199, 227-229
Le Clus, Pierre 25
Leibbrandt, Robey 177-178, 191-194, 199, 204-206, 233
Lenau, Nikolaus 36
Liberale Party 270
Lloyd George, David 40
Lötter, "Dice" 174-176, 232, 248-249
Louw, Charlie 278
Louw, Eric 160, 181, 206, 243, 277-278
Louw, JAN 268
Ludorf, Joe 204-205

Macbeth 36
Malan, DF 4, 53, 118, 120, 127, 150-155, 157-161, 167, 171, 182, 187, 205-206, 209-212, 214, 219, 224, 239, 242-244, 246-249, 259, 279, 284, 293, 319, 323
Malan, Etienne 180
Malan, Maria 279
Malherbe, EG 100, 195, 200
Mao Tse-Toeng (Mao Zedong) 147
Marais, Kowie 35, 43, 284, 320
Maria (werker op Mooi Eiland) 268-269
Marwick, JS 98, 104
Marx, Christoph 109, 290, 297
Mercier, David Pyne 23
Mentz, Frans 179
Meyer, Piet 131
Meyer, Soon 87-88
Miller, Allister 75
Milner, Alfred 22-23
Milton, John 23
Montessori-studiemetode 58, 303
Montgomery, Bernard 175
Mooi Eiland, plasie op eiland in Vaalrivier 94, 251, 261, 263, 269, 273-274, 284, 286
Morkel, Jan 43
Morkel, Kittie 43
Mushroom Valley, slag van 8-9, 26-27, 29-30, 32, 74, 102, 148
Mussolini, Benito 199

My vader – kommandant-generaal van die Ossewabrandwag
nasionaal-sosialisme 3, 6, 37-38, 45, 50, 54, 56, 65, 71-72, 91, 98-101, 109, 115, 120, 129-131, 136-138, 152, 155, 157-159, 192, 204-205, 219, 240, 251, 275-276, 289-292, 305, 318
Nasionaal-Sosialistiese Rebelle 192, 204
Nasionale Party (NP) 5, 31, 41, 43-44, 46-48, 52-53, 116, 120, 152, 217, 246, 248, 251, 255, 257, 266, 292, 301, 315, 317
Nasionale Pers 214, 216-217, 243-244
Naturalisme 36
Nazisme 1, 4-5, 7, 38, 42, 56, 64-73, 81-82, 91, 98, 103, 108, 120, 133-134, 137, 139, 142, 178, 182-195, 218, 227, 239, 243-244, 260, 265, 271, 289-293, 305
Neethling, Chris 115-116, 169
Neethling-Pohl, Anna 116, 169
Nel, Elsabé 116-117
Nel, Louis 174, 176, 248-249
Neurenberg-verhore 70, 227, 291-292
NG Kerk 12, 20, 40, 57, 283
Nibelungenlied 36
Nietzsche, Friedrich 3, 36-38, 83, 254
Nuwe Orde 152, 157, 211-212

Olimpiese Spele, Berlyn (1936) 65, 72, 175
O.B., Die 216, 223, 249-251
OB-Noodhulpfonds 147-148, 179, 209, 219, 276
Oosterlig, Die 214
Ossewabrandwag (OB) 1-6, 9, 14, 17, 29, 41, 60-62, 79, 90, 99-101, 104-137, 139-140, 142, 144, 147-148, 150-155, 157-162, 166-169, 171-172, 174, 177-182, 185-186, 188, 191-193, 195-207, 209-226, 228-229, 231-233, 237-238, 240-241, 247-254, 257, 259, 261, 269, 271, 273, 276-280, 283-284, 286, 287, 291, 293-294, 297-298, 300, 308, 317

Paasopstand, Ierland (1916) 40
Paktregering 47-48
Pasch, Nols 189
Pienaar, Dan 77

INDEKS

Pienaar, Tos 168-169, 172, 202, 265, 270, 294-295
Pirow, Oswald 7, 46, 52-55, 60, 65, 90-91, 100-101, 152, 157, 211
Potterill, Leonard 295
Preller, Gustav 31, 60
Pretorius, Hen 263, 272-273
Pretorius, MW 14

Radio Zeesen 103, 183, 186, 195
Radley, Marietjie 186-187
Radley, Will 187
Rand Daily Mail 270
Ras, Palie 25
Raubenheimer, Naas 201
realpolitik 131
Rebellie, Afrikaner (1914) 3-4, 8-9, 17-19, 21, 24-25, 29-30, 32-34, 39, 41, 74-75, 146, 148, 193, 200, 215, 236, 276, 290, 292, 302
Reddingsdaadbond 103-104, 153, 215, 275
Rein-missie 198, 228-229
Rein, Rudolf 228
Reitz, Jack 202
Republikein, Die 251
Retief-Meiring, Martie 281
Road to Sharpeville 134
Roberts, Frederick 13
Robinson, Robbie 139
Rooi Eed 104, 112, 120, 145
Rooi Gevaar-strategie 250, 264
Rooseboom, Hans 175, 188
Roos, Tielman 43-44, 46-49, 52, 59, 91
Rommel, Erwin 173
Rosenberg, Alfred 69-70
Rudman, Raymond 62
'Rule Britannia' 110

sabotasie 79, 139-140, 142, 144-145, 147-148, 161, 164-173, 176-177, 181, 185-186, 191, 193, 200, 209, 218, 223, 230, 238, 272, 315
Sachs, Bernard 7, 83, 91, 134, 254, 264, 267-268, 290-291, 294, 327
Sanlam 254, 259, 273, 276-278, 282
Santam 276, 278
Sauer, Paul 35, 82, 254, 287

Schiller, Friedrich 36
Schmul, Hermann 33
Scholtz, GD 113
Schopenhauer, Arthur 38
Schutte, BC 41-42
Schutz Staffel (SS) 81, 142-143, 175
Sein Fein 40
Sentrale Party 52
Serfontein, Hennie 100
Shakespeare, William 23, 36
Shelley, Percy Bysshe 36
Sittig, Lothar (Felix-groep) 188-189, 229
Skorzeny, Otto 175
Slagtersnek 168
Slegtkamp, Henri 180
Smith, JA (Sambok) 115, 142, 223-225, 238, 249
Smuts, Jan 4, 6, 22, 29, 40, 47, 52, 54-56, 61, 65, 79, 99-105, 111, 117-118, 120, 127, 135, 139-140, 143, 146, 150, 153, 155-158, 160-162, 164-172, 177-178, 186, 191, 194, 196-203, 205-206, 209-210, 212, 215, 220, 224, 227, 231, 233, 237-239, 241-243, 245, 247-248, 253, 256-257, 259, 266, 271, 275, 284, 286, 290, 293, 317
Smuts, JC (seun van genl. Smuts) 200
Sonder Gewere: 'n Verhaal van Nog 'n Rondte 6, 30, 223, 275
Sons of England 101
Spengler, Oswald 38, 53
Spies, Abraham (Apie) 73, 104, 114-116, 120, 140-141, 176, 182-183
Springbok Legioen 223
Stalin, Josef 271, 292
Stander, SJ 43, 62, 226, 233, 283
Star, The 171, 286, 295
Stegman, Oosthuizen en Jackson-prokureursfirma 47
Stephens, Oren 217
Steyn, Colin 201, 205
Steyn, MT 115, 127, 136, 201
Steyn, Tibbie 116, 127
Stoker, HG 99, 131
Stormjaers 1-2, 4, 6, 73, 77, 79, 81, 84, 90, 101, 110, 113-114, 120-123, 127, 138-149, 161-162, 164-166, 168-172, 174-179, 181-183, 185, 188-189,

191-192, 196-197, 199, 201-202, 204-205, 209, 218-219, 221-225, 229, 231, 233, 237, 240, 252-253, 260-261, 263, 273, 284, 309, 327
Strijdom, JG 160, 169, 243, 247, 319
Stuart, HG 30
Suid-Afrikaanse Kommunistiese Party 134, 212, 271, 327
Suid-Afrikaanse Party 40-41, 52, 120
Suid-Afrika Eerste-beleid 53, 133
Swart, CR 106, 116, 120, 159-160, 243, 247, 321
Swart Gevaar-strategie 244, 250, 264, 309

Taillard, Jan 178
Terreurgroep 2, 6-7, 90, 110, 123, 127-129, 139, 141, 143-149, 161, 169-172, 174, 176-178, 183-184, 193-194, 197, 201, 229, 233, 263, 272, 315, 327
Their paths crossed mine 5, 7, 29, 47, 259
Theron, Erika 142, 269, 312
Thom, HB 106
Torch Commando 251
Totius 207
Tottem, Ralph 91
Transvaler, Die 121, 160, 181, 205, 214, 216, 246, 257, 317
Truter, Theodore 222
Tweede Grieta 31
tweestroombeleid 53

Unie-Verdedigingsmag 77, 79, 147, 166, 203

Vaderland, Die 121, 217
Van Blerk, Hendrik (HS) 164-165, 167-168, 272
Van den Berg, Hendrik 284
Van den Heever, Toon 50-51
Van der Schyff, Piet 5, 238
Van der Walt, Johannes 122-123, 168-169, 203-207
Van der Walt, NGS 223, 249-252
Van der Westhuizen, JCJ 100, 127-128
Van Graan, Johanna 280-282, 287
Van Heerden, Wollie (Willem) 294
Van Jaarsveld, FA 176, 293

Van Reenen, Bettie 44
Van Reenen, Jan (oom) 89
Van Reenen, Jan (neef) 15, 20, 22, 26-28, 89, 93, 264, 298
Van Reenen, Christina 16
Van Rhyn, Albertus 261
Van Rooy, DJ 249-250
Van Zyl, Frans du Toit 254
Venter, Albert 271, 290, 292, 297
Vereeniging, Vrede van 168
Verenigde Party (VP) 52-53, 104, 203, 209-210, 212, 217, 220, 237, 242, 244-245, 251, 266
Versailles, Verdrag van 71, 81
Verwoerd, Hendrik 35, 160, 181, 243, 245, 257, 259, 267, 284, 323
Viljoen, Daniël 261
Visser, George 68, 141-142, 148, 175-176, 184, 187, 217, 228-229, 239
Visser, Julian 164-165, 167-168, 256, 269, 287
Volksblad, Die 212, 214-216
Volkstem, Die 256
Von Albedyll, Oberleutnant 79-80
Von Clausewitz, Carl 76
Von Epp, Ritter 69
Von Goethe, Johann Wolfgang 28, 202
Von Ribbentrop, Joachim 70
Von Wallenstein, Albrecht 36
Vorster, John 2, 4, 106, 240, 244, 246, 261, 267, 284, 286
Vorster, SJ 179
Vrymesselaars 101, 108, 153, 196
Vrystaatse Republiek 120

Wassenaar, Andreas 254, 277
Werz, Luitpold 175, 187, 189
Whiteside, Joseph 30
Wiechardt, Louis 207
Wilcocks, CTM 95
Wilhelm II 24, 69
Wilkens, Jacob 209
wit onluste 121-124
Wong, Anna May 57

Zarathustra 36-37
Zuid-Afrikaansche Republiek (ZAR) 120

www.ingramcontent.com/pod-product-compliance
Lightning Source LLC
Chambersburg PA
CBHW060831190426
43197CB00039B/2553